"十三五"普通高等教育
应用型规划教材

人力资源管理系列

人力资源管理实验教程

——基于金蝶s-HR Cloud系统

主　编　陈闽红
副主编　张金龙　宁卫军　邓欣吉

中国人民大学出版社
·北京·

人力资源管理实验教程

——基于金蝶s-HR Cloud系统

编 写 委 员 会

主　编　陈闽红

副主编　张金龙　宁卫军　邓欣吉

编　委　（以姓名拼音为序）

陈继华　甘　甜　何　瑜　纪　鲲　李国龙

李文奇　李孝松　刘　凯　宋丹萍　汪　琼

王文钦　武　强　徐红华　赵启涛　朱　涛

推荐序

PREFACE

随着各种互联网技术的发展，数字化转型成为企业的必然选择，只有这样才有可能跟上时代的潮流，在竞争中脱颖而出，成为行业的佼佼者。随着新冠肺炎疫情的发生，企业数字化管理的进程更是突飞猛进。了解数字化现状的一条捷径，就是透过提供数字化服务的企业的产品和服务案例去掌握核心变化和未来趋势。

我与金蝶的相识始于 2010 年，当时中国人民大学劳动人事学院正在搭建劳动科学实验室，实验室的一项重要功能就是借助 e-HR 系统进行教学，培养学生的数字化管理能力。我还记得，在三个多月的时间里我们考察了国内外各类人力资源管理信息系统，最终选定了金蝶。一方面是因为金蝶的 e-HR 系统便于操作，对于授课教师而言难度较低；另一方面是因为金蝶专门指派了一个小团队协助教师备课，提供了全套的授课方案和教师培训，为期三天的系统课程让所有参与的教师和研究生都获益匪浅。

转眼，十年的时间过去。中国企业在这十年中出现了巨大的飞跃，尤其是在数字化转型的道路上，很多企业的实践已经走在了高校教育的前面。如何让学生在学习期间了解企业怎样借助数字化来实现生产流程优化、市场精准定位、管理效能提升，并且掌握一套具体的管理系统，成为众多人力资源管理专业教师的难点和痛点。各类企业使用的人力资源管理信息系统存在很大差异，而且使用门槛较高、迭代太快、缺乏教材，这些都对教师的授课内容提出了挑战。在这种情况下，《人力资源管理实验教程——基于金蝶 s-HR Cloud 系统》应运而生，这本教材抛开了繁复的理论和案例，用极为朴素的语言介绍了被反复检验过的金蝶人力资源管理信息系统各个功能模块的具体使用方法，配合实验数据和教学步骤，能够帮助学习者快速掌握系统的使用技巧，提升职场就业优势。

看过这本教材后我最直接的一个感受就是：简单，质朴，实用。这三个词也是过去几十年中崛起的中国企业的重要特质。我很欣慰在十年后看到，作者、金蝶、中国人民大学出版社用最诚挚的初心推出这样一本接近于说明书一样的教材，让初学者可以既看得懂又上手快，这需要使命感和多年实践的厚重积淀。

回到这本教材的内容，在决定往后翻页时你可以先问自己三个问题：“我想更了解中国的人力资源管理信息系统现状吗?”“我希望自己的学生将来能够更好就业吗?”“我还可以掌握一个新的技能吗?”假如三个问题中有一个吸引了你，那么建议你继续翻动书页，带着问题导向去阅读和学习，相信这本偏向工具的书会带给你意想不到的收获。

为了帮助学习者更好地掌握系统操作方法，书中设计了虚拟公司的各类业务场景，能够让教学过程在虚拟场景中真实发生，促进学习者之间的互动。从某个方面讲，这也是团队式教学的一种尝试。本书在第 9～12 章重点介绍了基于数字化的共享服务、员工自助、移动应用和管理者分析，可以帮助读者了解当下企业利用数字化所开拓的新管理内容。附录中呈现了不同行业企业实施金蝶人力资源管理信息系统的案例细节，能够帮助大家理解不同行业不同企业不同业务诉求情况下该如何对系统进行定制化开发，我个人很喜欢这部分内容，读后感觉意犹未尽。作为一名教学科研工作者，我倡议作者、金蝶、中国人民大学出版社定期修订这本教材，邀请所有使用教材的高校和企业培训机构参与到案例内容的更新中，不断用新的应用实践检验这个系统，并持续优化它。

此刻是北京初秋的夜，回想数字化推动中国企业变革的这 20 年，踉踉跄跄，一路走来，感触颇深。我看到了一种变化的力量、一种不轻易言输的力量、一种承认自己不足然后依然前行的力量。我希望这本教材能让你看到这种力量，不完美但是有生命力，不精致但是努力把一切铺陈在你面前。最后，希望你与我一样，作为一名读者、一位用户，去监督这个系统的优化，让更多的人提前掌握数字化管理的钥匙，撬动未来!

李育辉

中国人民大学劳动人事学院教授

数据与案例研究中心、劳动科学实验室主任

序言一

FOREWORD

随着移动互联和数字技术的发展和普及，人力资源管理已经进入4.0时代，社会对人力资源管理从业人员的需求倍增，对高等院校学生管理能力和实践能力的培养也提出了更高的要求。如何提高学生的人力资源管理实践能力，培养学生分析和解决实际问题的能力是当前高等院校人力资源管理教学中迫切需要解决的重大问题。

人力资源管理作为一门管理类应用科学，技术操作性很强。如何帮助学生完成从理论学习到实际运用的过渡，进而提高人力资源管理实践能力，是我在20多年的人力资源管理课程教学中一直探索和试图解决的问题。自2014年开始，我借助金蝶公司K/3 WISE系统为行政管理专业的硕士研究生开设人力资源管理软件应用实验课程，2019年课程覆盖到本科生的人力资源管理教学中，所使用的实验软件系统也升级为金蝶s-HR Cloud系统。通过几年的人力资源管理信息系统实验课程教学的探索，初步建立起一套人力资源管理信息系统操作、人力资源管理流程实施以及如何依据数据信息对管理实践进行科学决策研判的教学体系，取得了良好的教学效果。

借助人力资源管理信息系统开展实验教学，其价值在于：

第一，加深学生对理论知识的理解，提高知识转化效率。

人力资源管理信息系统是人力资源管理实务的信息化，将各种人力资源管理制度、业务规范和流程及数据标准固化于系统当中，能保障企业各项规定和制度的有效执行，降低人力资源管理过程中的随意性，提高组织管理效率。将人力资源管理信息系统引入课堂教学中，借助计算机软件搭建组织框架，应用软件处理组织规划、职员管理、能力素质模型、招聘选拔、培训发展、绩效管理、薪酬管理等人力资源管理业务，按照软件中严格的操作程序建构管理运作流程，可以让学生在虚拟的管理情境中体验人力资源管理工作的真实运行逻辑，使所学的人力资源管理理论知识和企业实际问题相联系，加深学生对人力资源管理核心模块的价值、管理的流程和技术以及各模块之间的协同逻辑的理解，帮助学生实现从理论学习到实际运用的过渡，提高学生的人力资源管理知识运用和实践操作能力。

第二，掌握操作人力资源管理信息化工具的能力。

随着数字时代的到来，信息系统在数据采集、存储、加工和使用方面的综合优势更加凸显出来，人力资源管理将会更多地依靠信息数据。在保证对各种数据准确记录、安全存储和充分使用的基础上，人力资源管理信息系统大幅提升了各类人力资源管理活动的工作效率和工作质量，也将人力资源管理人员从大量简单、重复性的日常事务性管理工作中解脱出来，降低了工作成本。人力资源管理信息系统已成为管理人员日常办公的必备工具，熟练使用人力资源管理信息系统是人力资源从业者的必备技能。

人力资源管理业务具有关联度高、流程性强、业务协同的特点，信息系统的操作必须按照权限范围、操作程序及数据共享的原则进行。要保证操作顺利，对于系统流程就不仅要知其然还要知其所以然，否则操作中极易导致一错再错的连环错误。通过实验过程的基本训练，学生可以熟悉企业人力资源管理信息系统，熟悉操作流程并掌握软件的基本操作技能，提升大数据时代基本的人力资源信息化管理技能。

第三，掌握人力资源管理数据分析能力。

人力资源管理信息系统在处理组织规划、职员管理、招聘、培训、绩效、薪酬等人力资源管理业务中，会生成包括基础数据、能力潜力、成本效率、人员流动数据、绩效薪酬数据等大量数据；而且随着大量云计算和大数据方法及工具的引入，人力资源管理信息系统的数据分析能力也飞速提升。企业基于人力资源管理信息系统的大量有价值信息进行的分类处理和深入分析，不仅可为企业战略制定、业务优化和人员选拔等各个方面的管理决策提供有力的支持，还可帮助企业经营管理者及时发现政策、制度和各种决策执行过程中的问题，及时做出优化调整。

学生在实验中通过系统的丰富、便捷的报表制作功能以及直观的图形化展示，可以获得对数据分析的感性认识，再通过各个模块的实操训练，对于人力资源管理信息集成、数据共享、业务协同达到深度理解，进而形成数据意识、数据思维及数据分析的方法论，掌握数据收集、挖掘、分析、处理以及决策能力。

以上所述，主要是本人对人力资源管理信息系统实验实训教学的基本价值判断，是教学实践中的经验积累和认识升华，也是本书从构思到逻辑建构，在写作思路上的过程梳理。

总之，基于人力资源管理信息系统进行实验实训教学，是帮助学生将理论知识有效运用到组织管理实践的桥梁，是理解、掌握、贯通、创新、迭代所学知识的重要手段。实验教学不仅可以帮助学生熟悉人力资源管理信息系统，使学生直观了解人力资源管理的实际工作，深入理解相关理论并建构解决实践问题的基本逻辑，深化人力资源管理相关课程中所学到的理论知识，还可以提高学生使用和操作各种人力资源管理信息化工具的能力以及人力资源管理数据分析技能，提高学生的人力资源管理实践能力及就业竞争力，从而更好地适应社会用人需求。

本书依据金蝶 s-HR Cloud 系统，以业务流程及操作为主线，设计了系列实验。全书共分为 12 章：第 1 章为概述。第 2～8 章按照功能概述、实验目的和任务、实验数据及步骤、实验结果的顺序展开。写作的基本思路是：通过对各个实验项目基本知识要点的梳理，明确实验目的、实验任务及实验内容的架构，按照设计的实验程序和步骤，达成实验结果。根据虚拟的环球机械公司人力资源管理的业务场景，每章都设计了实训项目。第9～12章简要介绍了共享服务、员工自助、移动应用、管理者分析。附录呈现了不同行业领先企业成功实施金蝶公司人力资源管理信息系统的典型案例。

本书可以作为高等院校人力资源管理课程的实验实训教材，也可以作为各类培训机构和企业开展人力资源管理人员实务操作培训的教材，还适合人力资源管理从业者作为自学教材使用。本书可帮助读者借助实验课程的学习，建构组织战略管理视野，深化对人力资源管理理论的理解，掌握各种人力资源管理信息化工具的操作及数据分析处理技巧。

本书的出版是多方努力和集体协作的成果，是校企社通力合作的结晶。在书稿付梓之际，特别感谢金蝶公司和中国人民大学出版社的大力支持和鼎力相助，没有它们的辛苦努力和全力付出，本书不会这么快地呈现给广大读者！感谢北京理工大学邓欣吉教授的共同策划和对大纲设计的参与！感谢金蝶软件北京分公司的宋丹萍女士编写了讲义初稿并在北京科技大学本科生和研究生实验课堂上进行了试用和咨询辅导！感谢金蝶顾问学院郝红建先生的多方协调，金蝶 HR 解决方案事业部副总经理汪琼女士的支持与推动！感谢金蝶 HR 解决方案事业部交付总监张金龙先生和首席顾问、方案总监宁卫军先生的统筹管理和项目推进！感谢金蝶 HR 解决方案事业部专职负责 s-HR Cloud 系统产品培训工作的武强先生和多名实施顾问的编写和验证工作！感谢中国人民大学出版社管理分社熊鲜菊社长的支持、谷广阔编辑的辛苦工作和所给予的诸多非常中肯的建议！

陈闽红

序言二

FOREWORD

金蝶国际软件集团始创于 1993 年，是港交所主板上市公司（HK0268）。金蝶以管理信息化产品服务为核心，运用前沿科学技术，为超过 400 万家企业和政府组织提供云管理产品及服务，是中国软件市场的领跑者。在人力资源管理信息化领域，金蝶从事人力资源管理系统开发和客户服务迄今也有近 20 年的历史。在本教程的编写团队中，就有多名从事企业人力资源管理咨询和系统实施工作数十载的金蝶 HR 资深顾问。能够共同编写一部有关人力资源管理信息系统的教材，对于我们每一位同仁而言都既是一件辛苦的工作，又是一项光荣的任务，我们为此感到非常骄傲。

过去 20 年既是中国以加入世界贸易组织为标志全面深化改革开放的 20 年，也是中国企业管理信息化事业突飞猛进的 20 年，更是中国人力资源管理事业从计划经济时代形成的传统人事管理模式转向引进、吸收西方经典人力资源管理理论，融合东方管理智慧，深植中国企业本土实践创新、探索前进的 20 年。作为这样一个历史进程的亲历者，我们倍感荣幸与自豪！

和世界上一切伟大的事业在成功之前都必须在崎岖的道路中探索前行一样，中国的人力资源管理事业发展至今，几乎每一家企业的人力资源管理体系和信息系统建设都在时刻面临因企业内部管控模式变化、组织结构调整、业务流程优化而产生的新问题，时刻面临日新月异的信息技术带来的新机遇，时刻面临世界政治、经济、法律和文化带来的新挑战。特别是这两年发生的中美贸易摩擦和今年突如其来的新冠肺炎疫情等“黑天鹅”和“灰犀牛”事件，进一步加剧了企业内外部环境的多样性、不确定性、复杂性和模糊性。我们这个团队每一名成员每一天的工作，无论是产品开发、管理咨询还是系统实施，几乎时刻都在感受着这些问题、机遇和挑战给企业人力资源管理带来的冲击，让我们深刻地体会到仅凭管理软件企业的一己之力，是无法帮助客户实现对企业人力资源管理信息化的美好愿景的。

有鉴于此，近年来我们在完成本职工作的同时，积极探索与包括各地人力资源管理者协会、科研院所和大学师生在内的社会各界建立广泛的联系，共同探讨推进企业人力资源管理信息化建设和人力资源管理数字化转型的突破之道。

在对大学在校攻读人力资源相关专业的学生进行访谈时，他们谈到，虽然在课程中学到了诸多人力资源管理及相关领域的知识，但在走向工作岗位之前很难获得亲身实践的机会，很难真实观察到一家企业人力资源管理体系运行的全貌，即便能在一些企业实习中参与人力资源管理工作，所接触到的也都是人力资源管理工作中最底层的信息录入、资料传递和简单的数据统计之类的工作，丝毫无法激起他们对人力资源管理工作的兴趣，进而对未来的职业前景有着各种各样的迷惘。

在与企业中高层人力资源管理者一同进行人力资源管理软件实施工作时，我们也经常发现大多数人对企业信息化知识了解甚少，在软件系统操作功能的学习、应用能力方面更是呈现出较大差异。多数人没有表现出结合系统实施对企业人力资源管理工作做出改进的愿望，仅仅希望将当前的人力资源业务模式原封不动地搬到系统中去，把人力资源管理工作的信息化价值仅仅理解到节省工作时间、降低劳动强度这个层面。

面对以上问题，我们希望这部教程可以达成以下三个目的：

（1）帮助那些学习了大量企业管理知识，尤其是人力资源管理理论知识的大学生，在走上企业实际工作岗位之前，能够首先进入我们通过系统模拟的企业环境，进行一系列的人力资源管理业务实践操作，这既能使他们加深理论知识的理解，又能使他们获得人力资源管理信息系统操作的一技之长。

（2）帮助大学生、企业基层人力资源管理工作者在系统操作知识的学习过程中，快速洞察企业人力资源管理运行的全貌，更好地理解人力资源管理各个职能模块的支持与协同关系，提高宏观思维能力和业务协调能力。

（3）在本教程的学习过程中，读者还可以通过参与人力资源管理信息系统实施过程，学习和掌握一些企业管理信息化工作基础知识，了解企业信息化过程中的常见问题和解决方法，提高自己在当前及今后相当长的一个时期运用信息化和数字化的思路和手段解决企业各种经营管理问题的能力。

当前世界经济和政治格局正被日新月异的数字技术和数字化产品应用深刻改变，任何一家企业的管理实践和管理创新都离不开信息化和数字化工具的支持。云计算、大数据、物联网和人工智能等数字技术正在快速渗透企业经营管理的各个领域，正在不断颠覆传统的管理思想、管理方法和管理工具，数字化能力正在成为每一家企业和每一名员工生存和发展必不可缺的基本素质。同时，随着社交网络和移动通信技术的快速兴起，员工的生活环境、工作环境和学习环境也在发生深刻的变化，企业人力资源管理工作在日趋开放和高度互动的社会环境中正面临前所未有的机遇和挑战。

金蝶软件作为成立较早的中国本土管理软件行业的领军企业，在十年前就预见到了上述新兴技术将对企业人力资源管理领域形成冲击，率先面向大中型集团型企业推出了具有独特的社交化、移动化功能，有力支持集团型企业实现差异化管控、跨组织协作和精细化管理的金蝶 s-HR Cloud 人力资源管理软件；在不断推进产品创新、服务创新的同时，还结合软件系统的实施工作，积极帮助和推动客户进行管理实践创新，积累了丰富的实践经验。本教程的编写也是一次难得的总结既往经验和学习提高的机会，我们真诚希望能够借助本教程与更多院校从事人力资源管理教学的老师、有志于从事企业人力资源管理工作的大学生和企业人力资源管理工作者建立广泛的联系，共同推动人力资源管理变革和实践创新，增强企业人才管理竞争力，为中国企业在日益激烈和充满不确定性的多元化和国际化竞争中发展壮大做出应有的贡献！

在此，请允许我们首先对北京科技大学陈闽红教授表示衷心的感谢，是她在过去多年的教学实践中使用金蝶 K/3 HR 系统之后又率先引进了金蝶新一代的 s-HR Cloud 系统，为在校大学生开设人力资源管理信息系统实验课程，以丰富的教学经验指导了本教程的策划和编写；接下来我们要感谢金蝶软件北京分公司的宋丹萍女士，是她在完成繁重的北京地区 HR 实施项目工作的同时，将当时的《s-HR Cloud 操作手册》改编成最早的课程讲义，并参与到人力资源管理信息系统实验课程的授课当中，指导大学生实习操作，付出了大量的时间和心血；同时我们要感谢金蝶 HR 解决方案事业部负责 s-HR Cloud 产品培训工作的武强先生，是他带领何瑜、徐红华、刘凯、李国龙、甘甜和李文奇等多名同事，在宋丹萍编写的讲义基础上，补充和验证了大量的操作功能，并加以详细说明，进一步提升了本教程的系统性和严谨性；此外我们要特别感谢金蝶助理总裁朱涛先生、HR 产品方案事业部副总经理汪琼女士、HR 产品总监王文钦先生以及金蝶顾问学院郝红建先生，对本教程编写工作提供的专业指导和资源协调；最后我们还要感谢每一位参与本教程编写工作的同事的家人的理解和支持！

《人力资源管理实验教程——基于金蝶 s-HR Cloud 系统》金蝶编写组

组长：张金龙（金蝶 HR 解决方案事业部交付总监）

宁卫军（金蝶 HR 解决方案事业部首席顾问、方案总监）

目录

CONTENTS

第1章 概述

1.1 人力资源管理信息系统概述

1.1.1 人力资源管理信息系统定义

人力资源管理信息系统（human resources information system，HRIS）是指利用信息技术来帮助企业管理者进行组织和人力资源管理的工具，承载企业组织岗位等人力资源管理理念，以及员工的全生命周期管理，包括人及人的工作方面的信息收集、保存、分析和报告的过程，亦指用于人力资源相关信息收集、存储和处理的计算机系统。

当前，由专业管理软件公司开发的人力资源管理信息系统功能十分丰富，不仅能够进行企业组织、职位和员工等各类信息的记录，还能帮助企业人力资源管理人员进行人力资源事务审批、薪酬核算、假期及考勤数据统计、绩效考核、员工招聘及入职、员工在线学习和在线考试等各项业务工作，并对诸如招聘、绩效考核、培训类事务进行计划和任务管理，对违反企业相关制度或超出规定限制的行为主动进行预警和制止。基于以上业务功能的实现，系统还可生成各类统计和分析报表，供人力资源管理人员和企业各级管理人员进行业务分析或指定决策时使用。

伴随世界经济全球化和信息技术革命的高速发展，组织大型化、人员结构复杂化、管控模式多样化等给人力资源管理不断带来新的挑战。企业人力资源管理工作对信息系统的依赖性日益提升。人力资源管理信息系统对企业经营管理的重要价值主要体现在如下几个方面：

（1）提高人力资源活动的工作效率和工作质量：通过人力资源管理信息系统在数据采集、存储、加工和使用方面的综合优势，在保证对各种数据准确记录、安全存储和充分使用的基础上，大幅提高各类人力资源活动的工作效率和工作质量，将人力资源管理人员从大量简单、重复性的日常事务性管理工作中解脱出来，投身于其他更有价值的员工沟通、员工关系改善和人才开发工作中去。

（2）提高企业规范化管理水平：在人力资源管理信息系统的开发及实施过程中，可以将企业各种人力资源管理制度、业务规范和数据标准固化于系统当中，从而显著降低人力资源管理过程中的随意性，保障企业各项规定和制度在实际执行过程中的规范化和严谨性，对企业提高规范化管理水平起到切实有效的保障和推动作用。

（3）支持企业管理决策：人力资源管理信息系统在替代传统手工作业方式的同时，还可及时、准确获得和存储各类人力资源基础数据，而系统中丰富、便捷的报表制作、图形化展示、数据分析等功能可以将这些数据所蕴含的潜在价值进行充分发掘，在企业各级管理人员对企业人力资源管理政策及制度制定、企业人力资源管理及其他经营管理决策方面提供更加有效的支持，还可帮助企业经营管理者及时发现政策、制度和各种决策执行过程中发生的问题，及时做出优化调整。

（4）强化业务协同能力：通过人力资源管理信息系统各模块之间以及与其他业务系统的协同——包括数据传输协同、业务过程协同、数据分析协同等，可以帮助企业更加积极主动地将人力资源管理活动和其他资源及经营管理活动相结合，帮助企业更好地进行资源配置及活动安排，不断提升经营效率和经济效益。

（5）服务广大员工：基于人力资源管理信息系统，企业员工不仅可以利用其丰富的员工自助功能在线发起假勤和调动申请，查看个人档案信息，方便各种人事事务办理；还可通过系统中的培训、学习模块进行在线知识和技能学习，进行在线考试、在线沟通、查阅学习资料等，不断提升个人和团队知识、技能水平。以上功能在人力资源管理信息系统上的实现，不仅使员工获得更加愉悦的职场体验，降低员工事务的业务成本，还在改善和密切企业与员工的关系方面发挥了积极作用。

1.1.2　人力资源管理信息系统发展历程

人力资源管理信息系统的发展可分为六个阶段（见图 1－1）。

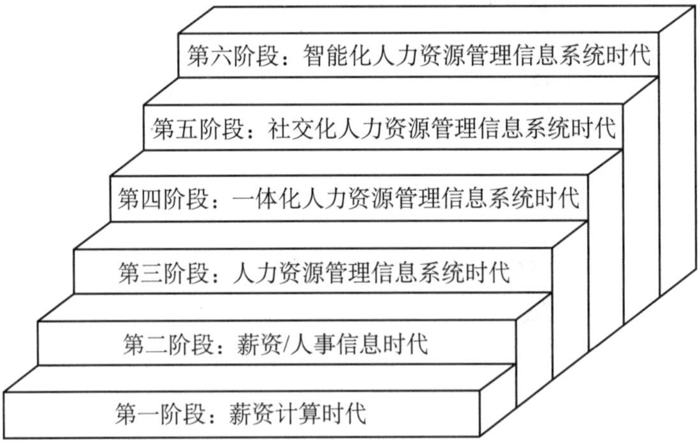

图 1－1　人力资源管理信息系统发展阶段

1. 薪资计算时代

人力资源管理信息系统的发展历史可以追溯到 20 世纪 60 年代末期。当时计算机技术已经进入实用阶段，同时企业的规模也越来越大，用手工来计算和发放薪资既费时费力又非常容易出差错。为了解决这个问题，第一代人力资源管理系统因薪资管理的需求应运而生。当时由于技术条件和需求的限制，用户非常少，系统主要当作一种薪资自动计算的工具，没有涉及员工信息管理。

2. 薪资/人事信息时代

第二代人力资源管理信息系统出现于20世纪70年代末。随着计算机技术的飞速发展，无论是因为计算机的普及性，还是因为计算机系统工具和数据库技术的发展，第二代薪资管理信息系统基本上解决了第一代系统的主要问题，开始记录员工的各项信息包括薪资的历史数据。此外，它的报表生成和薪资数据分析功能也都有了较大的改善。这个时代的管理信息系统以薪资处理为主，兼具一部分人事信息管理的功能。

3. 人力资源管理信息系统时代

人力资源管理信息系统的第一次革命性变革出现在20世纪90年代初。企业管理理论特别是人力资源管理理论的发展，使人们认识到人力资源在企业发展和竞争中能发挥关键作用。另外，随着IT技术的发展，特别是企业资源计划（enterprise resources planning，ERP）系统在企业中的广泛部署，企业管理者认识到，人力资源管理的理念和制度也可以通过信息技术得到更好的应用和支撑。于是，员工档案管理、绩效考评、培训管理、招聘管理等支撑人力资源管理日常业务运营的功能相继在信息系统中得以实现，与此同时人力资源管理各类业务所产生的数据被统一管理起来，形成了集成的信息源。信息系统友好的用户界面、强有力的数据分析工具和审批流程引擎，使得人力资源管理人员摆脱繁重的日常工作，将更多的时间分配到从战略的角度来考虑企业人力资源规划和政策上来。

4. 一体化人力资源管理信息系统时代

人力资源管理信息系统的第二次革命性变革出现在20世纪90年代末和21世纪初。由于ERP、内联网（intranet）和互联网（internet）技术的普及，出现了大量集财务、人力资源、供应链、生产制造等功能于一体的大型信息系统软件。在这一时代兴起的软件，不仅可以满足人力资源各类业务处理的需要，还可与财务及各类业务系统集成于同一平台，实现组织与人事基础数据的统一、流程引擎的统一、登录门户的统一、报表中心的统一。这种一体化的应用方式大幅提高了各类数据综合应用水平，例如：人力资源管理系统生成的工资表可以直接传入财务系统进行工资核发和人力成本及费用核算，各类业务系统中的业绩数据可以通过适当方式传输到人力资源管理系统中用于人员绩效考核，同一数据平台下的人力成本数据和业务经营数据可以支撑各类人员效率的组合分析，等等。除上述变化之外，一体化的信息系统软件也增强了对集团型企业跨组织复杂业务的满足程度，并实现了很多用于集团总部对下属企业进行有效管控的功能。

5. 社交化人力资源管理信息系统时代

进入21世纪后，移动互联网的快速兴起给人力资源管理信息系统带来一次新的飞跃。首先，人力资源管理信息系统的用户从专业人力资源管理人员逐步拓展到企业各级管理人员和普通员工，人力资源管理信息系统除了满足人力资源专业事务操作以外，还可直接面向其他用户提供各种自助服务，如在线进行各类人事申请和审批、实时查看/查询团队及下属信息、在线进行人员知识技能测评、在线开展培训学习等；其次，除了在桌面计算机终端以外，用户还可通过手机、平板电脑等移动通信设备使用系统。更为重要的一点是，在互联网特别是移动互联网快速兴起的同时，世界经济技术革命也进入了一个新的时代，企业组织规模日趋庞大、组织边界日趋模糊、企业用工方式日趋灵活，因而要求人力资源管理系统必须能够同时满足集团管控、国际化经营、移动办公、灵活用工、虚拟团队管理的要求，能够适应各种跨组织、跨区域及跨国别等复杂业务操作以及差异化管控的需求。

6. 智能化人力资源管理信息系统时代

近年来，伴随云计算、大数据、人工智能、物联网等技术的快速兴起，人力资源管理信息系统正在向智能化时代快速迈进。人工智能技术的引入将催生各类智能化服务设备及软件，代替传统人工方式开展简历筛选、人事手续办理、人事政策制度解答等工作；通过将人力资源管理信息系统与财务、供应链、生产、销售等业务系统集成，可以采集到更多财务和业务数据，用于员工绩效考核和效能评价，为企业战略制定、业务优化和人员选拔等各个方面的决策提供有力的支持。未来，伴随 5G 时代的到来，人力资源管理信息系统与各类智能可穿戴设备（如智能手表、智能工卡和智能安全帽等）可以直接相连，实时采集员工行为数据、工作地点变动数据及劳动强度数据，让企业更加全面准确地洞察员工状态。数字时代的到来，不仅可以帮助人力资源管理专业人员降低劳动强度、提高效率，更重要的是能够使人力资源管理专业人员的工作方式产生根本性转变，进而对企业经营管理方式产生颠覆性影响。

1.1.3 人力资源管理信息系统类别

过去，由于市面上没有成熟的人力资源管理信息系统，一些大型企业会依靠自己的技术实力进行人力资源管理系统的开发供企业自身人力资源管理部门使用，但能够实现的业务功能绝大多数仅限于员工信息管理、薪酬计算、假勤统计等基础功能。近年来，企业规模迅速扩大、组织结构调整频繁、人员流动频率大幅提升，同时国家法律法规及企业实际经营管理对人力资源管理专业化程度要求不断提升，非软件开发企业的技术开发实力和开发人员规模已完全不能适应企业人力资源管理的需要。而与此同时，专业化管理软件企业快速崛起，为企业提供了类型丰富的人力资源管理信息系统软件，因此一般企业不会再去独立自行开发人力资源管理信息系统，转而采购人力资源管理信息系统软件产品和服务，在软件厂商或服务商的帮助下建设人力资源管理信息系统。

目前市场上的人力资源管理信息系统软件商品很多，按功能类型主要分为三类：第一类是专业型人力资源管理信息系统，即由软件厂商开发的仅提供人力资源管理功能的系统，例如铂金 HRMS 系统、万古 HRMS 系统；第二类是垂直型人力资源管理信息系统，它是由软件厂商开发的仅提供人力资源某一类管理功能的系统，目前市场上较多的是提供培训、招聘、人才测评功能的系统，例如大易招聘管理系统、盖雅考勤系统；第三类是一体化人力资源管理信息系统，它们通常由大型综合型管理软件厂商开发，既可作为企业大型信息管理系统（如 ERP 系统）的组成部分，和企业财务、供应链、生产制造、协同办公等功能模块部署于同一操作平台上，也可独立部署，仅供人力资源管理使用，例如 SAP R/3、Oracle EBS、金蝶 s-HR Cloud 等。以上三类人力资源管理信息系统各有所长，专业型和垂直型人力资源管理信息系统力图在功能专精方面满足企业人力资源管理的各种需求，在对各种业务差异化的适应性和灵活性方面胜人一筹，但其不足是需要用户额外付出较高的成本和其他系统集成，才能实现人力资源数据和其他业务数据的综合利用；而一体化人力资源管理信息系统则更加强调人力资源管理和企业其他职能管理的协同，能够以较低的成本实现不同业务职能数据的综合利用，同时可以有效降低不同信息系统间的集成费用。目前世界和国内大中型企业大多倾向于使用一体化系统，或者采用以一体化系统为主，其他专业型或垂直型系统为辅的策略。如果一家企业过多地使用专业型和垂直型系统，又没有足够的经济实力和技术能力解决系统集成问题，往往会导致各个系统间的数据不能相互传输，形成业务功能无法协同的“信息孤岛”。

1.1.4 管理信息系统的全生命周期管理

受企业战略发展及信息技术不断进步的影响，任何一个管理信息系统都只能运用当前技术满足一定时期内企业业务管理的需求，因而都有一个从产生、应用直至淘汰的过程。信息系统的全生命周期是指一个管理信息系统从需求提出到系统软件采购、系统实施、使用维护到升级、更新直至全部淘汰的过程。从用户企业角度来讲，一个管理信息系统的生命周期分为立项选型阶段、系统实施阶段、系统应用阶段、系统升级阶段和系统淘汰更新阶段。而从为企业提供信息系统的软件厂商或服务商角度来讲，则分为售前阶段、系统实施阶段、运维服务阶段、升级服务阶段和系统淘汰更新阶段（见图1-2）。

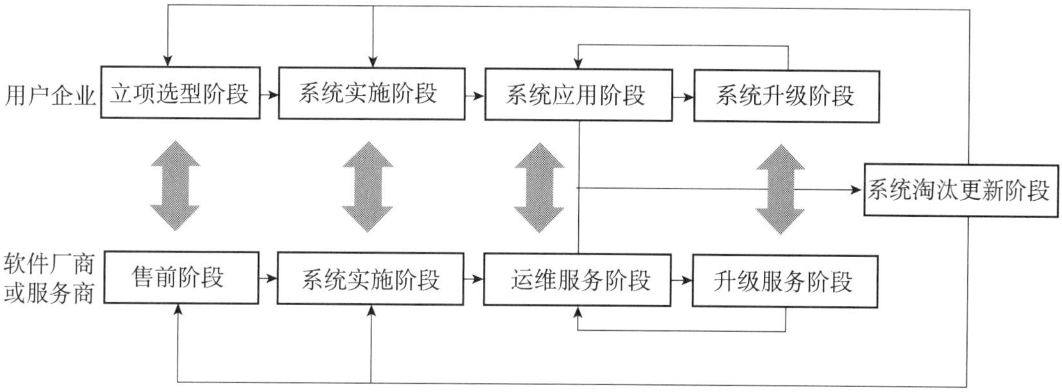

图1-2 管理信息系统的全生命周期管理

1. 立项选型阶段（售前阶段）

企业的业务部门或信息化管理部门根据企业实际需要提出系统建设项目立项申请，经企业决策程序通过后，邀请数家软件厂商或服务商进行前期需求调研后，各自提出需求解决方案或项目建议书，进行系统功能演示，并进行系统软件销售及实施开发费用报价。企业依据相应的采购流程在对各软件厂商或服务商的系统功能满足程度和采购费用的经济性、合理性进行综合比选后，确定其中一家为项目合作方，再通过商务谈判，签订系统软件及相关服务采购合同。

2. 系统实施阶段

该阶段即软件系统实施的整个项目过程。具体说明详见人力资源管理系统实施方法论相关介绍。

3. 系统应用阶段（运维服务阶段）

该阶段即系统实施项目验收后，由企业在软件厂商或服务商的运维服务团队的指导和帮助下，正常使用系统操作各类业务。同时，用户也可根据企业实际业务的变化对系统的基础数据及部分功能进行相应的调整，对系统运行情况进行有效的监控，并及时解决系统运行过程中出现的各种问题。

4. 系统升级阶段（升级服务阶段）

由于信息技术快速发展和软件行业市场竞争激烈，软件厂商会不断推出新的软件产品版本满足用户的新的需求。通过系统升级，软件厂商可以以低廉的成本保持其信息管理系统的先进性和适用性，并延长系统使用生命。因此，通常每隔2～3年，企业就会在软件厂商的建议下，双方再启动系统升级项目，对现有系统进行升级。

5. 系统淘汰更新阶段

经过若干年的系统应用后，如果当前应用的系统已经完全无法满足当前企业管理的实际需要，或该系统的核心技术已经完全落后于当前主流技术水平，企业可以考虑将当前系统全部淘汰，选用由原软件厂商或其他软件厂商推出的更新的信息系统。在该阶段，建议企业应优先考虑原系统软件提供厂商的系统并重新选型，但如果该软件厂商缺乏足够先进的后续系统软件，或其在过往系统维护过程中的服务能力不能满足用户要求，企业可以考虑采用其他软件厂商的产品。在淘汰原有系统、采购新的管理信息系统时，需要对原有系统中的数据进行妥善的备份和迁移，以保证企业重要数据资产的可持续利用。

1.2　人力资源管理信息系统实施方法论

通常，企业在选择人力资源管理信息系统的时候，主要会从以下几方面进行考虑：

（1）完整性与集成性：产品能涵盖企业所需的人力资源管理功能，且每个业务功能都是基于完整而标准的业务流程与大量配套表格来设计，是用户日常工作的信息化管理平台；既可作为一个完整的系统使用，也可将模块拆分单独使用，在必要时还能扩展集成。

（2）易用性：界面操作友好简洁，直观体现用户的主要工作内容，且能引导用户按照优化的管理流程进行操作。

（3）开放性：提供功能强大的数据接口，可实现各种数据的导入导出及与外部系统的集成；支持主流关系型数据库管理系统及各种类型的文档处理系统。

（4）灵活性：可根据用户需求进行客户化功能改造及更改界面数据项的显示；具备强大的查询功能，可灵活设置任意条件进行组合查询。

（5）智能化：支持自动邮件批量通过电子邮件发送信息给相关人员，降低管理人员的行政事务工作强度；提供提醒功能，使得人力资源管理者变被动为主动，有效提高员工对人力资源部门工作的满意度。

（6）数据分析，报表/图形输出功能：提供强大的报表制作与管理工具，用户可直接设计各种所需报表；提供灵活报表生成器，可快速完成各种条件报表的设计，能随时进行设计更改。

（7）系统安全：对关键数据进行加密存储，即使系统管理员也无法直接读取数据；设定用户对系统不同模块的不同级别操作权限；建立日志文件，跟踪记录用户对系统每一次操作的详细情况；建立数据定期备份机制并提供数据灾难恢复功能。

选定采购一套系统软件后，在该系统软件提供商的引导、培训和帮助下，建立项目管理组织，进行软件安装、业务数据和业务功能配置、用户培训、上线试运行及系统验收移交的整个过程称为“系统实施”。用户企业不了解系统软件的功能，而软件开发企业或服务商又不完全了解用户企业的实际情况和具体业务需求，加上系统软件的标准功能不能满足用户部分需求，导致系统实施工作存在一定的风险，需要采取科学、系统的方法有序指导系统实施工作的展开。软件厂商依靠项目管理理论知识，总结过往为企业提供系统实施服务的经验和教训，对系统实施整个过程进行项目化管理而制定的一系列涉及系统实施组织、计划、协调、质量管理、文档管理和风险控制等方面的操作规范，称为“系统实施方法论”。目前国内外大型软件厂商均基于各自软件产品和用户的特点以及服务经验，总结出了各自的系统实施方法论。下面我们以金蝶软件的 Kingdee Way 系统实施方法论为例，介绍软件系统实施方法论的主要内容。

1.2.1　管理信息系统实施项目组织

管理信息系统实施项目组织通常由软件系统企业（甲方）和软件厂商或服务商（乙方）人员共同组成，一个典型的管理信息系统实施项目组织结构如图 1－3 所示。管理信息系统实施项目组织中各单元及角色说明如下。

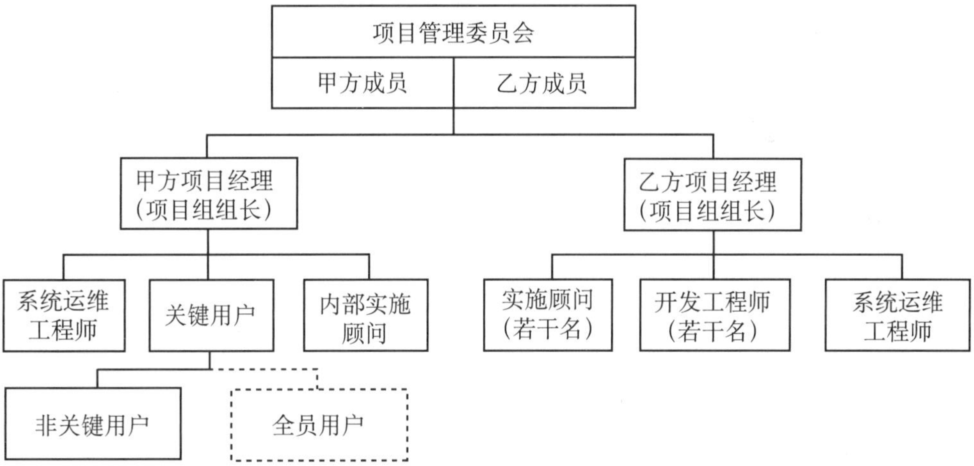

图 1－3　管理信息系统实施项目组织

1. 项目管理委员会

项目管理委员会又称“项目联合领导小组”，由甲乙双方高层领导共同组成，主要负责定期或不定期召开会议，听取双方项目组单独或共同提交的重要方案汇报，审议和批准项目重大决策。

2. 乙方项目组

乙方项目组是由乙方项目管理人员和工程技术人员共同组成的项目实施团队，由项目经理（1 名，大型项目可根据实际需要再增设副经理或项目助理协助工作）、实施顾问（若干名，3 人以上时可增设兼职实施顾问组组长 1 名）、开发工程师（若干名，3 人以上时可增设兼职系统开发组组长1名）、系统运维工程师（1名）组成。

（1）项目经理（项目组组长）：乙方派驻甲方现场，负责乙方项目计划、组织、技术、文档和人员等各项职责的综合管理责任人。

（2）实施顾问：根据责任分工负责项目若干模块实施过程中的用户需求调研、技术实现方案编制、业务蓝图撰写、用户培训及指导、系统初始化及上线维护等工作。

（3）开发工程师：负责了解和澄清客户个性化功能需求，编写客户化开发模块详细需求说明书、客户化开发的系统设计文档，以及代码编写、单元测试和相关应用指导。

（4）系统运维工程师：负责硬件环境调试、软件系统安装、面向甲方系统运维工程师技术沟通及系统运维知识培训。

3. 甲方项目组

甲方项目组是由甲方项目管理人员、系统用户及系统运维工程师共同组成的项目实施团队，由项目经理（1名，大型项目可根据实际需要再增设副经理或项目助理协助工作）、关键用户、非关键用户、系统运维工程师组成。

（1）项目经理（项目组组长）：甲方本信息化实施项目的关键负责人，负责甲方项目计划、组织、技术、文档和人员等各项职责的综合管理责任人。通常由甲方人力资源部门或信息化建设部门管理人员担任。

（2）内部实施顾问：在一些大型企业中，甲方信息技术部门会设有专职内部顾问岗位，由具备一定的业务管理知识、管理体系优化知识和系统实施与操作知识的人员担任，其工作职责是参与项目调研、系统操作知识学习、业务蓝图评审及甲方用户指导工作。由于甲方内部实施顾问具有和乙方实施顾问相同或近似的知识结构和从业经历，所以能在实施项目过程中，对提高双方沟通效率，更加准确地传递和理解用户需求、制定技术实现方案起到良好的桥梁作用。

（3）关键用户：甲方未来主要使用管理信息系统某一或若干模块的人员，如甲方集团总部人力资源部中的人事专员、薪酬专员和绩效专员等。在项目实施过程中，承担业务需求描述、学习及了解管理系统各项功能、参与技术实现方案研讨及业务蓝图文档审核、系统上线数据准备等职责，同时还需配合乙方做好甲方非关键用户的系统使用培训、指导工作。

（4）非关键用户：甲方除关键用户外，未来需要使用管理信息系统某一或若干模块的其他人员，如甲方分、子公司的人力资源部门人员，在项目实施过程中，需要承担配合业务需求调研工作、学习及了解管理系统各项功能、参与乙方项目组和甲方关键用户编制的技术实现方案及业务蓝图评审等职责。

（5）系统运维工程师：来自甲方信息技术部门，负责为软件提供相应的软硬件环境，接收乙方安装的管理信息系统，并向乙方运维工程师学习乙方提供的管理信息系统安装、运维知识和技能，做好实施项目期间的系统运行维护。

1.2.2　管理信息系统实施过程简述

依据金蝶 Kingdee Way 系统实施方法论，一个管理信息系统实施项目分为项目定义、蓝图设计、系统实现、上线支持四个阶段（见图1-4）。

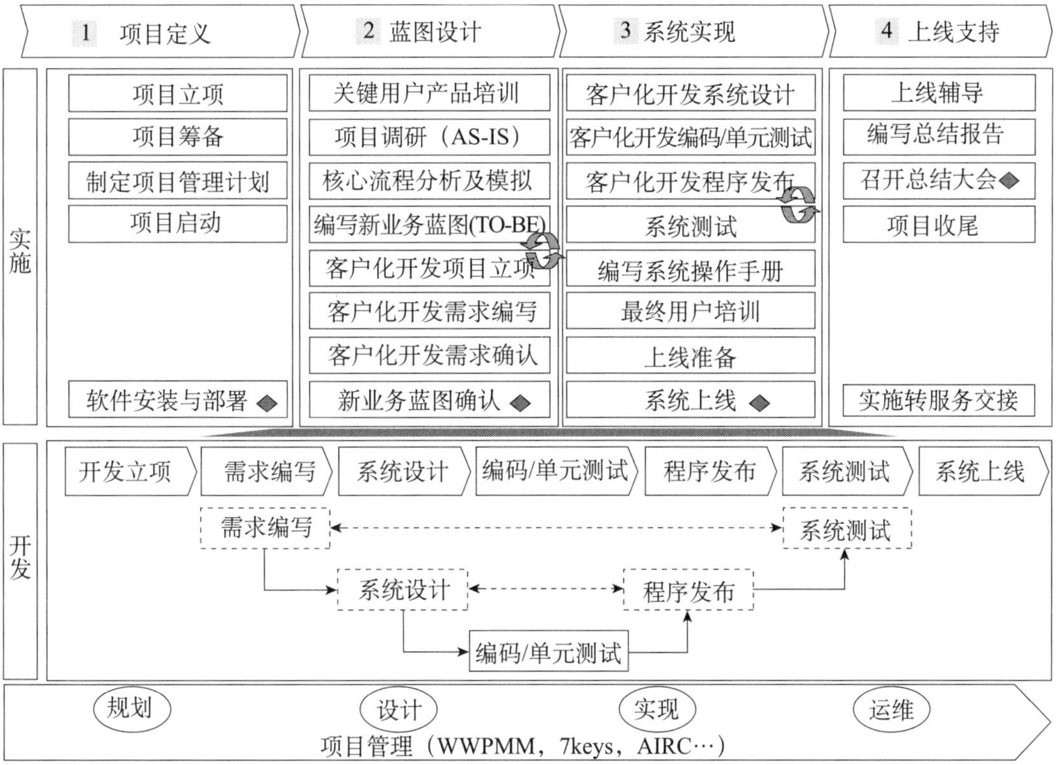

图1－4　金蝶 Kingdee Way 系统实施方法论

1. 项目定义阶段

企业和软件厂商或服务商签订相关合同协议后，软件厂商或服务商项目团队进驻企业。为了保证实施项目有序进行，本阶段的工作主要是完成项目实施的项目组织建立、进行初步的需求调研，并在此基础上开展实施方案拟定、实施目标及验收标准确立、实施计划、项目管理制度和双方项目公约制定等项工作；同时，企业需为软件厂商或服务商提供管理系统软件安装的软/硬件基础环境，由软件厂商或服务商进行系统软件安装。

在以上项目准备工作完成后，双方召开项目启动会，明确上述项目工作要求，正式启动项目实施工作。

2. 蓝图设计阶段

本阶段是由双方项目组对企业项目范围内及相关的管理信息化需求和软件功能进行详细的调研和培训学习，并制定相应的系统功能实现方案的过程，包括系统数据标准规范制定、系统运行相关业务流程的梳理和优化、系统业务功能具体操作实现方式等，如果有需要根据企业实际需求进行定制化开发的功能，亦须在此阶段拟定详细的功能开发和实现方案。与此同时，在此阶段还需完成对关键用户的系统操作培训和考核工作，通过系统操作培训和业务蓝图设计相结合，用户可以加深对信息系统的了解，更加务实地提出系统业务实现方案和优化改进建议。业务蓝图设计阶段的核心成果是《××集团人力资源管理信息系统业务蓝图》，里面详细说明了该项目范围内系统各模块功能实现的主要方式，包括业务流程总图、各项业务流程图、系统功能关键操作步骤及重要操作界面。通过业务蓝图，甲乙双方就系统满足用户需求的各种功能及操作方式做出比较详细的界定达成充分的共识。如果把信息管理系统比作一栋建筑，业务蓝图就是这个建筑的施工图。接下来甲乙双方就要按照这个施工图来进行系统的实施。

除了业务蓝图之外，如果在双方前期签订和合同当中已经明确，或在业务蓝图设计时发现，需要根据企业的特殊需求进行部分功能的客户化开发，在该阶段还需编写《客户化开发模块详细需求说明书》，并需甲乙双方共同确认作为后续定制化开发的依据。

与上述业务蓝图设计相关工作开展同步，双方项目组还需进行系统实施所必需的数据和管理规范采集工作，涉及企业的组织结构、职位设置、人员信息、假期种类、考勤规则、薪酬方案（薪酬项目及其计算方式）等，为系统实施做好充分的准备。

3. 系统实现阶段

本阶段的主要任务是按照《××集团人力资源管理信息系统业务蓝图》的约定，完成静态数据（如组织结构、职位设置、人员信息等）导入和设置、系统功能（如员工转入调离、假勤统计、薪酬核算等）配置及其他系统初始化工作，同时完成客户化开发的系统设计文档编写、代码开发、单元测试等项工作，并完成最终用户的培训工作（包括培训教程编写与培训实施及培训考核），为系统投入试运行做好一切必要的准备。

4. 上线支持（系统试运行及验收）阶段

系统实现阶段完成后，双方约定日期将系统投入试运行，由企业关键用户及最终用户在乙方人员的指导下根据企业实际业务开展需要进行系统操作，同时解决系统实际应用过程中出现的各种问题。当系统运行满足验收标准时，由乙方项目组提供项目验收报告，经甲方项目组确认、签署后即宣告系统实施项目任务完成，乙方项目组将系统运维工作转交乙方的运维服务部门，进入系统维护阶段。

1.2.3 管理信息系统实施成功要素

通过以上介绍，相信读者已对人力资源管理信息系统实施项目的专业性和复杂性有了一定的了解。在既往企业信息化建设实践中，双方项目组在组织管理、计划管理、任务管理、文档管理及沟通管理等方面存在问题，致使项目终止的事例也屡见不鲜。因此，这里有必要分享一些保障人力资源管理信息系统及其他各类信息管理系统顺利实施的成功经验。

1. 人力资源信息化是一把手工程

人力资源管理信息系统实施周期长、涉及面广，需要企业在做好日常工作的同时，投入大量资源对现行制度、流程和数据进行梳理分析和优化，对实施方案进行比选、论证，特别需要企业高管从企业战略和全局性统筹的高度重视并强力推动。在项目实施过程中，企业高管不仅要经常听取项目进展汇报，指导双方项目团队做好项目管理和团队协作工作，而且要在项目推进遇到重大问题和困难时及时组织研讨分析，果断做出决策，保证项目持续推进。

2. 统筹规划、分步实施

人力资源管理信息系统实施是一项复杂的系统工程，不仅涉及大量的计划、组织和协调工作，还面临不同人力资源管理思想和管理方式的差异与冲突。因此，管理信息系统实施工作切忌贪大求全、急于求成，而是应当科学制定系统实施规划，分步实施。例如，采取分期实施的模式，一期先实施组织及职位管理、人事管理、假期管理和薪酬管理几个基础模块，二期再实施绩效管理、考勤管理和培训管理等功能较为复杂的模块。另外，针对集团型企业，也可以先选取集团总部企业及若干人力资源管理基础较好的企业作为试点单位先行实施，做出样板、总结经验后再推广到其他企业。通过化整为零、各个击破的方式可以降低实施工作的复杂程度，降低项目风险，提高系统实施成功率。

3. 组织有效、充分投入

管理信息系统实施是一项专业化、交互化程度很高的工作，不仅需要建立规范的项目组织，还要保证项目组成员均有足够的时间和精力投入。例如，甲乙双方项目领导小组成员要定期拿出时间出席项目会，听取双方项目组对项目进展的专题汇报，对项目进程中的重大问题做出决策，同时要求甲方项目组成员提高日常工作效率，拿出足够的时间完成项目实施工作任务。甲乙双方的项目经理要保持密切的沟通，随时关注项目进展和双方人员投入的充分性，保证项目有序推进。

4. 计划严谨、及时跟进

为了保证项目进度和质量，双方项目团队要高度重视计划管理工作。在项目定义阶段，就要根据项目的实际情况、双方拟定的合同要求，制定详细、周密且切实可行的项目实施计划。在项目进行过程中，要按时召开项目周例会和月度例会，对照项目实施计划检查项目中各项任务的完成情况。当出现计划延误时，应客观分析造成进度延误的原因，列明问题清单，安排专人跟进，限期解决。确因各种原因导致无法按照重要节点要求达成进度时，应及时做出调整方案上报双方项目管理委员会（项目领导小组）申请计划变更，并以变更后的计划作为后续项目实施进度的依据，改善项目管理和工作方式，提高效率，减少时间损失。

5. 定期评估、风险可控

在项目实际进行过程中，出现一些影响项目顺利推进的现象往往在所难免，例如：甲乙双方人员因其他工作原因没有对本项目给予足够的时间和精力投入，项目实际投入偏离项目核心问题，计划管理工作未按项目管理制度开展导致人员投入不足，文档编写不规范对系统实施缺乏应有的指导和约束作用，企业提出超出本项目实施范围的要求，等等。因此，双方项目组应全面系统地分析影响项目实施的主要风险，定期进行风险评估（见表1-1）。在对各种风险进行客观评估的基础上，评价风险影响强度，制定切实可行的行动计划，并加强计划中各项任务的检查和落实，消除风险因素给项目造成的影响。

表1-1　管理信息系统实施项目风险评估表（样例）

项目：××集团 HR 实施项目　　　　日期：20××年×月×日

序号	评价维度	风险描述	风险强度	控制措施	实施评价
1	范围管理	项目是否受超出合同范围的需求影响	/	/	/
2	进度管理	3家下属企业未按时完成数据采集工作	低	要求相关企业本周必须完成数据采集工作，项目组加班配合进行导入	已关闭

续表

序号	评价维度	风险描述	风险强度	控制措施	实施评价
3	人员投入	双方实施项目组成员是否按计划投入	/	/	/
4	项目文档	项目文档是否按模板要求编制	/	/	/
5	系统环境	系统测试过程中发现2处漏洞	中	已联系金蝶总部给予解决	跟进中
6	其他需求	截至目前甲方共提出5项个性化需求	中	正在进行需求澄清和确认	跟进中
…	…	…	…	…	…

6. 互相学习、共同提高

通常软件厂商或服务商的实施项目管理人员和技术人员多接受过比较系统的管理知识、IT知识、院校教育和企业培训，在管理理论知识和信息技术知识方面较企业项目组成员具有一定优势，而企业人员的知识优势多存在于行业知识和本企业实际业务领域。这种双方项目组成员在不同领域中的知识优势差异往往也会造成在项目实际推进过程中的认知差异和沟通障碍。双方项目组应清楚地认识到管理信息系统实施项目既是一个高科技产品与服务商品的销售（购买）与交付过程，也是一个甲乙双方相互学习、共同提高的过程，更是两家企业优秀的企业文化相互激荡、深度融合的过程。因此，双方项目组在项目推进过程中，应该积极设计一些能够充分进行知识转移的参观、培训和知识交流活动，增进了解、取长补短，为项目的顺利推进营造良好的团队氛围。系统实施也是一次变革过程，在此过程中需注重变革管理、上下相关方的充分沟通以及各级使用者的培训。

7. 聚焦价值、压强突破

在人力资源管理信息系统实施过程中，企业高管、各业务部门领导及广大员工和人力资源管理专业人员一样，都会对人力资源管理信息系统的成效提出很多期望，但一个项目的范围和甲乙双方能够投入的资源毕竟是有限的，当前的信息技术和管理技术也不可能满足用户的所有需求。因此，对于每一个信息化实施项目，我们应当客观评价企业管理的现实水平和信息化技术的发展现状，首先优先利用人力资源管理信息系统中的标准化功能解决人力资源管理日常业务工作中的普遍问题，再拿出部分资源，通过定制化开发实现若干具有典型行业性和企业性特征、对消除企业重要的瓶颈性问题能够起到关键作用的个性化功能，力争通过一个项目的实施使企业人力资源管理水平在较短时间内迈上一个新台阶。

8. 重视数据质量

数据被称为信息系统中流淌的“血液”，实施过程中要充分重视数据的质量。俗话说，“三分系统、七分实施、十二分数据”。从广义上讲，数据质量高意味着ERP系统内的数据将发挥所有预期的功效。业界数据“垃圾进，垃圾出”的说法就道出了数据质量的重要意义。数据问题涉及不完整、重复、不正确、不一致和错误分类的记录。这些记录将导致业务处理效率低下、业务管理不可靠、风险加大等不良后果。

1.3　认识金蝶 s-HR Cloud 系统

1.3.1　金蝶人力资源管理软件产品发展历程

金蝶伴随中国改革发展和社会进步进程，不断推出满足中国企业业务需求、引领企业人力资源管理变革的 HR 软件产品。截至目前，金蝶已经推出了四代人力资源管理信息系统产品，本实验教程以第三代金蝶 s-HR Cloud 系统为主进行介绍。

1. 第一代：K/3 HR 系统（2000—2005 年）

第一代主要面向中小企业人力资源管理业务提供工资、人事等业务的解决方案。2002 年，K/3 HR 成为中国第一个荣获国家人事部推荐使用证书的人力资源管理信息系统软件。

2. 第二代：EAS HR 系统（2005—2011 年）

第二代主要面向大型集团企业的人力资源管理提供完整解决方案，并不断在房地产、装备制造等行业进行深度经营，获得了广泛的应用。

3. 第三代：金蝶 s-HR Cloud 系统（2011 年至今）

第三代以"战略驱动、共享服务、全员互联"为核心思想，融入大量"互联网＋"时代的先进技术，采用纯 B/S 架构，实现了纯 Web 化和移动化的全员应用。与此同时，金蝶 s-HR Cloud 系统聚焦集团型企业人力资源管理需求，积极适应大中型企业集团差异化管控及复杂人事业务环境要求，全面系统提供大中型企业包括组织职位、基础人事、薪酬、考勤、绩效、人才开发、人力成本管理及国际化人力资源管理等模块在内的完整的人力资源管理解决方案。

4. 第四代：金蝶云苍穹 HR 系统（2018 年至今）

第四代依托于苍穹 PAAS 云原生平台，继承并延续 HR 系统的核心业务架构思想，重新构建了新的人力资源管理信息系统平台，全面增强对超大型企业的全球化人力资源管理业务的支撑。

1.3.2　金蝶 s-HR Cloud 系统简介

1. 金蝶 s-HR Cloud 系统的理念

金蝶 s-HR Cloud 系统是一款以实现企业人力资源管理"战略驱动、共享服务、全员互联"为核心思想，旨在通过采用先进的信息化技术为中国及世界企业，特别是集团型企业提供全方位战略人力资源管理解决方案的信息系统。

金蝶 s-HR Cloud 系统以满足企业战略人力资源管理战略决策（strategic）、社交协作（social）、全员服务（service）、人才供应（supply）四个领域变革创新为设计思想（简称"4S 设计理念"，见图 1－5，这也是金蝶 s-HR Cloud 系统命名的由来），通过提供专业化的人力资源管理核心平台、社交化的全员自助服务平台以及开放的云端应用，帮助企业构建核心组织管控、人力资源管理和人才赋能能力。

（1）战略决策：金蝶 s-HR Cloud 系统致力于帮助企业高层管理人员从战略性视角及

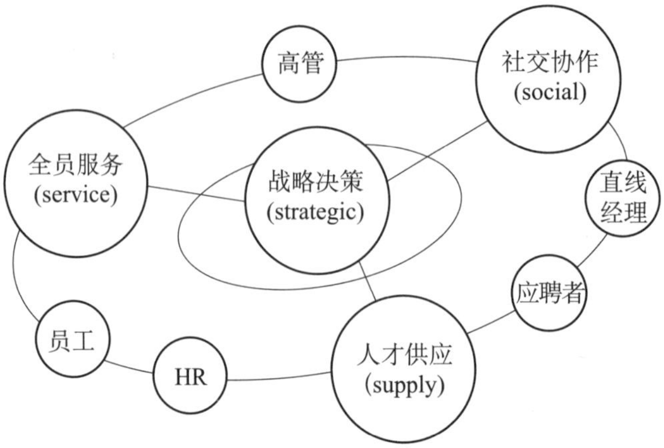

图 1-5 金蝶 s-HR Cloud 系统的"4S 设计理念"

时洞察企业人力资源总量、结构、素质及经营产出能力，推动企业人力资源决策和经营决策从经验决策向数字驱动决策转型，即人力资源数字化转型。

(2) 社交协作：金蝶 s-HR Cloud 系统通过建立上下通达、内外互联的沟通与协作平台，提升企业内部资源对员工工作、学习发展的支持能力，改善企业管理工作中的员工体验，有效提升组织活力、团队协作效率和员工凝聚力。

(3) 全员服务：金蝶 s-HR Cloud 系统不断完善自助服务平台，实现人力资源管理信息系统的全员应用，满足员工政策咨询、信息获取、业务办理、知识获取等方面的实际需求，帮助企业及时向员工推送企业文化和人文关怀信息，在实现企业与员工"事与事协同"的同时，增强"心与心的连接"。

(4) 人才供应：金蝶 s-HR Cloud 系统通过建立社交化的招聘平台，连接内外部人才与企业用人部门，打通内外部人才引进渠道，实现人才需求信息快速传播、人才猎取精准锁定、招聘流程快捷通畅，全面提升企业人才引进竞争力。

2. 金蝶 s-HR Cloud 系统业务架构蓝图

金蝶 s-HR Cloud 系统业务架构蓝图如图 1-6 所示。简要说明如下：

(1) 支持平台：支持平台的作用除了是保障系统稳定性和安全性以外，更重要的是为系统配置及应用提供大量简便易用的工具。s-HR 除了继承金蝶 EAS-BOS 平台的功能特性之外，还为提升系统对集团型企业的适应能力专门开发了 HR 管控体系平台，建立 HR 多业务组织体系和协作体系、政策制度管控体系、HR 特性权限、HR 组织人员体系的设置和应用。

(2) 人力资源管理专业应用模块：为企业人力资源专业管理人员提供包括人事事务、薪资核算、工时管理、人力发展、人力成本和人力效能等专业应用。

(3) 自助服务平台：为企业非人力资源专业管理人员提供各类自助服务。例如普通员工查看个人信息，提出休假申请；经理查看下属组织及员工信息；面试人员填写应聘人评价信息；等等。

(4) 共享服务运营平台：为人力资源共享服务中心运营管理提供任务调度、呼叫接入、在线服务以及相关运营管理事务功能。

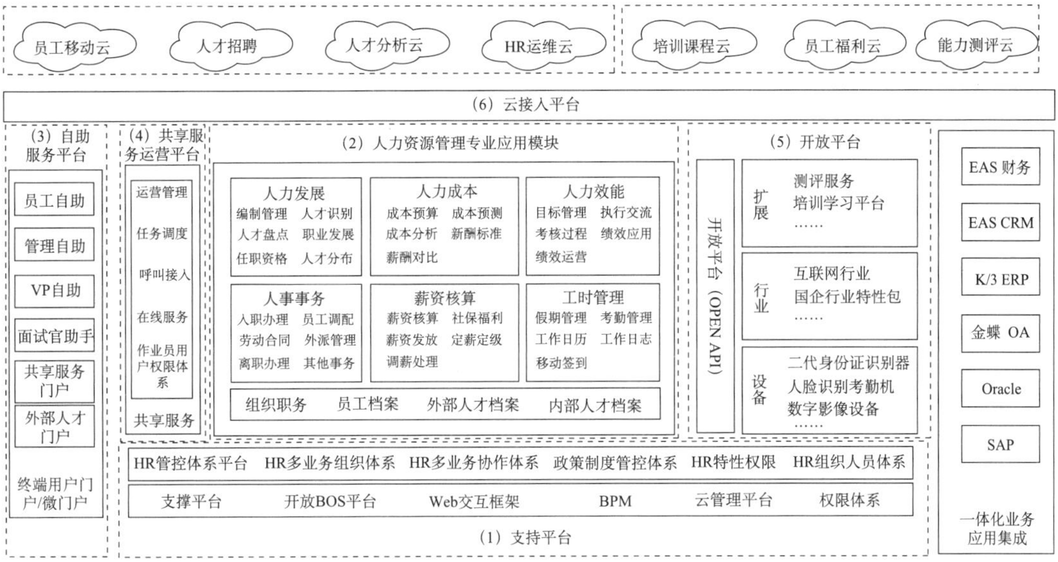

图 1-6　金蝶 s-HR Cloud 系统业务架构蓝图

（5）开放平台：通过开放平台，本系统可以与其他一些异构系统和设备进行数据集成和功能协同，提升企业信息化综合水平。

（6）云接入平台：通过云接入平台，金蝶 s-HR Cloud 系统可以接入其他人力资源在线服务商提供的诸如培训、人才测评、人才招聘、员工个性化福利等第三方平台，以提升企业人力资源管理和员工服务水平。

3. 金蝶 s-HR Cloud 系统软件特点

金蝶 s-HR Cloud 系统与国内外同类人力资源系统相比，具有如下显著特点：

（1）采用了大量“互联网+”时代的先进技术：金蝶 s-HR Cloud 系统采用了大量大数据、云计算、移动通信和社交网络等领域内先进的“互联网+”技术，采用纯 B/S 架构开发而成。系统应用功能全部可在主流浏览器上使用，使用时无须下载安装插件，使用后本地计算机内无残留数据，界面采用互联网扁平化风格，满足安全、快捷和人性化的用户体验需要。

（2）支持复杂的组织内与组织间业务协作：金蝶 s-HR Cloud 系统支持用户采用标准功能处理特殊情景（如试用期、借调期、返聘期、病假期等）下的各类人事业务，以及复杂的组织间业务协作（如跨组织的社保、薪酬、绩效考核等），从而大幅降低了人事业务的处理成本，提升了信息系统对各类复杂、特殊情景的适应能力，为企业准确进行各类人力资源统计奠定了良好的基础。

（3）支持差异化的集团管控模式：根据下属企业的规模、成熟度、对集团战略的重要性、经营风险大小等因素，集团型企业对下属组织分别采用财务型管控、战略型管控和运营管控三种模式，具体到每一项业务又会和总体管控模式有所差异。通过金蝶 s-HR Cloud 系统管控平台，集团型企业总部可对各类下级组织中的各类业务单元和人员的各类业务灵活设置管理政策、流程管控和权限管控，实现不同深度的管控模式，大大提升了人力资源管理信息系统对集团管控的支持能力。

（4）具有丰富的移动社交化应用功能：金蝶 s-HR Cloud 系统配置了大量标准化移动应用功能，方便员工借助手机、平板电脑等移动终端在线进行假勤类与人事类移动申请和审批、在线参加课程培训和考试、在线查看本人或下属信息、在线查看人力资源运营数据、在线进行绩效考核或面试评价等业务，为员工和企业沟通提供了新的信息获取和沟通工具。

（5）具有良好的系统拓展能力：金蝶 s-HR Cloud 系统提供简捷的系统功能配置工具，方便企业 IT 人员和人力资源管理工作者灵活配置各类单据、报表和业务流程，基于开放平台（OSF）对接其他异构系统和硬件设备，基于云平台引入第三方人力资源服务，较好满足了人力资源管理和服务各类需求，也大幅提升了组织与人力资源管理数据的综合利用能力。

（6）支持人力资源共享服务模式：金蝶 s-HR Cloud 系统提供共享运营服务平台，对大量人力资源服务类事务，如员工入职手续办理、收入/在职证明开具、劳动合同签订/续签等，提供标准化、智能化和人性化的“工单式”服务，不仅可以大幅降低作业成本、提高作业质量，还可以提高服务水平和员工体验。

4. 金蝶 s-HR Cloud 系统功能清单

金蝶 s-HR Cloud 系统标准产品领域与模块清单详见表 1-2。

表 1-2　金蝶 s-HR Cloud 系统标准产品领域与模块清单

产品领域	产品模块	模块功能
行政组织管理	行政组织维护	行政组织维护
		行政组织调整
		组织结构图方案设置
		组织结构图方案查询
	职务体系	职务价值图谱
		职务布局
		职务维护
		职务族维护
		职务类维护
		职务子类维护
	职等体系	职层方案
		职等方案
	职位维护	职位日常维护
	人力编制	人力编制表
		人力编制控制线
		人员需求申请
		人力编制动态预览
	组织报表	统计分析表
招聘管理	招聘工作台	招聘工作台
	招聘计划	需求管理
		招聘网站设置
		职位发布

续表

产品领域	产品模块	模块功能
招聘管理	应聘管理	简历筛选
		面试
		面试官管理
	录用管理	录用报批
		录用通知
	内部竞聘	竞聘职位
		竞聘记录
	招聘业务设置	基础资料设置
		面试方案设置
		邮件模板设置
		人才测评服务
	简历库	企业简历库
		重点人才
		黑名单
员工管理	员工信息管理	员工人数初始化
		员工信息维护
		员工信息变更审核
		员工人事业务组织设置
		员工人事业务组织查询
	员工变动管理	预入职
		入职
		转正
		职等调整
		调动
		借调
		兼职
		预离职
		离职
		退休
		返聘
		员工任职变动查询
	员工合同	劳动合同
		其他合同
	人事报表	员工明细查询
		统计分析报表

续表

产品领域	产品模块	模块功能
培训管理	培训管理	培训需求申报
		调研管理
		年度计划
		计划看板
		培训项目实施
		面授课程
		调研评估模板
		讲师类别
		讲师级别
		讲师档案
		报表管理
	学习管理	在线课程
		学习地图
		学习专栏
		直播课程
		推送安排
		学分任务
		配置管理
		报表管理
	考试管理	题库管理
		随机组卷策略管理
		试卷管理
		考试活动管理
		阅卷管理
		培训考试管理
		配置管理
		报表管理
	知识管理	知识智库
		故障管理
		板块管理
		帖子管理
		配置管理
		注册策略
	人才管理	注册审核
		人员档案
		职位管理
		能力管理
		辅导模板
		辅导计划
		报表管理

续表

产品领域	产品模块	模块功能
绩效管理	考核业务	绩效业务组织设置
		员工变动绩效规则设置
		员工考核档案
		员工考核规则
		员工考核计划建立
		员工考核计划执行
	考核结果	员工绩效考核卡
		员工考核结果转薪资
	考核标准	绩效指标类型
		绩效指标库
	绩效基础信息	评分分制
		绩效等级分组
假期管理	日常假期管理	假期业务组织设置
		员工假期档案
		假期额度
		请假单
		销假单
		假期汇总转薪资
	假期业务设置	假期类型
		额度规则
		假期制度定义
		调休规则
		假期项目
		员工变动假期业务规则设置
	假期报表	假期汇总表
		调休明细表
考勤管理	日常考勤	考勤业务组织设置
		考勤档案
		打卡记录
		补签卡
		出差单
		加班单
		出勤记录
		考勤计算
		移动签到审核
	排班管理	排班列表
		排班向导
		考勤组

续表

产品领域	产品模块	模块功能
考勤管理	加班管控	个人加班额度方案
		部门加班额度方案
		个人加班额度
		部门加班额度
		个人加班额度调整申请
		部门加班额度调整申请
		加班额度管控参数
		加班额度控制启用设置
	考勤业务设置	考勤项目
		取卡规则
		班次设置
		考勤制度
		轮班规则
		员工变动考勤业务规则设置
	考勤报表	考勤结果明细
		考勤结果汇总
		考勤统计分析报表
		月考勤报表
薪酬设计	定调薪档案	员工定调薪业务组织设置
		员工定调薪档案
	薪酬标准	薪酬标准
		薪酬标准图
	定调薪	批量定调薪
		定薪调薪查询
薪酬核算	员工薪酬档案	员工薪酬业务组织设置
		员工社保业务组织设置
		员工薪酬档案
		员工社保档案
	薪酬核算	薪酬智能看板
		薪酬核算向导
		费用分配信息（EAS）
		生成费用分配单（进记账中心）
		费用分配单（进记账中心）
		费用分配信息（金蝶云星空）
		计算结果调整日志
		银行代发单

续表

产品领域	产品模块	模块功能
薪酬核算	薪酬业务设置	人力成本项目
		薪酬项目
		计算规则
		员工变动智能匹配规则设置
		社保实际缴纳值导入
		费用分配模板
		薪酬历史数据导入
		EAS HR 薪酬数据下载
	薪酬报表	社保及公积金查询
		员工薪酬查询
		薪酬汇总表
		薪酬对比分析表
		员工费用分摊明细表
		组织薪酬逐级汇总表
		薪酬统计分析报表
人力资源共享	人事共享	预入职登记
		职位入职二维码
		在职证明申请
		收入证明申请
		员工信息维护（共享）
	合同共享	电子劳动合同共享
		电子劳动合同模板设置
	共享任务中心	任务工作台
		预入职档案审核
		入职办理
		电子劳动合同续签办理
		在职证明办理
		收入证明办理
员工自助	我的档案	我的个人档案
		我的成长记录
	我的假勤	我的考勤
		我的打卡记录
		我要请假
		我要加班
		我要出差
		我要销假
		我要补卡

续表

产品领域	产品模块	模块功能
员工自助	我的证明	我的在职证明
		我的收入证明
	我的异动	我要转正
		我要调动
		我要职等调整
		我要离职
	我的薪资	我的工资条
	绩效考核	绩效工作台
	我的培训	学习平台
	我的招聘	我的招聘需求
		我是面试官
管理者分析	组织模型	组织健康模型
	主题分析	员工结构主题
		员工离职主题
	HR 云分析	薪酬云分析
报表设计	报表设计	报表设计及发布
		组织员工统计周期定义

5. 金蝶 s-HR Cloud 系统推广应用情况

金蝶 s-HR Cloud 系统正式推出以来，以先进的技术平台优势、强大的 HR 集团管控和多组织业务处理功能、清新简洁的用户界面、丰富的移动应用功能以及良好的用户体验，受到了中国企业尤其是大型集团型企业的广泛青睐。截至 2019 年，共有 1 万家企业选用金蝶 s-HR Cloud 系统作为企业核心人力资源管理信息系统或 HR 专业模块系统，其中包括中国农业发展集团、中国恒天集团、三一集团、贵州茅台集团、烽火通信、格力电器、海尔集团、海信集团、河南建业集团、重庆金科地产集团、四川省投资集团、安徽投资集团、四川省能源投资集团等国内知名大型集团型企业，市场规模年均增幅 30%以上。

复习思考题

1. 回想一下你最熟悉的一家企业（比如你父母的工作单位或你实习过的企业），说明企业规模、行业特点及人力资源管理方式。谈谈你认为它适合选用哪一类人力资源管理信息系统软件？应用哪些模块？能够为企业实现哪些价值？

2. 如果由你带领一个甲方项目团队负责和某一软件供应商共同为你所在的企业实施一套人力资源管理信息系统，你认为可能会遇到哪些问题和挑战？你将如何应对？

3. 如果由你带领一个乙方项目团队负责为你所熟悉的一家企业实施一套人力资源管理信息系统，你认为可能会遇到哪些问题和挑战？你将如何应对？

第2章 行政组织管理

组织管理是管理活动的一部分，通过建立组织结构，定义职务和职位，明确责权关系，以使组织中的成员互相协作配合，有效实现组织目标的过程。

组织管理理论产生于19世纪末20世纪初，其代表人物有泰勒、法约尔和韦伯等人。现代组织管理理论产生于20世纪中叶，主要有以巴纳德为代表的社会系统论、以西蒙为代表的决策理论、以卡斯特为代表的系统与权变理论和以伯法为代表的管理科学理论等。

组织管理对任何团队而言都是必不可少的。优秀的组织管理可以增加团队间的信任感，促进团队成员和谐工作，提高团队成员的职业化水平，激发团队成员的工作积极性，使团队成员的职业规划尽可能与整个团队的发展规划联系起来。

行政组织管理是金蝶 s-HR Cloud 系统特指的企业内部行政关系的组织管理，由人力资源部根据公司要求统一设置与调整，是 s-HR Cloud 系统人力资源行政业务的载体。

2.1 功能概述

行政组织管理是通过建立组织结构、明确责权关系、规范职位管理体系、控制企业编制规模，确保企业组织有效运行并达成战略目标的过程。在金蝶 s-HR Cloud 系统行政组织管理模块中，包含行政组织结构维护、职位体系（包括职级体系、职务体系）维护和人力编制信息三个子模块（见图2-1），现就它们对企业组织与人力资源管理的作用和意义概述如下。

1. 行政组织结构

组织结构信息化管理是企业人力资源管理及其他业务管理工作信息化的基石。通过组织结构信息化管理，在人力资源管理信息系统中以快捷简便的方法及时实现组织结构规范化的调整，保持系统中组织结构信息和实际组织结构的一致性，帮助企业管理者实时掌握企业各级组织结构设置的情况，支持以组织机构为逻辑和线索的各类业务操作、信息查询和数据统计分析工作。

2. 职位体系

职位是企业组织体系和员工建立关系的连接点，职位体系是企业面向不同类型员工实现精细化分析、制定差异化管理政策和制度的基础。通过人力资源管理信息系统实现职务分类、分级体系的规范化管理，可以帮助企业及时准确地进行员工多维度、结构化统计和分析，实现企业员工队伍的动态调整和良性发展。此外，通过职位体系相关操作（如增设职位）权限的控制，可以从源头上控制诸如“因人设岗”之类行为的发生，提升集团企业对下属企业职务体系实际操作的规范化管控能力。

3. 人力编制

通过人力编制管理功能，企业管理人员和人力资源专业人员可以随时查看各级组织现有人数和编制人数之间的差异，主动预防超编录用、超编调入等行为的发生，帮助企业总部针对不同类型的人员实行弹性化、差异化和精细化管控，保证企业人力资源规模和结构的经济性和合理性，为提升企业人均效能奠定必要的基础。

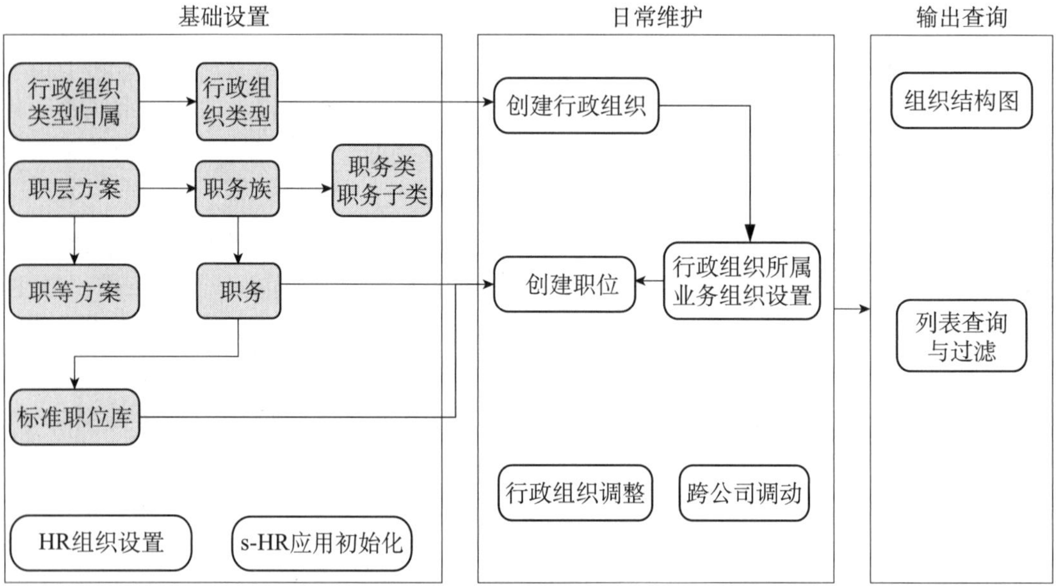

图 2-1 金蝶 s-HR Cloud 系统行政组织管理模块系统流程

2.2 实验目的和任务

2.2.1 实验目的

通过本章的学习，掌握企业行政组织架构、职务体系、职等体系、职位管理、人力编制表和组织结构图设置方法，实现组织结构、职务体系的直观呈现和快速查询。

2.2.2 实验场景

为了让读者能够更好地掌握 s-HR Cloud 系统，增强业务操作的实景体验感，我们虚拟了一家大型集团企业——环球集团作为实验对象。环球集团的主要情况简介如下：

(1) 环球集团成立于 1900 年 1 月 1 日，是一家多业态集团，主要由环球日化集团、环球旅游公司和环球投资公司构成，集团成立之初组织架构（部分）如图 2－2 所示。

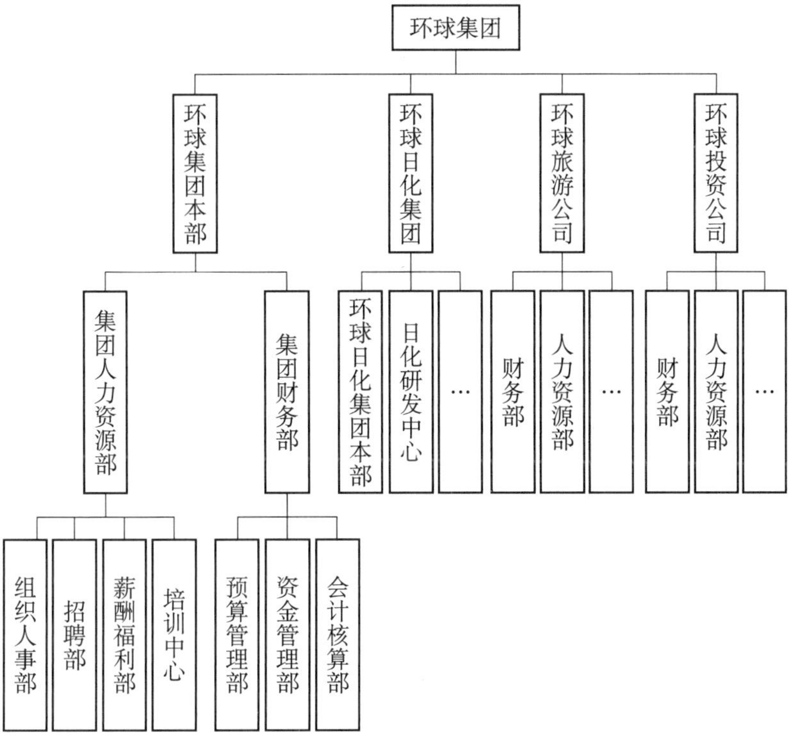

图 2－2　环球集团成立之初组织架构（部分）

(2) 环球集团职务体系采用弱管控模式，多套职务体系并存管理，应用方案采用职务族＋职务类＋职务子类＋职务＋职级体系（职层、职等）。

(3) 为适应战略调整，2018 年 1 月 1 日，环球集团进行了组织架构调整，新增环球机械集团（以下简称环球机械），并且新设立了预算管理中心，调整后环球集团组织架构（部分）如图 2－3 所示。

2.2.3　实验任务

(1) 使用对应实验用户登录，完成环球机械和部门的创建。

(2) 按要求完成环球机械职级体系和职务体系设置。

(3) 按要求完成环球机械组织架构调整。

(4) 按要求完成环球机械职位体系设置。

(5) 完成环球机械人力编制维护。

备注：每位实验用户需根据分配的账户和密码登录系统，账户和密码由辅导老师提前在验收数据中心设置好；本教程将以实验者——用户名 ustbhr065 为例，后续不再单独进行说明。

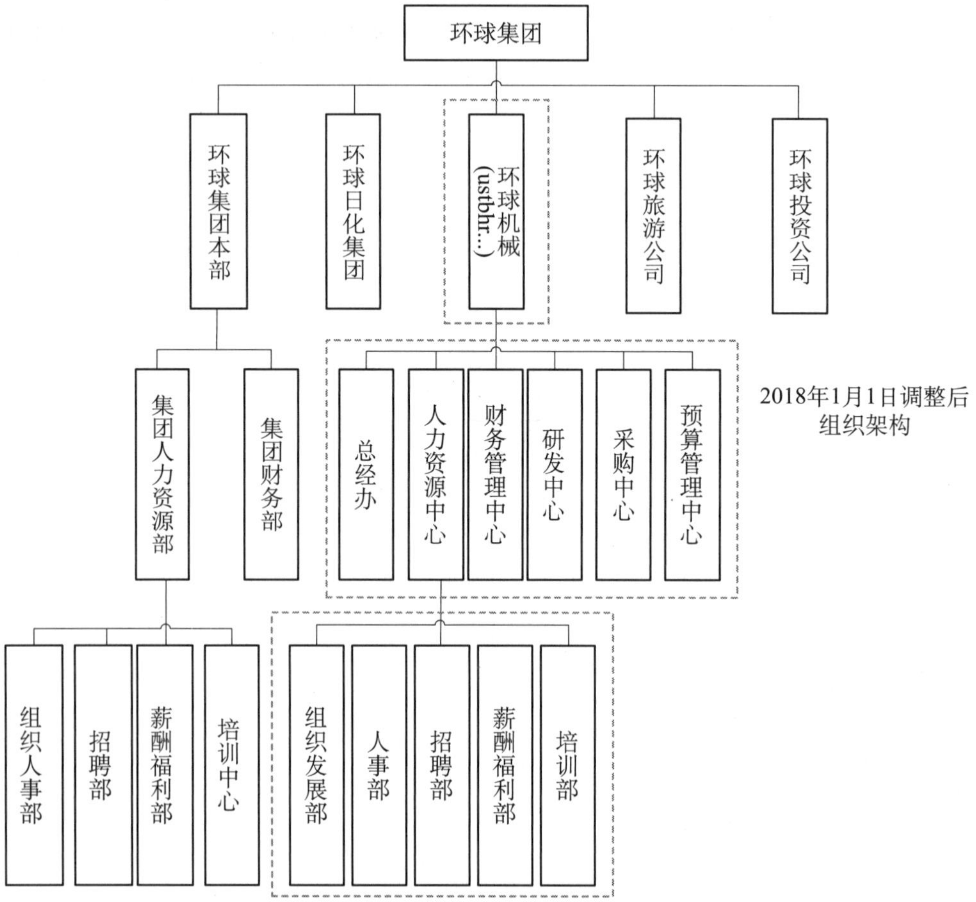

图 2-3 调整后环球集团组织架构（部分）

2.3 实验数据及步骤

2.3.1 系统登录

打开浏览器，在地址栏输入 http：//应用服务器 IP：HTTP 端口/shr，回车后出现如图 2-4 所示的系统登录界面，选择相应的数据中心，输入用户名和密码，点击【登录】进入金蝶 s-HR Cloud 系统。

2.3.2 行政组织维护

行政组织维护主要实现以下操作：组织创建、封存、导出、删除，组织信息变更、修改、历史查看，等等。实验数据中，已经按照表 2-1 进行了集团组织架构信息的搭建。

请按照表 2-2，新建环球机械的组织架构，生效日期为 2018 年 1 月 1 日。具体实验步骤如下。

图 2-4 金蝶 s-HR Cloud 系统登录

表 2-1 环球集团成立之初组织架构信息

组织编码	组织名称	负责职位	组织类型	上级行政组织	生效日期
000000	环球集团	集团总裁	集团		1900-01-01
010000	环球集团本部	本部人事专员	公司	环球集团	1900-01-01
011000	集团人力资源部	集团人力资源部经理	部门	环球集团本部	1900-01-01
012000	集团财务部	集团财务总监	部门	环球集团本部	1900-01-01
200000	环球日化集团	日化集团总经理	集团	环球集团	1900-01-01
300000	环球旅游公司	旅游公司总经理	公司	环球集团	1900-01-01
400000	环球投资公司	投资公司总经理	公司	环球集团	1900-01-01

表 2-2 新增环球机械具体组织架构信息

组织编码	组织名称	负责职位	组织类型	上级行政组织	生效日期
ustbhr065	环球机械(ustbhr065)		公司	环球集团	2018-01-01
ustbhr065.1	总经办	机械公司总经理	部门	环球机械(ustbhr065)	2018-01-01
ustbhr065.2	人力资源中心	人力资源总监	部门	环球机械(ustbhr065)	2018-01-01
ustbhr065.3	组织发展部	组织发展主管	部门	人力资源中心	2018-01-01
ustbhr065.4	人事部	人事部经理	部门	人力资源中心	2018-01-01
ustbhr065.5	招聘部	招聘部经理	部门	人力资源中心	2018-01-01
ustbhr065.6	薪酬福利部	薪酬福利部经理	部门	人力资源中心	2018-01-01
ustbhr065.7	培训部	培训部经理	部门	人力资源中心	2018-01-01

续表

组织编码	组织名称	负责职位	组织类型	上级行政组织	生效日期
ustbhr065.8	财务管理中心	财务部总监	部门	环球机械(ustbhr065)	2018-01-01
ustbhr065.9	研发中心	研发总监	部门	环球机械(ustbhr065)	2018-01-01
ustbhr065.10	采购中心	采购总监	部门	环球机械(ustbhr065)	2018-01-01
ustbhr065.11	预算管理中心	预算管理经理	部门	环球机械(ustbhr065)	2018-01-01

1. 新设公司或者部门

操作路径：【行政组织管理】→【行政组织维护】。

(1) 方式一是通过直接新建的方式进行新增操作。点击【创建】，填写组织必录信息，保存后完成组织新建，如图 2-5 和图 2-6 所示。

图 2-5 创建

图 2-6 新建公司

注意事项：

1）组织名称可以设置为通用部分（ustbhr）＋个人部分（编号），通用部分与老师所给模板同步即可，个人部分根据系统分配到的个人用户名确定，如 ustbhrY6。另外，在之后操作时，如有需要确定其他项的名称之时（如公司名称、部门名称、员工名称、业务名称等），可以将个人部分 Y6 作为后缀使用，以免与其他同学名称重复，影响操作。

2）请注意上级行政组织选择。

3）职位的根节点，如集团总裁，需要手工创建。

（2）方式二是通过导入的方式进行新增操作。点击【更多】→【导入】，再点击【模板下载】，在下载的模板中维护好组织模板信息后，点击【上传文件】即可，如图 2－7 所示。

图 2－7　组织导入

注意事项：

1）后续基础信息维护都可以采用导入的方式。

2）模板内容不可进行修改，否则无法正常导入。

2. 组织的变更或修改

点击进入需要进行信息变更或修改的组织，点击【变更】/【修改】，重新维护相关信息后，点击【保存】即可，如图 2－8 所示。

图 2－8　组织变更/修改

备注：通过变更维护的信息系统会自动产生一个新的历史版本，而修改是在原来版本基础上对信息进行补充完善或者修正。变更的记录在【查看信息变更记录】中可以进行查看。

注意事项：

(1)【创建】：成立一个公司或部门等类型的组织时，可直接使用创建功能，默认上级行政组织为组织导航所选的行政组织，可修改。

(2)【变更】：根据修改的信息系统会自动产生一个新的历史版本。

(3)【修改】：在原来版本基础上对信息进行补充完善或者订正，不产生历史版本。

(4)【查询】：查询该行政组织所有历史版本信息记录。

(5)【封存】：行政组织封存之前，需要将该行政组织上的职位和员工移动到其他组织或职位。行政组织下仅存在离职员工（用工关系不占人头）时，可以禁用职位、封存行政组织。

(6)【排序】：

1）排序功能是根据用户行政组织范围内的数据进行排序，可拖拽移动顺序，可填写顺序号，或上移、下移等。

2）仅对同一级的行政组织进行排序，不能跨级排序。

3）排序界面的顺序号是显示的顺序，行政组织的排序码根据顺序号再生成，如果当前行政组织排序码相同时调整顺序号不影响排序，需将重复的排序码在行政组织编辑界面调整。

4）行政组织排序码可应用于职位列表、员工信息维护列表和自定义报表。

(7)【导入】：

1）行政组织导入生效日期可不填，由系统自动生成，取上级组织最早生效日期，系统默认根节点组织生效日期为1900－01－01。

2）行政组织导入支持新增和更新两种方式，初始化导入错误可调整数据后，选择允许更新导入，参考模板说明进行导入。

3）行政组织更新导入：若生效日期为空或不晚于当前行政组织生效日期，系统以修改方式更新；若生效日期晚于当前行政组织生效日期，系统以变更方式更新，生成新的变更记录。

4）生效日期已填时需同时满足以下条件：行政组织生效日期晚于或等于上级行政组织生效日期；行政组织生效日期早于或等于该行政组织下的所有职位生效日期和员工任职生效日期；行政组织生效日期早于或等于该行政组织下的所有员工当前任职的开始日期。

3. 行政组织调整

行政组织调整指针对公司组织结构大规模调整（如公司组织架构调整发文），实现行政组织、职位和员工进行一体化批量调整，记录行政组织、职位调整历史，以及由于职位、员工调动引起员工任职变动历史。

行政组织调整主要完成以下操作：设置组织调整方案，批量对行政组织或职位、员工进行调整的业务。

按照图2－3以及表2－3和表2－4组织具体信息完成组织架构调整。

表 2－3　环球机械部门调整（新设）

组织编码	组织名称	负责职位	组织类型	上级行政组织	生效日期
ustbhr065.11	预算管理中心	预算管理经理	部门	环球机械（ustbhr65）	2018－01－01

表 2－4　环球机械部门调整（上级调整）

组织编码	组织名称	负责职位	组织类型	上级行政组织	生效日期
ustbhr065.11	预算管理中心	预算管理经理	部门	财务管理中心	2019－01－01

说明：组织上级调整前建议按照组织创建的方式先创建“预算管理中心”，如图 2－9 所示。

图 2－9　组织新设

操作路径：【行政组织管理】→【行政组织维护】→【行政组织调整】，点击【创建】，维护调整方案等必录信息，再点击【数据校验】，通过后点击【保存】，如图 2－10 和图 2－11 所示。

保存后如图 2－12 所示。点击【合并拆分】，进行预算管理中心调整操作，如图 2－13 所示。

拖拽式操作完成后，生效方案完成预算管理中心组织调整，如图 2－14 所示。

注意事项：

（1）创建组织调整方案。方案创建时提供预先检查功能，可预先检查待调整组织下的行政组织、职位、员工在行政组织预计调整生效日期后是否已经发生了变更和是否存在流程中的员工变动单据，便于用户开展行政组织调整。

图 2-10 组织调整方案创建

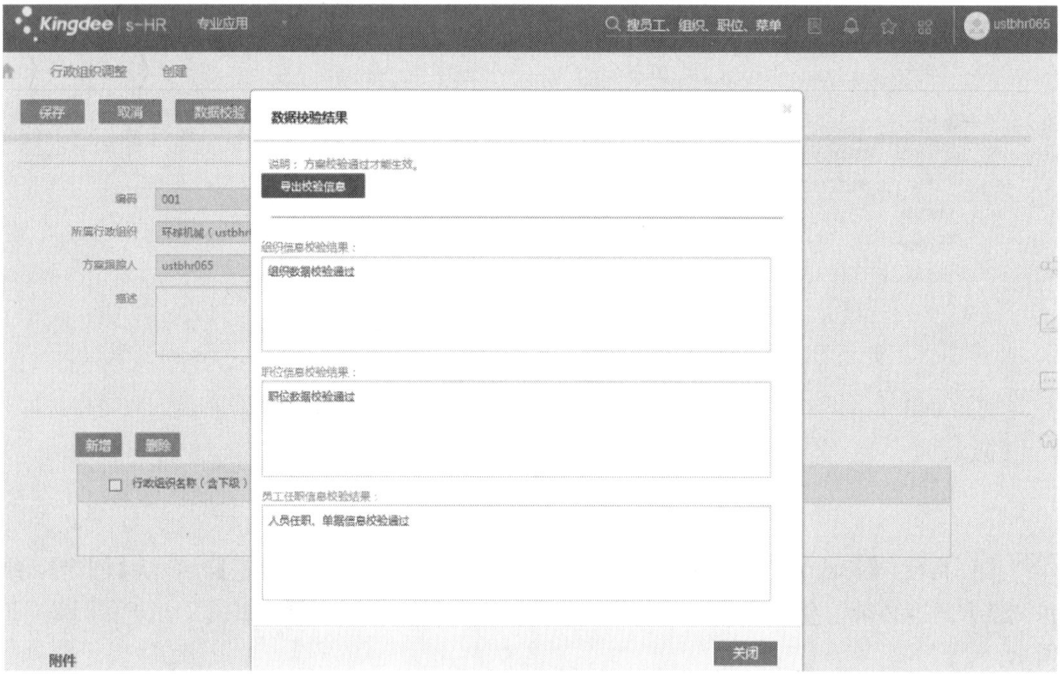

图 2-11 组织调整方案数据校验

检查的规则如下：

1）行政组织最晚版本生效日期是否等于或者晚于预计生效日期。

2）职位最晚版本生效日期是否等于或者晚于预计生效日期。

3）在职员工的主任职开始日期或者兼职开始日期是否等于或者晚于预计生效日期，已经结束的兼职终止日期是否等于或者晚于预计生效日期，员工的离职、退休、返聘终止日期是否等于或者晚于预计生效日期。

图 2-12　组织调整方案保存结果

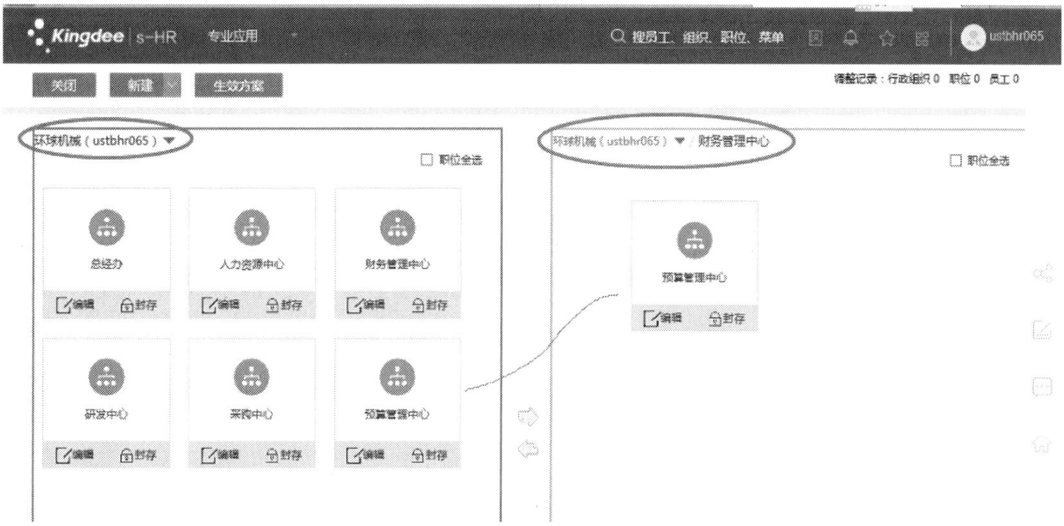

图 2-13　组织调整

4）是否存在已保存、审批中、审批通过待生效的员工变动单据。

（2）组织调整方案提供锁定功能。行政组织锁定后，在行政组织调整期间不能对锁定行政组织以及该行政组织下的职位进行任何操作，不能对锁定行政组织下的员工进行新增和变动操作（员工变动流程可以继续审批），避免行政组织、职位和员工变化影响组织调整数据生效。被锁定行政组织从行政组织调整方案中的“保存”开始，到方案生效成功时间段内锁定有效，方案生效后锁定解除。

1）方案所属组织：指组织调整方案归属的行政组织，用于行政组织调整方案查询权限过滤，也是方案中可调整行政组织的最大范围（方案中只能对本行政组织及其下级行政组织进行调整）。

2）预计生效日期：组织调整方案的预计生效日期，仅支持当前系统日期前的日期生效，不支持未来日期生效。

3）方案跟踪人：组织调整方案的维护人员，默认为创建方案的员工。

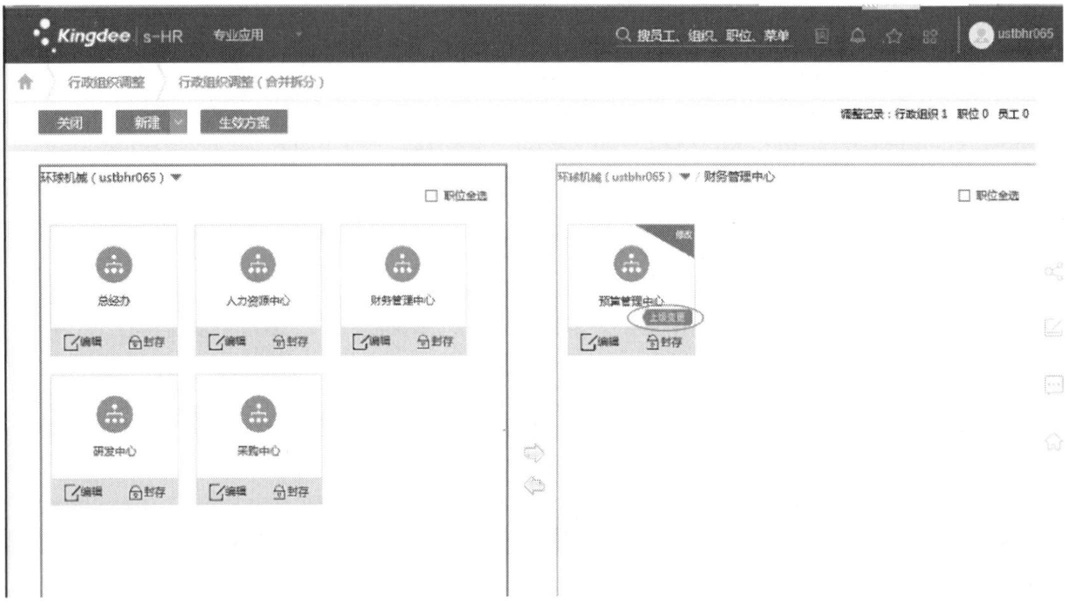

图 2－14　拖拽式调整

4）方案状态：包括未校验（缺省值）、未通过校验、未生效、已生效。锁定组织数据校验后，若存在不符合检查规则的数据，则显示为未通过校验；若不存在不符合检查规则的数据，则显示为未生效。只有方案状态为未生效（校验通过）时，才能开始进行组织调整。

5）锁定组织：需要调整的组织（含下级组织），数据检查时只检验锁定组织。若组织调整方案为未生效状态，且已经对部分组织进行了调整，修改组织调整方案的方案所属组织或者锁定组织后，会删除本方案中的所有调整记录。

（3）行政组织调整。组织调整中可以进行组织创建、变更、合并拆分、上级变更和封存（反封存）处理，也可以进行职位创建、变更、封存（反封存）处理，还可以进行员工调整。

1）合并拆分：满足三种场景，可以将某组织合并到目标组织，成为目标组织的下级组织；也可以将某组织下部分职位合并到目标组织，成为目标组织下的职位，系统会将职位下员工调动到目标组织下对应职位；还可以将某组织的部分员工直接移动到目标组织下某职位。

2）上级变更：可以实现将二级部门或三级部门变更成一级部门，由于员工所属组织未发生调整，组织下职位和员工不产生新的调整记录。若目标组织存在负责岗职位，被调整组织中负责岗的上级职位变更成目标组织的负责岗。

3）职位封存：若被封存职位上仅存在兼职员工，封存职位时会终止员工兼职。

在组织调整中，会对被调整组织或者职位进行分类标示：创建组织或职位，右上角标示为创建；信息变更的组织（包括上级组织变更）或职位，标示为编辑；封存的组织或职位，标示为封存。

提供组织、职位和员工调整数量，显示被调整的组织、职位和员工的个数，例如：对职位进行了更名，然后再进行封存，记录为1；可以在预览中预览详细的调整记录。

（4）组织调整生效。

1）方案生效时可实现没有业务发生的行政组织调整生效，发生业务的行政组织调整不生效，即符合校验通过的数据生效，校验不通过的数据不生效。

2）方案生效时，可以先预览组织、职位和员工的调整明细，然后选择生效日期（可以是当前日期或者历史的某个日期，默认为创建方案时的预计生效日期）生效。

3）方案生效时分为数据校验和数据生效两个步骤。若校验未通过，可以下载校验报告查询失败原因，处理完对应的数据后再重新生效，校验通过的数据可操作继续生效，完成调整生效。

4）组织调整生效后对员工任职记录影响的场景如下：

A. 公司内的组织调整不产生员工任职记录。

B. 某公司整体调整至另一公司下，不产生员工的任职记录。

C. 部门跨公司调整时，将在目标公司创建部门和职位，封存调整前的部门和职位，产生员工的任职记录。

D. 职位的复制生效后将产生员工的任职记录。

2.3.3　职级体系维护

环球机械于2019年搭建了公司的职级体系，如表2-5和表2-6所示。

表2-5　环球机械职层信息

职层编码	职层名称	最低职等	最高职等
F01	领域专家	T8	T8
F02	资深专员	T7	T7
F03	高级专员	T6	T6
F04	专员	T5	T5
F05	助理专员	T4	T4
M01	集团董事长	T11	T11
M02	集团总裁	T10	T10
M03	集团副总裁	T9	T9
M04	总经理	T8	T8
M05	副总经理	T8	T8
M06	总监	T7	T7
M07	经理	T6	T6
M08	主管	T5	T5
R01	专家工程师	T9	T9
R02	资深工程师	T8	T8
R03	高级工程师	T7	T7
R04	工程师	T6	T6

表 2-6 环球机械职等信息

职等编码	职等名称	职等类别
01	T1	基层
02	T2	基层
03	T3	基层
04	T4	基层
05	T5	骨干
06	T6	骨干
07	T7	骨干
08	T8	中层管理者
09	T9	中层管理者
10	T10	高管
11	T11	高管

1. 职等方案维护

职等体系中涉及职等与职层，需要先做职等再做职层，不然在操作职层时，会因无法选择职等而无法创建。

可在不同的人事业务组织下设置职等方案，支持全局共享、分配共享和向下共享三种控制策略，应用于职层方案和职务族。每位实验者创建属于自己组织的职等方案，设置共享策略为分配共享。

操作路径：【行政组织管理】→【职等体系】→【职等方案】，如图 2-15 所示。点击【创建】，新建环球机械职等方案，如图 2-16 至图 2-18 所示。

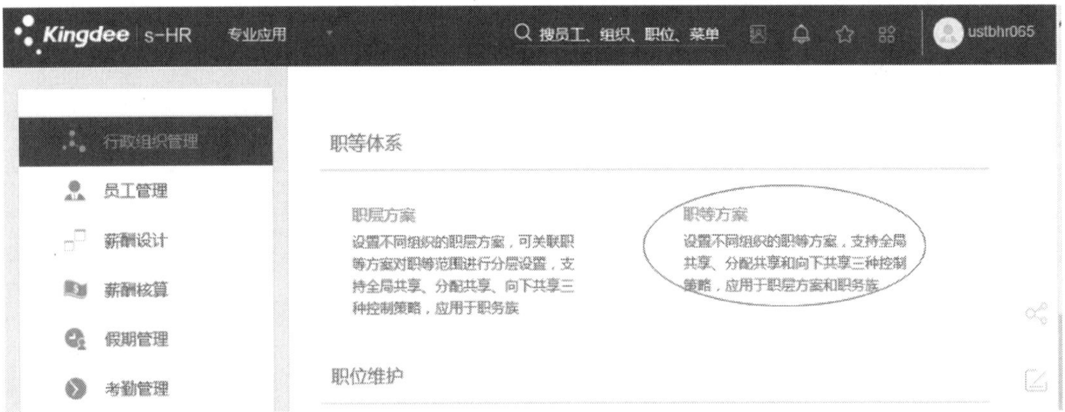

图 2-15 职等方案

上述操作完成后，需要对已经创建的职等方案进行【启用】操作，如图 2-19 所示。

【启用】是在操作中经常会遇到的选项，如在创建职等方案、职层方案时，保存之后会出现该选项，需要手工进行启用。如功能未被启用，则可能出现无法进行后续操作或找不到希望选择的选区的情况，此时，就需要对前序操作进行检查，确认是否正常启用。

图 2－16　职等方案创建

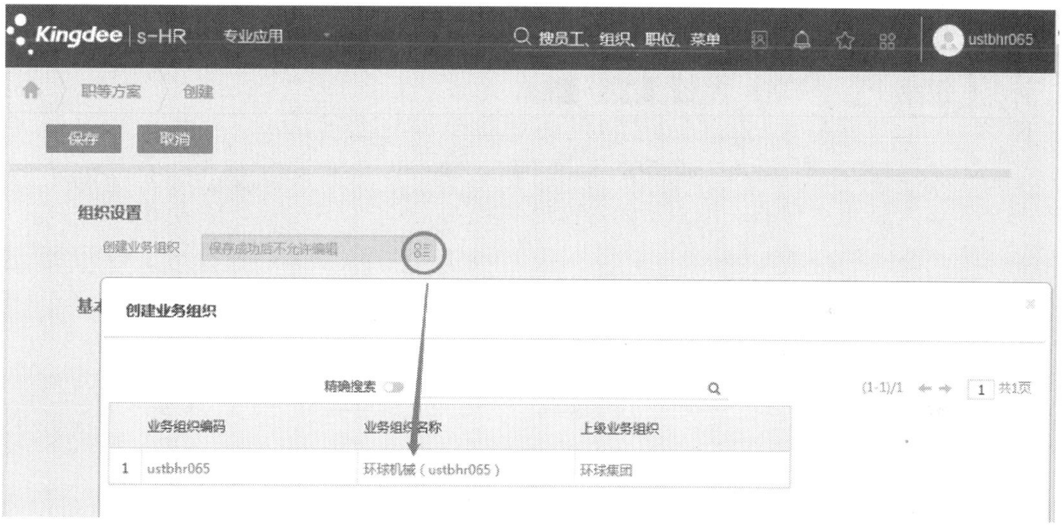

图 2－17　选择业务组织

注意事项：

（1）【创建】：适用企业设置新的职等方案，职等方案包括组织设置、基本信息、职等信息三部分。

1）组织设置需选择创建的业务组织（用户权限范围内的 HR 组织）。

2）基本信息需填写编码、名称和共享策略。

3）职等信息指设置的具体职等明细，职等明细可导入，也可手工新增；如被职层方案或职务族引用后不可修改和删除，只可以进行禁用操作；禁用后职等明细不影响已引用的数据，禁用后可再启用职等明细。

4）共享策略说明：如果是全局共享（系统默认为分配共享，共享策略的设置需要系统管理员进行），所有人事业务组织都能看到当前业务组织创建的职等方案。如果是分配共享，需分配给相关的人事业务组织后才可使用。如果是向下共享，仅对当前 HR 组织的下级 HR

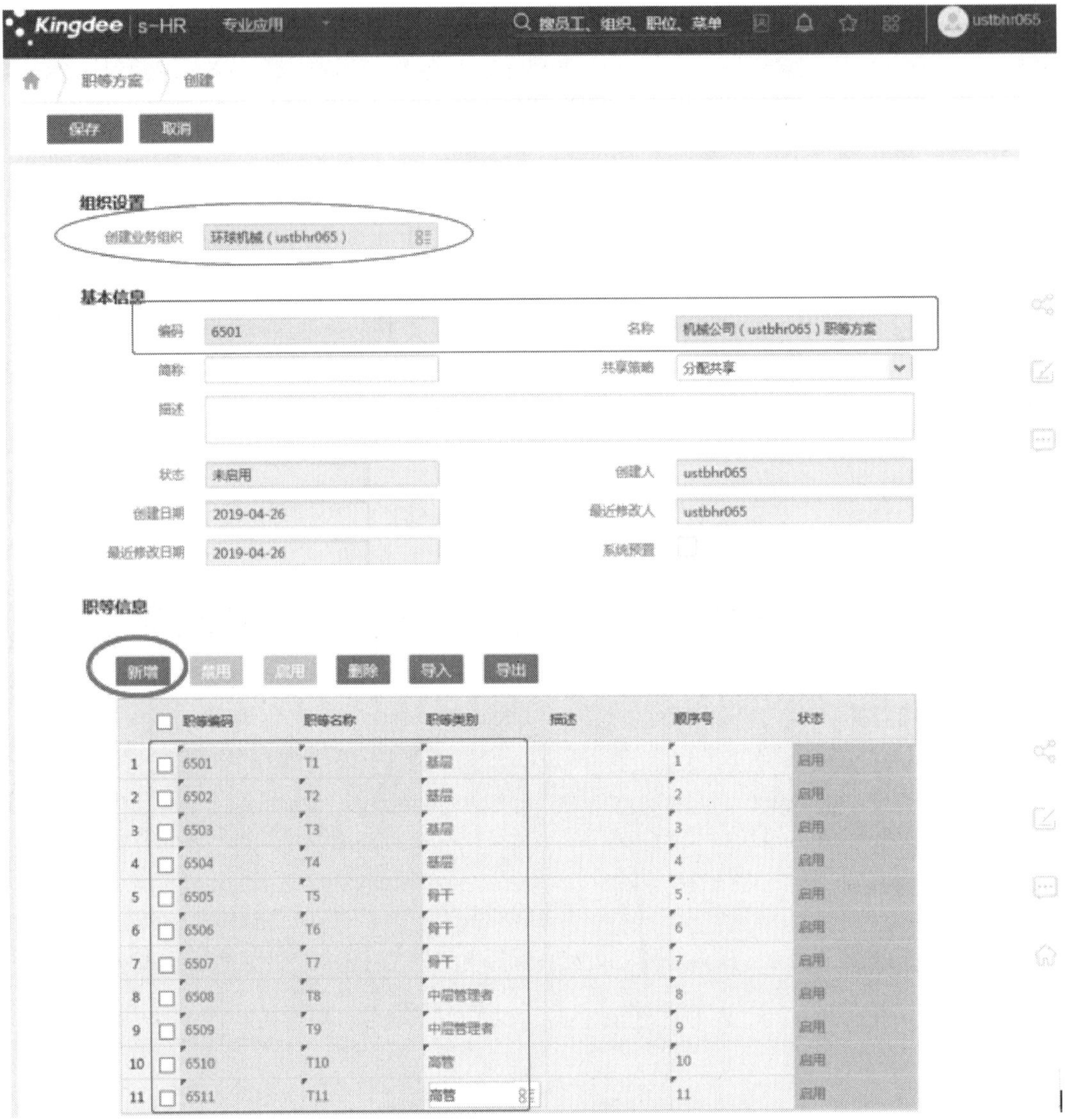

图 2-18 职等方案创建信息

组织自动共享，不需要分配。（本概念应用于系统各功能，后续不再单独进行说明。）

（2）【启用】：创建后的职等方案需启用后才可使用；系统支持启用多个职等方案，从业务的规范管理上建议同一个业务组织下使用一个职等方案。

（3）【禁用】：禁用后的职等方案不可再被使用，但不影响已引用的职层方案或职务族的数据。

（4）【分配】：仅对共享策略是分配共享且启用的职等方案进行分配，分配的组织是系统内所有的 HR 业务组织。如果对已分配的数据不再共享，可通过【撤销分配】功能取消。

（5）【删除】：只能对未启用且未被引用的基础数据进行删除，预置的基础数据仅可禁用，不能进行删除。

图 2-19　职等方案启用

2. *职层方案维护*

设置不同人事业务组织的职层方案，可关联职等方案，对职等范围进行分层设置，支持全局共享、分配共享、向下共享三种控制策略，应用于职务族。每位实验者创建属于自己组织的职层方案，设置共享策略为分配共享。

操作路径：【行政组织管理】→【职等体系】→【职层方案】，如图 2-20 所示。点击【创建】，新建环球机械职层方案，如图 2-21 至图 2-23 所示。

注意事项：

(1)【创建】：适用企业设置新的职层方案，职层方案包括组织设置、基本信息、职层信息三部分。组织设置需选择创建的业务组织（用户权限范围内的 HR 组织）。基本信息需填写编码、名称和共享策略。基本信息中的职等方案如果进行填写，则表示与职等方案关联使用。职层信息指设置的具体职层明细，职层明细可导入，也可手工新增，如被职务族引用后不可修改和删除，只可以进行禁用操作。

(2)【启用】：创建后的职层方案需启用后才可使用；系统支持启用多个职层方案，从业务的规范管理上建议同一个业务组织下使用一个职层方案。

(3)【禁用】：禁用后的职层方案不可再被使用，但不影响已被引用的数据。禁用后职层明细不影响已引用的数据，后续如需再次使用，需要进行启用操作。

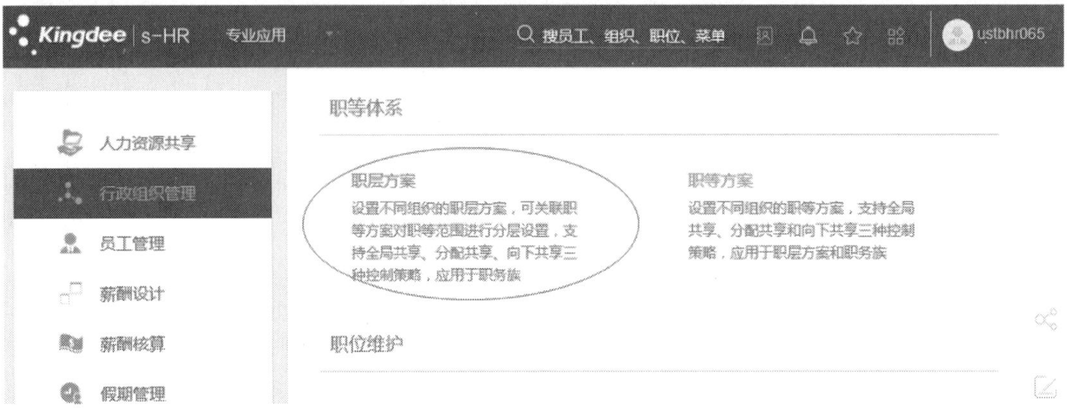

图 2-20　职层方案

图 2-21　职层方案创建

(4)【分配】：仅对共享策略是分配共享且启用的职层方案进行分配，分配的组织是系统内所有的 HR 业务组织。如果对已分配的数据不再共享，可通过【撤销分配】功能取消。

(5)【删除】：只能对未启用且未被引用的基础数据进行删除，系统预置的基础数据仅可禁用，不能进行删除。

2.3.4　职务体系维护

金蝶 s-HR Cloud 系统职务体系中职务可设置职务族—职务、职务族—职务类—职务、职务族—职务类—职务子类—职务，设置的职务体系在职位维护中关联职务时使用，其中职等方案、职层方案根据业务需要在职务族、职务、职位中引用。

根据职位设置的职务、职层或职等范围，将在员工业务变动时根据职位的变化调整员工的职务、职层或职等。

图 2－22　职层方案创建信息

1．实验数据

环球机械于 2019 年搭建了公司的职务体系，如表 2－7 至表 2－10 所示。

图 2-23 职层方案启用

表 2-7 环球机械职务体系—职务族

编码	名称	职层方案	职等方案	创建业务组织
F	职能族	环球机械职层方案	环球机械职等方案	环球机械（ustbhr…）
M	管理族	环球机械职层方案	环球机械职等方案	环球机械（ustbhr…）
R	研发族	环球机械职层方案	环球机械职等方案	环球机械（ustbhr…）

表 2-8 环球机械职务体系—职务类

编码	名称	职务族	创建业务组织
M01	基层管理类	管理族	环球机械（ustbhr…）
M02	中级管理类	管理族	环球机械（ustbhr…）
M03	高层管理类	管理族	环球机械（ustbhr…）
R01	产品管理类	研发族	环球机械（ustbhr…）
R02	产品开发类	研发族	环球机械（ustbhr…）
F01	人力资源类	职能族	环球机械（ustbhr…）
F02	财务类	职能族	环球机械（ustbhr…）
F03	IT 类	职能族	环球机械（ustbhr…）
F04	行政服务类	职能族	环球机械（ustbhr…）

表 2-9 环球机械职务体系—职务子类

编码	名称	职务族	职务类	创建业务组织
1001	领导班子	管理族	高层管理类	环球机械（ustbhr…）
1002	业务管理	管理族	中级管理类	环球机械（ustbhr…）
F0101	后勤服务	职能族	行政服务类	环球机械（ustbhr…）
F0102	办公服务	职能族	行政服务类	环球机械（ustbhr…）

续表

编码	名称	职务族	职务类	创建业务组织
F0103	行政管理	职能族	行政服务类	环球机械（ustbhr…）
FN01	财务税务	职能族	财务类	环球机械（ustbhr…）
FN02	管理会计	职能族	财务类	环球机械（ustbhr…）
FN03	资金管理	职能族	财务类	环球机械（ustbhr…）
FN04	财务管理	职能族	财务类	环球机械（ustbhr…）
HR01	员工关系	职能族	人力资源类	环球机械（ustbhr…）
HR02	招聘人事	职能族	人力资源类	环球机械（ustbhr…）
HR03	培训发展	职能族	人力资源类	环球机械（ustbhr…）
HR04	绩效激励	职能族	人力资源类	环球机械（ustbhr…）
HR05	人力资源管理	职能族	人力资源类	环球机械（ustbhr…）
IT01	系统维护	职能族	IT 类	环球机械（ustbhr…）
IT02	网络设施	职能族	IT 类	环球机械（ustbhr…）
IT03	IT 管理	职能族	IT 类	环球机械（ustbhr…）
M0101	基础管理	管理族	基层管理类	环球机械（ustbhr…）
M0201	中级管理	管理族	中级管理类	环球机械（ustbhr…）
M0301	高层管理	管理族	高层管理类	环球机械（ustbhr…）
R0101	产品经营	研发族	产品管理类	环球机械（ustbhr…）
R0201	开发	研发族	产品开发类	环球机械（ustbhr…）
R0202	设计	研发族	产品开发类	环球机械（ustbhr…）
R0203	测试	研发族	产品开发类	环球机械（ustbhr…）

表 2－10　环球机械职务体系—职务

编码	名称	职务族	职务类	职务子类	最低职层	最高职层	最低职等	最高职等
FN0001	财务总监	职能族	财务类	财务管理	领域专家	领域专家	T8	T8
FN0101	预算专员	职能族	财务类	财务税务	专员	专员	T5	T5
FN0102	预算经理	职能族	财务类	财务税务	资深专员	资深专员	T7	T7
FN0201	资金主管	职能族	财务类	资金管理	高级专员	高级专员	T6	T6
FN0301	资金专员	职能族	财务类	资金管理	专员	专员	T5	T5
FN0401	财务经理	职能族	财务类	财务管理	资深专员	资深专员	T7	T7
FN0501	报表主管	职能族	财务类	财务税务	高级专员	高级专员	T6	T6
FN0502	财务会计	职能族	财务类	财务税务	专员	专员	T5	T5
FN0503	出纳	职能族	财务类	财务税务	专员	专员	T5	T5
HR0001	人力资源总监	职能族	人力资源类	人力资源管理	领域专家	领域专家	T8	T8
HR0101	人事主管	职能族	人力资源类	人力资源管理	专员	专员	T5	T5
HR0102	人事经理	职能族	人力资源类	人力资源管理	高级专员	高级专员	T6	T6
HR0201	人事专员	职能族	人力资源类	招聘人事	助理专员	助理专员	T4	T4

续表

编码	名称	职务族	职务类	职务子类	最低职层	最高职层	最低职等	最高职等
HR0202	高级人事专员	职能族	人力资源类	招聘人事	专员	专员	T5	T5
HR0301	组织发展主管	职能族	人力资源类	人力资源管理	资深专员	资深专员	T7	T7
HR0401	招聘主管	职能族	人力资源类	人力资源管理	专员	专员	T5	T5
HR0402	招聘经理	职能族	人力资源类	人力资源管理	高级专员	高级专员	T6	T6
HR0600	福利主管	职能族	人力资源类	人力资源管理	高级专员	高级专员	T6	T6
HR0601	薪酬主管	职能族	人力资源类	人力资源管理	高级专员	高级专员	T6	T6
HR0602	薪酬经理	职能族	人力资源类	人力资源管理	资深专员	资深专员	T7	T7
HR0701	员工关系主管	职能族	人力资源类	人力资源管理	高级专员	高级专员	T6	T6
HR0702	培训经理	职能族	人力资源类	人力资源管理	资深专员	资深专员	T7	T7
HR0703	培训总监	职能族	人力资源类	人力资源管理	领域专家	领域专家	T8	T8
HR0704	培训主管	职能族	人力资源类	人力资源管理	高级专员	高级专员	T6	T6
HR0801	绩效经理	职能族	人力资源类	人力资源管理	资深专员	资深专员	T7	T7
HR0802	绩效专员	职能族	人力资源类	人力资源管理	专员	专员	T5	T5
M01	集团董事长	管理族	高层管理类	高层管理	集团董事长	集团董事长	T11	T11
M02	集团总裁	管理族	高层管理类	高层管理	集团总裁	集团总裁	T10	T10
M03	集团副总裁	管理族	高层管理类	高层管理	集团副总裁	集团副总裁	T9	T9
M04	总经理	管理族	高层管理类	高层管理	总经理	总经理	T8	T8
M05	副总经理	管理族	高层管理类	高层管理	副总经理	副总经理	T8	T8
M06	一级部门经理	管理族	中级管理类	中级管理	总监	总监	T7	T7
M07	二级部门经理	管理族	中级管理类	中级管理	经理	经理	T6	T6
M08	三级部门经理	管理族	基层管理类	基础管理	主管	主管	T5	T5

2. 实验步骤

(1) 职务族维护。可在不同的业务组织下设置职务族，职务族可设置为职务序列的细分类，也可以是职务体系的大类，是职务体系必须设置的分类，支持全局共享、分配共享、向下共享三种控制策略，应用于职务类、职务的使用。每位实验者创建属于自己组织的职务族，设置共享策略为分配共享。

操作路径：【行政组织管理】→【职务体系】→【职务族维护】，进入后点击【创建】，如图 2-24 和图 2-25 所示。

保存并启用已创建的职务族。

注意事项：

1)【创建】：适用企业设置新的职务族体系，职务族包括组织设置、基本信息两部分。组织设置需选择创建的业务组织（用户权限范围内的 HR 组织）；基本信息需填写编码、名称和共享策略、职层方案、职等方案。如果职务族需关联职层和职等应用，可选择已启用的职层方案和职等方案，应用在职务上时可选择职层范围和职等范围；如果职务族不关联职层方案和职等方案，应用在职务上时不可选择职层范围和职等范围。如果在职务族上

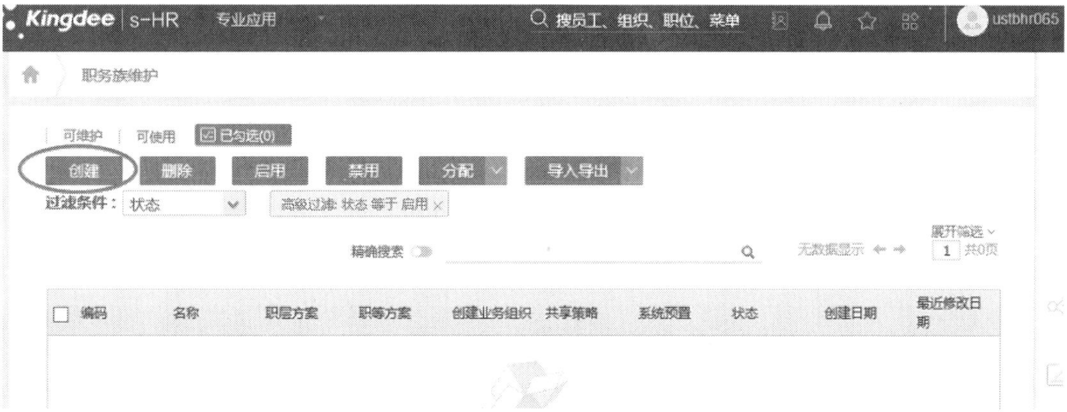

图 2 - 24　职务族创建（一）

图 2 - 25　职务族创建（二）

选择的职层方案关联了职等方案，则职等方案不可修改；如果职层方案没有关联职等方案，则可选择用户权限范围内可使用的职等方案。

2）【启用】：创建后的职务族需启用后才可使用；同一业务组织下的名称不可重复，不同业务组织下的名称允许重复。

3）【禁用】：禁用后的职务族不可再被使用，但不影响已引用的数据。

4）【分配】：仅对共享策略是分配共享且启用的职务族进行分配，分配的组织是系统内所有的 HR 业务组织。如果对已分配的数据不再共享，可通过【撤销分配】功能取消。

5）【可维护】：当前用户在权限范围内的 HR 业务组织创建的职务族数据。

6）【可使用】：显示当前用户权限范围创建和其他业务组织分配或上级 HR 组织向下共享的职务族数据；在职务类、职务子类、职务维护栏可选择职务族数据范围。

7）【删除】：系统预置的基础数据仅可禁用，不能进行删除；只能对未启用且未被引用的数据进行删除。

（2）职务类维护。可在不同的业务组织下设置职务类，在职务族下设置职务类，是职务族下的细分类，支持全局共享、分配共享、向下共享三种控制策略，应用于职务子类、职务的使用。每位实验者创建属于自己组织的职务类，设置共享策略为分配共享。

操作路径：【行政组织管理】→【职务体系】→【职务类维护】，进入后点击【创建】，如图2-26所示。

图2-26 职务类创建

保存并启用已创建的职务类。

注意事项：

1）【创建】：适用企业设置新的职务类体系，职务类包括组织设置、基本信息两部分。组织设置需选择创建的业务组织（用户权限范围内的HR组织）；基本信息需填写编码、名称和共享策略、职务族。职务族必须填写可使用的数据，即所建的职务类隶属哪个职务族下。

2）【启用】：创建后的职务类需启用后才可使用。

3）【禁用】：禁用后的职务类不可再被使用，但不影响已引用的数据。

4）【分配】：仅对共享策略是分配共享且启用的职务类进行分配，分配的组织是系统内所有的HR业务组织。如果对已分配的数据不再共享，可通过【撤销分配】功能取消。

5）【可维护】：当前用户在权限范围内的HR业务组织创建的职务类数据。

6）【可使用】：显示当前用户权限范围创建和其他业务组织分配或上级HR组织向下共享的职务类数据；在职务子类维护栏可选择职务类数据范围。

7）【删除】：系统预置的基础数据仅可禁用，不能进行删除；只能对未启用且未被引用的基础数据进行删除。

（3）职务子类维护。可在不同的业务组织下设置职务子类，在职务类下设置职务子类，是职务类下的细分类，支持全局共享、分配共享、向下共享三种控制策略，应用于职务的使用。每位实验者创建属于自己组织的职务子类，设置共享策略为分配共享。

操作路径：【行政组织管理】→【职务体系】→【职务子类维护】，进入后点击【创建】，如图 2-27 所示。

图 2-27 职务子类创建

保存并启用已创建的职务子类。

注意事项：

1）【创建】：适用企业设置新的职务族体系，职务子类包括组织设置、基本信息两部分。组织设置需选择创建的业务组织（用户权限范围内的 HR 组织）；基本信息需填写编码、名称和共享策略、职务类。如果是全局共享，所有人事业务组织都能看到当前业务组织创建的职务子类。如果是分配共享，需分配给相关的人事业务组织后才可使用。如果是向下共享，仅对当前 HR 组织的下级 HR 组织自动共享，不需要分配。职务类必须填写可使用的数据，即所建的职务子类隶属哪个职务子类下。

2）【启用】：创建后的职务子类需启用后才可使用。

3）【禁用】：禁用后的职务子类不可再被使用，但不影响已引用的数据。

4）【分配】：仅对共享策略是分配共享且启用的职务子类进行分配，分配的组织是系统内所有的 HR 业务组织。如果对已分配的数据不再共享，可通过【撤销分配】功能取消。

5）【可维护】：当前用户在权限范围内的 HR 业务组织创建的职务子类数据。

6）【可使用】：显示当前用户权限范围创建和其他业务组织分配或上级 HR 组织向下共享的职务子类数据；在职务维护栏可选择职务子类数据范围。

7）【删除】：系统预置的基础数据仅可禁用，不能进行删除；只能对未启用且未被引用的基础数据进行删除。

（4）职务维护。可在不同的业务组织下设置职务，可设置职层与职等范围，支持全局共享、分配共享、向下共享三种控制策略，应用于职位。每位实验者创建属于自己组织的职务，设置共享策略为分配共享。

通过职务维护对企业的职位按照工作性质和工作任务的不同进行分类，并建立职务与职等、职层之间的关联关系。

操作路径：【行政组织管理】→【职务体系】→【职务维护】，进入后点击【创建】，如图 2－28 所示。

图 2－28　职务创建

保存并启用已创建的职务。

注意事项：

1）【创建】：适用企业设置新的职务族体系，职务包括组织设置、基本信息两部分。组织设置需选择创建的业务组织（用户权限范围内的 HR 组织）；基本信息需填写编码、名称和共享策略、职务分类。职务分类是根据职务族、职务类、职务子类构建的数据，如果只有职务族，可选择职务族；如果职务族下有职务类，需选择职务类；如果有职务子类，需选择职务子类。

2）【启用】：创建后的职务需启用后才可使用。

3）【禁用】：禁用后的职务不可再被使用，但不影响已引用的数据。

4）【分配】：仅对共享策略是分配共享且启用的职务进行分配，分配的组织是系统内所有的 HR 业务组织。如果对已分配的数据不再共享，可通过【撤销分配】功能取消。

5）【可维护】：当前用户在权限范围内的 HR 业务组织创建的职务数据。

6）【可使用】：显示当前用户权限范围创建和其他业务组织分配或上级 HR 组织向下共享的职务数据；在职位维护栏可选择职务数据范围和职层范围、职等范围。

7）【删除】：系统预置的基础数据仅可禁用，不能进行删除；只能对未启用且未被引用的基础数据进行删除。

8）EAS 菜单【企业建模】→【组织架构】→【汇报体系】→【职务体系】下的主要内容是职务类型和职务的设置，用于 EAS 通用业务功能（如工作流）中。金蝶 s-HR Cloud 系统在此基础上增加了职务族、职务类、职务子类、职等、职层的完整职务体系的设计，贯穿应用于 HR 领域相关业务。若不使用金蝶 s-HR Cloud 系统，可使用 EAS 职务体系进行设置；若使用金蝶 s-HR Cloud 系统，建议在金蝶 s-HR Cloud 系统中初始化职务体系，不要在 EAS 中进行维护。

9）EAS 中的职务是按管理单元隔离和分配，在金蝶 s-HR Cloud 系统中是按 HR 组织隔离和分配。

10）s-HR 同步 EAS 职务：在 s-HR 创建的职务自动同步到 EAS 职务表上的职务类型为【ERP 职务类型】，状态为普通；修改职务编码名称自动同步到 EAS 职务，删除 s-HR 的职务将同步删除 EAS 的职务，启用、禁用不同步 EAS 的职务，不修改 EAS 的职务状态。

11）在 s-HR 中引入 EAS 职务：在 EAS 创建的职务需通过【引入 EAS 职务】功能完善相关信息后形成 s-HR 可使用的职务数据，在引入界面查询的是全部管理单元下的职务，不支持数据隔离；修改职务编码名称自动同步到 s-HR 职务，作废职务不同步 s-HR 职务状态。

2.3.5 职位维护

在公司或部门下新设职位或调整职位，应用于员工的配置和职位的编制规划。

1. 实验数据

环球机械部分职位信息如表 2-11 所示。

表 2-11 环球机械部分职位信息

职位编码	职位名称	所属行政组织	职务	上级职位	是否负责人职位
6501	环球机械总经理	总经办	总经理	集团总裁	是
6502	副总经理（营销）	总经办	副总经理	环球机械总经理	否
6503	副总经理（行政）	总经办	副总经理	环球机械总经理	否
6504	人力资源总监	人力资源中心	人力资源总监	集团 HR 总监	是
6505	组织发展主管	组织发展部	组织发展主管	人力资源总监	是
6506	人事部经理	人事部	人事经理	人力资源总监	是
6507	招聘部经理	招聘部	招聘经理	人力资源总监	是
6508	招聘主管	招聘部	招聘主管	招聘部经理	否
6509	薪酬福利部经理	薪酬福利部	薪酬经理	人力资源总监	是
6510	薪酬主管	薪酬福利部	薪酬主管	薪酬福利部经理	否
6511	社保福利主管	薪酬福利部	福利主管	薪酬福利部经理	否

续表

职位编码	职位名称	所属行政组织	职务	上级职位	是否负责人职位
6512	培训部经理	培训部	培训经理	人力资源总监	是
6513	培训主管	培训部	培训主管	培训部经理	否
6514	研发总监	研发中心	研发总监	环球机械总经理	是
6515	研发经理	研发中心	研发经理	研发总监	否
6516	工程师	研发中心	职员	研发总监	否
6517	采购总监	采购中心	采购总监	环球机械总经理	是
6518	采购经理	采购中心	采购经理	采购总监	否
6519	采购员	采购中心	职员	采购总监	否

2. 实验步骤

通过组织导航定位到需要维护的职位所属的组织，可以通过手工新建职位或 Excel 批量导入职位来维护职位信息，可以启用、禁用职位，可以查看职位员工列表及汇报关系并可以在关联界面维护员工信息和汇报关系。

操作路径：【行政组织管理】→【职位维护】→【职位日常维护】，进入后点击【创建】，如图 2－29 所示。

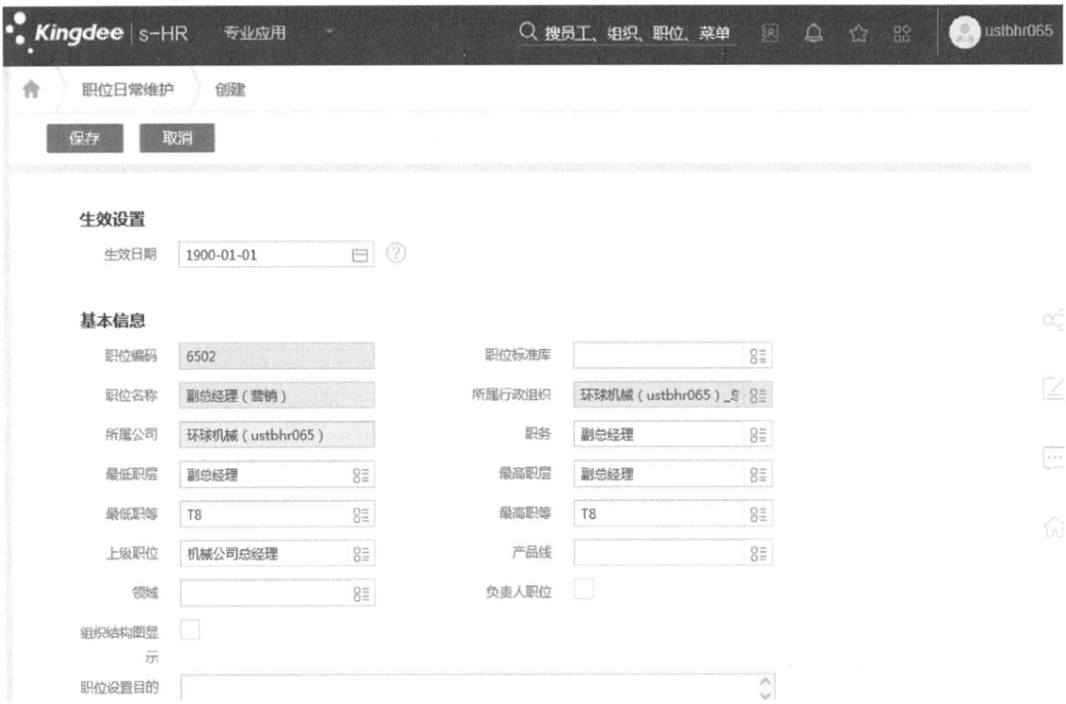

图 2－29　职位日常维护创建

维护好职位信息后，保存。

注意事项：

(1)【创建】：新设一个职位时可直接使用创建功能。

（2）【变更】：根据修改的信息，系统会自动产生一个新的历史版本，其中【职位标准库】【最高职层】【最低职层】【组织结构图显示】在【变更】操作下不记录历史。

（3）【修订】：在原来版本基础上对信息进行补充完善或者订正，不产生历史版本。

（4）【变更查询】：查询该职位的所有历史版本信息记录。

（5）【职位排序】：对当前行政组织节点下的职位进行排序，排序界面支持拖动、输入序号、上移等方式进行排序码的调整，职位排序码应用在职位列表、员工列表或用户自定义报表，职位列表的默认排序方式可在视图中配置。

（6）【扩展】：职位支持二次开发扩展字段，但扩展字段不记录历史版本。

（7）【禁用】：职位禁用前，需要确认该职位下没有在职状态（用工关系占人头）的员工。

（8）【汇报关系】：职位汇报关系可以有多条，但针对每一种汇报关系只能有一个上级职位，维护某汇报关系的上级职位时，只能在该汇报关系树内的职位中选择。其他汇报关系的建立，需要自顶向下创建，先新建该汇报关系的最顶级职位，再逐级向下新增。

（9）【导入】：可以通过下载 Excel 模板批量导入职位信息。

（10）职位关联职务体系应用方式：

1）职位可通过选择职务关联带出职务相关信息：最高/最低职层、最高/最低职等。

2）职位标准库根据参数在导入时校验是否必填。

3）职位也可以不关联职务，单独选择维护职等、职层信息。

4）可不使用完整职位体系，在职位上自定义增加基础资料如职位类别等对职位进行分类。

2.3.6 人力编制维护

可录入基于行政组织、职位、用工关系类别等维度的人力编制，同时也支持年度、月度的人力编制维护。

1. 实验数据

环球机械采用年编制，2019 年部分编制数据如表 2－12 和表 2－13 所示。

表 2－12 环球机械组织编制信息

行政组织	年编制
环球机械（ustbhr065）	500
环球机械（ustbhr065）（直属）	0
总经办	5
人力资源中心	20
人力资源中心（直属）	1
组织发展部	5
人事部	5
招聘部	3

续表

行政组织	年编制
薪酬福利部	3
培训部	3
财务管理中心	30
研发中心	20
采购中心	30

表 2-13 环球机械部分职位编制信息

职位	年编制
环球机械总经理	1
副总经理（营销）	2
副总经理（行政）	2
人力资源总监	1
组织发展主管	1
招聘部经理	1
招聘主管	1
薪酬福利部经理	1
薪酬主管	1
社保福利主管	1

2. 实验步骤

操作路径：【行政组织管理】→【人力编制】→【人力编制表】，进入后点击【创建】，如图 2-30 所示。

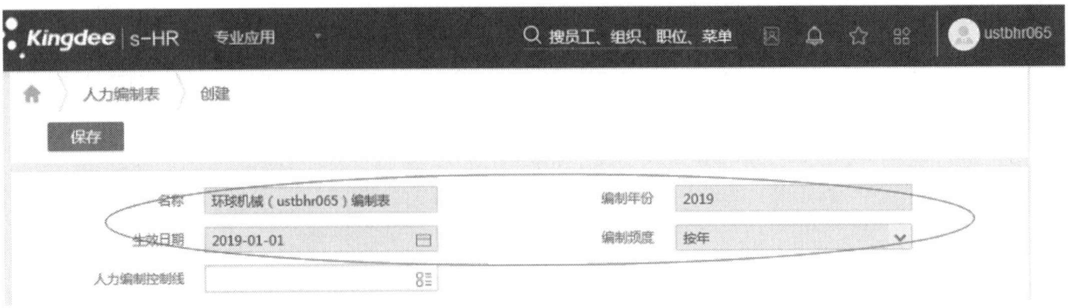

图 2-30 人力编制表创建

人力编制表方案保存后，采用手工录入或者 Excel 导入的方式维护环球机械组织编制数和职位编制数，如图 2-31 至图 2-33 所示。

图 2-31　环球机械组织编制数

图 2-32　人力资源中心编制数

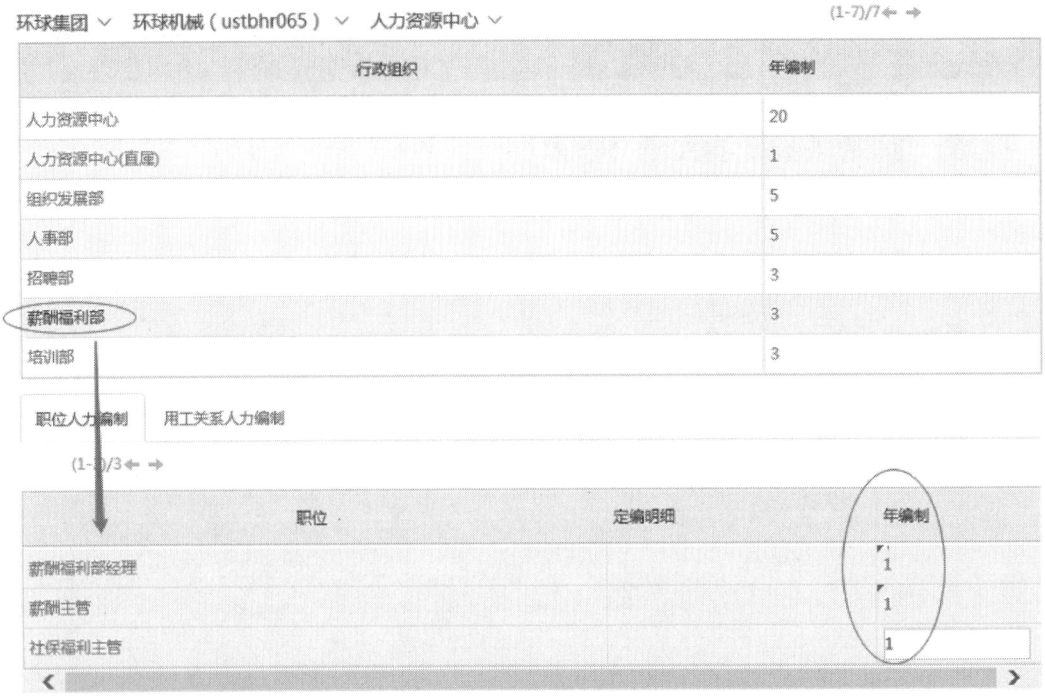

图 2-33 职位编制维护

注意事项：

（1）【创建】：支持新建、修改、变更人力编制表。

（2）【检查】：录入或导入数据。

点击【保存】时，校验逻辑如下：

1）人力编制控制线中的组织编制≥对应组织的汇总编制数。

2）每一个组织汇总编制数≥组织直属编制+下一级组织汇总编制数。

3）每一个组织直属编制数（叶子结点的组织没有直属，取汇总编制数进行比较）≥每个组织下的职位编制总和。

4）每一个组织汇总编制数≥用工关系类型编制数总和。

5）当前组织的上一级组织汇总编制数≥上一级组织直属编制数+本级组织汇总编制数（如果当前组织已经是顶级组织则不需要校验）。

（3）启用规则：同一个年度，只允许一个人力编制表处于启用状态。

（4）变更规则：对启用状态的人力编制表进行变更时，生效日期>变更记录中最大的生效日期；而对变更中状态的人力编制表，点击变更时，生效日期直接带出上次用户填的生效日期，不可修改。

2.4 实验结果

（1）环球集团组织架构列表如图 2-34 所示。

图 2－34 环球集团组织架构列表显示

(2) 组织结构图查询显示如图 2－35 所示。

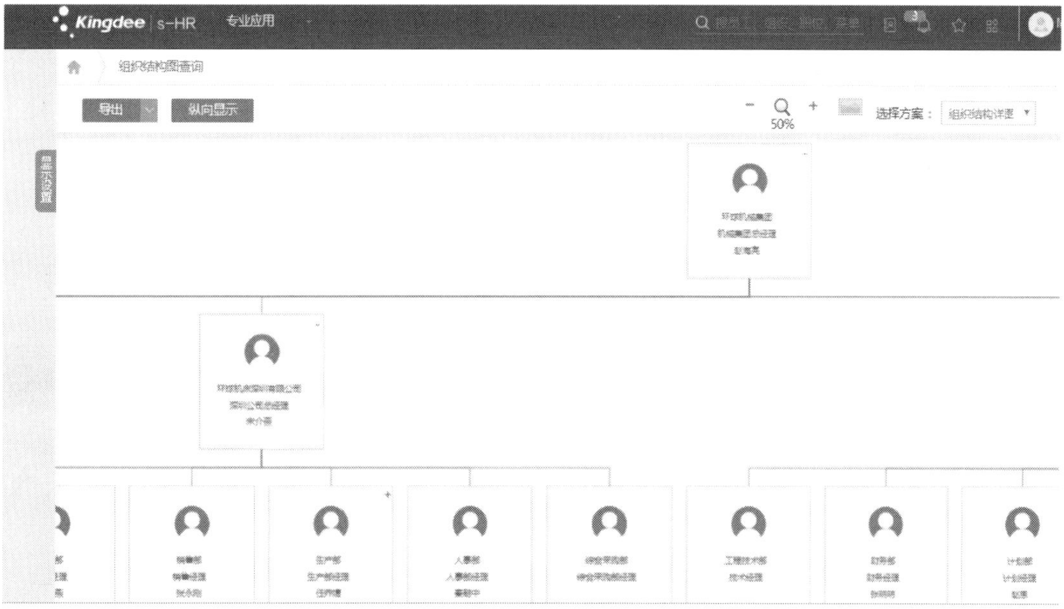

图 2－35 组织结构图查询显示

(3) 环球机械职务价值图谱如图 2－36 所示。

(4) 环球机械职层方案如图 2－37 所示。

(5) 环球机械职等方案如图 2－38 所示。

图 2-36　环球机械职务价值图谱

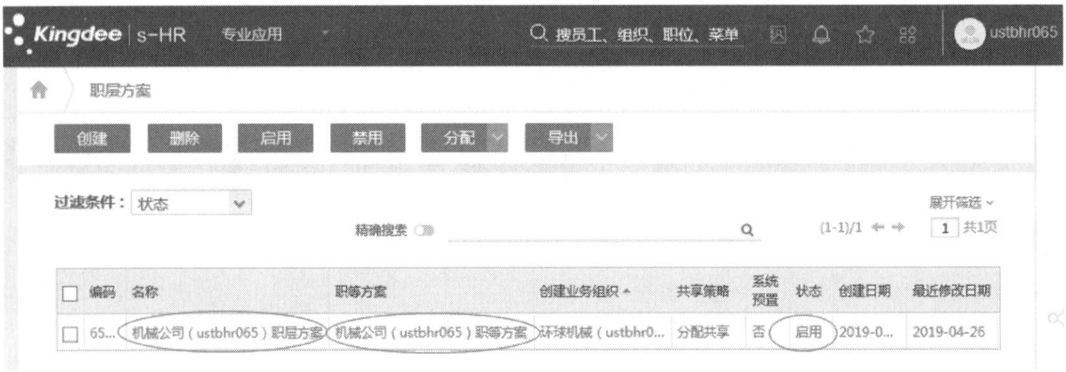

图 2-37　环球机械职层方案

图 2-38　环球机械职等方案

(6) 职务族创建完成显示如图 2-39 所示。
(7) 职务类创建完成显示如图 2-40 所示。
(8) 职务子类创建完成显示如图 2-41 所示。
(9) 职务创建完成显示如图 2-42 所示。
(10) 环球机械职务布局如图 2-43 所示。
(11) 环球机械职位信息如图 2-44 所示。
(12) 环球机械人力编制表如图 2-45 所示。

编码	名称	职层方案	职等方案	创建业务组织	共享策略	系统预置	状态	创建日期	最近修改日期
65F	职能族	机械公司(...	机械公司(...	环球机械(...	分配共享	否	启用	2019-04-28	2019-04-28
65M	管理族	机械公司(...	机械公司(...	环球机械(...	分配共享	否	启用	2019-04-28	2019-04-28
65R	研发族	机械公司(...	机械公司(...	环球机械(...	分配共享	否	启用	2019-04-28	2019-04-28

图 2-39 职务族

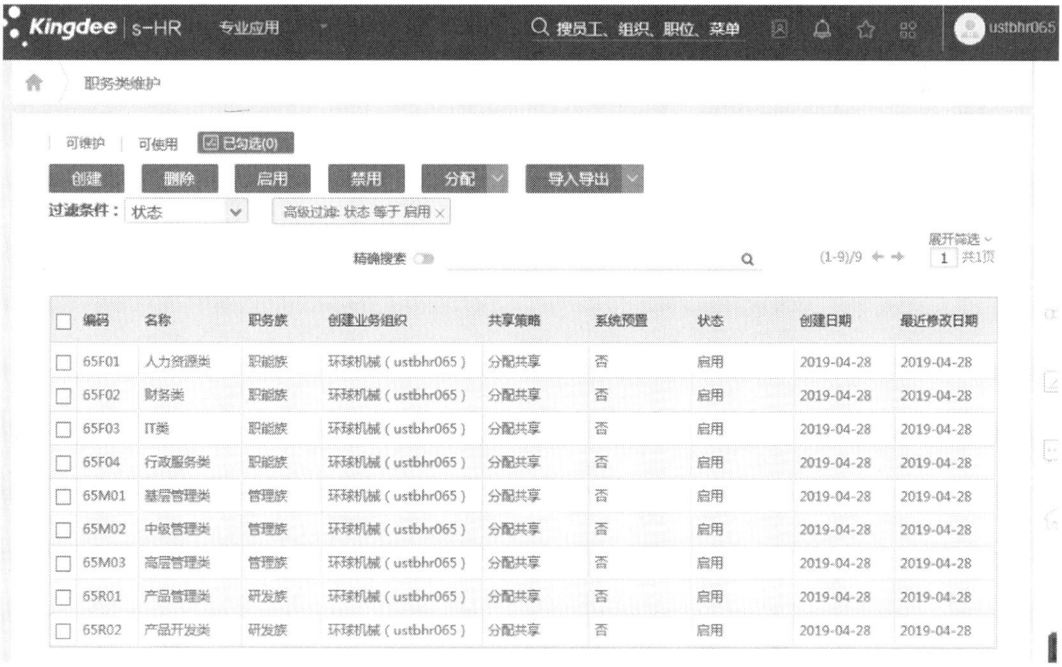

编码	名称	职务族	创建业务组织	共享策略	系统预置	状态	创建日期	最近修改日期
65F01	人力资源类	职能族	环球机械(ustbhr065)	分配共享	否	启用	2019-04-28	2019-04-28
65F02	财务类	职能族	环球机械(ustbhr065)	分配共享	否	启用	2019-04-28	2019-04-28
65F03	IT类	职能族	环球机械(ustbhr065)	分配共享	否	启用	2019-04-28	2019-04-28
65F04	行政服务类	职能族	环球机械(ustbhr065)	分配共享	否	启用	2019-04-28	2019-04-28
65M01	基层管理类	管理族	环球机械(ustbhr065)	分配共享	否	启用	2019-04-28	2019-04-28
65M02	中级管理类	管理族	环球机械(ustbhr065)	分配共享	否	启用	2019-04-28	2019-04-28
65M03	高层管理类	管理族	环球机械(ustbhr065)	分配共享	否	启用	2019-04-28	2019-04-28
65R01	产品管理类	研发族	环球机械(ustbhr065)	分配共享	否	启用	2019-04-28	2019-04-28
65R02	产品开发类	研发族	环球机械(ustbhr065)	分配共享	否	启用	2019-04-28	2019-04-28

图 2-40 职务类

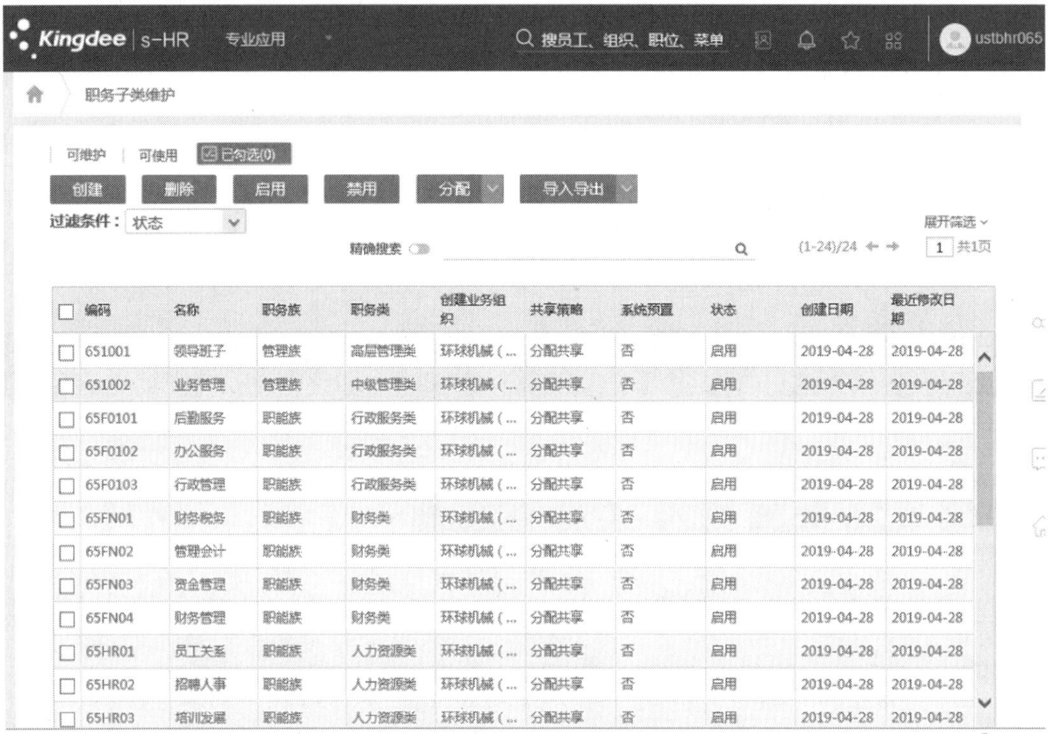

图 2－41 职务子类

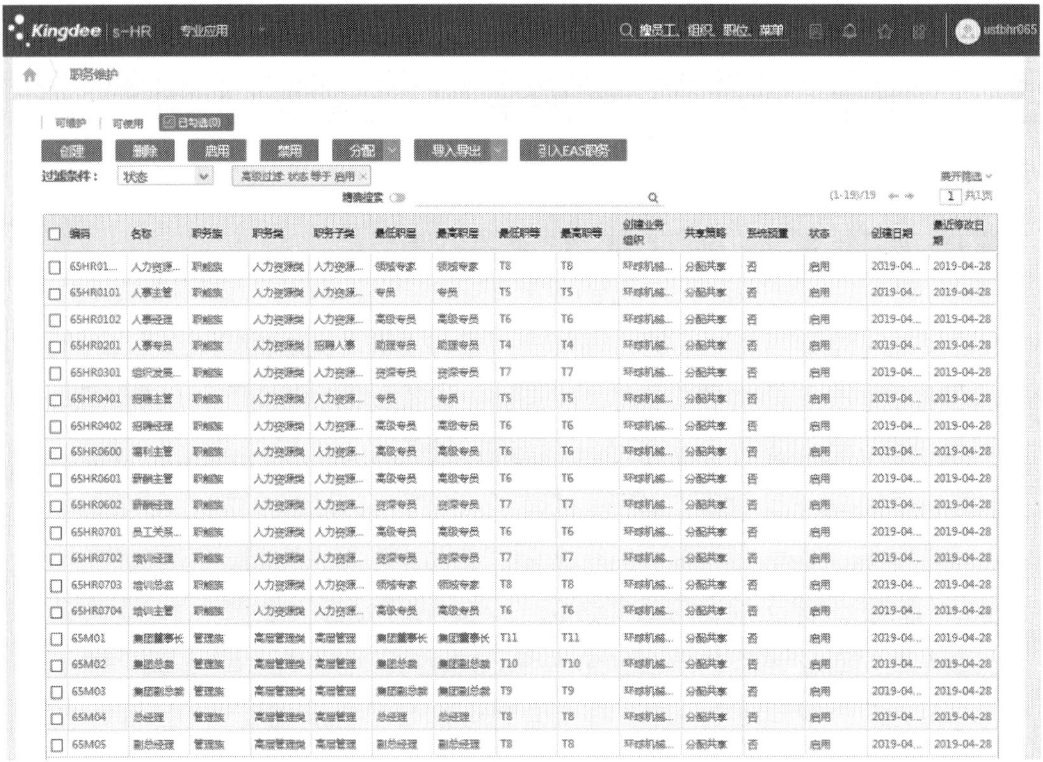

图 2－42 职务

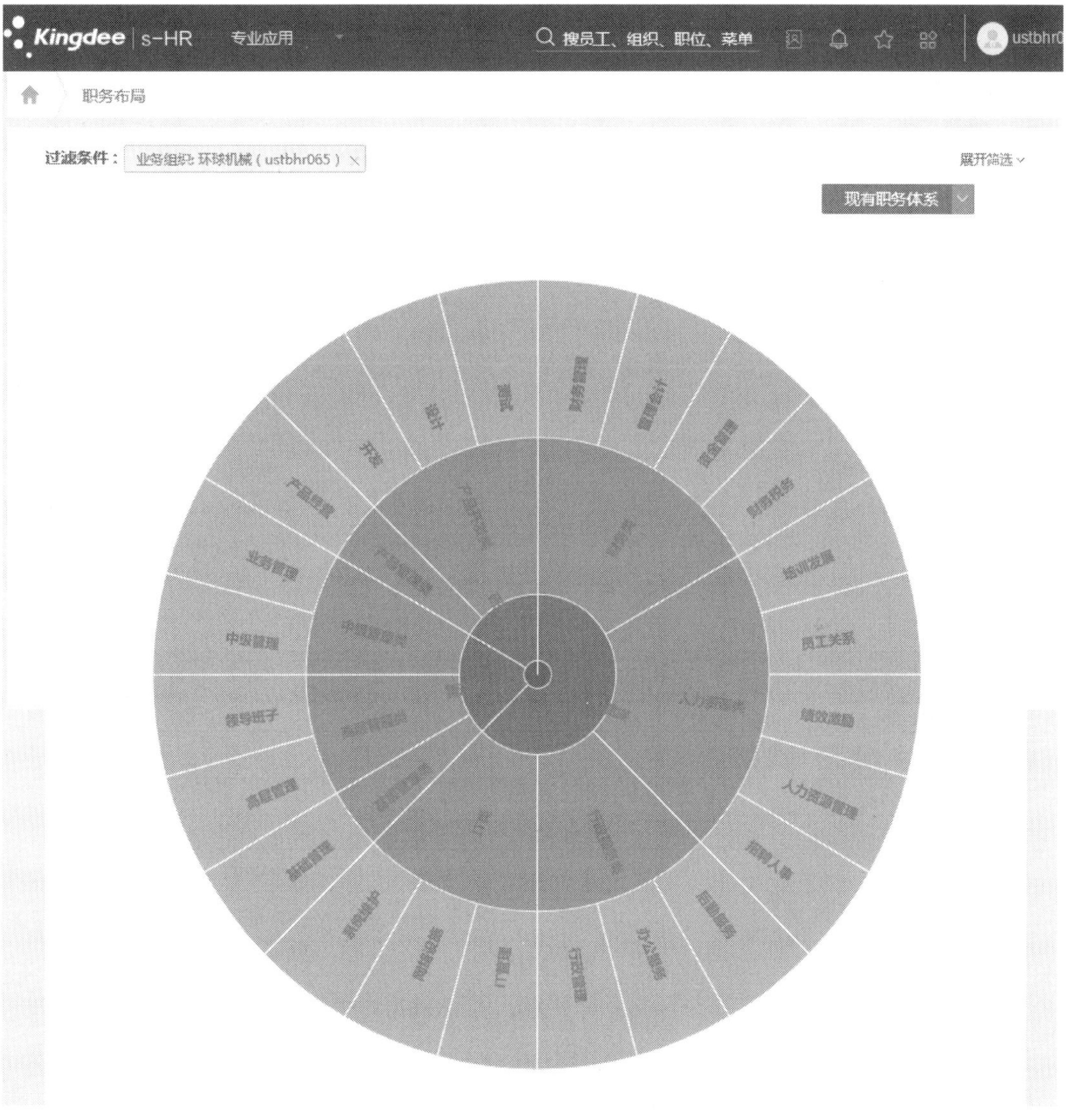

图 2－43　环球机械职务布局

图 2-44　环球机械职位信息

图 2-45　环球机械人力编制表

复习思考题

1. 借助人力资源管理信息系统，规范企业组织信息管理、职位体系管理和人力编制管理，对企业人力资源管理和经营管理的提升能够起到哪些积极的推动作用？

2. 金蝶 s-HR Cloud 系统是如何进行职务、职级和职位管理，帮助企业更好地开展人力资源管理工作的？

实训

1. 情景

环球机械是环球集团下属的以石化、建材和钢铁行业所需机械设备开发、设计、制造为核心业务的集团型企业，为了实现企业人力资源管理向“HR 三支柱”模式变革，决定对人力资源中心进行组织变革，增设“人力资源专家中心”“业务伙伴指导部”“人力资源共享服务中心”。以上三个部门的组织和职位结构如图 2-46 所示。

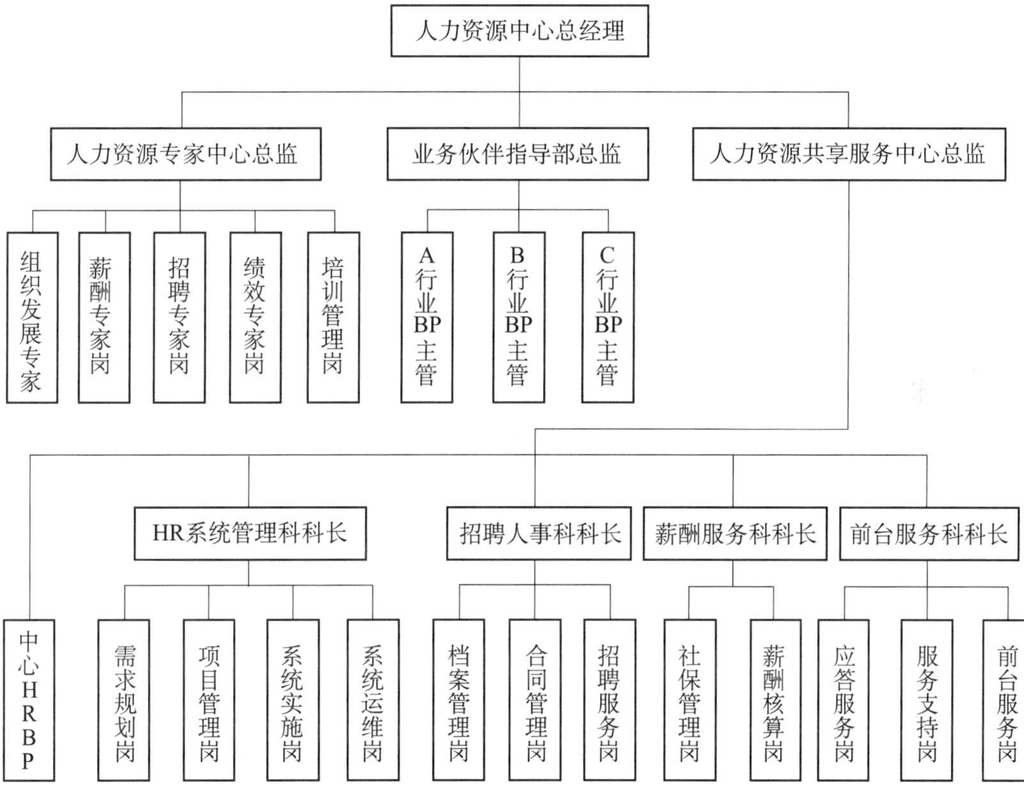

图 2-46　环球机械人力资源中心未来组织结构

2. 任务

请按照本章学习的知识在系统中完成上述组织和职位的设置工作。

第3章 招聘管理

招聘管理是组织基于生存和发展的需要，根据组织人力资源规划和工作分析的数量与质量要求，采用一定的方法吸纳或寻找具备任职资格和条件的候选人，采取科学有效的选拔方法，筛选出符合本组织所需合格人才并予以聘用的管理活动。

主要内容包括：

（1）招聘计划：主要包括招聘需求的调查与统计、招聘渠道的选取、招聘及人员到岗计划及相关资源投入方案的编制及报批。主要目的是合理安排专业资源和招聘渠道，确保企业人员需求能够得到及时满足。

（2）候选人甄选：从职位申请者中选出组织需求的最合适人员的过程。它包括组织甄选、候选人的资格审查、候选人的访谈和测试等内容。这一阶段的工作质量将直接影响供需双方最后交易达成的成效，也是招聘管理中技术性最强和难度最大的阶段。其主要目的是实现高效组织甄选结果，达成供需双方信息的充分交流与沟通，顺利促进劳动供需双方达成交易。

（3）招聘录用：主要包括候选人薪资福利的评定、候选人接受入职邀请、候选人入职登记和上岗引导等。主要目的是在劳动力相关法规的约束框架下，完成劳动合同的签订，并完成候选人对组织的劳动力转化。

（4）招聘成效评估：主要包括对已进行的招聘活动的资源投入、渠道选择、甄选方法、录用数量与质量进行综合评估，提出改进措施，以利后续工作的持续改进。

3.1 功能概述

企业通过部署金蝶 s-HR Cloud 招聘管理信息系统，可以实现一站式的招聘事务处理，提升工作效率；同时还可通过统一的招聘平台建立灵活共享与隔离的后备人才信息库，打通内外部招聘渠道，提升人才开发利用能力。此外，通过统一招聘平台的建立，企业可以随时监控各项招聘工作的完成进度，提升对人才招聘的全局性管理能力，主动预防招聘过程中的用人风险和法律风险，帮助企业利用招聘工作不断优化人才结构，提高员工素质，提升企业人才竞争力。

金蝶 s-HR Cloud 系统在招聘管理模块中，实现了从招聘需求申请、招聘信息发布、简历接收和筛选、面试方案设置和执行，直至录用报批和发送录用通知（offer）的全过程线上“一站式”操作，为企业招聘事务管理者减少重复劳动、降低工作负荷、提高工作效率，从而保证人才引进质量起到了良好的支持作用。

3.2　实验目的和任务

3.2.1　实验目的

通过本章的学习，掌握招聘需求上报、简历筛选、简历分类、面试过程管理、录用报批审批、发送 offer 和招聘转入员工入职的操作。

3.2.2　实验场景

（1）环球机械人力资源中心招聘部会定期向各个业务部门发出通知，各个业务部门可根据自身业务发展提出本部门招聘需求。

（2）根据业务需求，研发中心需招聘两名工程师，薪酬福利部需招聘一名薪酬福利部经理。

（3）在招聘活动中，经过招聘专员简历筛选，有两位候选人通过工程师应聘简历筛选，他们是康思恩和席农文，可转入面试；有两位候选人通过薪酬福利部经理应聘简历筛选，他们是胡应杰和马欣，可转入面试。

（4）在面试活动中，马欣由于种种原因面试不通过；胡应杰和康思恩最终面试通过；席农文表现突出，进入录用报批环节，最终完成了入职，成为研发中心的一员。

3.2.3　实验任务

实验者以招聘专员的账号登录 s-HR Cloud 系统（见图 3-1），进行相关实验操作，完成下述实验任务。

图 3-1　招聘管理首页

（1）完成研发中心和薪酬福利部招聘计划。
（2）完成简历筛选工作。
（3）完成应聘者面试环节。
（4）完成席农文录用报批，并发送 offer。

3.3 实验数据及步骤

3.3.1 招聘计划

招聘需求：公司各部门根据工作需要，在系统里上报招聘需求。

1. 实验数据

研发中心和薪酬福利部招聘职位相关信息如表 3-1 所示。

表 3-1 招聘职位相关信息

招聘需求	说明
研发中心	招聘类型：社会招聘
	招聘业务组织：环球机械（ustbhr065）
	招聘部门：研发中心
	招聘职位：工程师
	职位发布名称：工程师
	发布职位类别：软件工程师
	职位性质：全职
	招聘人数：2
	工资待遇：8 001～10 000 元/月
	福利待遇：五险一金、带薪年假、节日福利、出国机会、定期体检、商业保险、年终分红
	工作地点：广东省深圳市南山区金蝶软件园
	招聘人员类型：缺编补充
	职位职责： 1. 完成软件系统代码的实现，编写代码注释和开发文档 2. 辅助进行系统的功能定义、程序设计 3. 根据设计文档或需求说明完成代码编写、调试、测试和维护 4. 分析并解决软件开发及客户使用过程中遇到的问题
	任职要求： 1. 计算机相关专业本科以上学历，一年以上 Java 开发经验，有 ERP 软件开发经验优先考虑 2. Java 基础扎实，熟悉 J2EE，熟练掌握 Java 编程技术（Servlet、JSP、JDBC 等），熟悉 Struts2、Spring、Hibernate 等开源框架 3. 熟练掌握 HTML、JavaScript、AJAX 等界面技术，并了解 EXT、JQuery 等主流页面框架 4. 熟悉 Oracle/MySQL 等数据库，有一定数据结构设计能力 5. 熟悉软件开发流程，掌握软件的需求分析、设计、编码和测试工作，具有规范的开发文档写作能力 6. 具有良好的责任心与敬业精神，能吃苦耐劳，工作主动积极

续表

招聘需求	说明
研发中心	学历（及以上）：大学本科
	期望到岗日期：2019－06－27
	工作经验：2～5年
薪酬福利部	招聘类型：社会招聘
	招聘业务组织：环球机械（ustbhr065）
	招聘部门：薪酬福利部
	招聘职位：薪酬福利部经理
	职位发布名称：薪酬福利部经理
	发布职位类别：薪酬福利经理/主管
	职位性质：全职
	招聘人数：1
	工资待遇：6 001～8 000元/月
	福利待遇：五险一金、商业保险、餐饮补贴、节日福利、定期体检、周末双休
	工作地点：广东省深圳市南山区金蝶软件园
	招聘人员类型：缺编补充
	职位职责： 1. 负责公司产品的实施，包括业务流程设计、系统配置、用户培训、数据准备、上线维护以及其他相关技术服务 2. 根据公司实施方法论，控制项目实施 3. 内部培训：总结行业和实施经验并与公司相关员工分享 4. 参与产品售前支持，针对用户的业务需求提供适合的解决方案
	任职要求： 1. 专业：人力资源管理、信息管理等相关专业，本科以上学历 2. 知识技能：熟悉HR相关模块业务，熟悉人力资源的相关法规，精通项目实施方法论 3. 工作经验：1年以上项目咨询实施经验 4. 素质要求：有良好的职业素养，积极有正能量；善于团队合作，有优秀的沟通能力，敢于担当，勇于挑战 5. 优先条件：有PMP认证者优先
	期望到岗日期：2019－05－24
	学历（及以上）：大学本科

2. 实验步骤

根据招聘职位需求创建招聘需求单，生效后进行招聘，并可查看招聘各环节的过程数据。

操作路径：【招聘管理】→【招聘计划】→【需求管理】，进入后点击【创建】，新增招聘需求，如图3－2所示。

注意事项：

（1）招聘需求中的职位职责及任职要求，可复制实验数据或者录入系统要求的字数即可。

（2）如果系统环境因未绑定招聘网站而无法进行职位发布，则可直接进入下一步操作。

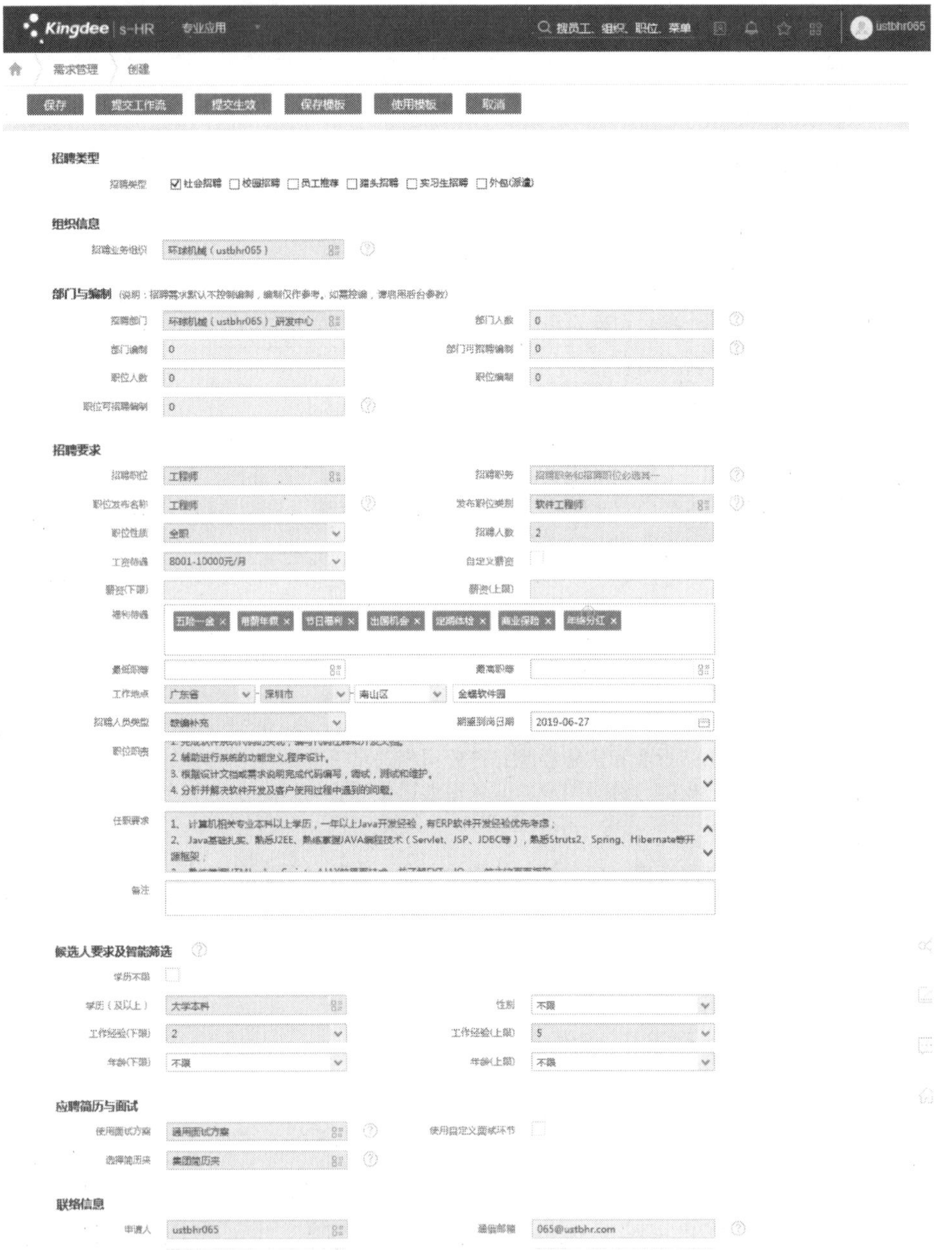

图 3-2 新增招聘需求

3.3.2 应聘管理

招聘需求提交后，公司人力资源部会根据各部门招聘需求发布招聘信息。随后人力资源部会收到应聘人员的简历，开始招聘管理的第二个环节：应聘管理。应聘管理包含简历创建或导入、简历筛重、面试官管理以及面试。

1. 实验数据

应聘者简历相关信息如表 3-2 所示。

表 3-2　应聘者简历相关信息

应聘者姓名	应聘者信息
65 康思恩	应聘职位：工程师 性别：男 工作经验：3 年 手机号码：1337865×××× 学历：大学本科
65 席农文	应聘职位：工程师 性别：男 工作经验：3 年 手机号码：1387895×××× 学历：大学本科
65 胡应杰	应聘职位：薪酬福利部经理 性别：男 工作经验：4 年 手机号码：1322343×××× 学历：大学本科
65 马欣	应聘职位：薪酬福利部经理 性别：男 工作经验：无 手机号码：1398743×××× 学历：大学专科

2. 实验步骤

（1）简历筛选。可针对招聘需求，进行简历的系统导入（如系统已经和招聘网站绑定，则可以自动收到应聘者投递的简历），并给简历进行重点人才或黑名单标记，给出简历筛选通过或不通过的结果。可以查看过往应聘记录和是否为黑名单记录。

操作路径：【招聘管理】→【应聘管理】→【简历筛选】，点击进入，如图 3-3 所示。

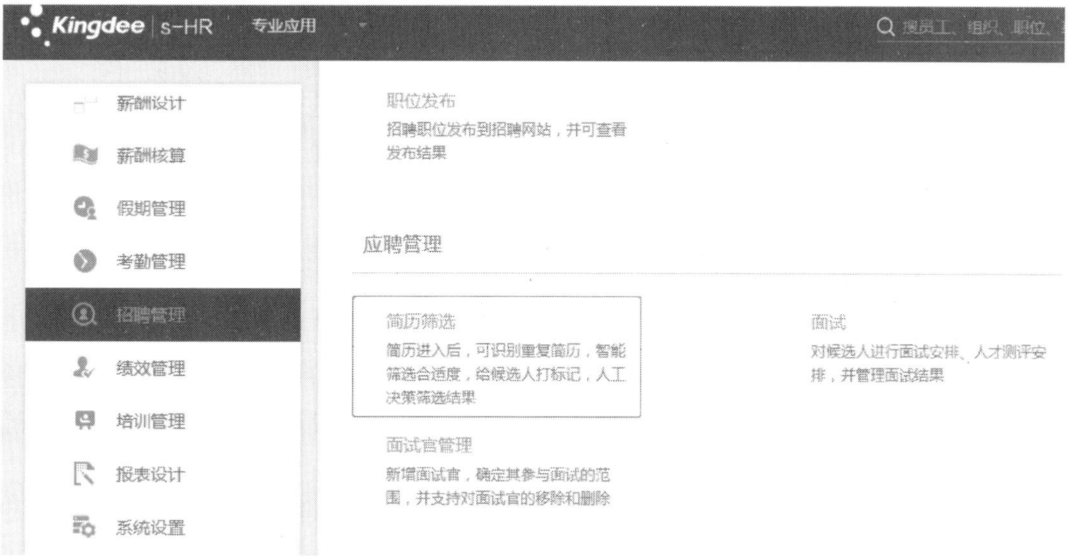

图 3-3　简历筛选

（2）简历创建。进入简历筛选界面，点击【创建】，如图 3－4 所示。

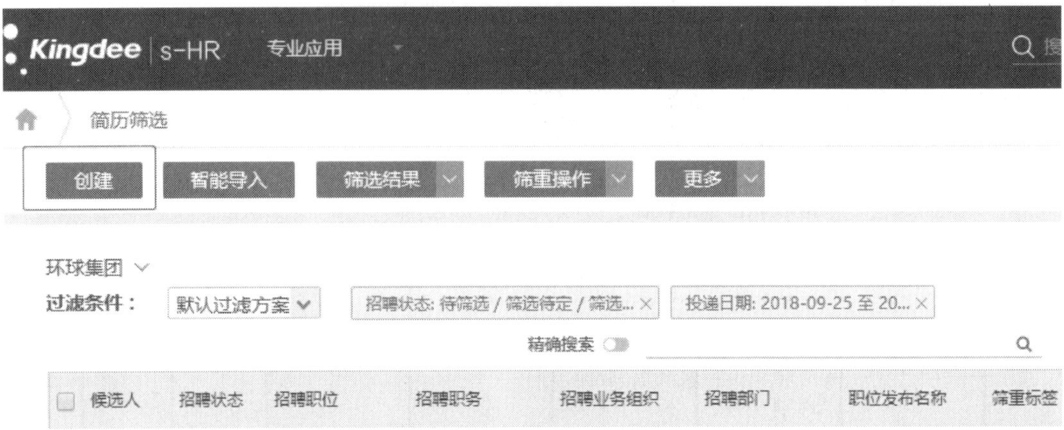

图 3－4 简历创建

进入创建界面后，点击基本信息右侧【编辑】，维护简历信息，如图 3－5 所示。

创建完成（完成实验数据中四位应聘者的简历创建）。

注意事项：

简历创建时，必填项中填写姓名时带上公司编号，填写护照号，手机号码不能和别人相同，以免被系统识别为同一份简历，比如 065 学员创建简历姓名为：65 席农文。

（3）简历导入。进入简历筛选界面，打开【更多】，点击【导入】，如图 3－6、图 3－7 所示。

（4）简历筛重。重复的简历可在列表中查看重复的标识（本次实验中无重复的简历，仅为了解功能操作）。

1）当同一人员投递相同职位时：可以操作“取消失效”“确认失效”。即系统会保存第一份投递的简历，后面投递的同一人的简历系统会自动标注“失效”。可以“取消失效”，或者将其再次“确认失效”。

2）当同一人员投递不同职位时：负责不同职位的招聘专员可以通过“抢简历”动作进行简历锁定，未抢到的招聘专员不可对简历进行操作，需待抢到的招聘专员进行“简历解锁”后，方可使用。

3）重新筛重：针对误操作产生的重复数据，或者因为信息不一致导致未能识别为同一个人，可修改简历信息后通过手工操作重新筛重。

操作路径：进入简历筛选界面，根据系统筛重标签提示选择需要处理的简历，点击【筛重操作】，对重复投递同一需求的简历进行“确认失效”的操作；当对某份简历进行独享操作时，可通过抢简历的功能进行操作，此份简历将进行锁定。需要解锁时，可通过“简历解锁”功能进行操作，如图 3－8 所示。

（5）筛选结果。为了便于练习，本次实验中简历筛选结果全部设为“通过”，转为待面试状态，如图 3－9 至图 3－11 所示。

（6）面试。对候选人进行面试安排，可调整面试环节，通过邮件、短信发送面试邀约给候选人和面试官。面试官可以在 PC 端待办通知中收到提示信息。

人力资源管理人员统筹面试，调整最终面试结果，未通过面试的人员可转其他职位面试。

操作路径：【招聘管理】→【应聘管理】→【面试】，点击进入，如图 3-12 所示。

进入面试列表，勾选待面试人员，点击【面试安排】，如图 3-13 所示。

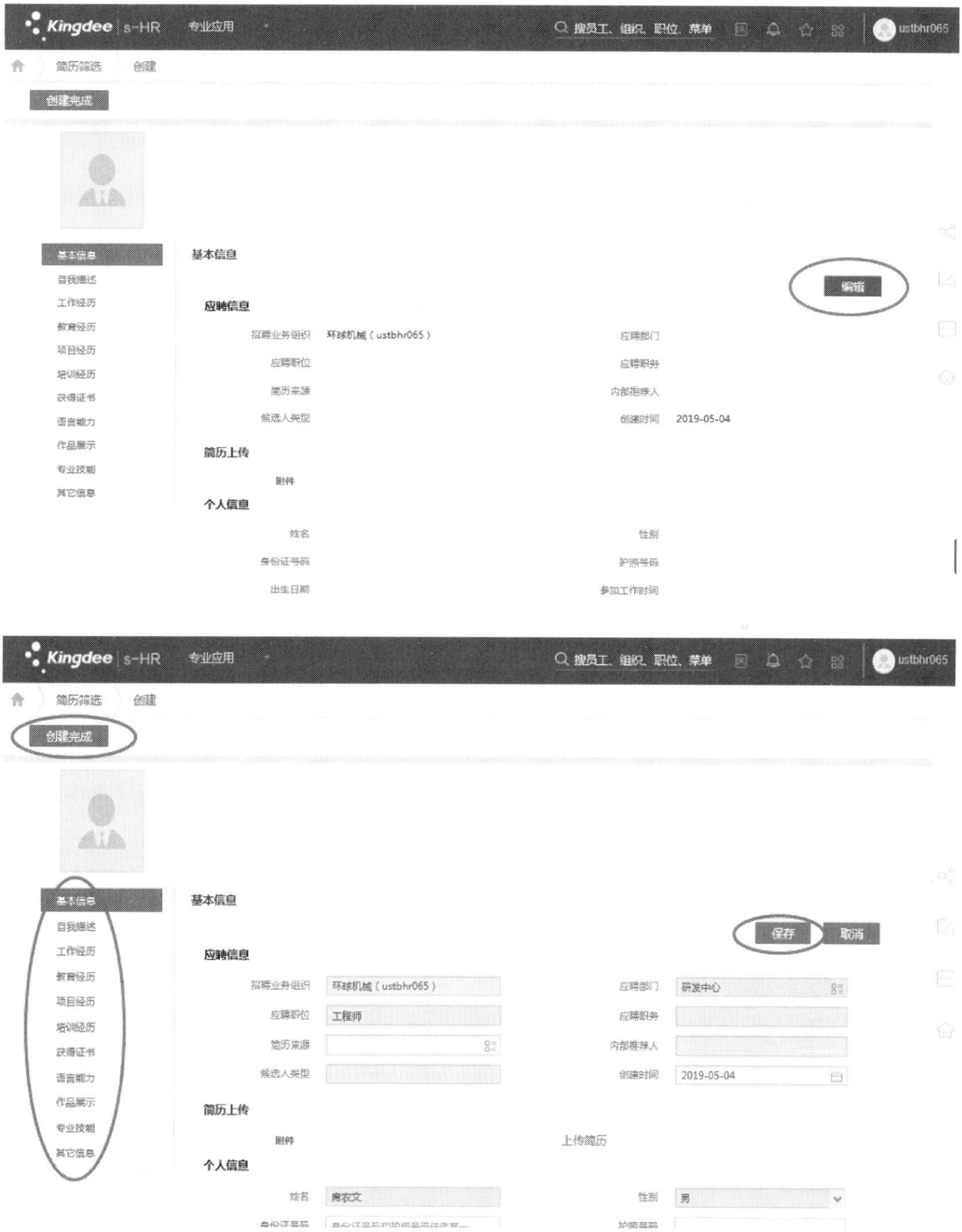

图 3-5　简历维护

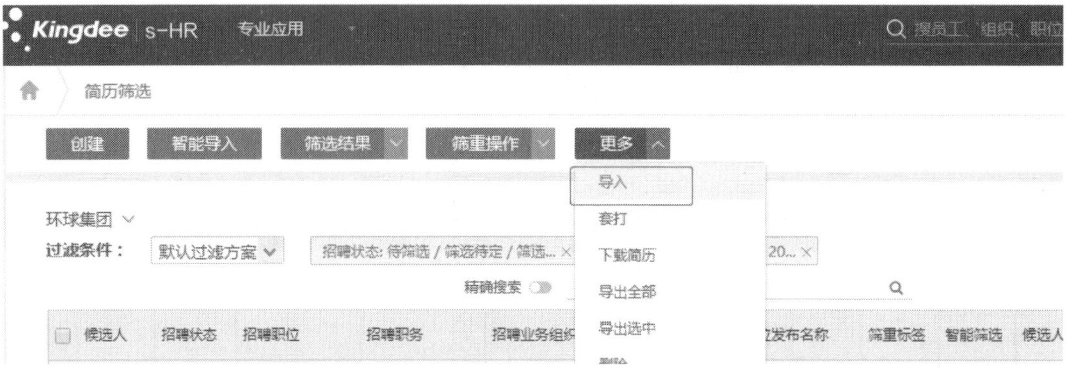

图 3-6 简历导入路径

图 3-7 简历导入界面

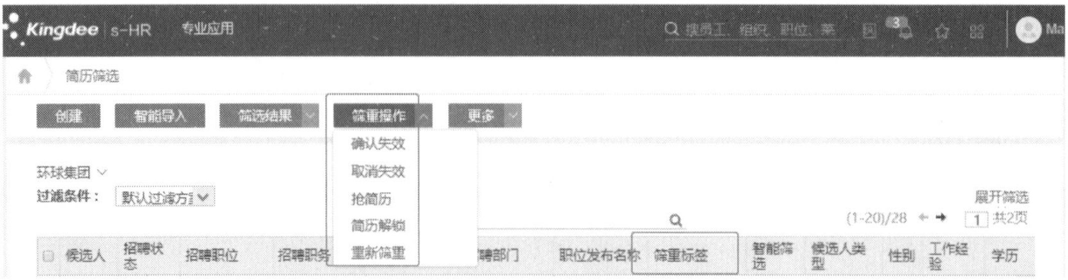

图 3-8 简历筛重

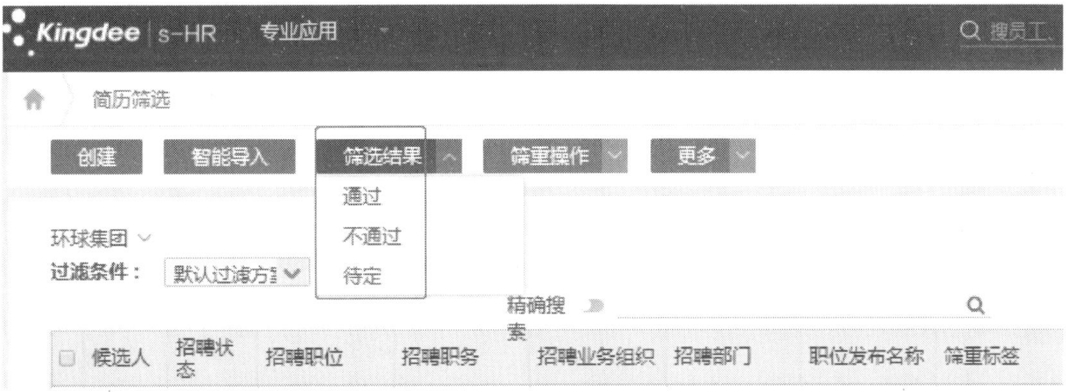

图 3-9　筛选结果

图 3-10　简历通过

图 3-11　待面试状态

选择面试方案，完善面试安排信息和面试邀约信息，如图 3-14 和图 3-15 所示。

面试官可在员工自助端维护面试结果。进入面试官员工自助端的操作路径为【更多】→【我的招聘】→【我是面试官】，如图 3-16 所示。

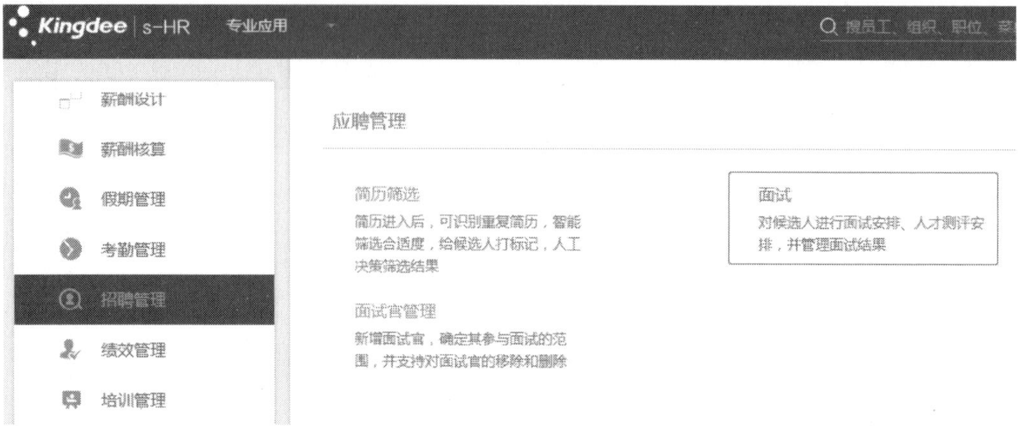

图 3-12 面试菜单

图 3-13 面试安排

图 3-14 面试安排维护

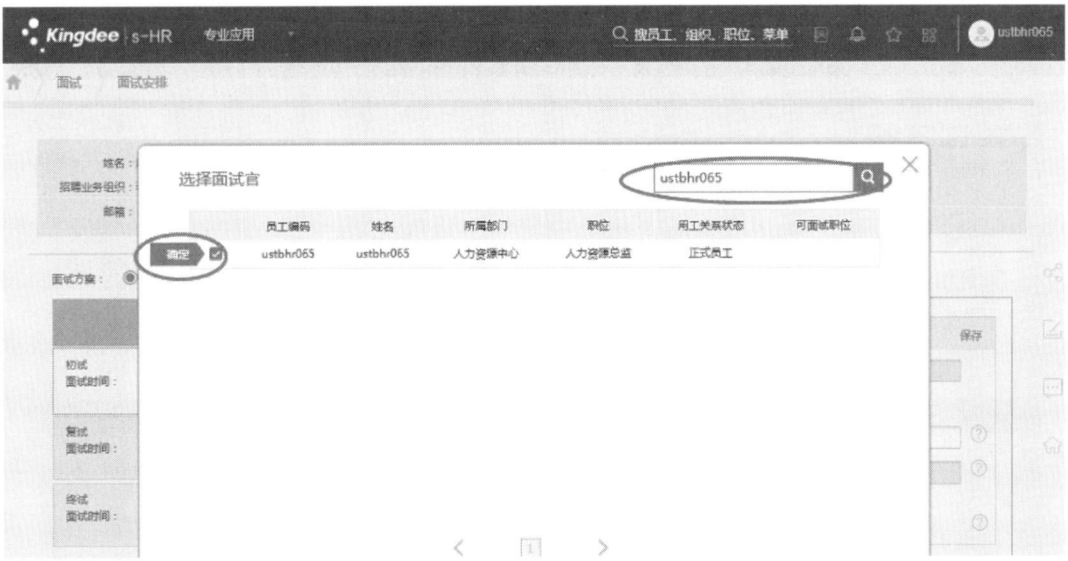

图 3-15 添加面试官

图 3-16 员工自助端维护面试结果

面试官如果是人力资源管理人员，具有招聘模块专业应用的权限，也可以直接在面试结果处直接维护最终结果——通过或者不通过，如图 3-17 所示。

3.3.3 录用管理

录用管理包括录用报批和发送 offer。候选人面试通过后，需将其入职信息、薪资、简历、应聘和测评信息等报批资料提交审批，创建报批单据，完善报批信息并报批。可对已有报批结果的单据进行反审批和重新报批。

1. 实验数据

人员录用数据如表 3-3 所示。

图 3-17 面试结果维护

表 3-3 人员录用数据

候选人	拟录用职位	拟录用部门	招聘状态
康思恩	工程师	研发中心	待报批
席农文	工程师	研发中心	待报批
胡应杰	薪酬福利部经理	薪酬福利部	待报批

2. 实验步骤

(1) 录用报批。

操作路径:【招聘管理】→【应聘管理】→【录用报批】,选择要录用的人员,点击【报批】,如图 3-18 所示。

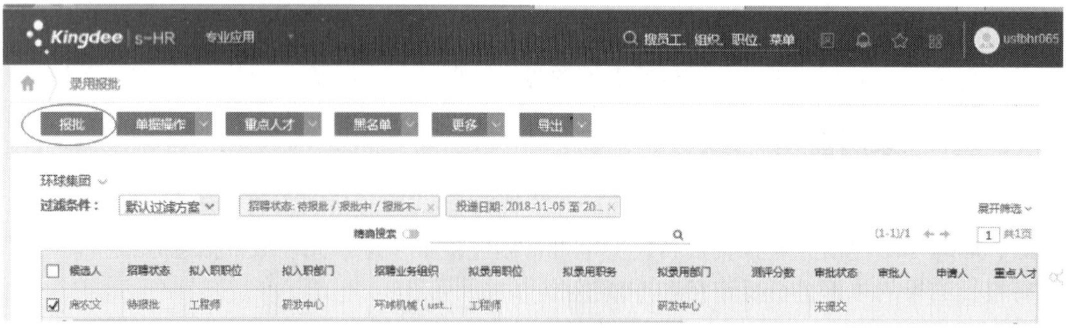

图 3-18 录用报批

点击【编辑】，进入录用报批单据编辑界面，维护单据信息，如图 3－19 所示，点击【提交生效】即可，如图 3－20 所示。

图 3－19　录用报批单据

图 3－20　录用报批单据信息维护

注意事项：

1）报批单据：可编辑拟入职部门和职位、薪酬、福利、试用期、背景调查等报批信息，根据实际业务提交工作流或者直接提交生效，审批人可通过云之家审批。

2）拟入职部门和职位可修改：如果录用的部门和职位非招聘的部门和职位，可在单据中修改拟入职部门和职位，那么最终带入入职单据中的部门和职位即该拟入职部门和职位。

3）撤回报批单据：可撤回已经提交工作流但未审批或审批中的录用报批单据，“撤回”后的单据置为未提交状态，可重新提交。

4）反审批：可反审批报批通过但是未入职的单据，反审批后的单据置为待报批状态，可重新提交。

5）重新报批：对于报批不通过、被终止的报批单据，可以重新报批，单据回到待报批状态。

6）审批不通过的候选人可转到其他招聘职位，以便充分利用候选人资源。

7）给候选人打重点人才及黑名单标记：与简历筛选菜单中该功能和操作相同。

8）终止报批：待报批状态的候选人不需要继续报批，可以通过终止取消候选人后续的报批。

9）套打：按设定的套打模板打印录用报批单据，工作流审批意见同步到套打单据中。

10）查看简历：可以修订或者打印简历。功能与简历筛选菜单中的修订和打印相同。

11）导出全部、导出选中：支持全部或选中来导出录用报批列表的数据。

（2）发送 offer。邮件发送 offer，将候选人转预入职，预入职日期、放弃入职信息与预入职同步更新；也可以在 offer 菜单中直接入职。备注：此步骤中发送 offer 无须操作，直接操作办理入职即可。

操作路径：【招聘管理】→【应聘管理】→【offer】，选择待入职人员，点击【发送 offer】，如图 3－21 所示。

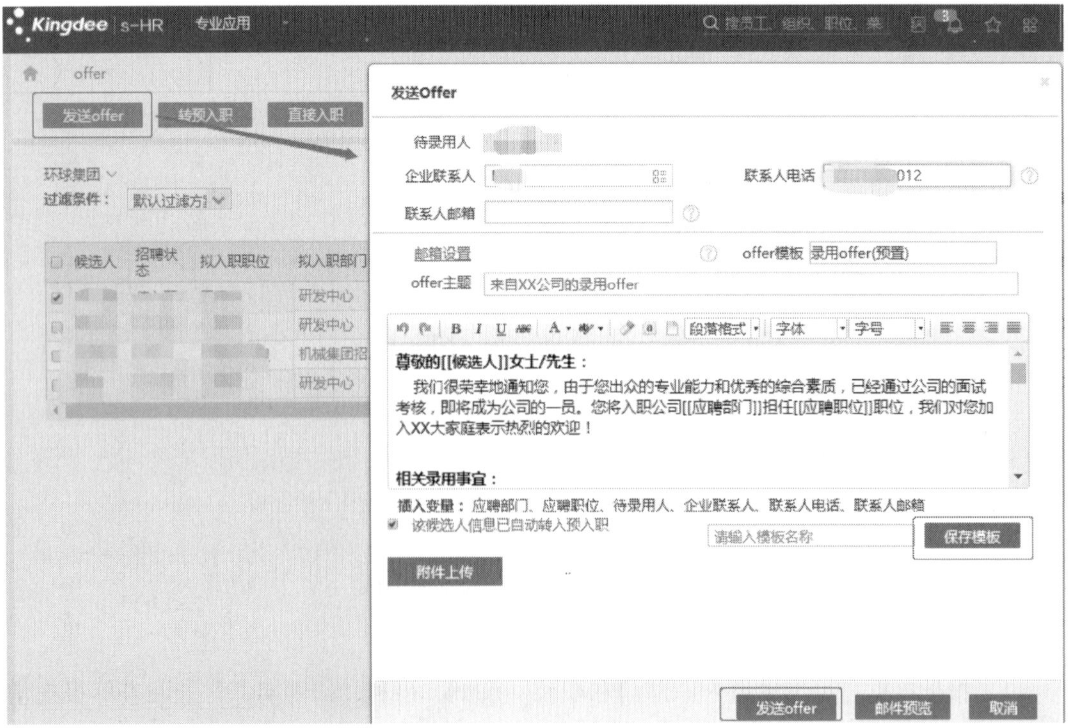

图 3－21 发送 offer

注意事项：

1）邮件发送 offer：可以使用和保存模板，支持变量的插入，并带附件发送。

2）转预入职：

- 在发送 offer 时，勾选“默认录用人信息自动进入员工信息”。
- 操作【转预入职】。

3）入职的三种方式：

- 将待录用人员转入预入职中，通过预入职来入职。
- 对待录用人员操作直接入职，直接跳转到人事模块—入职菜单中的“工作流入职”进行入职。
- 直接在人事模块入职菜单中入职，后台使用身份证/护照号码在 offer 中校验对应数据。

4）更新录用人员的最新预入职日期：预入职日期更新后，预入职菜单中的预入职日期也同步更新。（人员入职后，会将入职日期反写到 offer 列表中的“入职日期”字段，但是并不会更新预入职日期）

5）终止入职：在发送 offer 前后，企业由于各种原因无法让候选人入职，终止候选人的入职。

6）放弃入职：候选人不接受 offer 或者接受 offer 后不入职，更新其放弃入职状态，预入职菜单中也同步更新该状态。

7）反终止：放弃入职和终止入职状态的候选人操作反终止后，返回到待入职状态，可以继续操作入职。

8）查看简历：可以操作修订或者打印简历。功能与简历筛选菜单中的修订和打印相同。

9）导出全部、导出选中：支持全部或选中导出 offer 列表中的数据。

席农文办理直接入职（入职日期为 2019－01－01），提交生效即可，如图 3－22 和图 3－23 所示。

图 3－22　办理直接入职

3.3.4　简历库管理

1. 简历夹设置

按照集团管控基础资料策略设置，自定义不同简历夹。可使用的简历夹能再次设置使

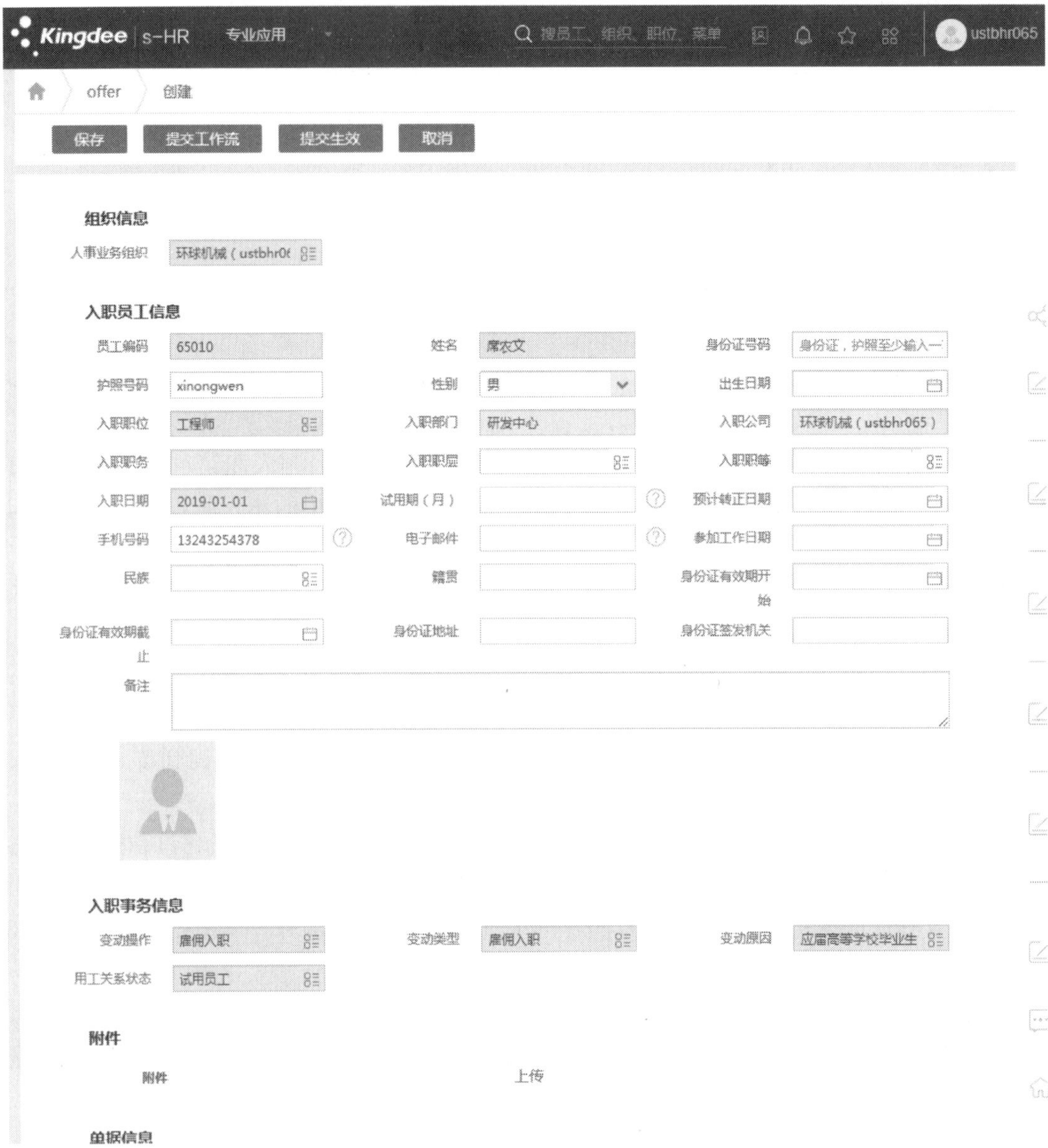

图 3－23　提交生效

用范围。实验中，设置环球机械单独使用的简历夹。

操作路径：【系统设置】→【招聘数据设置】→【简历夹设置】，进入简历夹设置列表，选择【可维护】页签，点击【新增简历夹】，如图 3－24 所示，填写简历夹信息。

保存后，启用即可。

注意事项：

（1）被分配可使用的简历夹可通过两个不同的维度进一步设置：指定行政组织使用、指定人员使用。

（2）不设置使用范围，则简历夹根据招聘业务组织权限来使用；如果设置了使用范围，则在招聘业务组织的权限上，再叠加行政组织＋指定人员使用，缩小了简历夹的应用范围。

图 3-24　新增简历夹

2. 企业简历库

简历进入简历库需要先选择简历夹，简历库汇集了来自手工新增、智能导入、简历筛选、Excel 导入的简历。不同简历夹的简历支持互相移动、复制。

搜索简历并对简历发起应聘，给简历标识重点人才及黑名单。

操作路径：【招聘管理】→【简历库】→【企业简历库】，如图 3-25 所示。

图 3-25　企业简历库

注意事项：

（1）新增简历需要选择简历夹：简历按照简历夹进行隔离，所以简历在进入简历库时需要先选择对应的简历夹；应聘简历自动进入招聘需求中选择的简历夹。

（2）简历进入方式：手工创建简历、智能导入、应聘简历、Excel 导入简历。同一个人的简历会出现在不同的简历夹中，所以权限较大的用户如果有多个简历夹的权限，会多次看到同一个人的简历；但是同一个人的简历即使多次进入同一个简历夹，筛重后也只会有一份。

（3）智能导入简历（依赖云服务的开通）：可批量上传解析简历，将多种格式的简历自动解析为 s-HR 标准格式的简历，支持简历照片的解析。

（4）移动简历：移动是将原简历的所有信息都移动到新的简历夹中，这份简历在原简历夹中就不存在了。

（5）复制简历：复制等于在新的简历夹中新增一份同样的简历，除了重点人才标记不会复制，其他信息会共享。

（6）浏览简历：

1）对简历发起应聘，将该候选人投递到正在招聘的职位。

2）标识重点人才及黑名单。

3）修订或者打印简历。在简历库中修订的简历只会更新简历库中其他简历夹中的同一个人简历，不更新招聘过程中的简历。

（7）套打：按设定的套打模板打印简历。

（8）下载简历：支持批量下载 html 格式的简历。

（9）删除简历：目前只能删除没有在企业应聘的简历，已经走应聘过程有应聘记录的简历无法删除。

（10）导出全部、导出选中：支持全部或选中导出企业简历库的列表数据。

3. 重点人才

重点人才的简历库，搜索简历并对简历发起应聘，给简历取消重点人才标记。

操作路径：【招聘管理】→【简历库】→【重点人才】。

注意事项：

（1）重点人才简历来源：来源于招聘过程中和简历库里添加的人才，因为用户权限不同，如果有多个简历夹的权限，可能会看到同一个人才记录出现多次。

（2）浏览简历：

1）对简历发起应聘，将该候选人投递到正在招聘的职位。

2）取消重点标记：将候选人移出重点人才库，但该候选人仍在简历库。

3）修订或者打印简历。

（3）导出全部、导出选中：支持全部或选中导出重点人才的列表数据。

4. 黑名单

黑名单库包含招聘管理中标记的黑名单人员、离职加入的黑名单人员。黑名单库中可移除黑名单，并能查看黑名单移除记录。

操作路径：【招聘管理】→【简历库】→【黑名单】。

注意事项：

（1）黑名单简历来源：招聘过程、简历库中添加的黑名单为招聘加入的黑名单；人事加入的黑名单包括人事离职、系统外加入的黑名单。招聘中和入职使用的黑名单校验、控制来源于该汇总的黑名单。

（2）移除黑名单：拥有添加黑名单时选择的招聘业务组织的权限，即可移除黑名单取消黑名单人员标记，移除后该人员不再在黑名单库中显示，但是会在移除历史中显示。人事模块添加的黑名单需要在人事模块中移除。

（3）移除历史：查看所有曾经加入黑名单又被移除的人员信息，招聘加入的黑名单移除人员可查看简历；离职加入的黑名单移除人员不能查看简历。

（4）导出全部、导出选中：支持全部或选中导出黑名单的列表数据。

3.4　实验结果

（1）招聘需求管理如图3-26所示。

图3-26　招聘需求管理

（2）简历筛选情况如图3-27所示。

图3-27　简历筛选

（3）面试结果如图 3-28 所示。

候选人	招聘状态	面试环节	面试状态	需HR确认结果	招聘职位	招聘职务	招聘业务组织	招聘部门	职位发布名称	测评状态	测评分数	面试日期
胡应杰	待面试			否	薪酬福利部经理	薪酬经理	环球机械（ust...	薪酬福利部	薪酬福利部经理	未测评		
康思恩	面试中	复试	待邀约	是	工程师		环球机械（ust...	研发中心	工程师	未测评		
马欣	面试不通过	初试	不通过	否	薪酬福利部经理	薪酬经理	环球机械（ust...	薪酬福利部	薪酬福利部经理	未测评		
席农文	待入职	终试	通过	否	工程师		环球机械（ust...	研发中心	工程师	未测评		

图 3-28　面试结果

（4）录用报批状态如图 3-29 所示。

候选人	招聘状态	拟入职职位	拟入职部门	招聘业务组织	拟录用职位	拟录用职务	拟录用部门	测评分数	审批状态	审批人	申请人	重点人才
胡应杰	待报批	薪酬福利部...	机械集团薪...	环球机械集团	薪酬福利部...	薪酬经理	机械集团薪...	4.0、3.0	未提交			
肖冬冬	待报批	招聘部经理	机械集团招...	环球机械集团	招聘部经理	招聘经理	机械集团招...		未提交		Vic	
李亮亮	报批中	招聘部经理	机械集团招...	环球机械集团	招聘部经理	招聘经理	机械集团招...		未审批	Mary	Mary	
欧艳秋	放弃入...	招聘部经理	机械集团招...	环球机械集团	招聘部经理	招聘经理	机械集团招...		审批通...		Vic	
席农文	已入职	工程师	研发中心	环球机械集团	工程师		研发中心		审批通...		Vic	
李少康	待入职	工程师	研发中心	环球机械集团	工程师		研发中心		审批通...		Mary	
肖慧娜	待报批	招聘部经理	机械集团招...	环球机械集团	招聘部经理	招聘经理	机械集团招...		未提交		Mary	
周游	已入职	工程师	研发中心	环球机械集团	工程师		研发中心		审批通...		Vic	

图 3-29　录用报批状态

（5）offer 状态如图 3-30 所示。

候选人	招聘状态	拟入职职位	拟入职部门	招聘业务组织	拟录用职位	拟录用职务	拟录用部门	预入职日期	入职日期	offer发送日期	投递日
李少康	待入职	工程师	研发中心	环球机械集团	工程师		研发中心				2018-
席农文	已入职	工程师	研发中心	环球机械集团	工程师		研发中心		2018-09...		2018-
欧艳秋	放弃入...	招聘部经理	机械集团招...	环球机械集团	招聘部经理	招聘经理	机械集团招...				2018-
周游	已入职	工程师	研发中心	环球机械集团	工程师		研发中心	2018-09...	2018-09...		2018-

图 3-30　offer 状态

复习思考题

1. 当前企业员工招聘工作的难点主要在哪些方面？试分析一下其背后的原因。

2. 企业人力资源管理部门如何在金蝶 s-HR Cloud 系统的支持下提高招聘工作的效率和引进人才的质量？

实训

1. 情景

环球机械为了更好地开展“HR 三支柱”模式变革，进一步充实和加强企业人力资源管理专业力量，希望面向社会招聘一名薪酬设计专家。招聘需求如下：

【职位名称】

薪酬设计专家。

【工作职责】

(1) 参与集团人力资源职能战略设计。

(2) 负责集团年度薪酬预算编制及下属企业年度薪酬预算审核。

(3) 负责集团薪酬体系设计和优化。

(4) 对集团新增职位进行职位价值评估，提出薪酬方案。

(5) 负责集团公司及下属企业所在地区、涉足行业薪酬调研。

【任职条件】

在大型集团企业从事薪酬管理工作 5 年以上，或在国内外知名咨询公司从事人力资源咨询或薪酬激励咨询 5 年以上，有知名企业成功案例。年龄在 45 岁以下。

【薪酬待遇】

年薪 45 万～55 万元，享受集团专家级职位各项特殊福利。

2. 任务

(1) 创建以上招聘需求。

(2) 将两份以上的模拟应聘者简历创建/导入系统。

(3) 模拟一次面试过程。

(4) 确定其中一人为拟录用人员，发起录用报批流程（或直接录用）。

(5) 将被录用人信息转入预入职员工档案。

(6) 向被录用人发出 offer。

第4章 员工管理

员工管理包含核心人力管理和员工档案管理两个部分。

其中，核心人力管理（有时也叫作基础人事管理）是人力资源管理的基础阶段，是有关人事方面的计划、组织、指挥、协调和控制等一系列管理活动的总称。其目的在于，通过科学的方法合理地调整人与人、人与事、人与组织的关系，谋求战略、组织、员工三个方面的平衡发展。具体工作包括人员的录用、调配、奖惩、任免、升降、劳动合同管理、离职、辞退、退休、抚恤等。

员工档案管理是指对核心人力管理业务产生的信息进行核对、归纳和存储的管理活动。这些信息可以向管理人员或者外部机构提供统计、分析和报告，有利于组织对当前人力资源状况的管理监控，有利于组织对业务的科学合理优化。

4.1 功能概述

通过金蝶 s-HR Cloud 系统，企业可以充分提高诸如员工入职、调动、转岗和离职及相关劳动合同业务处理等人事事务处理效率，保证员工信息记录的规范性、准确性、及时性和连续性，并可有效控制劳动关系方面的法律风险。实现人事事务信息化管理，还可以提高企业人力资源管理部门对人员统计、分析及动态趋势预测等工作的准确性，深入挖掘人力资源数据价值，提升人力资源数据对企业决策的支持能力，为企业经营管理、人力资源政策制度制定和人才开发任用奠定坚实的基础。

金蝶 s-HR Cloud 系统员工管理模块的主要功能包括：员工人数初始化、员工的日常变动管理（包括入职、转正、调动、离职、退休、返聘等业务处理）以及劳动合同管理等（见图 4－1）。

4.2 实验目的和任务

4.2.1 实验目的

本章主要讲述如何在系统中进行员工信息管理等人事业务的操作，包括员工基本信息

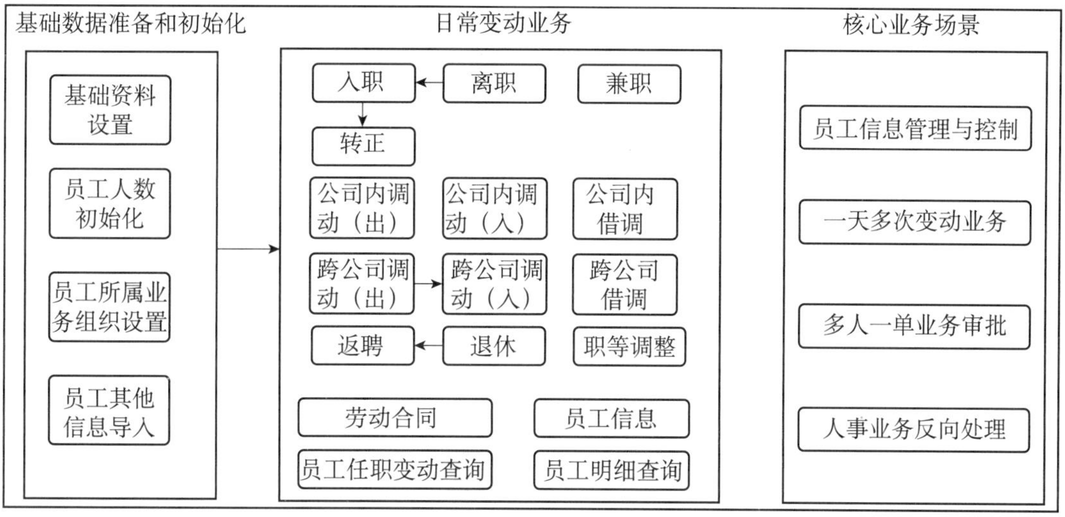

图4-1 员工管理业务

维护、员工变动以及员工合同管理等。

4.2.2 实验场景

（1）环球机械部分员工初始化信息如表4-1所示。
（2）胡应杰于2019年1月1日办理入职。
（3）环球机械研发中心张文通过试用期考核，需完成转正操作。
（4）吴敏于2018年12月5日由原培训部经理调任招聘部经理。
（5）环球机械人事部经理张忠荣于2018年9月1日由于个人发展原因离职。
（6）裴丽已达到退休年龄，于2018年12月3日办理退休。
（7）由于公司业务需要，于2019年1月2日重新将裴丽返聘回原职位。
（8）公司决定2019年1月2日起由鲁明兼任环球机械培训部培训经理。

4.2.3 实验任务

（1）按照表4-1完成环球机械部分员工人数初始化工作。
（2）完成胡应杰入职工作。
（3）完成张文转正处理。
（4）完成吴敏调动工作。
（5）完成张忠荣离职处理。
（6）完成裴丽退休工作。
（7）完成裴丽返聘工作。
（8）完成鲁明兼职工作。
（9）进行环球机械部分员工的合同管理。
（10）按照要求的花名册格式导出供参考。

4.3 实验数据及步骤

4.3.1 员工人数初始化

员工人数初始化是对需进入 s-HR Cloud 系统的员工进行初始化，包括员工日常业务正常处理前的员工人数与职位匹配正确，企业必须管理的员工信息正确维护到系统中，例如员工的任职历史、教育经历、工作经历、职称信息等，即在初始化完成后形成最新的员工档案信息。

员工人数初始化的范围即企业需管理的员工，如正式员工、试用期员工、需发薪的离职员工与退休员工等。

1. 实验数据

环球机械部分员工初始化信息如表 4-1 所示。

表 4-1 环球机械部分员工初始化信息

员工编码	姓名	护照号码	用工关系状态	入职日期/首次加入集团日期/当前任职开始日期	所属部门	所在职位
65001	裴丽 65	65001	正式员工	2018-03-01	研发中心	研发经理
65002	张文 65	65002	试用员工	2018-03-01	研发中心	工程师
65003	周游 65	65003	试用员工	2018-03-01	研发中心	工程师
65004	鲁明 65	65004	正式员工	2018-03-01	采购中心	采购经理
65005	唐建开 65	65005	试用员工	2018-03-01	组织发展部	组织发展主管
65006	张忠荣 65	65006	正式员工	2018-03-01	人事部	人事部经理
65007	吴敏 65	65007	正式员工	2018-03-01	培训部	培训部经理
变动类型		员工初始化				

2. 实验步骤

操作路径：【员工管理】→【员工信息管理】→【员工人数初始化】，进入后点击【创建】，创建信息如图 4-2 所示（备注：可勾选“连续新增”）。

全部创建完成后，点击【生成员工所属业务组织】，如图 4-3 所示。

人事业务组织生成结果如图 4-4 所示。

注意事项：

（1）人员新增方式有二：手工创建、导入。员工人数初始化导入可以支持主要任职和兼职任职通过同一文件维护后同时导入系统。兼职任职单独一行，任职类型为兼职，员工编码、姓名等除任职之外的其他信息与主要任职相同。

（2）首先下载导入的员工人数初始化模板，如图 4-5 所示。

（3）整理需导入的员工人数初始化模板。员工人数初始化仅是将员工的关键信息导入，不可修改系统的导入模板，如需要增加字段可在初始化导入完成后，在【员工信息维护】中使用预置导入模板或自定义导入模板导入。

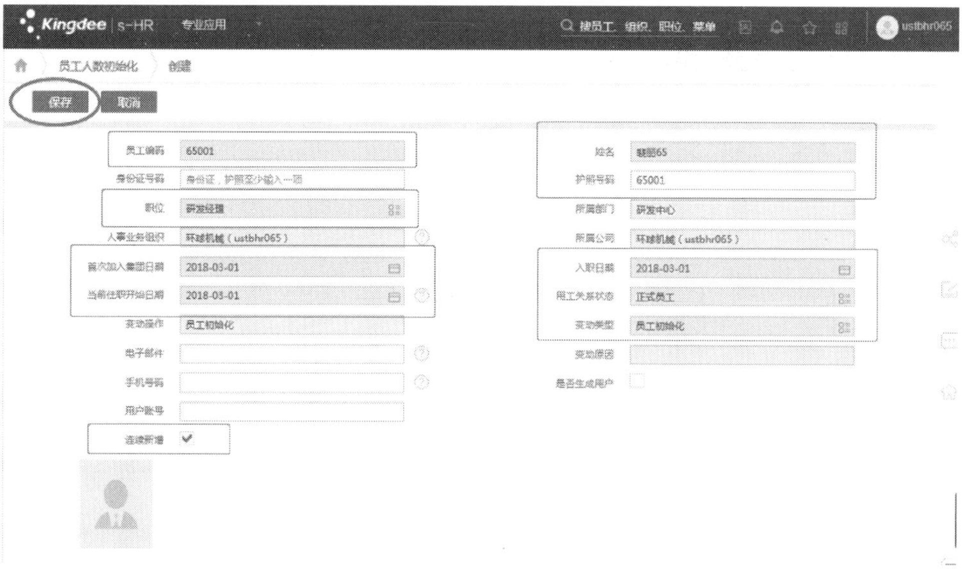

图 4-2　员工人数初始化

员工编码	姓名	所属公司	所属部门	职位	用工关系状态	入职日期	人事业务组织	生成日期
ustbhr065	ustbhr065	环球机械（ustbhr...	人力资源中心	人力资源总监	正式员工	2018-01-01	环球机械（ustbhr...	2019-04-26
65005	唐建开65	环球机械（ustbhr...	组织发展部	组织发展主管	试用员工	2018-03-01		
65006	张忠豪65	环球机械（ustbhr...	人事部	人事部经理	正式员工	2018-03-01		
65007	吴敏65	环球机械（ustbhr...	培训部	培训部经理	正式员工	2018-03-01		
65001	魏丽65	环球机械（ustbhr...	研发中心	研发经理	正式员工	2018-03-01		
65002	张文65	环球机械（ustbhr...	研发中心	工程师	试用员工	2018-03-01		
65003	周游65	环球机械（ustbhr...	研发中心	工程师	试用员工	2018-03-01		
65004	鲁明65	环球机械（ustbhr...	采购中心	采购经理	正式员工	2018-03-01		

图 4-3　生成员工所属业务组织

（4）导入模板说明如下：

1）红色字体为必填项，黑色字体为选填项（本书因印刷原因，未能清晰体现）；身份证号码和护照号码必须填写一个。

2）员工编码和姓名：与编码规则是否启用无关，必须填写。

3）当前任职开始日期：返写系统自动产生的职业信息第一条记录的开始日期。

4）职位：如果填写编码##名称，可不填写所属行政组织和所属公司；如果只填写名称，必须同时填写所属行政组织和所属公司。

5）任职类型：【主要任职】，同一员工只允许导入一条当前主要任职记录；【兼职任职】，同一员工支持同时导入多条当前兼职记录。一个员工不能直接导入兼职信息，必须主要任职和兼职同时导入，主要任职必须放在兼职前面。

图 4-4 人事业务组织生成结果

图 4-5 导入模板下载

6）变动操作：【员工初始化】，仅导入员工的当前主要任职；【兼职】，仅导入员工的当前兼职记录。

7）入职日期：返写系统自动产生的职业信息第一条记录的入司日期和本次加入集团日期。

8）首次加入集团日期：返写员工的最早生效日期。

9）职层、职等、职层职等开始日期：职层与职等的范围是当前记录的职位上关联的职位范围，如果职位没有职层职等范围则不能导入；如果职层与职等有一个维护时，职层职等开始日期必填。

10）手机号码：手机格式要求——国际手机号码格式为区号-手机号，区号不能以 0 开头。请注意，手机号码输入不正确将导致云平台注册不成功。

11）电子邮件：邮箱格式要求——名称必须有“@”和英文状态下的“.”符号做区分，其他不做限制，163 邮箱示例为 *** @163. com。

12）是否生成用户：当导入方式为【新增】时，如果为【是】且【用户账号】有值时，按填写的用户账号生成用户；如果为【是】且【用户账号】没有值时，则按系统账号规则生成用户；如果为【否】时，不生成用户。当导入方式为【覆盖】时，不处理用户。

13）导入方式：【新增】，直接新增记录，如果已存在员工记录，则不允许导入。【覆盖】，如果员工记录存在，则删除员工记录，再新增一条员工记录；如果员工记录不存在，则直接新增员工记录（见图 4－6）。

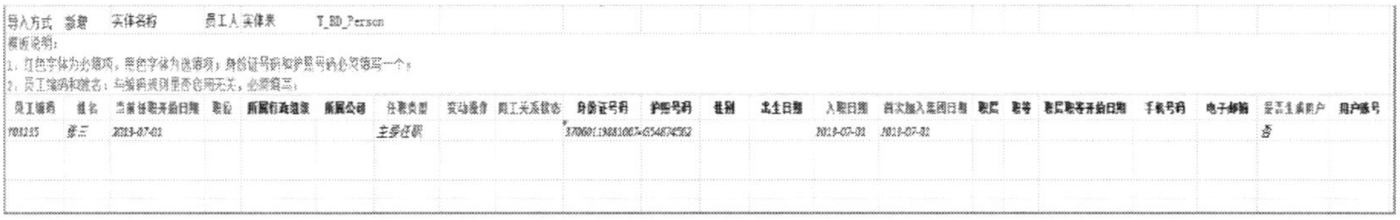

图 4－6　导入方式

4.3.2　员工信息维护

1. 实验数据

环球机械部分员工补充信息如表 4－2 所示。

表 4－2　环球机械部分员工补充信息

员工编码	姓名	国籍	民族	政治面貌	户口所在地	婚姻状况
65001	裴丽 65	中国	汉族	中共党员	北京	已婚
65002	张文 65	中国	满族	群众	石家庄	未婚
65003	周游 65	中国	汉族	群众	天津	未婚
65004	鲁明 65	中国	汉族	中共党员	哈尔滨	已婚
65005	唐建开 65	中国	汉族	群众	深圳	未婚
65006	张忠荣 65	中国	汉族	中共党员	唐山	已婚
65007	吴敏 65	中国	汉族	中共党员	北京	已婚

2. 实验步骤

员工信息包括员工的档案信息和劳动合同信息，可以通过 Excel 导入方式逐渐完善；员工的档案信息在发生业务后可继续完善导入，员工的劳动合同信息在下一次合同业务发生前需初始化到 s-HR Cloud 系统。

操作路径：【员工管理】→【员工信息管理】→【员工信息维护】。

（1）员工信息维护方式一：手工维护。单击需要维护的员工项，如图 4－7 所示。

点击修改，可维护基本信息，如图 4－8 所示，然后保存即可。

点击右侧的相关信息列进行编辑可修改对应信息，如图 4－9 所示。

（2）员工信息维护方式二：模板导入，如图 4－10 所示。

图 4-7 完善员工信息

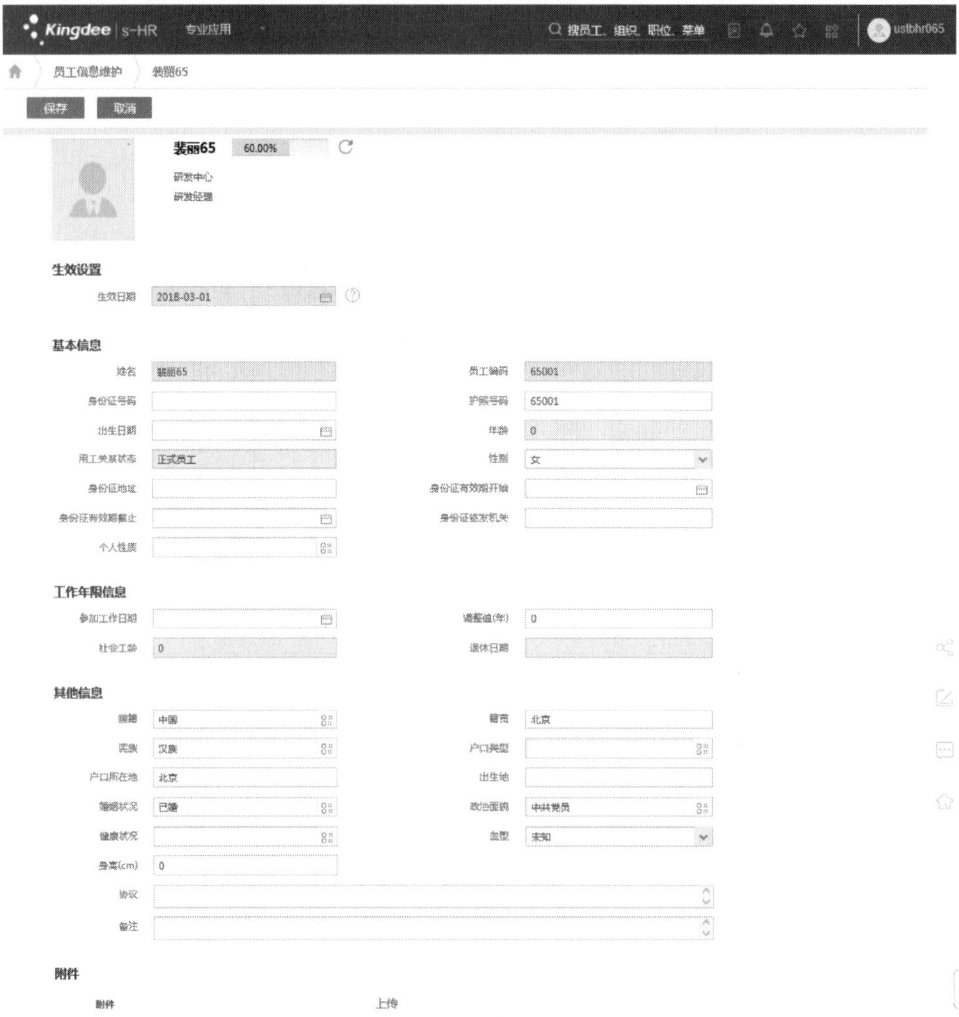

图 4-8 基本信息修改

图 4-9 员工其他信息维护

图 4-10 员工信息模板导入

根据系统预设的员工信息导入模板或自定义员工信息模板整理数据，再导入系统。其主要导入模板说明如下：

1）综合信息导入模板：导入员工的基本信息和多行表唯一一条记录的信息，自动在多行表产生一条记录，适用于企业对一线员工的信息收集与导入。

2）员工变动历史导入：支持系统内或系统外的员工任职历史导入，需在当前任职开始日期之前，即需补录当前任职前的历史任职情况，不支持禁用行政组织和职位后发生的任职历史导入。

3）职层职等历史导入：如果初始化时导入了当前的职层职等信息，补录的日期需在当前职层职等的日期之前。

4）照片引入引出：可将员工照片批量导入。引入照片时，需将照片命名为员工编码或者姓名，建议为员工编码，以避免员工重名情况；支持引入照片格式为 jpg、png、bmp 的 zip 格式压缩文件包，推荐像素 100×120，点击【照片引入引出】，选择路径中的 zip 文件，点击引入即可。

4.3.3 员工变动管理

1. 实验数据

员工变动管理数据如表 4－3 所示。

表 4－3 员工变动管理数据

入职	胡应杰于 2019 年 1 月 1 日入职环球机械薪酬福利部任薪酬福利部经理，试用期 3 个月（员工编码为 65009，护照号码为 65009）
转正	张文通过试用期考核，于 2018 年 6 月 1 日完成转正
调动	吴敏于 2018 年 12 月 5 日由原培训部经理调任招聘部经理
兼职	鲁明于 2019 年 1 月 2 日起兼任环球机械培训部培训经理
离职	环球机械人事部经理张忠荣于 2018 年 9 月 1 日由于个人发展原因离职
退休	裴丽已达到退休年龄于 2018 年 12 月 3 日办理退休
返聘	由于公司业务需要于 2019 年 1 月 2 日重新将裴丽返聘回原职位

2. 实验步骤

（1）员工入职。人事专员对员工的入职业务进行管理，支持连续新增、Excel 导入、单据导入或单据新增。

操作路径：【员工管理】→【员工变动管理】→【员工入职】，如图 4－11 所示，点击【工作流入职】里面的【创建单人入职单】。根据提供的实验数据逐一录入新员工的信息。或者点击【创建多人入职单】，可以批量录入入职员工信息。

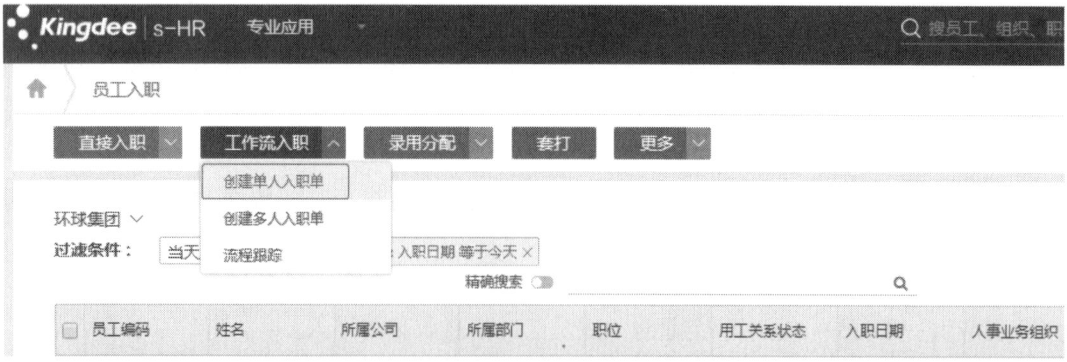

图 4－11 员工入职

点击【提交生效】即可，如图 4－12 所示。

图 4－12　入职单信息填写

注意事项：

1）办理入职前需检查的校验规则。系统分强制校验和非强制校验两种方式来检查入职员工，应用于直接入职和单据入职可以进行检查校验。

Excel 导入和单据导入没有界面交互，仅能支持强制校验，非强制校验在导入时将不进行检查，不会给出提示，需要用户自行检查。操作路径：【系统设置】→【人事数据设置】→【检查规则】。

2）规则说明。

● 预入职名单校验：开启校验后，加入黑名单中的预入职人员在入职时系统会自动给予校验。

● 预入职日期校验：开启校验后，人员的预入职日期与入职时不符合系统会自动给予校验。

● 16 岁年龄校验：开启校验后，入职人员年龄不满 16 周岁系统会自动给予校验。

● 离职其他合同校验：开启校验后，已经签订了其他合同的人员离职时系统会自动给予校验。

● 允许再入职次数：开启校验后，再次入职人员的次数系统会自动给予校验。

● 黑名单校验：开启校验后，加入黑名单中的人员再次入职时系统会自动给予校验。

● 离职时间不足：开启校验后，离职时间不足的人员再次入职时系统会自动给予校验。

● 任职时间不足：开启校验后，最后一次任职时间不足的入职人员系统会自动给予校验。

● 离职原因：开启校验后，属于某些设置的离职原因范围内的人员离职时系统会自动给予校验。

● 校验规则：用户可以根据调整出厂预设的规则，调整启用/禁用、强制校验状态等，启用后的入职规则检查可以选择强制校验或非强制校验，强制校验时直接给出不允许操作的提示，无法继续操作；非强制校验时给出警告信息，用户决定是否继续操作。提示信息可自定义，根据规则中配置的提示内容进行提示。

（2）预入职人员办理入职。

1）打开预入职界面：

● 方式 1：单个预入职人员办理需流程审批或直接生效时可进入【关联生成—单人入职单】操作。

● 方式 2：多个预入职人员集中办理需流程审批或直接生效时可进入【关联生成—多人入职单】操作。

2）输入人事业务组织：当前用户权限范围内的 HR 组织，需办理入职业务的人事业务组织。

3）人事业务组织选择后：

● 当预入职人员和办理入职的人事业务组织相同时，将自动带出人员已填写的所有信息。

● 当预入职人员和办理入职的人事业务组织不相同时，需要重新填写人员职位、部门等信息。

4）输入完信息检查无误后，在单据中提交工作流进行审批或提交生效。

5）入职办理完成后生成用户：如果单据中勾选了生成用户或在客户端的【系统平台—系统工具—参数设置】中设置了“员工入职自动创建用户”，则按员工编码自动生成用户账号，密码默认为身份证号码后 6 位。

（3）新员工办理入职。

1）打开新增界面：

● 方式 1：直接入职无须流程审批时可直接进入【直接入职—连续新增】操作。

● 方式 2：单个新员工办理需流程审批或直接生效时可进入【工作流入职—创建单人入职单】操作。

● 方式 3：多个新员工集中办理需流程审批或直接生效时可进入【工作流入职—创建多人入职单】操作。

● 方式 4：Excel 导入。

● 方式 5：单人入职单导入或多人分录导入。

2）输入人事业务组织：当前用户权限范围内的 HR 组织，需办理入职业务的人事业务组织。

3）输入新员工的相关信息：变动操作为雇佣入职，可进行实习生入职、试用期员工入职；其中实习生入职如果没有确定的职位，可暂入在临时职位，用工关系状态为【待分配】，确定具体职位时再维护。

4）输入完信息检查无误后在连续新增界面保存，在单据中提交工作流进行审批或提交生效。

5）入职办理完成后生成用户：如果单据中勾选了生成用户或在客户端的【系统平台—系统工具—参数设置】中设置了“员工入职自动创建用户”，则按员工编码自动生成用户账号，密码默认为身份证号码后 6 位。

（4）再入职员工办理入职。

1）打开新增界面：

● 方式 1：直接入职无须流程审批时可直接进入【直接入职—连续新增】操作。

● 方式 2：单个再入职员工办理需流程审批或直接生效时可进入【工作流入职—创建单人入职单】操作。

● 方式 3：多个再入职员工集中办理需流程审批或直接生效时可进入【工作流入职—创建多人入职单】操作。

● 方式 4：Excel 导入。

● 方式 5：单人入职单导入或多人分录导入。

2）输入人事业务组织：当前用户权限范围内的 HR 组织，需办理入职业务的人事业务组织。

3）输入再入职相关信息将会弹出提示框，由用户确认是否沿用原员工编码，确认将继续办理入职。

● 在【连续新增】界面输入再入职员工的相关信息保存时，系统检查身份证号码或护照号码以及员工姓名与系统中已有离职员工（用工关系不占人头）相同且用工关系状态支持进行再入职处理（用工关系状态在再入职变动操作配置的初始用工关系状态中），则会提示进行再入职确认；否则提示重复，不允许入职。

● 单人入职单据：输入身份证号码或护照号码并进行校验，若是离职员工（规则同上），则弹出界面进行再入职确认。

● 多人入职单据：再入职员工按填写的员工编码保存。

● 入职单据导入：选择变动操作为再入职进行导入。若再入职沿用原员工编码，请在模板中输入原员工编码；若使用新的员工编码，可输入新员工编码或不填写由编码规则自动生成。

4）输入完信息检查无误后在连续新增界面保存，在单据中提交工作流进行审批或提交生效。

5）再入职员工办理入职完成后用户账号自动生效，用户行政组织范围为入职职位的行政组织范围。

（5）入职办理完成后的其他业务。

1）入职审批通过后系统自动生成员工的人事业务组织。

● 录用分配：对用工关系状态为“待分配”员工进行批量录用分配或 Excel 批量导入分配员工到具体职位工作。

● 劳动合同新签：在入职中快速为员工签订劳动合同，劳动合同信息自动写入员工的信息栏中和劳动合同中。

● 流程跟踪—反审批：对已审批的入职单进行反审批，反审批将删除员工当前变动记录以及变动关联产生的【用工关系】【职业信息】【任职历史】【职层职等】记录，当前单据状态置为未提交，修改后可重新提交流程。

● 员工变动记录撤销：新员工不能进行变动记录的撤销，再入职员工可在变动记录中进行撤销。

● 删除员工：员工所有记录将被删除，关联的单据状态置为【未提交】。若是再入职，只能通过【员工变动记录】中的撤销功能撤销当前任职。

● 套打：打印录用通知单。

2）转正业务。人事专员对试用期员工进行转正业务管理，支持直接转正和转正流程，适用于原职位转正。

操作路径：【员工管理】→【员工变动管理】→【员工转正】，按照实验数据完成张文转正工作（转正日期为 2018－06－01）。

在员工列表选择员工（张文），创建单人或多人转正单，实验数据点击【创建单人转正单】，如图 4－13 所示。

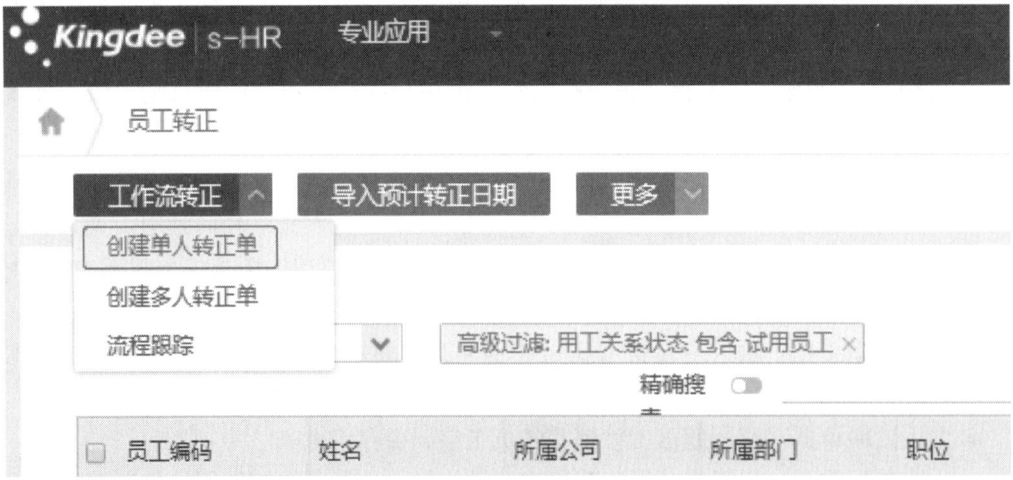

图 4－13 转正

输入转正相关信息，如图 4 - 14 所示。

图 4 - 14　转正单信息

单据填写完成后，点击【提交生效】即可。

注意事项：

- 【人事业务组织】：当前用户权限范围内的 HR 组织，需办理员工转正业务的人事业务组织。
- 【转正后职位】：不可修改。
- 【实际转正日期】：可参考预计转正日期，填写实际转正的日期。

- 【转正后职等、职层】：根据转正后职位进行选择。
- 【导入】：多人转正时，可将员工转正相关的信息通过 Excel 导入。
- 【批量设置】：可对多个员工进行相关信息的批量设置。
- 保存单据并提交生效或提交工作流，本次实验提交生效即可。
- 【流程跟踪列表】：查询已发起申请中的单据、单据的审批进度；当前审批人仅在单据状态为审批中时显示审批人的姓名，其他单据状态不显示。

流程跟踪—导入：支持单人单据的导入。

流程跟踪—删除：仅支持对未提交的单据进行删除。

流程跟踪—撤回：仅支持对流程中的单据进行撤回。

流程跟踪—反审批：如后续已发生人事业务则不允许反审批，其他情况允许对已审批的员工转正单进行反审批，反审批将删除员工当前变动记录以及变动关联产生的【用工关系】【职业信息】【任职历史】【职层职等】记录，当前单据状态置为未提交，修改后可重新提交流程。

- 【导出】：导出转正员工数据，支持部分导出或全部导出数据。

3. 调动业务

员工调动包括批量处理和导入员工调动，调动后更新员工的任职信息，调动类型包括公司内调动和跨公司调动。

实验数据中，吴敏的调动属于公司内调动（调动日期为 2018－12－05；变动类型为调动调出；变动原因为平调），按照如下方式操作：【员工管理】→【员工变动管理】→【员工调动】，在员工列表选择员工创建或直接创建公司内调动单：单人调动和多人调动，实验数据操作点击【创建单人调动单】，如图 4－15 所示。

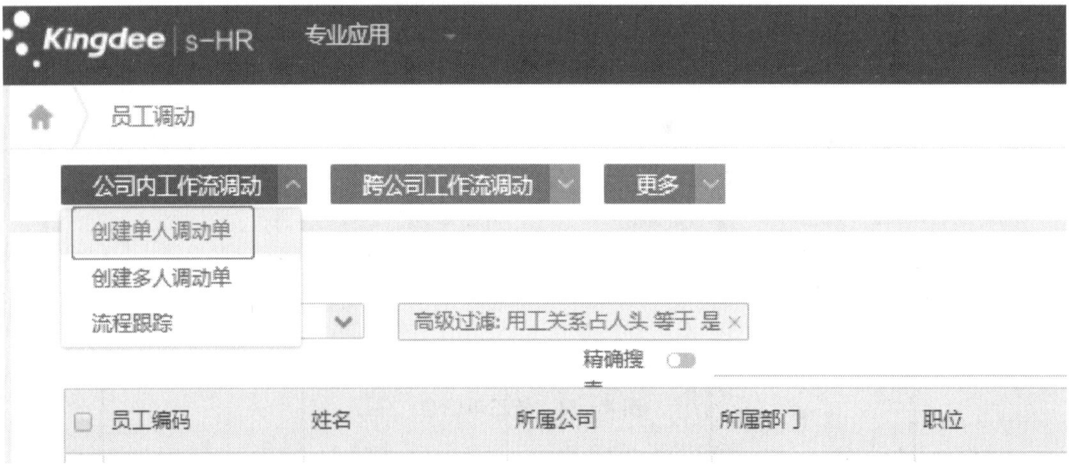

图 4－15 调动

输入调动相关信息，如图 4－16 所示。

单据填写完成后，点击【提交生效】即可。

注意事项：

(1)【人事业务组织】：当前用户权限范围内的 HR 组织，需办理公司内调动业务的人

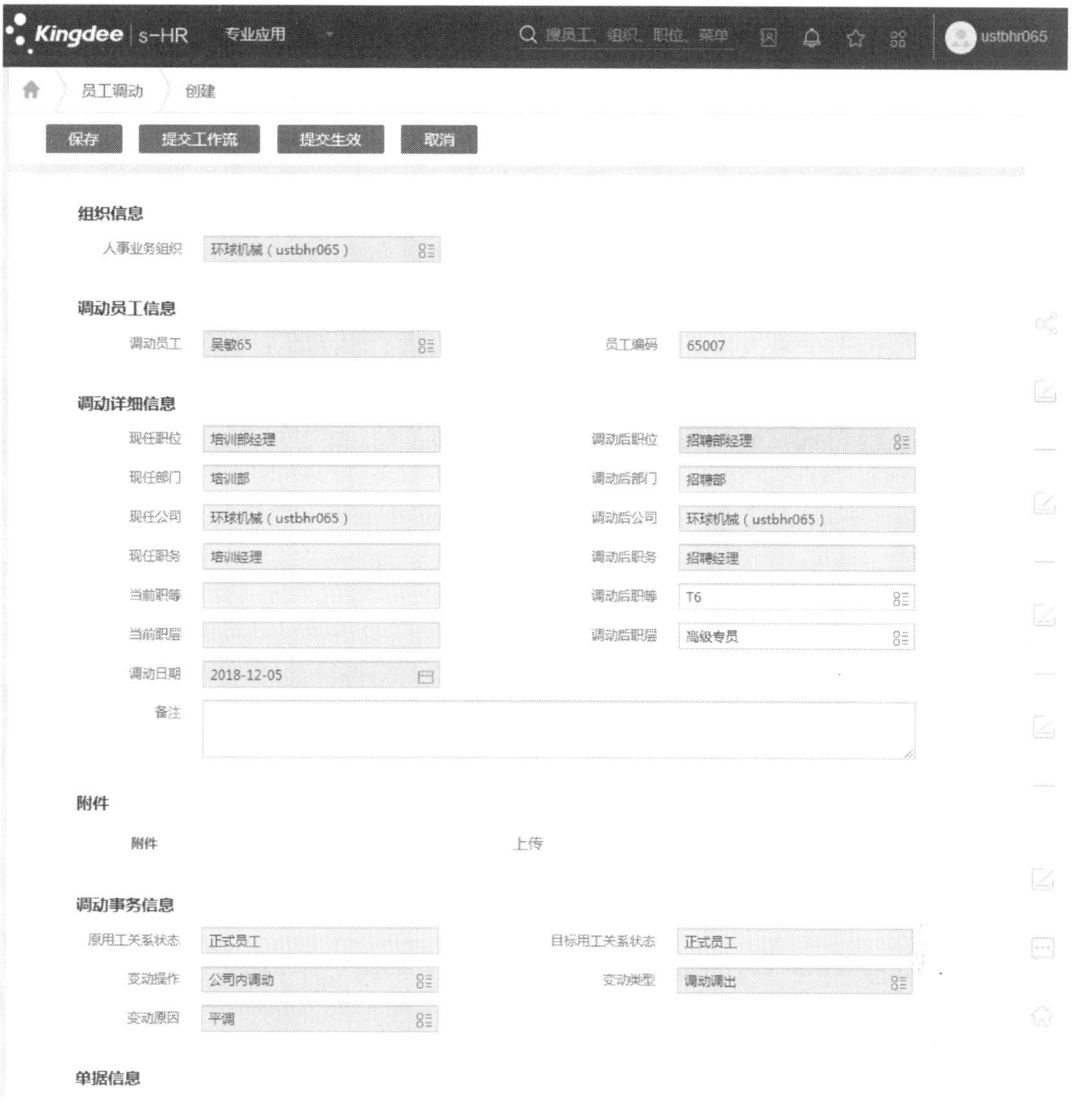

图 4－16　调动单信息

事业务组织。

(2)【调动后职位】：用户行政组织范围内与现任职位同一公司内的职位范围。

(3)【调动后职务、职等、职层】：根据调动后职位进行选择。

(4)【导入】：多人调动时，可将调入员工及调动的信息通过 Excel 导入。

(5)【批量设置】：可对多个员工进行相关信息的批量设置。

(6)【流程跟踪列表】：查询已发起申请中的单据、单据的审批进度；当前审批人仅在单据状态为审批中时显示审批人的姓名，其他单据状态不显示。

1）流程跟踪—导入：支持单人单据的导入。

2）流程跟踪—删除：仅支持对未提交的单据进行删除。

3）流程跟踪—撤回：仅支持对流程中的单据进行撤回。

4）流程跟踪—反审批：如后续已发生人事业务则不允许反审批，其他情况允许对已审批的员工调动单进行反审批，反审批将删除员工当前变动记录以及变动关联产生的【用工关系】【职业信息】【任职历史】【职层职等】记录，当前单据状态置为未提交，修改后可重新提交流程。

4. 兼职业务

员工兼职处理包括员工兼职和兼职终止，兼职任命或兼职终止后更新员工的任职信息。

操作路径：【员工管理】→【员工变动管理】→【员工兼职】，在员工列表选择员工创建或直接创建兼职——单人单据，创建兼职单，如图 4-17 所示。

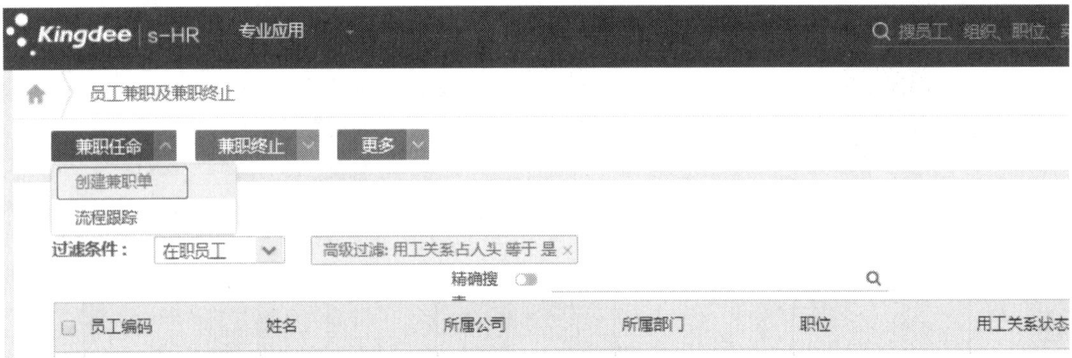

图 4-17 兼职

输入兼职相关信息，如图 4-18 所示。

填写完成后，点击【提交生效】即可。

注意事项：

(1)【人事业务组织】：当前用户权限范围内的 HR 组织，需办理兼职业务的人事业务组织。

(2)【兼职职位】：用户行政组织范围内与现任职位同一公司内的职位范围。

(3)【兼职日期】：实际兼职的日期。

(4) 兼职提交后可跟进的业务。

1）流程跟踪列表：查询已发起申请中的单据、单据的审批进度；当前审批人仅在单据状态为审批中时显示审批人的姓名，其他单据状态不显示。

2）流程跟踪—删除：仅支持对未提交的单据进行删除。

3）流程跟踪—撤回：仅支持对流程中的单据进行撤回。

4）流程跟踪—反审批：如后续已发生兼职终止业务则不允许反审批，其他情况允许对已审批的员工兼职单进行反审批，反审批将删除员工当前变动记录以及变动关联产生的【用工关系】【职业信息】【任职历史】记录，当前单据状态置为未提交。

(5)【撤销】：一人一单的单据可进行撤销，如已发生兼职终止业务则不允许撤销。

(6)【兼职终止】：在兼职列表选择员工创建或直接创建兼职终止单——单人单据。

(7) 兼职终止提交后可跟进的业务。

1）流程跟踪列表：查询已发起申请中的单据、单据的审批进度；当前审批人仅在单

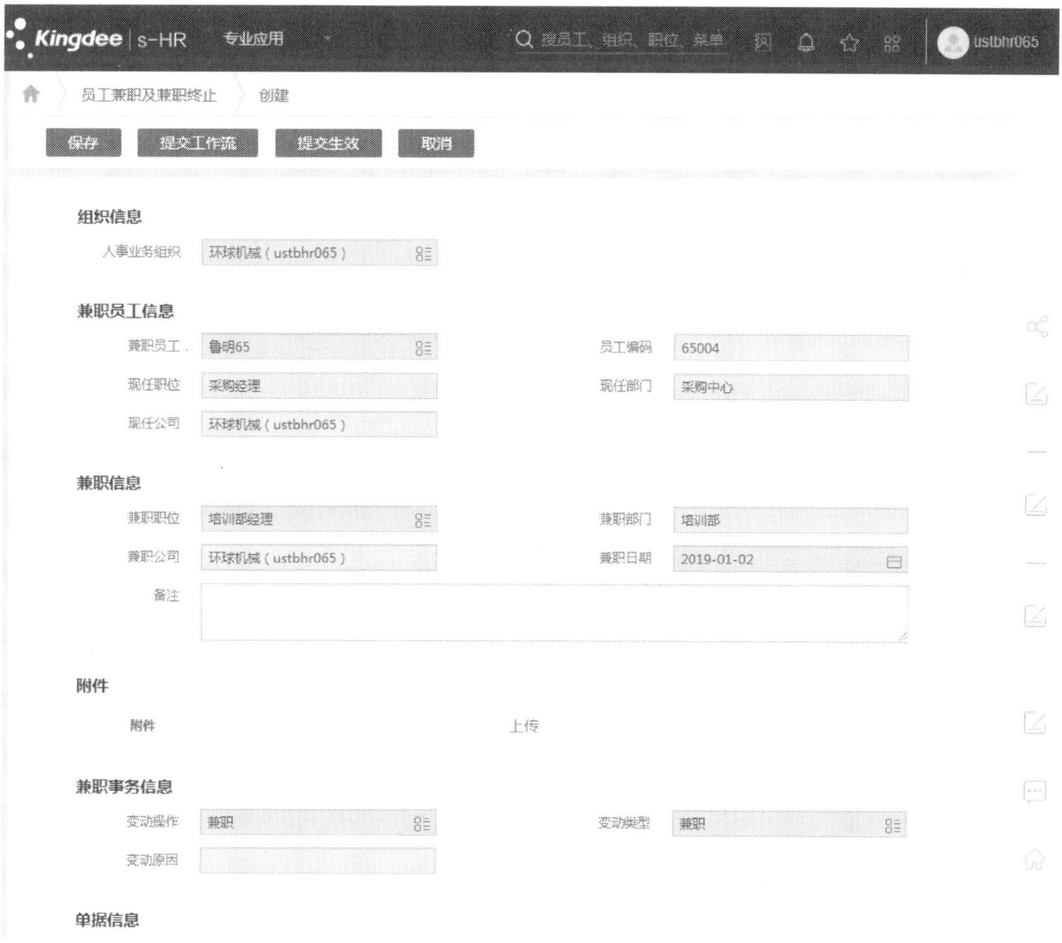

图 4-18 兼职单信息

据状态为审批中时显示审批人的姓名，其他单据状态不显示。

2）流程跟踪—删除：仅支持对未提交的单据进行删除。

3）流程跟踪—撤回：仅支持对流程中的单据进行撤回。

4）流程跟踪—反审批：允许对已审批的员工兼职终止单进行反审批，反审批将删除员工当前变动记录以及变动关联产生的【用工关系】【职业信息】【任职历史】记录，当前单据状态置为未提交。

5. 员工离职

员工离职包括批量处理或导入员工离职信息，离职后更新员工的任职信息。

操作路径：【员工管理】→【员工变动管理】→【员工离职】，在员工列表选择员工创建或直接创建离职单——单人离职单或多人离职单，实验数据操作点击【创建单人离职单】，如图 4-19 所示。

输入离职相关信息，完成实验数据中张忠荣离职处理（离职日期为 2018-09-01；变动操作为辞职；变动类型为辞职；变动原因为个人发展），如图 4-20 所示。

保存单据并提交生效或提交工作流，本次实验提交生效即可。离职单保存时将根据设

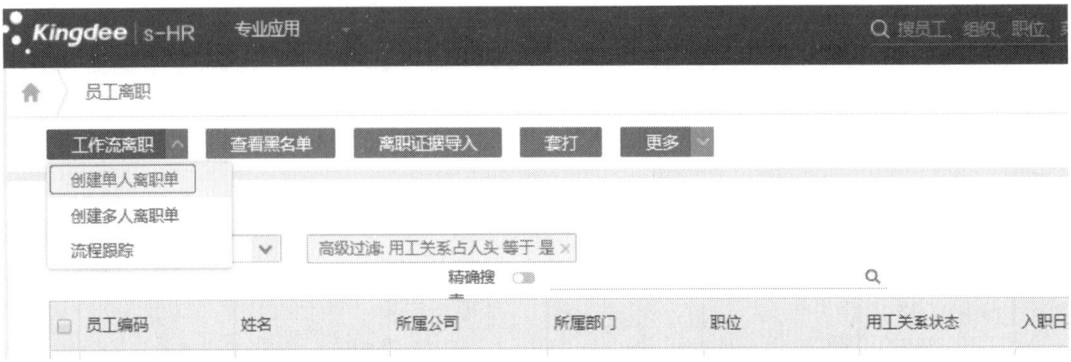

图 4－19　离职

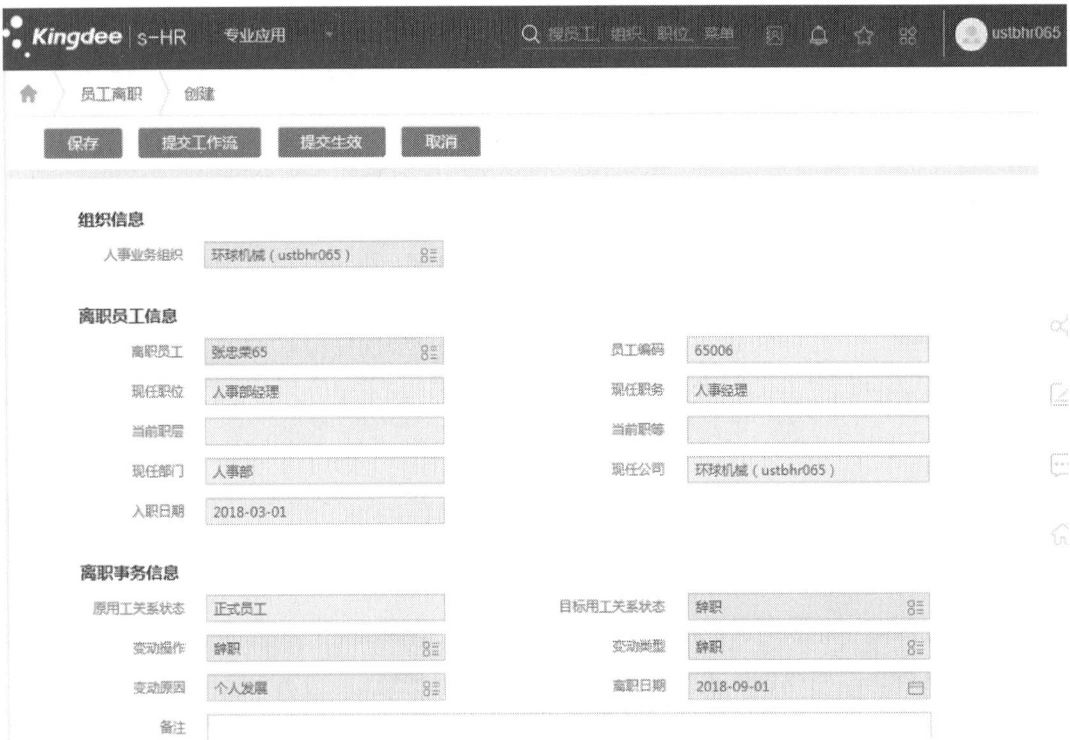

图 4－20　离职单信息

置规则校验，自动终止或解除劳动合同和其他合同。

离职后可办理跟进的业务。

注意事项：

（1）【人事业务组织】：当前用户权限范围内的 HR 组织，需办理离职业务的人事业务组织。

（2）【目标用工关系状态】：选择实际的目标用工关系状态，在离职变动操作中可配置。

（3）【离职日期】：实际离职的日期。

（4）【流程跟踪列表】：查询已发起申请中的单据、单据的审批进度；当前审批人仅在单据状态为审批中时显示审批人的姓名，其他单据状态不显示。

1）流程跟踪—删除：仅支持对未提交的单据进行删除。

2）流程跟踪—撤回：仅支持对流程中的单据进行撤回。

3）流程跟踪—反审批：如后续已发生人事业务则不允许反审批，其他情况允许对已审批的员工离职单进行反审批，反审批将删除员工当前变动记录以及变动关联产生的【用工关系】【职业信息】【任职历史】【职层职等】记录，当前单据状态置为未提交。

（5）【查看黑名单】：对不符合企业再次入职的员工，离职后可以将员工加入黑名单中，再次入职时系统会给予警示，对黑名单中离职员工可以导入离职证据，对黑名单员工可以移除，移除后再次入职时将不会再给予警示。

（6）【离职证据导入】：支持员工的离职证据导入。

（7）【打印】：对离职员工打印离职证明。

（8）【导出】：导出离职员工，支持部分导出或全部导出数据。

6. 员工退休

人事专员对满足退休年龄的员工办理退休手续。

操作路径：【员工管理】→【员工变动管理】→【员工退休】，点击【创建退休单】，如图 4－21 所示。

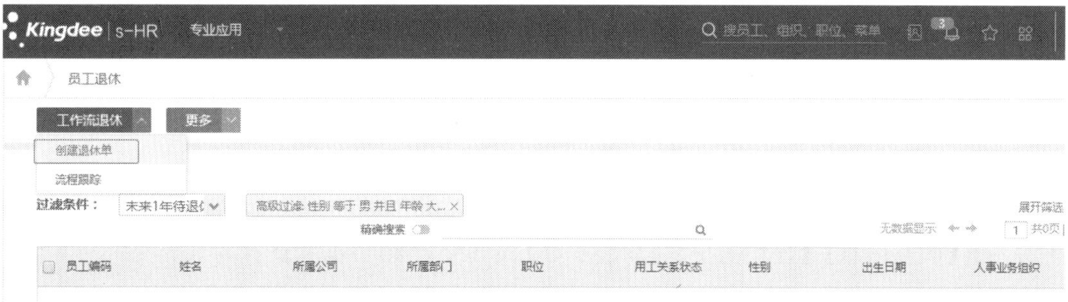

图 4－21 退休

在员工列表选择员工创建或直接创建退休单——单人退休单，实验数据操作时，直接点击【创建退休单】，然后选择退休员工。

输入退休相关信息，如图 4－22 所示。

注意事项：

（1）【人事业务组织】：当前用户权限范围内的 HR 组织，需办理退休业务的人事业务组织。

（2）【目标用工关系状态】：选择实际的目标用工关系状态，在退休变动操作中可配置。

（3）【退休日期】：实际退休的日期。

1）保存单据并提交生效或提交工作流，本次实验提交生效即可。

2）退休后可办理跟进的业务。

（4）【流程跟踪列表】：查询已发起申请中的单据、单据的审批进度；当前审批人仅在单据状态为审批中时显示审批人的姓名，其他单据状态不显示。

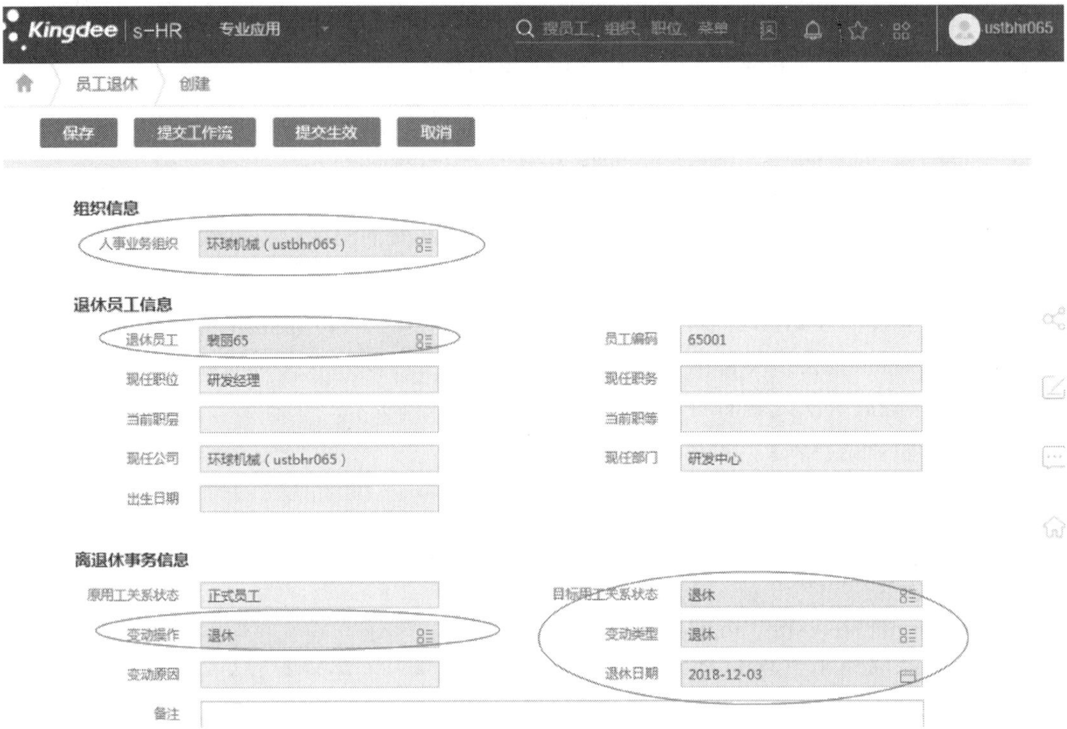

图 4-22　退休单信息

1）流程跟踪—删除：仅支持对未提交的单据进行删除。

2）流程跟踪—撤回：仅支持对流程中的单据进行撤回。

3）流程跟踪—反审批：如后续已发生人事业务则不允许反审批，其他情况允许对已审批的员工离职单进行反审批，反审批将删除员工当前变动记录以及变动关联产生的【用工关系】【职业信息】【任职历史】【职层职等】记录，当前单据状态置为未提交。

7. 返聘业务

人事专员对企业内部退休员工满足工作岗位需要者再进行返聘。

操作路径：【员工管理】→【员工变动管理】→【员工返聘】，点击【创建返聘单】，如图 4-23 所示。

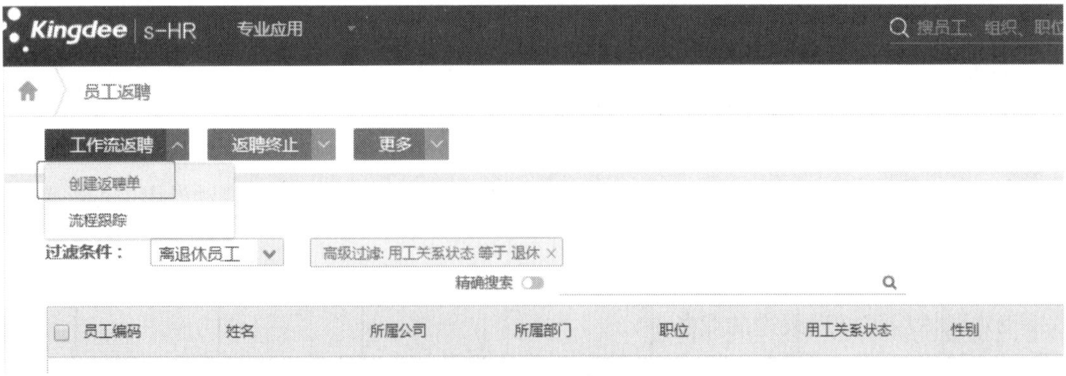

图 4-23　返聘

在员工列表选择员工创建或直接创建返聘单——单人返聘单。

输入返聘相关信息，如图 4－24 所示。

图 4－24　返聘单信息

保存单据并提交生效或提交工作流，本次实验提交生效即可。

返聘后可办理跟进的业务。

注意事项：

（1）【人事业务组织】：当前用户权限范围内的 HR 组织，需办理返聘业务的人事业务组织。

（2）【返聘员工】：已退休的员工。

（3）【返聘职位】：当前所选业务组织下用户行政组织范围内的职位范围。

（4）【返聘日期】：实际返聘的日期。

（5）【流程跟踪列表】：查询已发起申请中的单据、单据的审批进度；当前审批人仅在单据状态为审批中时显示审批人的姓名，其他单据状态不显示。

1）流程跟踪—删除：仅支持对未提交的单据进行删除。

2）流程跟踪—撤回：仅支持对流程中的单据进行撤回。

3）流程跟踪—反审批：如后续已发生人事业务则不允许反审批，其他情况允许对已审批的员工离职单进行反审批，反审批将删除员工当前变动记录以及变动关联产生的【用工关系】【职业信息】【任职历史】【职层职等】记录，当前单据状态置为未提交。

4.3.4　员工合同管理

员工劳动合同处理，可批量处理新签、续签、变更、终止、解除等合同义务。

1. 实验数据

请按照表 4－4 的内容签订员工胡应杰 65 的劳动合同。

表 4－4 新签劳动合同数据

劳动合同	胡应杰 65 与环球机械签订了固定期限的劳动合同，生效日期为入职日期 2019－01－01；开始日期为 2019－01－01；结束日期为 2021－12－31；合同类别/合同模板为劳动合同。

2. 实验步骤

人事专员对员工签订劳动合同和其他劳动合同（培训协议等）进行管理，追溯合同历史。

操作路径：【员工管理】→【员工合同】→【劳动合同】，过滤条件选择“员工”，勾选“未签”，如图 4－25 所示。

图 4－25 劳动合同过滤条件选择

勾选要新签合同的员工，以“胡应杰 65”为例，如图 4－26 所示。

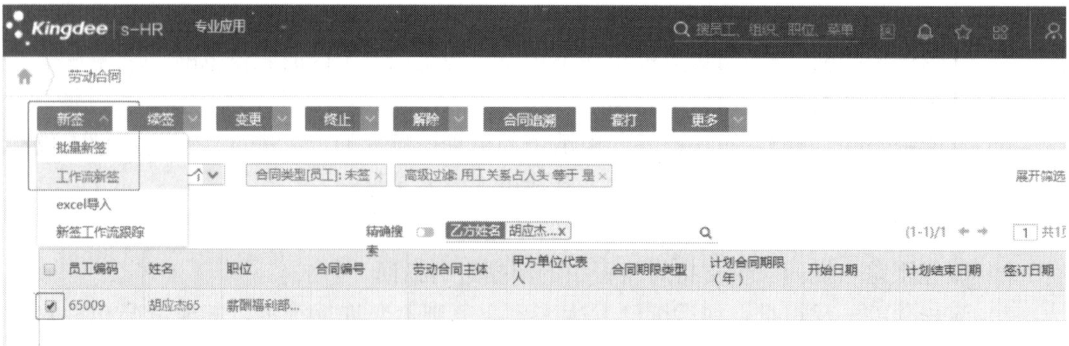

图 4－26 劳动合同新签

填写劳动合同单据信息完成后，点击【提交生效】即可，如图 4－27 所示。

实验中注意，如果有两个人共用一个账号的场景，那么操作中注意选择自己对应的劳动合同主体，若选错可在现行合同中进行编辑修改。

图4-27　新签合同界面

注意事项：

（1）新签：对“未签订过劳动合同的员工”批量新签合同，支持通过Excel方式导入新签合同，或通过工作流审批方式新签合同，工作流新签合同可以直接生效或通过审核后生效劳动合同，对流程中的合同可以做跟踪处理。

（2）续签：对“劳动合同到期续签”或“其他原因需要续签合同”的员工进行批量续签合同，支持通过Excel方式导入续签合同，或通过工作流方式续签合同，工作流续签合同可以直接生效或通过审核后生效续签合同，对流程中续签的合同可以做跟踪处理。

（3）变更：对需要变更的劳动合同进行批量变更处理，或通过Excel方式导入变更合同，或通过工作流审批方式变更合同，工作流变更合同可以直接生效或通过审核后生效变更过的劳动合同，对流程变更中的合同可以做跟踪处理。

（4）终止：批量终止劳动合同，或通过 Excel 方式导入终止合同，或通过工作流审批方式终止合同，工作流终止合同可以直接生效或通过审核后终止劳动合同，对流程跟踪中的终止合同单据可以做跟踪处理。

（5）解除：批量解除劳动合同，或通过 Excel 方式导入解除合同，或通过工作流审批方式解除合同，工作流解除合同可以直接生效或通过审核后解除劳动合同，对流程跟踪中的解除合同单据可以做跟踪处理。

（6）合同追溯：对员工续签或变更的劳动合同可追溯其续签或变更的历史合同。

（7）套打：打印劳动合同。

（8）导出：导出劳动合同，支持导出部分劳动合同或全部劳动合同。

（9）同一员工的劳动合同生效时间不允许交叉。

（10）劳动合同增加字段：实际结束日期（合同变更、终止、解除时需返写）、实际合同期限（实际结束日期－开始日期）。

（11）名称修改：生效日期改为开始日期，终止日期改为计划结束日期，合同期限改为计划合同期限。

（12）历史合同：不可以修改，仅支持对历史合同进行续签（续签日期为历史合同实际结束日期后一天），不支持对历史合同进行变更、终止、解除操作。

（13）现行合同：没有后续关联的未生效合同记录情况下可以修改，如已产生未生效的合同记录则不允许修改。

（14）有未来生效日期的合同记录不允许存在 2 条，只能有 1 条。

（15）员工已有合同生效，没有对当前合同进行【续签/变更/终止/解除】操作情况下（状态是已生效或未来生效）可以删除，如有记录则不允许删除；对当前合同进行续签、变更或终止时将返写源合同的实际结束日期。

（16）工作流续签、批量续签和导入续签合同时，“连续签订”默认为“是”，不需要在界面手工勾选；连续签订 2 次固定期限劳动合同将提醒签订无固定期限劳动合同。

（17）通过源合同关联，仅在通过续签、变更处理时才可以追溯。

（18）合同初始化导入支持导入员工合同变更记录，导入模板中不需要填写变更的源合同编码，填写后更新源合同的实际终止日期、实际合同期限、合同状态。

（19）其他合同：

1）适用企业短期培训或其他短期保密活动需要签订一个短期的协议等场景，可以在其他合同中创建。

2）支持直接创建或 Excel 导入其他合同信息，导出数据。

3）劳动合同增加字段：实际结束日期（合同变更、终止、解除时需返写）、实际合同期限（实际结束日期－开始日期）。

4）名称修改：生效日期改为开始日期，终止日期改为计划结束日期，合同期限改为计划合同期限。

4.3.5 员工明细信息

通过员工信息集查询出员工详细信息，可保存查询方案，设置导出模板格式，打印员工个人履历。

1. 实验数据

按照表 4－5 列示字段导出环球机械员工花名册。

表 4－5　花名册字段

基本信息	员工编码	姓名	民族	户口所在地
	政治面貌	婚姻状况		
职业信息	离职日期			
员工用工关系	用工关系状态	入职日期	返聘日期	实际转正日期
员工变动记录	所属公司	所属部门	职位	职务

2. 实验步骤

操作路径：【员工管理】→【人事报表】→【员工明细查询】，如图 4－28 所示。

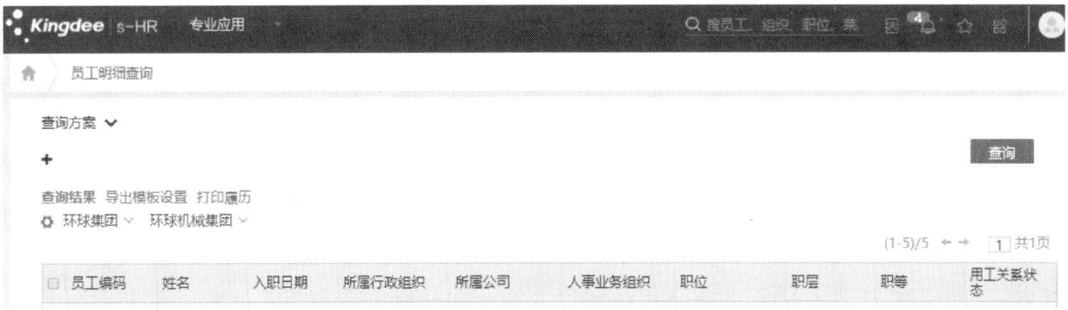

图 4－28　员工明细查询

可以点击【+】按照过滤条件进行过滤，也可以点击【导出模板设置】设置好模板后导出，如图 4－29 和图 4－30 所示。

图 4－29　导出模板设置

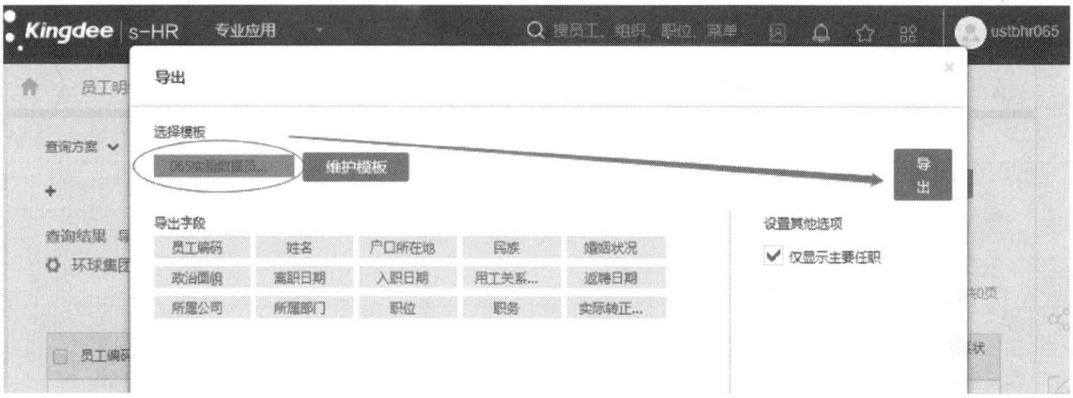

图 4-30 员工明细信息导出

注意事项：

（1）可以通过多种信息集查询出员工数据，在同一个条件栏中，可以使用逗号分隔，实现多条件的组合。注意：全角、半角的逗号都支持，但是请不要混合使用，不同的查询条件之间可以用 and（界面按钮为“＋”）、or（界面按钮为“或”）的逻辑进行组合。

（2）员工明细查询中的信息集完整地包括了员工的所有信息，以供人事专员查询需要的员工信息。信息集可以根据企业的需求配置相应的字段作为查询参数值。

（3）可以点击【查询方案】，输入方案名称后【保存】查询方案。再次进入员工明细查询中，可以点击保存的查询方案进行快速查询，支持删除查询方案或修改查询方案。

（4）可以对导出模板进行个性化设置，可以保存模板，查询出数据后可按模板导出数据。

（5）支持打印员工个人履历。

4.4 实验结果

（1）入职单完成信息如图 4-31 所示。

图 4-31 入职单完成

（2）转正单完成信息如图 4－32 所示。

图 4－32　转正单完成

（3）调动单完成信息如图 4－33 所示。

图 4－33　调动单完成

（4）离职单完成信息如图 4－34 所示。

图 4－34　离职单完成

（5）退休单完成信息如图 4－35 所示。

图 4－35　退休单完成

（6）返聘单完成信息如图 4－36 所示。

图 4－36　返聘单完成

（7）兼职单完成信息如图 4－37 所示。

图 4－37　兼职单完成

（8）劳动合同现行合同信息如图 4－38 所示。

图 4-38 劳动合同现行合同

(9) 花名册导出信息如图 4-39 所示。

图 4-39 花名册导出

复习思考题

1. 准确记录和统计员工信息对企业人力资源管理和决策有哪些重要意义?
2. 企业员工信息的记录和统计方面往往会存在哪些问题?
3. 如何利用金蝶 s-HR Cloud 系统提高员工信息记录和统计的准确率?

实训

1. 情景

环球机械继续按原定计划开展“HR 三支柱”模式变革，拟将环球机械人力资源中心现有人员一部分调入按照“HR 三支柱”模式设立的新部门，其他调往集团下属企业担任 HRBP，具体调整方案见表 4-6。

表 4-6 环球机械人力资源中心人员调整方案

员工姓名	当前组织		新组织结构	
	部门	职位	部门	职位
ustbhr065	人力资源中心	人力资源总监	人力资源共享服务中心	总监
胡应杰	薪酬福利部	薪酬福利部经理	人力资源共享服务中心—薪酬服务科	科长
张娇	薪酬福利部	社保福利主管	人力资源共享服务中心—薪酬服务科	薪酬核算岗
杨娜	薪酬福利部	薪酬主管	人力资源共享服务中心—薪酬服务科	社保管理岗
吴敏	招聘部	招聘部经理	人力资源共享服务中心—招聘人事科	科长
朱建	招聘部	招聘主管	人力资源共享服务中心—招聘人事科	合同管理岗
孙海	招聘部	招聘主管	人力资源共享服务中心—招聘人事科	招聘管理岗
唐建开	组织发展部	组织发展主管	人力资源专家中心	总监
			人力资源专家中心	组织发展专家
王丽丽	组织发展部	组织发展专员	人力资源专家中心	绩效专家岗
周君君	组织发展部	组织发展专员	人力资源共享服务中心—业务伙伴指导部	A 行业 BP 主管
张强	组织发展部	组织发展专员	人力资源共享服务中心—业务伙伴指导部	B 行业 BP 主管
刘阳	组织发展部	组织发展专员	人力资源共享服务中心—业务伙伴指导部	C 行业 BP 主管
李鑫	人事部	人事部经理	人力资源共享服务中心—前台服务科	科长
张洁	人事部	人事专员	人力资源共享服务中心—前台服务科	服务支持岗
李乐乐	人事部	人事专员	人力资源共享服务中心—招聘人事科	档案管理岗
张丽	人事部	人事专员	人力资源共享服务中心—前台服务科	应答服务岗
包石	人事部	人事专员	人力资源共享服务中心	HRBP
王鹏	培训部	培训部经理	人力资源共享服务中心—业务伙伴指导部	总监
杨占龙	培训部	培训主管	人力资源专家中心	培训专家岗
顾梓晨	培训部	培训主管	HR 系统管理科	需求规划岗
裴丽	研发中心	研发经理	HR 系统管理科	科长
张文	研发中心	工程师	HR 系统管理科	项目管理岗
周游	研发中心	工程师	HR 系统管理科	运维管理岗

2. 任务

(1) 在系统中按照表 4-6 的调整方案，完成以上员工的工作职位调整。

(2) 在员工档案中观察是否自动生成了员工岗位调整记录。

(3) 所有人员均完成调整后，封存环球机械人力资源中心的“薪酬福利部”“招聘部”和“组织发展部”。

(4) 人力资源共享服务中心其他职位，请由同学们分配角色担任，将个人信息以“直接入职”方式进入职位（管理类职位只限 1 人；其他职位人数不设上限，建议每个职位最多 5 人）。

第5章
培训管理

培训管理是指为提升组织能力而组织开展的一系列学习和发展活动，目的是发掘和利用组织内外部知识资源，提升成员知识和技能水平，改善企业形象，提升组织实力。培训管理主要包括以下几方面的工作内容：需求收集与分析、项目和内容设计、培训项目实施、培训测评与认证、培训成效评估与优化、培训结果记录。

5.1 功能概述

金蝶 s-HR Cloud 系统培训管理模块兼备企业知识资源管理、培训计划管理和培训交付功能，既支持企业对包括培训讲师、学习课件和考试试题结构化和系统化的管理，又能帮助员工培训工作者进行培训计划和培训事务管理，还能支持员工在 PC 端和移动端进行在线知识交流、在线培训和在线考试，全方位支持企业人才开发和员工学习培训各项工作的开展。

5.2 实验目的和任务

5.2.1 实验目的

通过本章实验，掌握培训管理模块培训基础业务设置、线上课程日常发布维护、线上考试活动发起、知识论坛维护的过程。

5.2.2 实验场景

(1) 环球机械培训专员发起培训需求调研并下发员工参与。

(2) 各单位负责人确定本单位培训计划。

(3) 培训专员按计划发起培训实施。

(4) 各单位统计每月培训实施执行情况。

5.2.3 实验任务

(1) 完成培训需求调研的开展。
(2) 完成培训计划的制定。
(3) 根据培训计划完成实际培训实施。
(4) 完成线上课程的发布维护。
(5) 完成线上考试的发起维护。
(6) 完成知识论坛的创建维护。

5.3 实验数据及步骤

5.3.1 学习管理

学习管理首页如图 5-1 所示，主要满足企业对于线上课程的管理要求，包括在线点播课程、在线系列课程及证书等管理，满足企业在线培训的应用需求。

图 5-1 学习管理首页

在线课程主要包含以下功能：

● 可以按照企业对于课程体系的管理要求对课程进行分类，搭建具有企业特色的课程体系。

● 支持多种格式的课程资源，包括视频格式和 SCORM 2.0 国际标准的多媒体课件等。

● 可以按照部门、学员、职位、工作角色等维度设置课程的查看权限和学习权限，学员可以对没有学习权限的课程进行申请。

● 每堂在线课程都可以设置相应的跟踪测试，让学员能更清楚对于课程知识的掌握程度。

● 可以按照企业管理要求设置课程的需求性质，包括推荐课程、热门课程、必修课程和选修课程等。

1. 课程目录

操作路径：【后台管理】→【学习管理】→【课程目录】。选择课程目录的主目录，点击【新增】，就能在主目录下面新增子目录，点击【修改】可以进行课程目录信息的修改操作，如图5-2所示。

图5-2　课程目录维护

2. 在线课程

操作路径：【后台管理】→【学习管理】→【在线课程】，点击【新增】可以进入课程基础信息的维护页面，按照课程的管理要求输入相应的课程基础信息，点击下一步即可。具体页面如图5-3和图5-4所示。

注意事项：

● 课程封面：企业可以按照课程要求上传课程封面图片，课程封面图片需小于2MB，图标格式为JPG，图片长宽比例为360×200。

● 所属组织：选择课程的所属组织，课程的所属组织决定了该课程是属于哪一个组织管控的，不在该组织范围内的同事无法对该课程进行修改。

● 所属目录：选择课程的所属目录，主要方便学员可以通过目录进行课程的查询。

● 课时：设置该课程的课时，企业统计学员的课时需要用到课时字段。

● 学分：设置该课程的学分，企业统计学员的学分时需要用到学分字段。

● 开始时间：设置课程的开始时间。

● 结束时间：设置课程的结束时间。如果不填写开始时间与结束时间，则表示课程长期有效。

● 描述：课程的相关描述，建议尽量编写详细，员工查看课程时会显示在课程基础信息页。

● 课程证书：若勾选，则学员学习该课程，学完以后可以拿到相应的学习证书；若不

图 5-3　在线课程

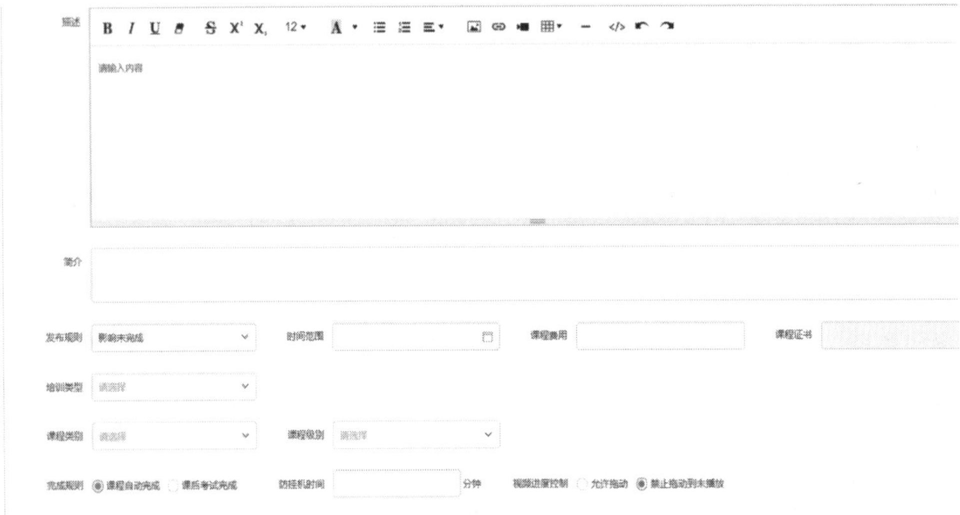

图 5-4　基础信息

勾选，则没有学习证书。

● 讲师：该课程的授课讲师。

● 完成规则：可以设置课程的完成规则。课程自动完成，是指课程按照视频播放的时间自动记录课程的完成情况；课后考试完成，是指学员必须通过考试才能算完成课程。

● 课后考试完成：管理员可以设置培训考试的出题规则，系统自动进行题库抽题，每个学员学习完课程所进行的考试试卷会不一样，随机出卷的操作方法请查阅【考试管理】中的【随机组卷】。

● 防挂机时间：对学员学习视频课程进行防挂机设置，学习页面停留时间达到设置的防挂机时间后系统会暂停课程的播放，需要手动点击继续播放。

● 视频进度控制：可对视频课程的观看进度进行控制，设置允许拖动后学员学习课程时即可拖动视频进度条。

进入课件页签后，点击【新增】可以添加上传在线课程的课程资源。

注意事项：

● 课件：s-HR 学习管理平台支持的在线课件形式有 MP4 格式视频、SCORM 1.2、PPT 课件等，一个课程可以上传多个课件资源（见图 5－5）。

● 附件：每个课件都可以上传附件资料，学员可以下载相应的课程资料（见图 5－6）。

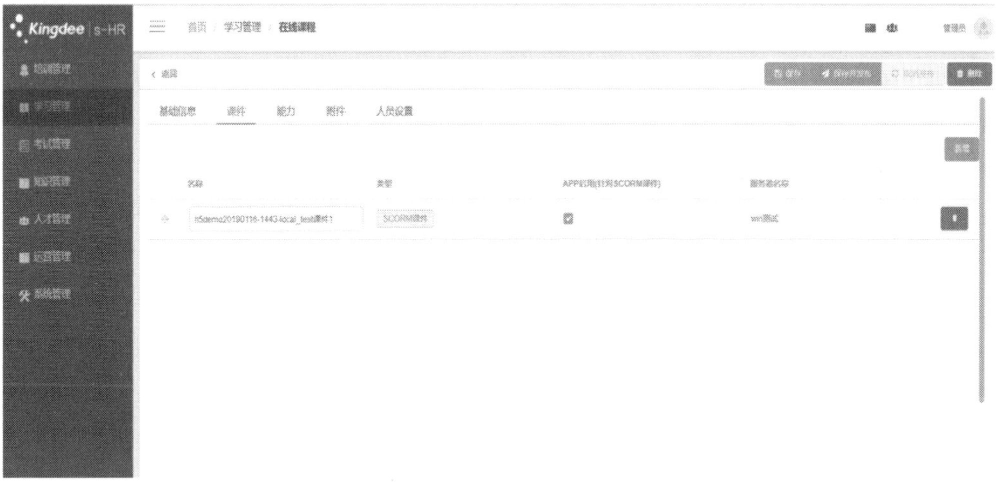

图 5－5　课件

图 5－6　附件

在线课程可以根据课程管理需要设置相应的课程管理查看权限，支持按照工作角色、所属组织、职位、人员（见图 5－7）设置课程权限，同时还可以把课程设置为公开课形式。

注意事项：

● 公开：课程查看权限选择公开的话，企业所有员工都可以查看该课程。

● 受众对象：根据企业需求按照工作角色、所属组织、职位、人员进行课程查看权限的设置。

图 5－7　人员设置

3. 系列课程

系列课程主要包含以下功能：

● 可以按照企业对于课程体系的管理要求对课程进行分类，搭建企业特色的课程体系。

● 系列课程可以组合在线课程和线下培训班，满足企业混合式培训的业务需求。

● 系列课程是一个知识的组合，让学员的学习更有方向。

操作路径：【后台管理】→【学习管理】→【系列课程】，进入系列课程界面（见图 5－8），点击【新增】即可增加系列课程，首先需要填写系列课程的基础信息。系列课程的基础信息界面字段内容和在线课程的字段内容一致。

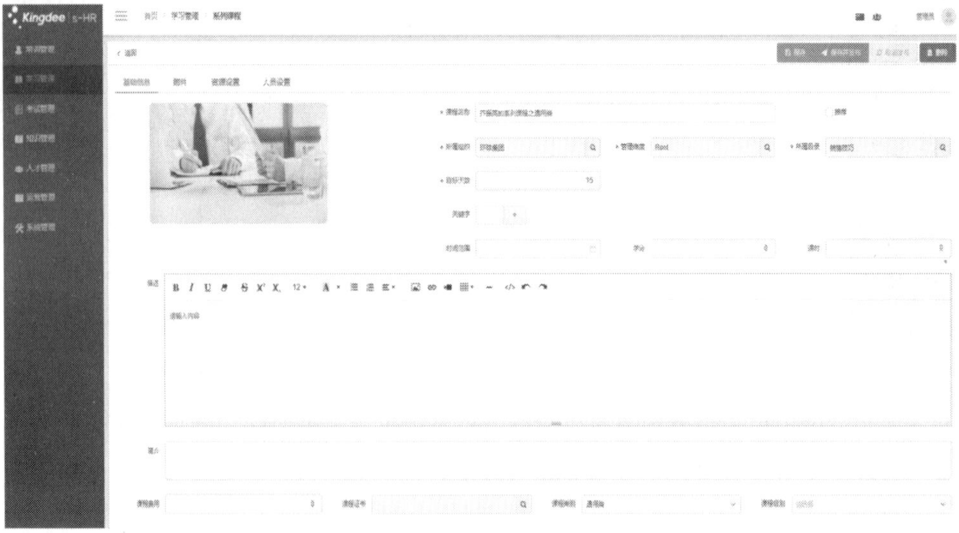

图 5－8　系列课程

然后点击【资源设置】进行系列课程的阶段设置，并选择每个阶段中需要学习的相应课程和需要参加考试的试卷等内容（见图 5－9）。

图 5-9　系列课程资源设置

注意事项：

● 新增阶段：可以按照系列课程的要求设置相应的阶段，每个阶段可以选择相应的课件或者考试试卷。

● 新增课程：可以选择已发布的在线课程或者线下课程。

● 新增考试：可以选择相应的考试试卷。

● 必修：可设置该课程为选修或者必修，只有当课程为选修时，学员学习系列课程时才可以跳过该选修课程。

● 按照阶段的顺序完成学习：若勾选，则学员必须按照阶段内课程的先后顺序进行学习。

● 阶段名称编辑：点击阶段名称输入框可以进行阶段名称的编辑。

系列课程可以按照工作角色、所属组织、职位、人员（见图 5-10）等维度来进行权限的设置，同时还可以设置为公开系列课程。

图 5-10　系列课程人员设置

4. 证书管理

证书管理主要包含以下功能：

● 可以灵活设置企业培训所需的证书模板。

● 课程可以绑定相应的证书，完成课程的学习后，学员可以获得相应的电子证书，并可以实现电子证书的打印等功能。

操作路径：【后台管理】→【学习管理】→【证书管理】，进入证书管理界面（见图 5-11），点击【新增】即可添加证书模板，证书模板的背景可自主更换，可按实际情况添加证书的模板元素以及证书的有效期。

图 5-11　证书管理

线上课程可以关联绑定已维护好的证书模板，学员完成课程的学习后，即可获得电子证书，并可以进行打印（见图 5-12）。

图 5-12　证书打印

5. 课程推送

课程推送主要包含以下功能：

- 可以灵活设置课程推送规则。
- 可以根据企业学习管理需要定期给学员推荐相应的课程，让学员的学习更有方向。

操作路径：【后台管理】→【学习管理】→【课程推送规则】，进入课程推送规则界面（见图5-13至图5-15），点击【新增】可以新增推荐方案，填写完成推荐方案的基本信息，点击【保存】，然后选择需要推送给学员的课程，最后可以设置推送范围。

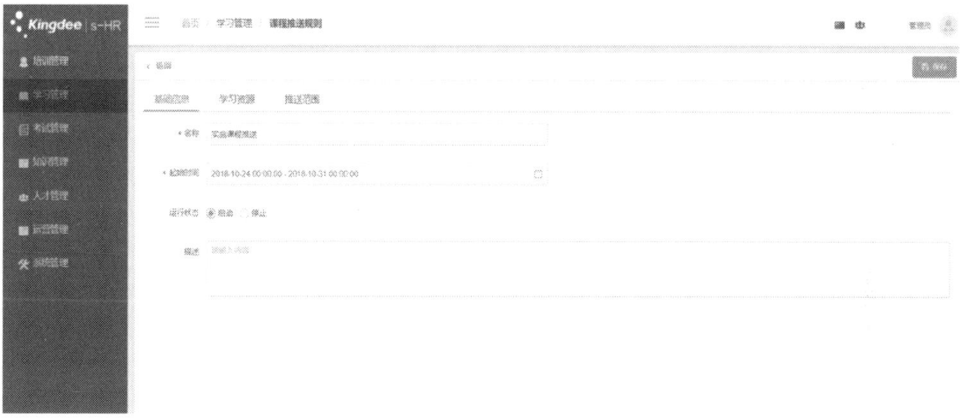

图5-13　课程推送规则基础信息

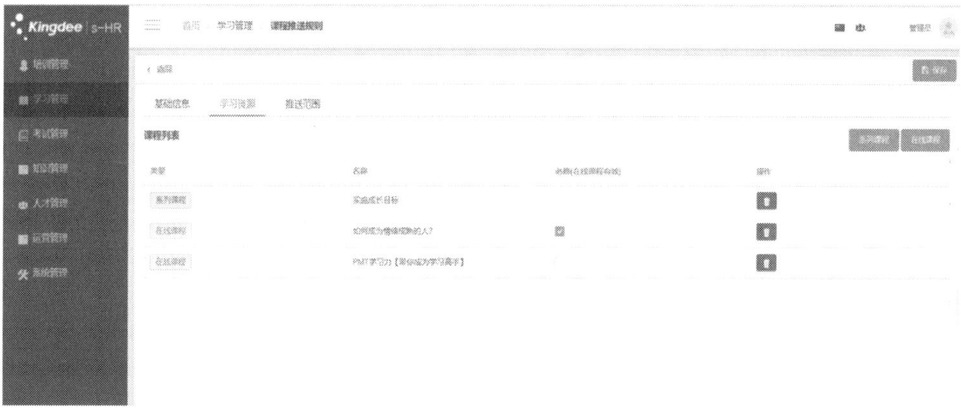

图5-14　课程推送规则学习资源

5.3.2　培训管理

培训管理（见图5-16）可以实现企业线下培训活动的全流程管理，包括培训需求调研、培训计划制定、培训活动实施（培训报名、学员出勤、奖惩记录、费用明细等）、培训评估、学员考试等业务，让培训管理更高效。

可以按照企业要求制定培训需求调研问卷，调研问卷的调研题目支持单选、多选、问答等多种题型，需求问卷的回复支持实名和匿名两种方式。

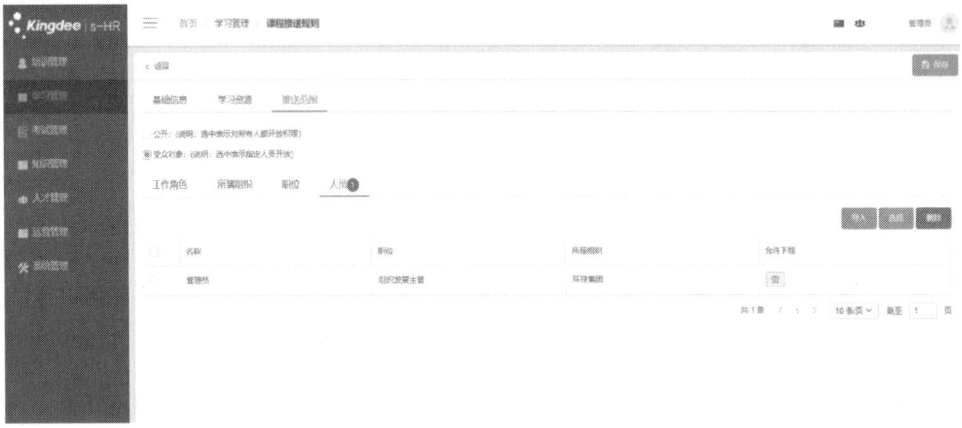

图 5-15　课程推送规则推送范围

图 5-16　培训管理首页

1. 问卷模板

操作路径：【后台管理】→【培训管理】→【调研与评估模板】，进入调研与评估模板界面（见图 5-17 和图 5-18），点击【新增】可以新增一个调研/评估问卷，填写完问卷的基础信息页签，可以点击【问卷详情】（见图 5-19）进行问卷问题的编辑。问卷编写完成后点击【发布】，该问卷才能被用于培训项目。

注意事项：

（1）是否匿名：选择“是”，那么学员在提交调研问卷后属于匿名回复。

（2）问卷类型：可选择此问卷是调研问卷、评估问卷还是综合问卷。

（3）新增维度：新增调研问题维度。

（4）选择维度：在系统已有的调研维度中进行选择。

图 5－17　调研与评估模板

图 5－18　调研与评估模板详情

图 5－19　问卷详情

（5）试题类型：系统支持单选题、多选题、问答题三种需求调研常用问题格式。

（6）必答：可设置调研问卷中的哪一部分试题为必答题。

（7）添加其他：勾选后，学员在答题时可以添加其他答案。

2. 培训计划

培训管理提供年度计划和月度计划两种形式，同时培训计划可以支持流程审批，提供年度计划执行分析对比表，让培训管理者能够清晰地了解计划的执行情况。

(1) 年度计划。操作路径：【后台管理】→【培训管理】→【年度计划】，进入年度计划界面（见图5-20），点击【新增】可以新增相应的年度培训计划，计划明细可通过系统模板进行批量导入或逐条新增。计划明细信息填好后，点击【新增明细】即可保存到年度计划内（见图5-21）。点击【审核】，计划则发送到相关领导处进行审批，领导可以根据公司培训需求审核相应的计划。审核通过后，计划会分发到月度计划中。

图5-20　年度计划基本信息

图5-21　年度计划明细

(2) 月度计划。操作路径：【后台管理】→【培训管理】→【月度计划】，进入月度计划界面（见图5-22），可以启动年度分发过来的计划，同时也可以增加临时的培训计划，临时培训计划的新增也分为基于课程和自定义。

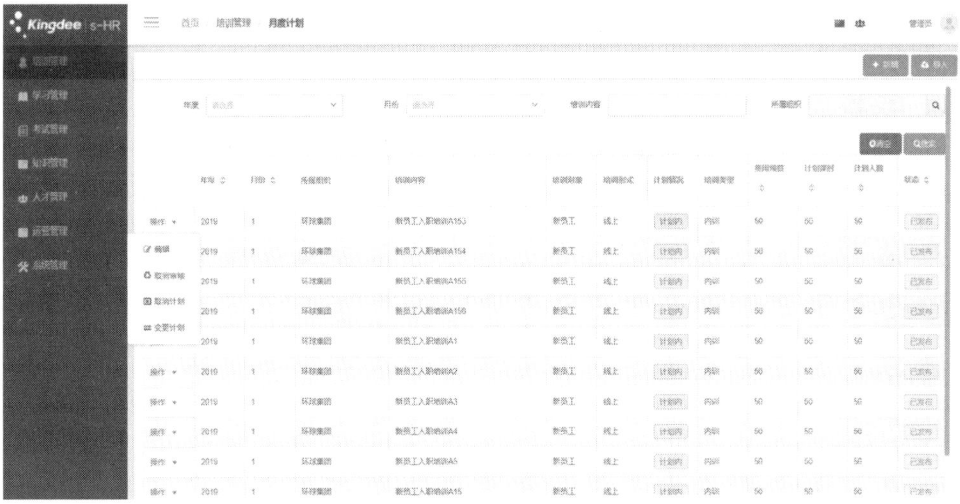

图 5－22　月度计划

注意事项：

1）新增：可以基于课程新增临时计划和自定义新增临时计划。

2）发布：新增完成的计划默认为草稿状态，如果需要启动该项培训计划可以点击【发布】，计划只有在发布状态下才能被培训活动引用。

3）编辑：草稿状态的月度临时计划可以进行编辑。

4）删除：只有草稿状态的计划才可以删除。

5）取消计划：已发布并且没有关联班级的培训计划可以被取消，取消后可以进行再次编辑并审核。

6）变更计划：可根据实际业务进行培训计划的变更编辑。

3. 线下培训班级

培训实施实现线下培训的全过程管理，包括培训班级策划、培训过程管理、训后测评和训后总结等，具体如图 5－23 所示。

操作路径：【后台管理】→【培训管理】→【线下培训班管理】，点击【新增】可以新增培训班级活动，填写完培训活动中的内容信息，点击【保存】即完成了课程的新增。首先填写基础信息并保存。（备注：填写页签根据实际业务来自行选择，有哪项活动勾选哪个模块即可。基础信息页签的填写要点如下：带有“＊”均为必填项；若培训活动为计划内的，则需要勾选计划情况中的“计划内”并选择对应的计划明细。）

注意事项：

● 班级名称：填写本次培训活动的名称。

● 所属组织：建立的培训班级是属于哪一个组织进行管控的。

● 所属目录：本次培训活动的所属目录，方便培训管理员按照目录进行培训活动的查询或统计分析。

● 培训类型：可以选择内训、外训或其他，主要是方便培训管理员进行培训活动的查询或统计分析。

图 5-23　线下培训班管理

- 班级管理员：只有班级管理员才能管理班级的各种状态，包括报名、启动开班（记录学员的考勤、奖惩、费用执行情况）、结束（满意度评估查看、学员考试成绩查看等）。
- 实施部门：选择相应的执行部门，主要是方便培训管理员进行培训活动的查询或统计分析。
- 开始时间：培训活动的开始时间。
- 结束时间：培训活动的结束时间（培训活动中具体培训项目的进行时间必须在培训活动的开始时间和结束时间之间）。
- 计划情况：该培训活动是属于计划内的还是临时开展的计划外的培训活动。
- 结业证书：可以选择相应的电子证书模板。

（1）线下培训班课程活动（见图 5-24）。课程活动类型分为面授课程、自学课程、其他活动。面授课程和自学课程只能选择已发布的对应课程类型，其他活动则可以随意命名课程名称。课程形式可以自主选择，也可不选；讲师的选择可以从内部讲师库中选择，也可以从人员库中选择。

注意事项：

1）活动类型：培训活动中的详细课程项目可以选择线上课程、线下课程、其他选项三种。选择线上课程选项，只能选择已发布的在线点播课程；选择线下课程选项，只能选择已经发布的面授课程；选择其他选项，课程名称处可以自由输入相应的信息。

2）开始时间：该课程的开始时间。

3）学分：可以自由修改。

4）课时：可以自由修改。

5）授课讲师：默认带出来的是课程内置的讲师，可以自由修改。如果完成整个课程，授课信息会记录到讲师档案中。

（2）线下培训班考试活动（见图 5-25 和图 5-26）。考试活动分为线上理论考试和线下实操考核。无论考试活动有几个，权重和都要为 100%。试卷的选择方式有三种：固定试卷、临时试卷、随机组卷。随机组卷可起到一定的防作弊效果；固定试卷和临时组卷可

图 5 - 24　线下培训班课程活动

图 5 - 25　线下培训班考试活动（一）

图 5 - 26　线下培训班考试活动（二）

以设置打乱试题及答案的排列顺序，也会起到一定的防作弊效果。

（3）线下培训班调研/评估（见图 5 - 27 和图 5 - 28）。调研/评估界面的填写要点如下：培训班级的满意度打分分为组织评估、课程评估、班级管理员评估，课程评估分为对课程评估以及对讲师评估。对课程评估时，该班级有几门课程就会有对应数量的评估问卷，对讲师评估亦是如此。(备注：使用分卷评估即对组织、课程、班级管理员分开评估。综合评估则是三个合并为一起评估。使用综合评估调研的问卷会被自动屏蔽，因为包含调研的问题。)

图 5－27　线下培训班调研

图 5－28　线下培训班评估

(4) 线下培训班费用预算（见图 5－29）。费用预算界面的填写要点如下：其他费用类型包括培训费、餐饮、交通和住宿。

(5) 线下培训班报名管理（见图 5－30）。报名管理界面的填写要点如下：报名的方式包括公开报名、固定学员、部门提报三种。

1）公开报名：对班级报名设置权限，可以对选择的工作角色、所属组织、职位、人员进行公开报名，也可以对全体学员进行公开报名。

2）固定学员：可以选择指定的人员报名此次培训活动。

3）部门提报：可以选择相应的提报人员，在设置提报人员的时候还可以设置提报人员的人数。

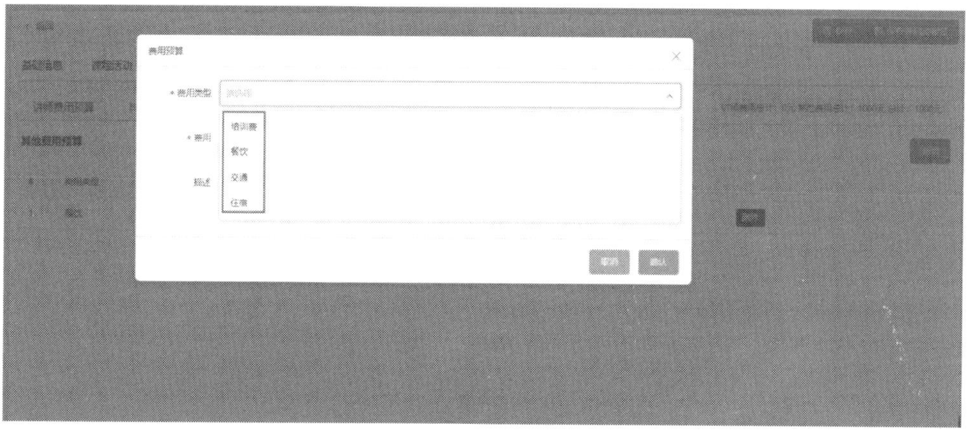

图 5-29　线下培训班费用预算

图 5-30　线下培训班报名管理

(6) 线下培训班过程管理。当学员完成培训活动的报名后，班级管理员即可对培训活动进行开班，班级管理员可以对培训活动的过程进行管理，包括报名管理、考勤管理、费用管理、奖惩记录、资料共享、满意度评估、调研管理、考核管理及培训总结。

操作路径：进入线下培训班级界面，点击班级的【过程管理】即可跳转到培训活动过程管理界面，过程管理界面主要包括：报名管理、考勤管理、费用管理、奖惩记录、资料共享、满意度评估、调研管理、考核管理及培训总结。

1）报名管理（见图 5-31）。在报名管理项下可以看到各个状态的报名人记录，在待审核人员页签下可以看到公开报名学员的报名前考试成绩。也可以临时新增学员到培训班级内。当所有学员都报名后，进行开班。

2）考勤管理（见图 5-32）。在考勤管理项下可以设定签到方式，如定位签到、拍照签到、二维码签到。在考勤规则下可以设置签到打卡的时间。培训打卡签到的地点设定规则为：培训地点的设定人需既是培训班级课程的讲师，也具有学员的身份，培训的讲师提前到培训场地用移动端进入培训班级中，在签到页签进行定位签到。在打卡记录中可以看到学员的签到记录。

图 5-31 报名管理

图 5-32 考勤管理

3）费用管理（见图 5-33）。在费用管理项下可以对培训过程中发生的费用进行分析计算，点击【课酬计算】，系统会根据课程系数、课时、满意度分值等信息自动计算讲师的费用，也可以对其他费用进行维护。

图 5-33 费用管理

4）奖惩记录（见图 5－34）。可以对学员培训过程中出现的奖惩情况进行记录。

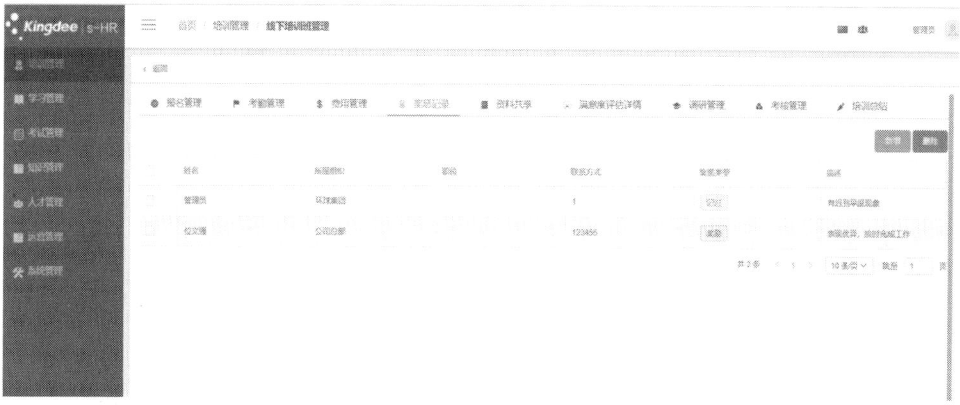

图 5－34　奖惩记录

5）资料共享（见图 5－35）。可以在此处将培训的手册、场地分布图等文件上传到班级中，供学员下载。

图 5－35　资料共享

6）满意度评估（见图 5－36）。在满意度评估项下可以对此次培训活动的满意度进行查看分析。可以通过评估列表查看到评估问卷的答题信息，或通过学员维度对学员参加的评估问卷进行查看。

7）调研管理。在调研管理项下可以看到班级调研活动的参与详情。

8）考核管理（见图 5－37）。在考核管理项下可以对此次培训活动考核信息进行维护查看，可以通过学员维度、考试维度、学员作业三个维度对参训人员的执行效果进行统计分析，可以对学员的完成情况批量标识。

9）培训总结（见图 5－38）。可以通过本次活动的出勤情况、奖惩记录、费用执行情况、讲师满意度、学员考试情况等维度进行培训总结。

4. 培训申请

支持企业自定义外训申请的表格，设置相应的审批流程。

操作路径：【后台管理】→【培训管理】→【培训需求申报】，进入培训需求申报界面

图 5-36　满意度评估

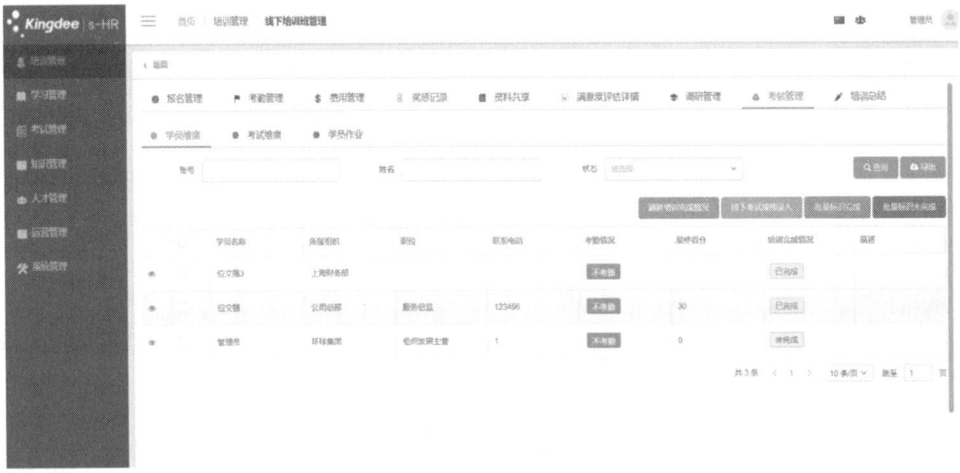

图 5-37　考核管理

（见图 5-39），点击【新增】即可发起外训申请，填写相关要求内容，确认后点击【保存并发布】即可，发布后由相应领导进行确认审批。

5.3.3　讲师管理

讲师管理（见图 5-40）可以满足企业对于讲师的管理要求，包括讲师体系管理、讲师积分管理、讲师档案管理和内部讲师申请等功能。

● 提供企业讲师体系的管理，包括讲师库的管理、积分规则、讲师的等级、讲师认证等。

● 可以设置讲师积分审批流程，讲师按照授课类型进行积分的申请，培训管理员可以对讲师积分进行审核。

图 5-38　培训总结

图 5-39　培训需求申报

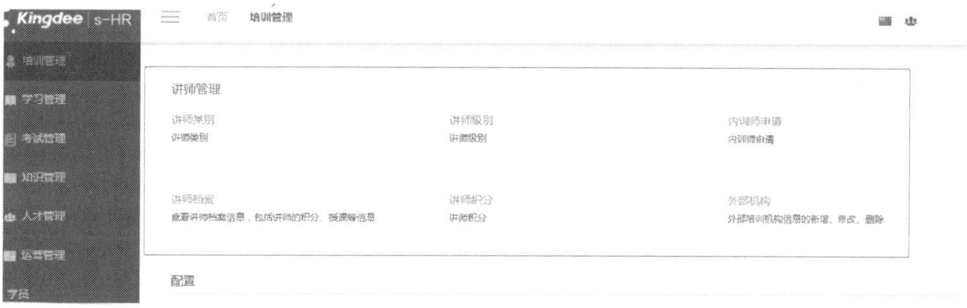

图 5-40　讲师管理首页

● 系统提供讲师积分统计表、讲师授课统计表、区域讲师积分统计表等多个讲师管理报表。

1. 讲师管理

操作路径:【后台管理】→【培训管理】→【讲师管理】，进入讲师类别界面（见图 5-41），点击【添加类别】可以新增讲师的类别，点击【编辑】可以进行讲师类别信息的修改操作。

图 5-41 讲师类别

进入讲师级别界面（见图 5-42），点击【新增】可以新增讲师的级别，点击【修改】可以进行讲师级别信息的修改操作。

图 5-42 讲师级别

进入讲师档案界面（见图 5-43），点击【添加内部讲师】可以选择内部人员为讲师，点击【添加外部讲师】可以添加外部培训机构的讲师。

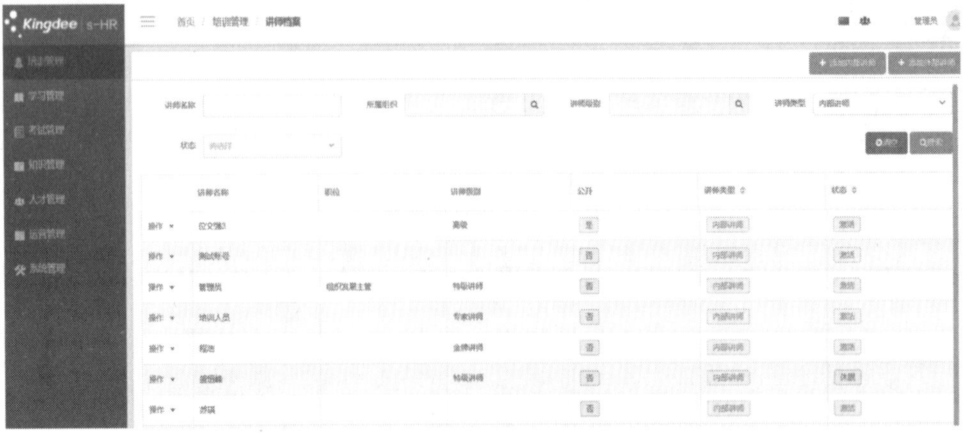

图 5-43 讲师档案

2. 讲师认证

操作路径:【培训管理】→【内训师申请】，点击【新增】即可发起员工内训师资格的申请，选择员工以及对应申请的讲师级别及授课信息，确认后点击【保存并发布】即可。通过审批后，这部分员工即可进入讲师档案中。如图 5 - 44 所示。

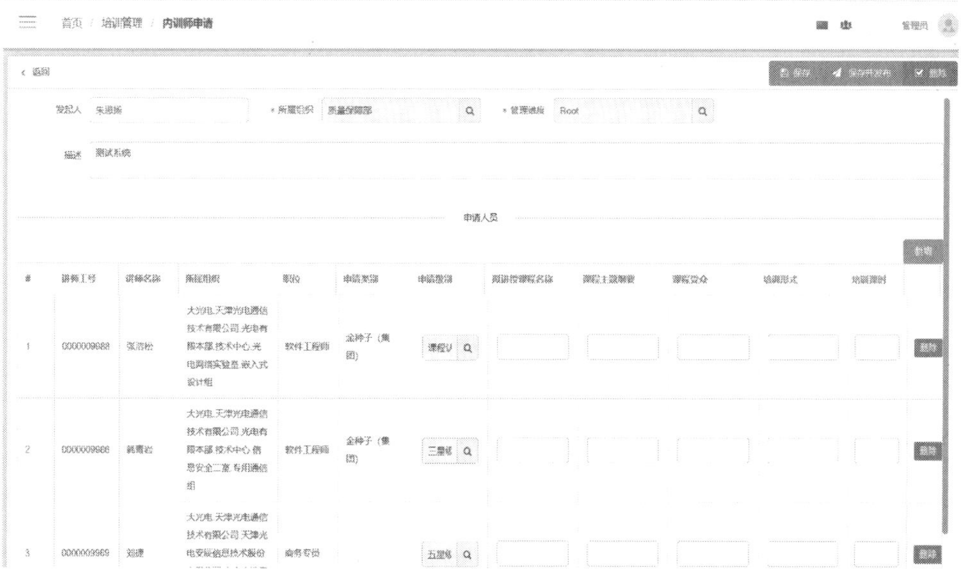

图 5 - 44　讲师认证

3. 辅导计划

操作路径:【人才管理】→【辅导计划管理】，导师可选择需要辅导的学员，并在资源设置项下为学员推送学习课程、安排学习计划等。如图 5 - 45 和图 5 - 46 所示。

图 5 - 45　人才辅导计划

5.3.4　考试管理

考试管理（见图 5 - 47）能够让企业根据自身特点快速构建集考试、测评、练习、竞

图 5-46　辅导计划资源设置

赛、调查、分析及管理于一体的网络化考试平台，可轻松完成全员考试、技能考核、职位评估、产品认证、客服测评、能力测试、销售选拔、渠道考核、招聘评鉴、新员工入职考评、需求调研、问卷调查以及知识竞赛等工作。

图 5-47　考试管理首页

在线考试主要包含以下功能：

- 可以按照企业要求搭建考试管理目录。
- 题型支持八大基本题型：填空、单选、多选、判断、问答、计算、操作题、连线题。
- 出卷方式支持按照题库中题目的难易程度进行随机试卷、固定试卷的新建、预览、修改、删除。
- 支持正式的任职资格考试，同时也支持模拟考试等多种考试模式。
- 批量安排考生考试，可以指定考生考试时间；查看考生启动时间、结束时间、当前状态；允许查看考生及时答卷；允许删除考试记录；允许考生重考，重新安排考试；允许查看缺考的考生。

● 提供考试成绩汇总统计报表，支持考生成绩综合查询评估；支持考试答题错误率的分析等。

1. 考试目录

操作路径：【后台管理】→【考试管理】，进入试题目录界面（见图5-48），选择试题的根目录点击【新增】，可以在根目录下面新增子目录，点击【修改】可以对选中的目录进行修改，目录建立的规则最好是遵循按照业务线分类，尽量细化。

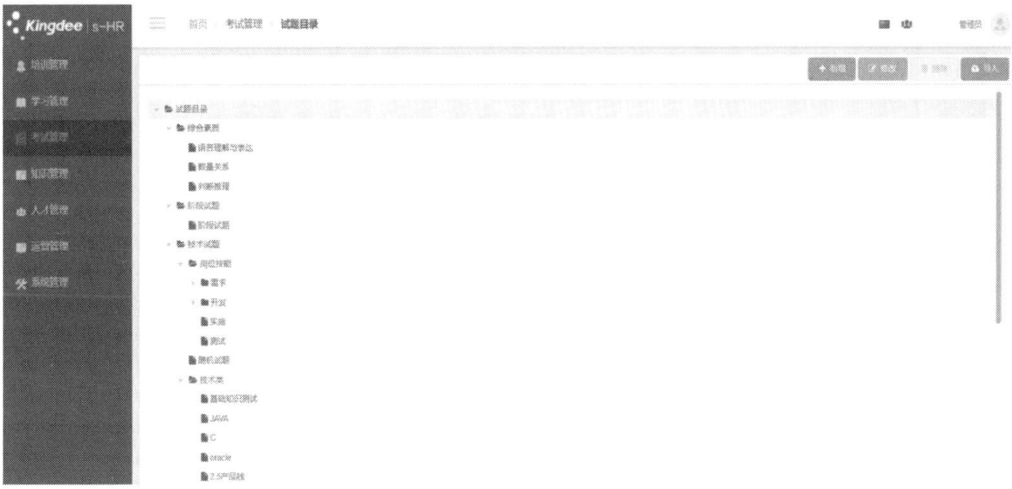

图5-48 试题目录

进入试卷目录界面（见图5-49），选择试卷的根目录点击【新增】，就能在根目录下面新增子目录，点击【修改】可以对选中的目录进行修改。

图5-49 试卷目录

2. 试题管理

操作路径：【后台管理】→【考试管理】→【题库管理】，进入题库管理界面（见图5-50），可以查看题库的详细列表，点击具体的试题信息可以查看该试题的详细信息。试题的状态分为启用和草稿两种，未发布的试题是不能被试卷引用的，试题支持批量录入功能。

图 5-50　题库管理

注意事项：

（1）新增：可以新增试题信息，点击【新增】进入试题的新增界面，维护试题信息后即完成新增操作。在新增的时候需要注意，从 Word 中复制过来的试题要注意是否有特殊符号，特殊符号一定要转换成半角符系统才能识别。

（2）保存并发布：新增的试题默认是草稿状态，试题只有发布才能被试卷引用。

（3）取消发布：取消启用状态，试题只有在草稿状态才能被修改。

（4）批量录入：可以进行试题的批量录入，需要按照系统整理好相应的录入格式，系统支持的录入题型为单选、多选、判断、填空。

（5）删除：被考试活动引用过的试题无法删除。

3. 试卷管理

操作路径：【后台管理】→【考试管理】→【试卷管理】，进入试卷管理界面（见图 5-51 和图 5-52），可以查看试卷的详细信息，点击试卷的名称列表可以进入试卷的编辑界面。试卷主要分为已发布和未发布两种状态，未发布状态的试卷不能被考试活动引用，点击【预览】可以预览试卷的样式。

注意事项：

（1）新增：点击可以进入新增界面，编辑完试卷的基础信息后，进入试卷试题的设置界面，试题的设置方式有选择试题和临时试题两种。

（2）选择试题：在系统的试题库中选择需要组卷的试题。

（3）临时试题：可以临时添加试题，点击进入试题的编辑界面，可以编辑试题信息。

（4）设置分数：在试题后面的分数框中可设置该试题的分值，也可以对试题的分数进行批量修改。

4. 考试活动管理

操作路径：【后台管理】→【考试管理】→【考试活动管理】，进入考试活动管理界面（见图 5-53），可以查看考试活动的详细列表。点击【新增】可以新增一个考试活动，填写考试活动的基础信息（见图 5-53）；点击【试卷设置】（见图 5-54）进入试卷的设置界

图 5 - 51　试卷管理

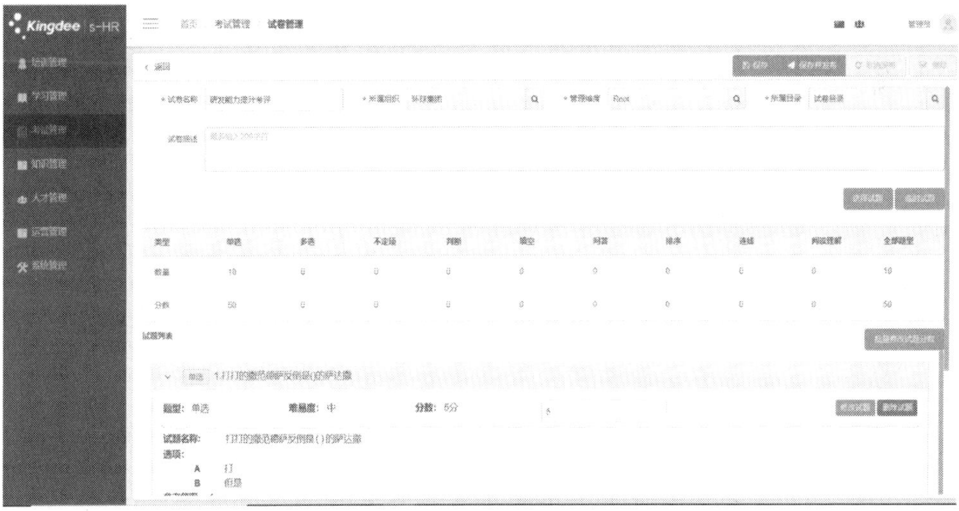

图 5 - 52　试卷管理维护

面，可以选择固定的考试试卷组织考试，也可以随机从题库中抽题，系统按照抽题规则自动生成一张考试试卷进行考试。应用随机抽题的方式，每个学员收到的考试试卷都是自由随机抽题的。设置好出卷方式后点击【人员设置】（见图 5 - 55）进入考试范围的设置，可以选择此次需要参与考试的人员。

注意事项：

（1）考试名称：填写考试活动的名称，建议填写尽量详细，让学员一看就知道该场考试的大致内容。

（2）所属组织：考试活动所属域，只有域范围内的人员才能查看到此次的考试活动。

（3）所属目录：选择考试目录，主要是方便对考试活动的管理、统计、分析。

（4）开始时间：考试活动的开始时间。

（5）结束时间：考试活动的结束时间。只有在开始时间和结束时间内才能进行考试答题。

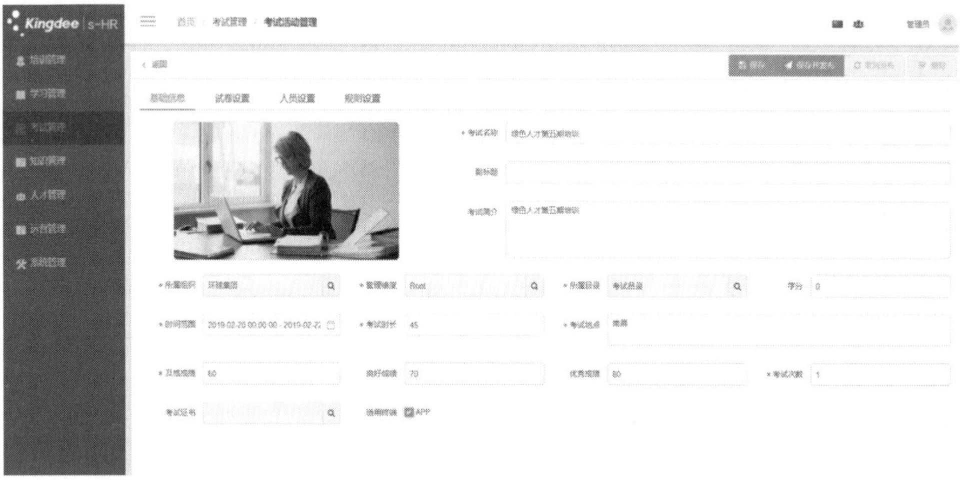

图 5-53　考试活动管理基础信息

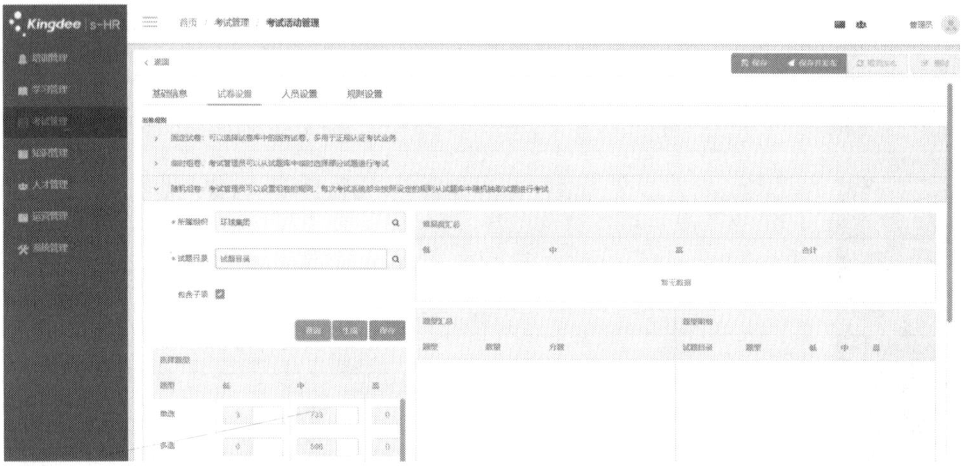

图 5-54　考试活动管理试卷设置

图 5-55　考试活动管理人员设置

（6）考试时长：考试活动的考试时间长度。

（7）学分：参与考试，考试通过后学员会获得相应的学分。

（8）随机组卷操作方法：点击【随机组卷】，选择需要选择的试题范围、出题的题型、试题的难易程度、出题的数目等内容，选择完成后点击【确认】即可。选择完抽题规则后，设置每个题型的总分数，每道小题的分数等于总分/题目数，完成后点击【保存】即可完成随机组卷规则的设置。

（9）公开范围：选择公开范围的时候，考试活动选择的域范围之内的人都可以选择参与此次的考试活动。

（10）受众对象：选择受众对象的时候可以设置相应的参与人员，非设定人员不能参与此次考试，可以按照职位、工作角色、所属组织、人员四个维度进行人员的选择。

（11）规则设置：当选择完参与考试的人员后即可设定考试的参考规则，在规则设置项下可以对考试的规则进行相关调整。可设置学员在考试途中是否可以进行中途的试卷保存，如当某位同事在考试途中因紧急事务被领导安排去做其他事件时，若设置了中途保存规则，该同事即可进行考试活动的中途保存，当结束领导安排的紧急事务后可继续答题；也可对学员考试后的成绩查看规则进行设置，如是否考试完立即就可以查看成绩，查看的成绩是只有得分还是只有对错或是不显示成绩等；若设置了切屏控制的话，当学员达到切屏次数时，系统会自动提交试卷，以防学员有作弊行为。如图5－56所示。

图5－56　考试活动管理规则设置

当学员全部参加完考试活动后，管理员即可点击考试活动管理的【监考管理】（见图5－57至图5－59）来查看考生的成绩、考试时长以及考试状态等信息。若评卷老师出现了误判等现象导致考生的成绩有偏差，还可以通过成绩管理页签下的考试名称前操作按钮中的修改答卷来进行分数的纠正修改。

5．考试报表

操作路径：【后台管理】→【考试管理】→【报表】，管理员进入考试管理界面后，在报表下可以看到考试活动相关的数据统计分析表，点击即可查看学员考试的成绩以及答题对错率等相关数据。如图5－60所示。

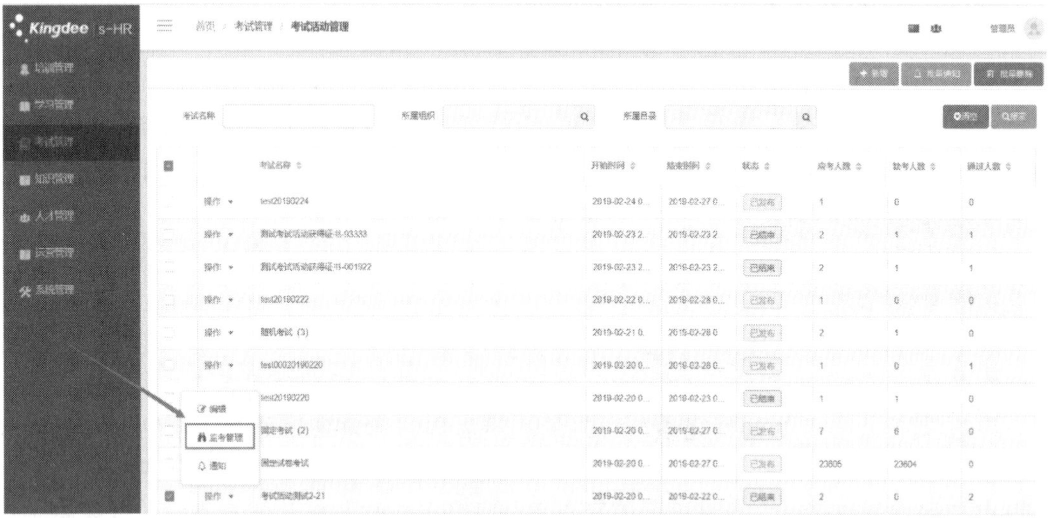

图 5－57　考试活动管理监考管理（一）

图 5－58　考试活动管理监考管理（二）

图 5－59　考试活动管理成绩管理

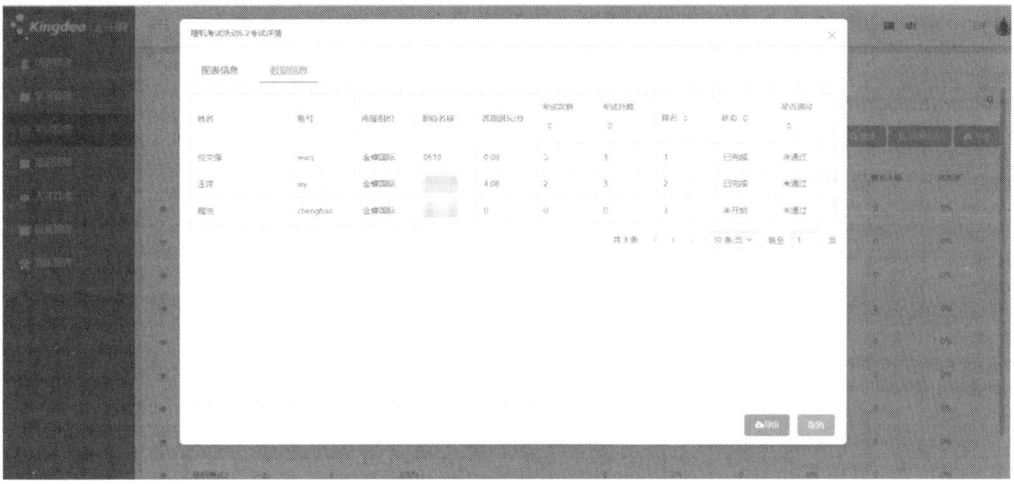

图5-60 考试报表管理

5.3.5 互动学习

互动学习可满足企业互动交流学习的管理需要，主要包括知识管理、新闻公告、专家在线、圈子管理等功能，互动学习让学员学习更生动有趣。

1. 知识管理

知识管理主要包含以下功能：

● 支持按照企业要求进行知识的分类，构建企业科学的、规范的组织知识资产库，将企业中分散的知识管理起来，避免知识的流失。

● 知识上传除支持Office所有格式外，还支持PDF、视频、音频类格式。

● 提供知识的共享管理，学员可以对分享的知识进行学习、下载、评论等。

● 可以严格控制知识的查看、下载等相关权限。

● 学员上传知识需要知识管理员对上传的知识文档进行审核，才能将文档发布到知识库中。

● 学员可以收藏自己感兴趣的知识文档并进行评价。

操作路径：【后台管理】→【知识管理】，进入知识分类维护界面，可以查看系统的知识目录列表（见图5-61），点击相应的知识分类标题可以对知识分类进行修改，点击【新增】可以进行知识目录的新增操作。

进入知识智库维护界面，可以查看到系统的知识文档列表，点击【禁用】可以将知识禁用掉，禁用的知识不会再被学员观看，知识分为已发布和未发布两种状态，只有处于未发布状态的知识才可以进行删除，点击【新增】可以进行知识的新增操作（见图5-62）。

进入知识管理新增界面后可以对知识的基础信息进行维护（见图5-63和图5-64），对知识可按照文档类型进行分类。知识文档需要上传文件作为资源，知识宝典无须上传文件，而是将已有资源作为文本展示给员工。也可以对知识进行分类处理，便于学员按类查找学习。

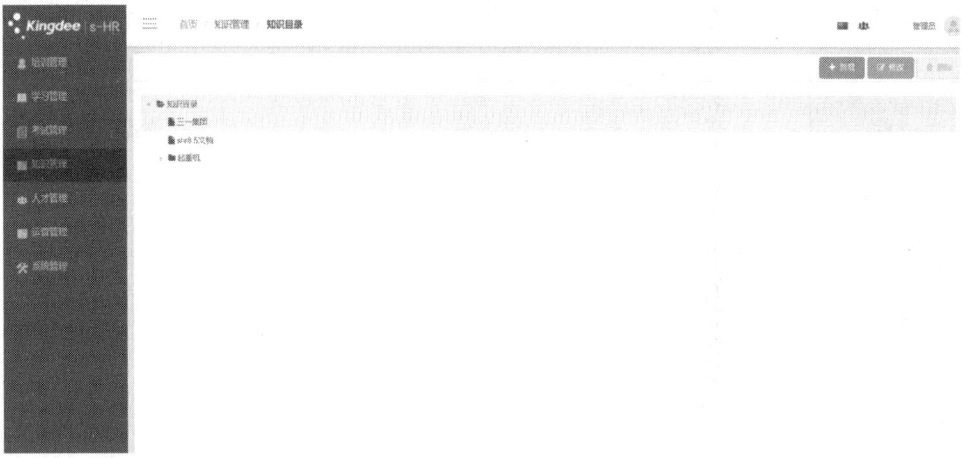

图 5－61　知识目录

图 5－62　知识管理新增列表

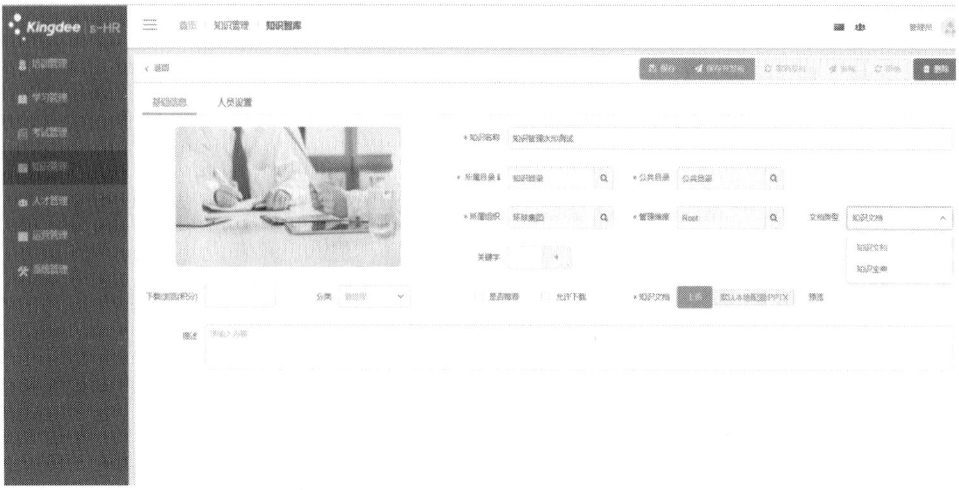

图 5－63　知识管理基础信息（一）

图 5-64　知识管理基础信息（二）

知识管理基础信息及资源设置好以后即可设置观看人员，观看范围设置好以后点击【保存并发布】即可（见图 5-65）。

图 5-65　知识管理人员设置

管理员进入知识管理界面，可以查看到学员上传的知识列表，点击【编辑】进入，可以查看知识内容，确定无误后进行审核即可（见图 5-66 和图 5-67）。

2. 培训公告

操作路径：【后台管理】→【运营管理】→【广告管理】，进入培训公告界面（见图 5-68 和图 5-69），可以查看到培训公告列表，点击【新增】可以进行培训公告的新增操作。培训公告的展示方式分为首页和弹窗。可选择培训公告的类型为网址、内容或学习资源。选择网址后，需要填写网址链接，学员通过点击培训公告的图片即可跳转到链接的地址；选择内容后，需要编辑文字，学员通过点击培训公告的图片会弹出文字内容；选择学习资源后，需要关联学习业务，学员点击培训公告的图片后即可跳转到对应的活动界面，从而进行学习。

图 5－66　知识管理审核列表

图 5－67　知识管理审核界面

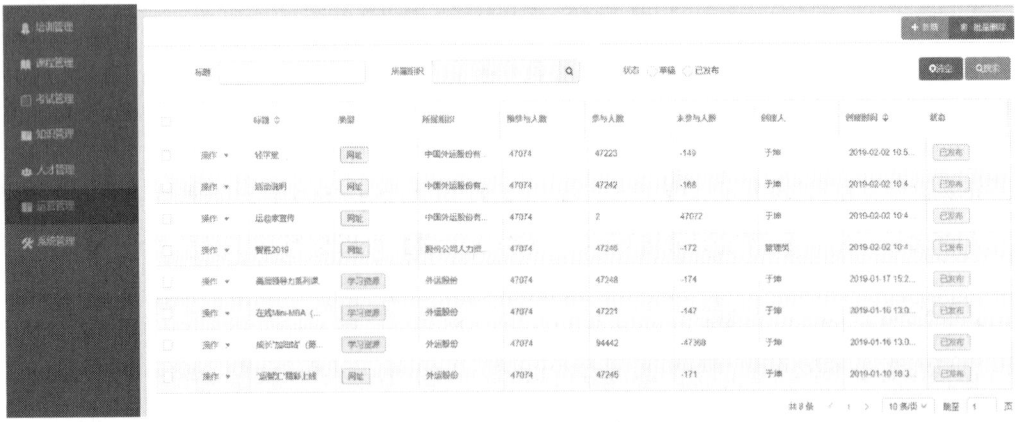

图 5－68　运营管理

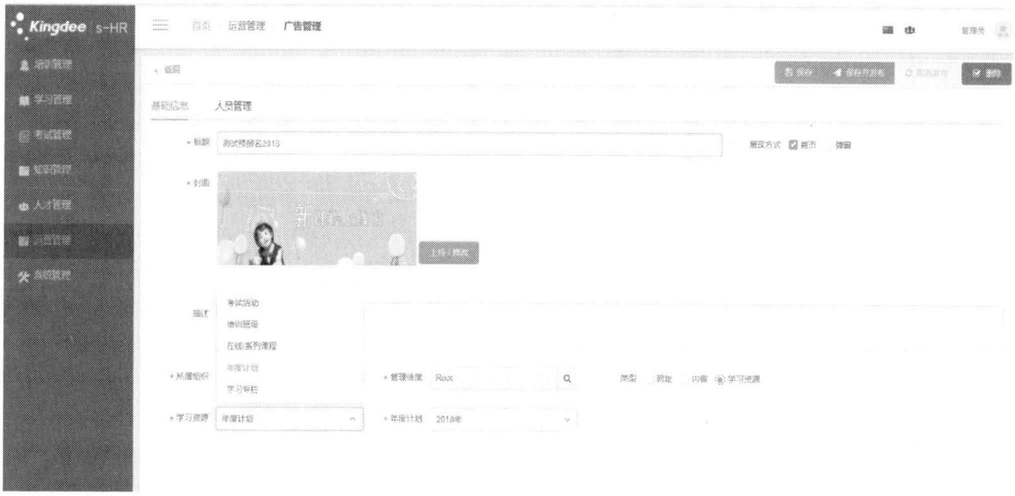

图5-69　广告管理

3. 其他互动学习功能

互动学习还包含以下功能：

(1) 除了支持知识的收集和展示，还支持与专家的互动交流，学员可以通过专家在线提问，可以指定相关人员回答，也可以进行开放式的回答，同时还可以实现问答的积分管理。

(2) 支持培训活动的新闻的发布，除支持传统的文本模式外，还支持图、文、影、音并茂的电子期刊。

(3) 可以按照培训活动建立相应的培训社区，学员可以通过社区进行互动交流、资料的上传和下载等，让培训更生动。

(4) 提供了丰富的知识管理报表，知识管理报表主要有月度知识分享报表、知识积分报表、知识问答统计表报表等。

操作路径：【后台管理】→【知识管理】→【圈子管理】，管理员进入圈子管理下的版块管理后，可以按照培训活动建立不同的社区版块（见图5-70）。

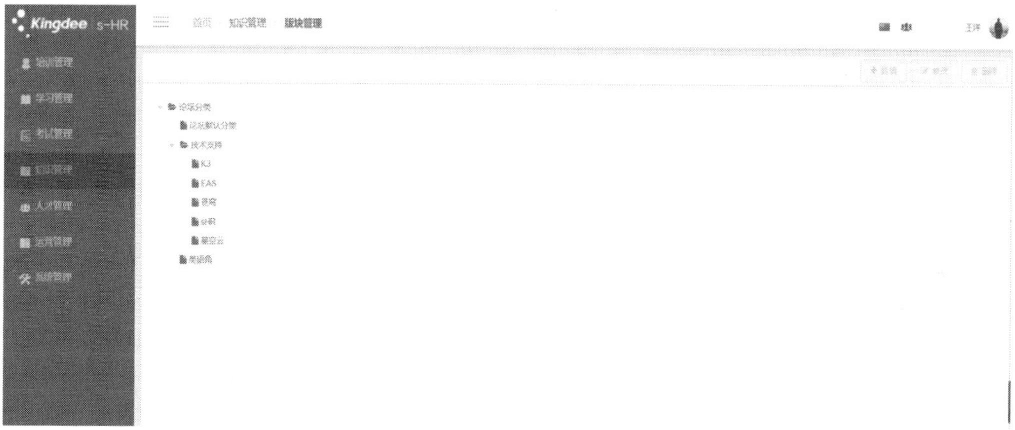

图5-70　版块管理

建立好版块后，管理员可以在【帖子管理】下发表帖子，也可以查看学员上传的帖子及讨论内容，并可以对帖子进行置顶及推荐的设置（见图 5－71 和图 5－72）。

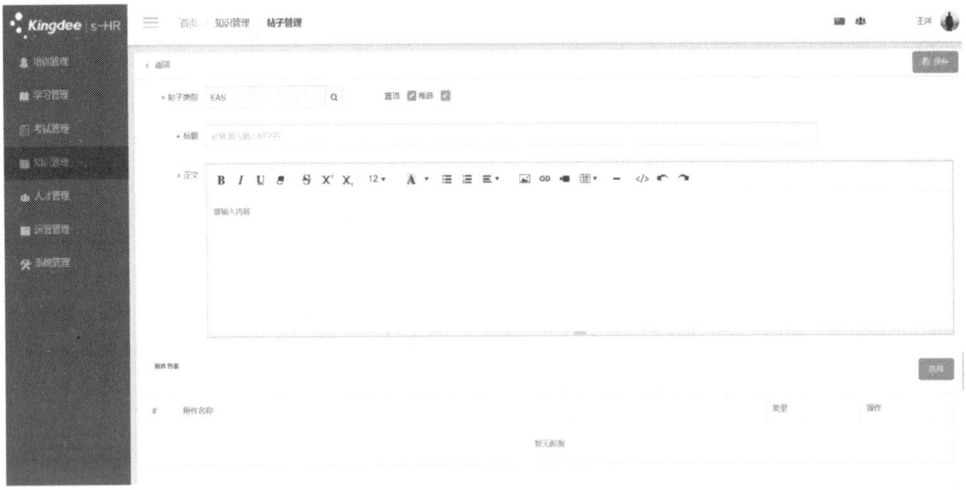

图 5－71　帖子管理

图 5－72　交流互动

5.3.6　学员自助

学员自助是学员学习的门户，学员可以查看到权限范围内的所有学习资料，可以查看到在公司内部的职业发展通道，通过专家在线和学习社区还可以跟其他学员进行互动交流。

学员自助主要包含以下功能：

(1) 学员在培训公告处可以清晰地了解到公司未来的培训计划，学员可以根据自身需要安排好时间参与培训（见图 5－73）。

操作路径：【首页】→【培训公告】。

图 5-73 培训公告

(2) 学员在课程专栏处可以查看到公司最新发布的课程信息（包括推荐课程、热门课程、最新课程等，见图 5-74）。

操作路径：【首页】→【课程中心】。

图 5-74 课程中心

(3) 学员在个人中心中能够清晰地查看到需要学习的课程及课程进度、需要参与的培训班项目、需要参加的在线直播、需要参与的调研、需要完成的学习路径等相关信息（见图 5-75）。

操作路径：【首页】→【个人中心】。

(4) 学员通过档案可以查询到学分情况、获得的证书情况、考试情况、下属的学习情况等（见图 5-76）。

操作路径：【首页】→【我的信息】。

(5) 学员进入待办界面能够清楚地查看到需要办理的培训事项（包括培训课程的审核、知识查阅的审核、培训阅卷等，见图 5-77）。

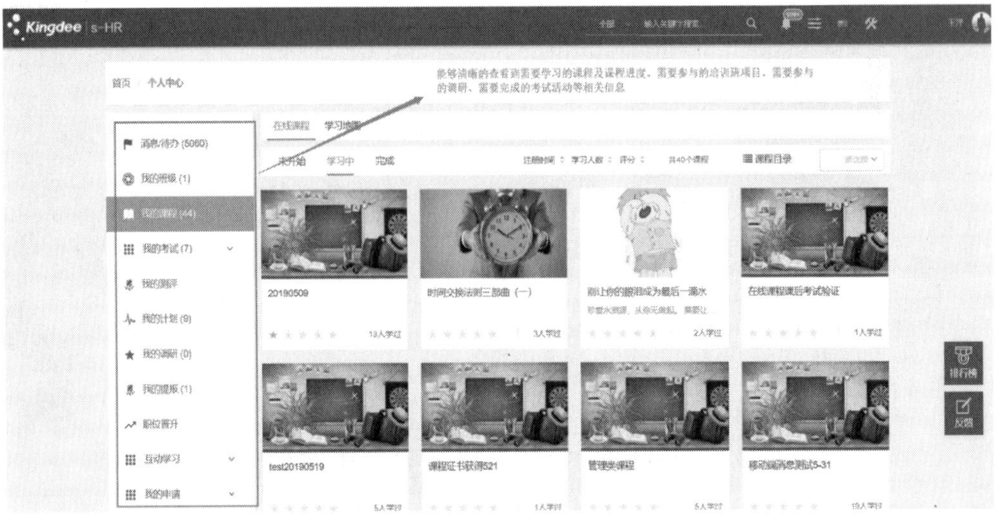

图 5-75 个人中心

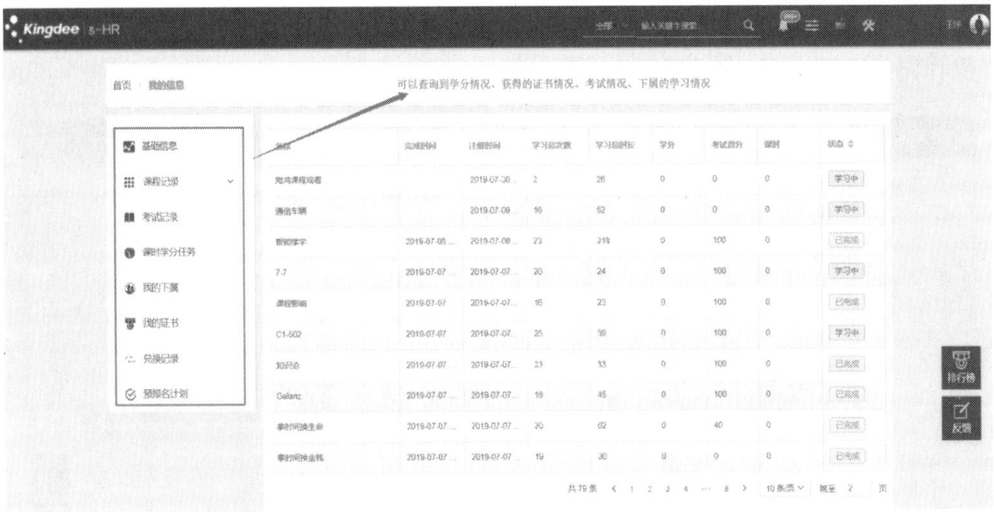

图 5-76 我的信息

操作路径:【首页】→【个人中心】→【消息/待办】→【待办】。

(6) 学员可以在知识管理中查阅、下载需要的知识文档(见图 5-78)。

操作路径:【首页】→【知识智库】。

(7) 学员可以通过社区、问问等模块进行互动式交流学习(见图 5-79)。

操作路径:【首页】→【交流互动】。

5.3.7 云之家移动学习

培训管理模块除了可以提供单独的 APP 移动学习外,还可以在金蝶的云之家中进行移动应用。云之家移动学习功能主要包括在线点播、线下培训班、移动考试测评、移动知识管理、互动学习五个模块,满足企业移动碎片化学习的需求。

图 5-77　待办信息

图 5-78　知识智库

图 5-79　交流互动培训专区

（1）在线点播功能描述：学员可以通过手机在线观看视频资料获得企业的新知识、新技能，观看视频支持断点续播、自动记忆、离线下载、加密等功能，支持 MP4、H5 等多种视频格式，让学习更直观、高效、生动、有趣。如图 5－80 所示。

图 5－80　在线点播

（2）线下培训班功能描述：学员可以通过手机进行线下课程的报名、签到，并进行讲师满意度的评估；学员随时随地可以查看公司的班级最新信息，不会错过每一次提升的机会；开班的预警消息提醒，可以使学员更合理地安排学习时间。如图 5－81 所示。

图 5－81　线下培训班

（3）移动考试测评功能描述：学员可以通过手机对知识点进行反复的模拟演练，直至彻底掌握该知识点；学员还可通过手机进行自身能力的测评，了解自身能力和岗位要求之间的差距。移动考试测评支持单选、多选、不定项、问答等多种题型。如图 5－82 所示。

图 5-82　移动考试测评

（4）移动知识管理功能描述：学员可以通过手机查找公司知识库资料进行学习，并可以进行知识的收藏和下载；学员还可通过手机进行个人知识的上传，支持 Excel、Word、PPT、PDF、H5 等多种格式文档。如图 5-83 所示。

图 5-83　移动知识管理

（5）互动学习功能描述：学员可以通过手机和其他学员进行互动沟通交流；学员还可以通过手机给总部管理专家、技术权威进行在线提问，和专家零距离互动学习，提升企业学习氛围，提升学员学习的主动性。如图 5－84 所示。

图 5－84　互动学习

5.4　实验结果

（1）在线/学习地图学习统计数据分析如图 5－85 所示。

图 5－85　在线课程统计

（2）员工学习分析如图 5－86 所示。

（3）培训班级情况数据统计分析如图 5－87 所示。

（4）讲师授课情况数据统计分析如图 5－88 所示。

（5）员工线下班级培训统计如图 5－89 所示。

图 5－86　员工学习分析

图 5－87　培训班级情况数据统计分析

图 5－88　讲师授课情况数据统计分析

图 5-89 员工线下班级培训统计

(6) 学员考试数据分析如图 5-90 所示。

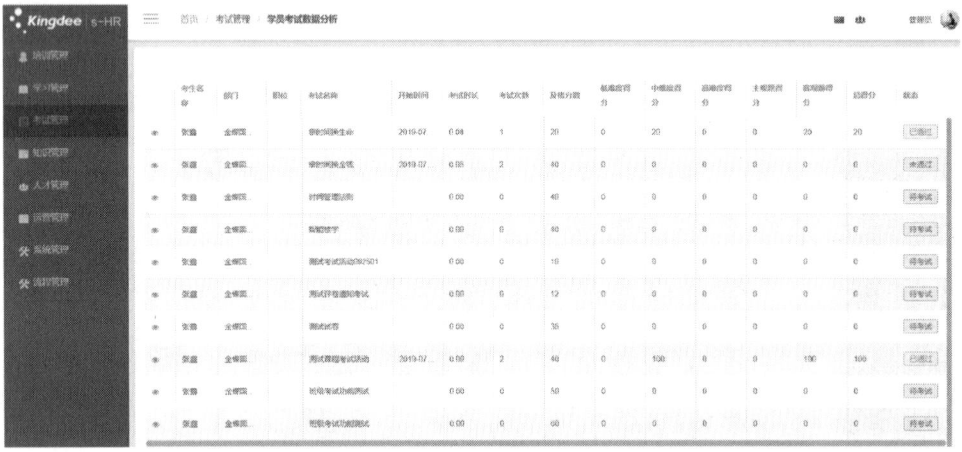

图 5-90 学员考试数据分析

复习思考题

1. 请联系个人学习成长经历及周边观察，谈一谈你认为未来人们获取知识、学习技能的方式正在和将会发生哪些改变。

2. 你认为企业应该如何利用金蝶 s-HR Cloud 系统改善知识传播和员工学习?

实训

1. 情景

近期环球机械新成立了员工培训中心，希望通过引进金蝶 s-HR Cloud 培训系统支持企业建设起统一的培训计划、培训讲师、培训学员、培训课程、培训题库平台，为本企业及外部协作企业员工提供在线学习和在线考试服务。

2. 任务

（1）请将《20××年集团培训计划》录入系统。

（2）请将环球机械目前通过认证的5位讲师简历录入系统。

（3）请将5个课件及相关题库上传至系统。

（4）以学员身份登录培训系统，完成任一课程的学习及在线考试，查看个人学习记录及培训计划完成情况数据的变化情况。

（培训计划、培训课件及培训题库由任课老师提供。）

第6章
绩效管理

绩效管理是指组织管理者和成员为了达到组织目标共同参与的绩效计划制定、考核评价、辅导沟通、结果应用及绩效持续改善的循环过程。绩效管理的目的是：

（1）通过绩效管理工作，强化组织目标与个人行为间的联系，提升组织各级人员对经营目标计划、产品与服务质量及客户满意度的重视程度，推进各项组织目标的实现及组织能力的持续提升。

（2）通过绩效管理工作，引导组织成员及时发现个人知识、技能和内在素质方面存在的不足，进行学习和改进，获得持续性成长。

6.1 功能概述

金蝶 s-HR Cloud 系统绩效管理模块的功能包括两个部分：一部分是供绩效专员使用的专业应用，包括基础资料设置、绩效指标库、考核规则建立、考核计划建立、考核计划执行、考核结果查看等功能，主要用于绩效考核规则和考核流程的设计、考核过程的监控与催办，以及考核结果转薪资核算；另一部分是通过 PC 端的绩效工作台和移动端的“绩效 GO”，让企业员工按照既定的规则和流程完成相应的绩效计划制定和绩效考核等工作。

6.2 实验目的和任务

6.2.1 实验目的

通过实验，掌握评分分制、评分等级、绩效指标库等基础数据的维护，考核规则、考核计划的制定，绩效考核卡、考核结果查询等的应用。

6.2.2 实验场景

（1）环球机械绩效考核目前只涉及目标考核方式，如关键业绩指标（KPI）。

（2）公司考核周期分为月度考核和年度考核，即每个月都要进行绩效考核，年末进行一次考核。目前用实验数据进行月度考核。

（3）考核结果分为优秀、良好、一般和较差四个绩效等级，每个等级对应不同的绩效考核评分范围，如考核得分90分以上为优秀。

（4）考核对象为环球机械全体员工，考核周期为2019年1月（M1），采用目标评估考核方式，目标评估流程为：先由本人自评，再由直接上级评估。本人评分和上级评分在最后的得分中所占的比重分别为20%和80%。

6.2.3　实验任务

实验中需要以拥有绩效管理模块操作权限的业务操作者登录系统进行相关操作处理。

（1）按照表6-1数据完成评分分制设置。

（2）按照表6-2数据完成绩效等级设置。

（3）完成环球机械员工绩效档案的启用。

（4）建立环球机械绩效考核规则。

（5）完成员工绩效考核并将结果结转至薪酬。

6.3　实验数据及步骤

6.3.1　绩效业务设置

绩效业务设置包括评分分制设置和绩效等级设置。

1. 实验数据

具体数据如表6-1和表6-2所示。

表6-1　评分分制

分制编码	分制名称	最高分	最低分
65001	65百分制	100	0

表6-2　绩效等级

等级编码	等级名称	系统统一等级	绩效等级	等级分数范围	对应默认分数
65001	65目标考核等级	S	优秀	100～90	95
		A	良好	90～80	85
		B	一般	80～60	70
		C	较差	60～0	40

2. 实验步骤

（1）评分分制设置。建立企业绩效考核评分分制，用于后续考核规则引用。引用方式包括：目标考核计划分制、目标考核指标的评分分制。目标考核指标的评分分制将控制目标考核的指标评分。考核的最终结果将转换为目标考核计划分制。

操作路径：【绩效管理】→【绩效业务设置】→【评分分制】，点击进入评分分制列表，选择可维护列表，如图6-1所示。

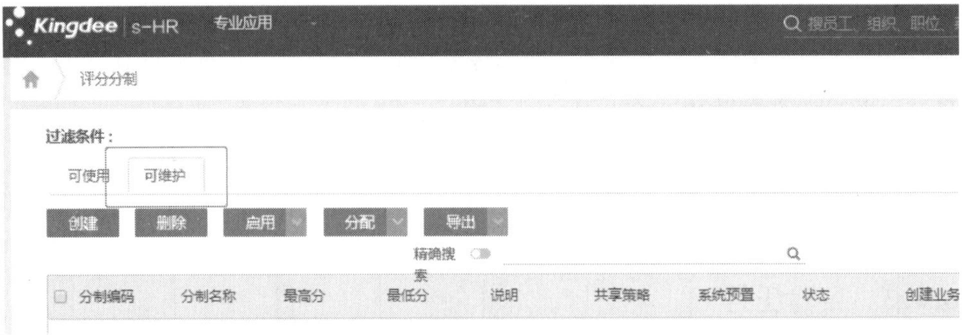

图 6-1　评分分制列表

点击【创建】，完成评分分制信息维护，如图 6-2 所示。

图 6-2　完成评分分制信息维护

保存并启用。

(2) 绩效等级设置。即设置绩效考核评价时的绩效等级信息。绩效等级只能依赖一个评分分制，每一个评分分制可以建立一个或多个对应的绩效等级。

操作路径：【绩效管理】→【绩效业务设置】→【绩效等级】，进入绩效等级列表，如图 6-3 所示。

图 6-3　绩效等级列表

创建绩效等级，需点击【创建】，打开绩效等级新增界面。创建绩效等级界面包含两部分：填写基本信息和绩效等级定义。填写基本信息主要是设置绩效等级的名称和分制信息，绩效等级定义主要是添加具体的等级详情，如图6-4所示。

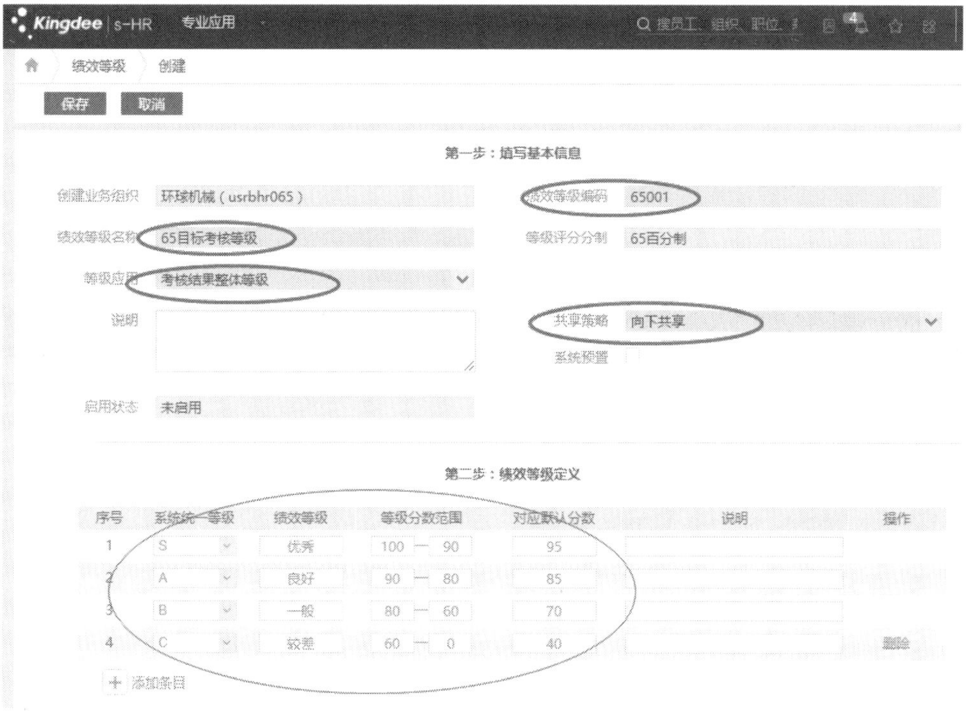

图6-4 绩效等级创建

保存并启用。

注意事项：

1）系统统一等级为系统内置的统一等级，包含S/A/B/C/D/E六个等级；系统统一等级主要用于企业对不同绩效等级下的考核结果进行横向分析比较时有统一的参考标准。

2）等级分数范围是指该等级对应的分数范围，范围控制逻辑为［上限，下限）。

3）对应默认分数主要用于绩效等级和分数相互转换。

6.3.2 指标库管理

1. 实验数据

具体数据如表6-3所示。

表6-3 指标库

指标类型	指标编码	指标名称	评价标准
65KPI	65001	危机意识	1. 未雨绸缪：充分考虑当前成本及支出，力求降本增效，寻求最佳投入产出比 2. 永不放弃：从不轻言失败，面对困难和挫折，不逃避、不懈怠，积极寻求解决方案

续表

指标类型	指标编码	指标名称	评价标准
65KPI	65002	勇于承担	1. 主动承担：面对缺点、问题和错误，不推诿、不找借口，第一时间拿出解决方案 2. 勇于推进：有主人翁意识，主动提出问题和风险点，并推动组织内外问题的解决

2. 实验步骤

(1) 指标类型维护。对绩效指标进行分类，方便对绩效指标进行管理。

操作路径：【绩效管理】→【绩效指标库】→【指标类型】，进入指标类型列表，如图 6-5 所示，支持手工新增和导入指标类型。

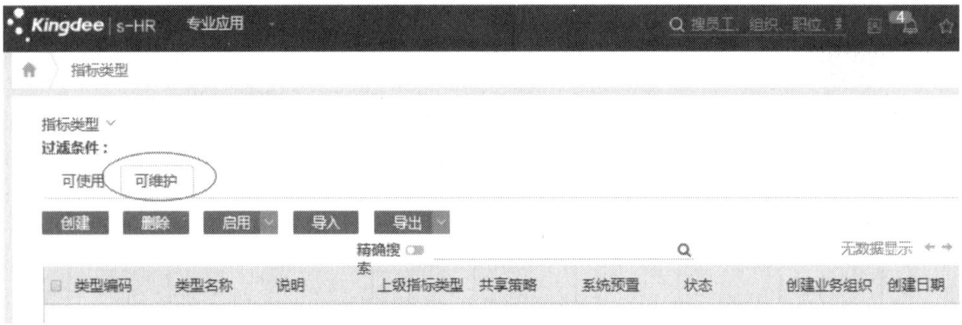

图 6-5　指标类型列表

进入可维护界面，点击【创建】，创建“KPI”指标类型，如图 6-6 所示。

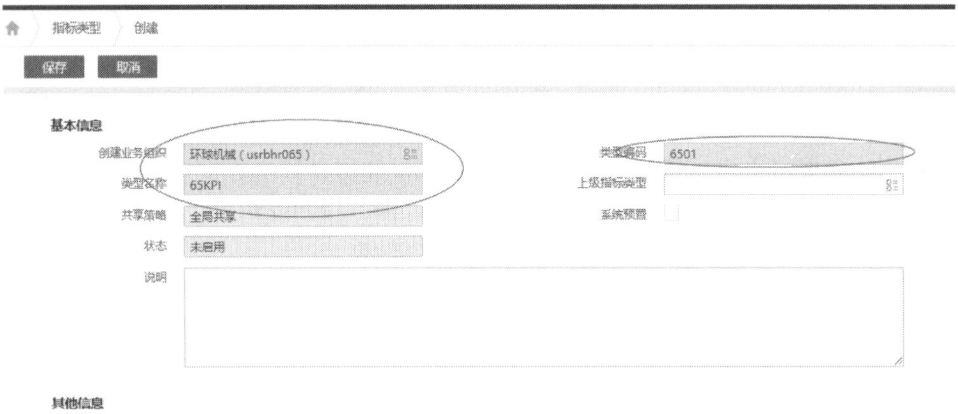

图 6-6　指标类型维护

保存并启用。

注意事项：

1）新增的绩效指标类型默认为未启用，需要手工启用；支持批量启用。禁用绩效指标类型将同时禁用类型下所有子类型和子类型下的所有指标，系统提示：“此操作会禁用该类型下所有子类型和子类型下所有指标，是否继续操作”。

2）绩效指标类型启用后不允许删除，允许修订。

3）指标类型共享策略仅支持全局共享。

（2）绩效指标库维护。用以建立企业的绩效指标库。企业绩效指标库是绩效考核内容、标准和考核评量的依据，是整个绩效管理工作的基础和前提。绩效指标因行业、企业、职位、发展阶段等的不同，可根据不同的绩效管理目的来建立。如绩效指标体系以平衡计分卡（BSC）为框架，建立包含财务（financial）、顾客（customer）、企业内部流程（internal business processes）、学习与成长（learning and growth）等多个方面的绩效指标族。也可依职位职责管理角度建立指标体系，建立各职位的具体职责，明确内部职责的划分、明确定义职责，使企业内部职责范畴的事务得以统一规划和监督管理。员工通过职位划分可直接获得相应的职位职责要求，明确工作目标。另外，企业绩效指标体系也可建立员工职位胜任力素质指标。将行业内通行的胜任力指标库内置到企业绩效指标体系中，对员工的能力素质进行统一的管理。

操作路径：【绩效管理】→【绩效指标库】，进入绩效指标库列表，点击【创建】，弹出指标内容维护界面（见图6－7），按照表6－3完成绩效指标设置。

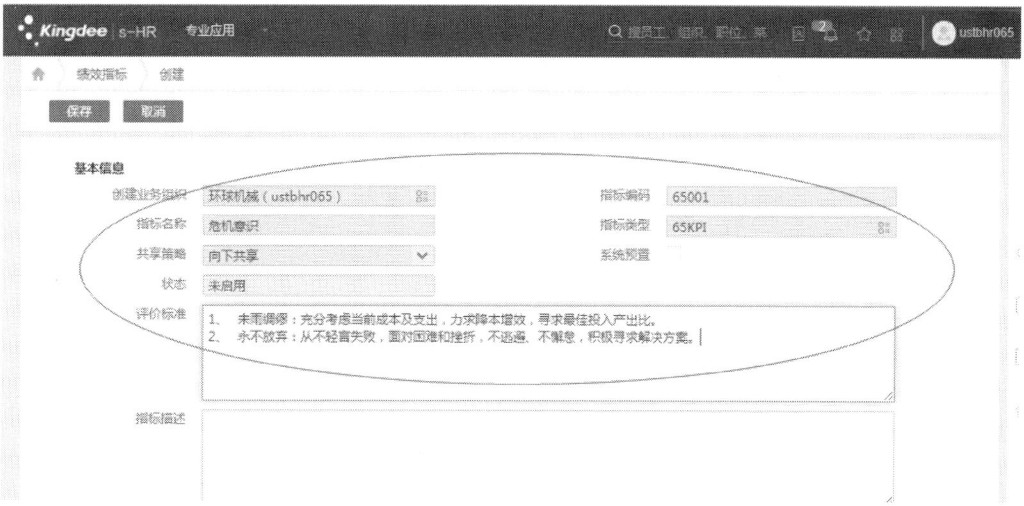

图6－7　绩效指标维护

保存并启用。

注意事项：

1）绩效指标库中指标在考核评估表中字段的展现情况受考核规则表单设置控制，表单中只展示考核规则中配置的字段。

2）绩效指标库指标启用后不允许删除，允许修订。

3）添加指标选择绩效指标类型，只能选择已启用的叶子节点的指标类型。

6.3.3　绩效业务

1．实验数据

各员工绩效考核成绩如表6－4所示。

表 6-4 绩效考核成绩

评估对象	最终分数	最终等级
鲁明 65	89	良好
吴敏 65	75	一般
张忠荣 65	50	较差
裴丽 65	90	优秀
张文 65	85	良好
周游 65	78	一般
唐建开 65	88	良好

2. 实验步骤

（1）绩效业务组织设置。员工绩效业务对应的业务组织设置：默认根据员工所在组织对应的绩效业务组织生成员工的绩效业务组织；也支持手工设置员工的绩效业务组织，实现员工绩效业务委托给其他业务组织进行考核的业务场景。

操作路径：【绩效管理】→【考核业务】→【绩效业务管理组织设置】，进入绩效业务管理组织设置界面，按照图 6-8 所示进行设置。

图 6-8 绩效业务管理组织设置

（2）绩效档案启用。在集团管控业务下，对绩效考核管理和绩效结果按照绩效档案中的业务组织进行管控与协同；建立多份考核档案，支持员工在不同的业务组织下考核，支持启用历史职位档案考核，支持兼职、借调职位的考核。

操作路径：【绩效管理】→【考核业务】→【员工绩效档案】，进入绩效档案列表，去掉界面过滤条件，或者设置过滤未启用档案的条件，筛选未启用档案，如图 6-9 和图 6-10 所示。

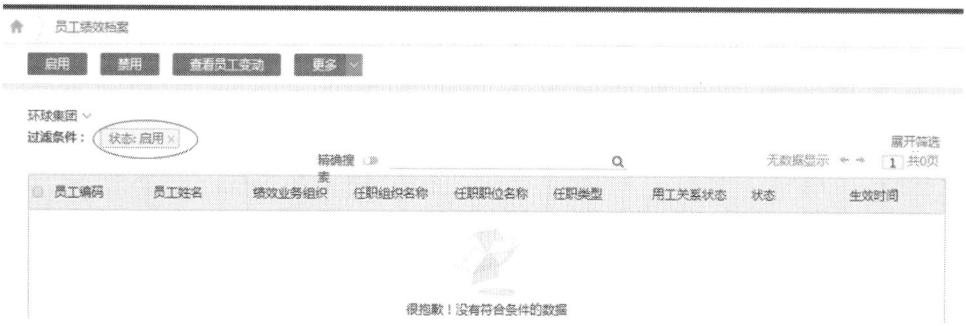

图 6－9　过滤条件设置（筛选未启用档案）

图 6－10　未启用绩效档案

启用员工绩效档案。

绩效档案详情：

1）绩效档案列表选择一条数据，点击可打开绩效档案详情界面。

2）绩效档案详情界面包含员工绩效档案信息、员工任职信息和员工考核信息。

3）员工绩效档案信息：绩效业务组织、员工姓名、员工编码、状态（未启用、启用、禁用）、生效时间、失效时间。

4）员工任职信息：任职组织、任职职位、生效日期、失效日期、内部管理员工。

5）员工考核信息：绩效档案参与的考核计划的信息，包含考核计划编码、考核计划名称、考核周期、频度、考核模式、考核规则、考核状态、分数、等级。

注意事项：

1）绩效档案状态为未启用和启用时，员工绩效档案信息失效时间为 2199－12－31 00：00：00。

2）绩效档案状态为禁用时，员工绩效档案信息失效时间为禁用档案时间。

3）考核状态包含未考核（评估对象在当前“考核计划＋周期”下未启动评分）、考核中（启动评分）、考核结束（评分流程完成）。

4）只有考核结果完成审核后员工考核信息列表才显示分数和等级。

（3）员工考核规则。员工考核规则主要用于实现目标管理（MBO）、KPI、BSC 等考核业务。考核规则主要包括规则基本信息、考核表单设置、考核流程设置等。

1）创建考核规则。通过考核规则中的评估表单配置，实现绩效规则的配置，将绩效考核业务核心控制策略固定下来，供后续的考核计划引用。

操作路径：【绩效管理】→【考核业务】→【员工考核规则】，点击【创建】，打开新建考核规则对话框，维护考核规则基本信息，如图 6-11 所示。

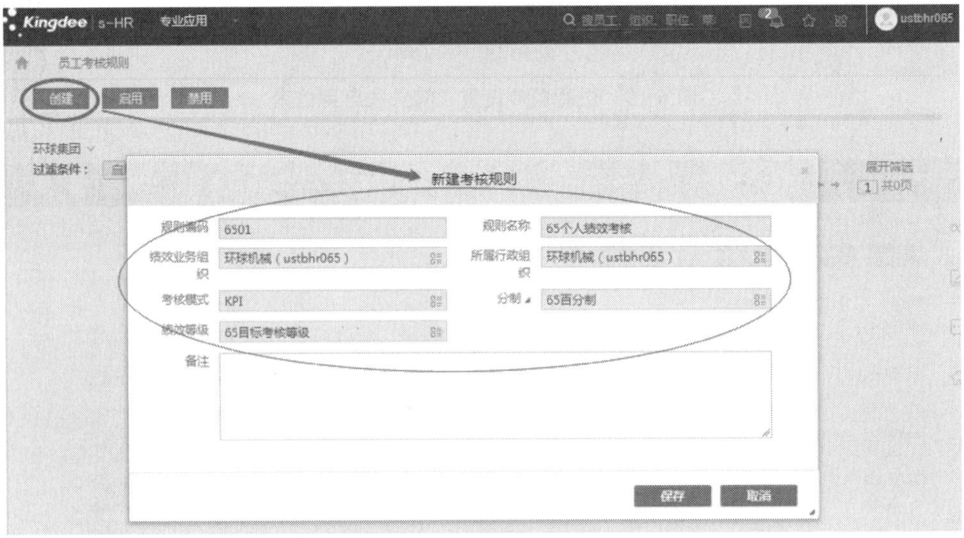

图 6-11　新建考核规则

保存后，开始设置评估表单。

注意事项：

- 考核规则列表显示绩效业务组织和所属行政组织在用户权限范围内的考核规则。
- 当选择分数等级时，对目标评分采用等级评价；当选择分制时，对目标评分采用手工输入分数评价。
- 新建考核规则保存后，规则为未启用状态，需要手工启用。
- 手工启用考核规则校验规则如下：评估表单中至少有一个评估表或记录表区域，至少有一个处于启用状态的考核流程。
- 考核规则启用后不允许删除和编辑。

2）设置评估表单。选择新创建的员工考核规则，进入编辑界面，如图 6-12 所示；编辑评估表单界面默认显示员工信息区域，如图 6-13 所示。

点击【编辑】，可编辑员工信息区域。可编辑区域名称、区域说明，可添加字段，如图 6-14 所示（本次实验按照系统默认设置即可，无须操作）。

点击【添加区域】打开添加区域弹出框，可添加评估表区域和记录表区域。选择评估表或者记录表（一次只能添加一个区域），然后点击【确定】，返回编辑评估表单界面。界面中显示评估表或记录表区域信息，如图 6-15 至图 6-18 所示。可对区域进行编辑、删除、移动位置等操作。

图 6-12　表单编辑

图 6-13　评估表单界面

图 6-14　编辑评估表单

图 6-15　添加评估表

图 6-16　编辑评估表

3）创建评估流程。点击导航条的【创建评估流程】，打开评估流程列表界面，评估流程列表界面支持按卡片和列表展示，默认按卡片展示，如图 6-19 和图 6-20 所示。

按照图 6-21 所示信息设置评估流程。

流程保存后，返回勾选评估流程，单击【启用】，如图 6-22 所示。

注意事项：

- 评估流程保存后为未启用状态，需要手工启用。
- 绩效等级与分数等级：考核规则基本信息中绩效等级是考核结果等级，考核规则基本

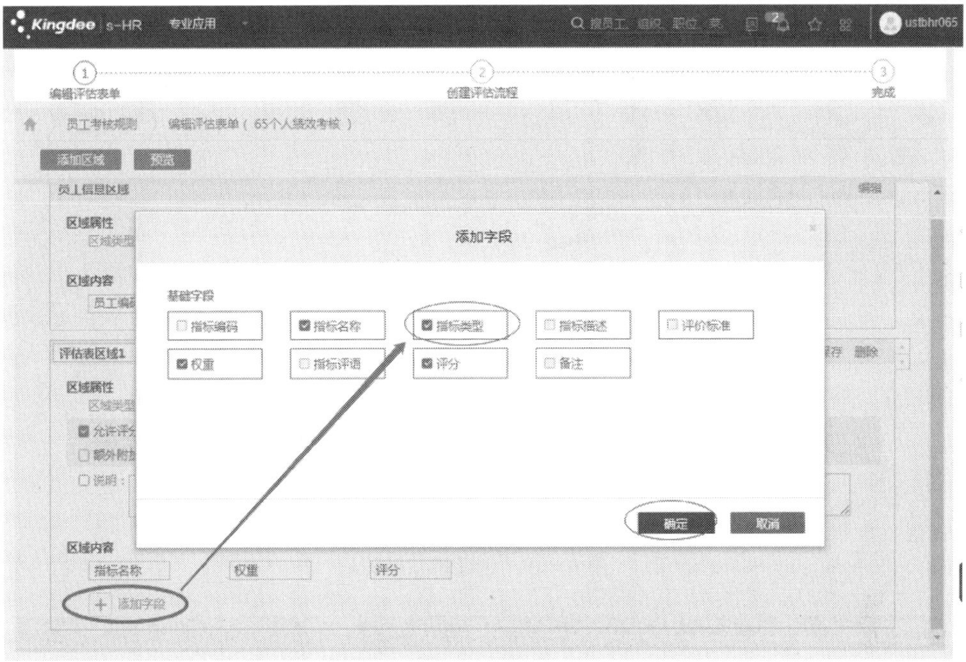

图 6－17　评估表添加字段

图 6－18　保存评估表

信息中分数等级是指标的等级。分数等级与绩效等级设置的等级可以不一致，但是必须采用统一的评分分制。当指标采用等级评价时，系统会自动将等级转化成分数计算出绩效分数。

● 评估表单：绩效管理业务中的绩效评估表格。评估表单的表样在考核规则中设置。评估表单包含：员工信息区域、评估表区域、记录表区域。其中评估表区域与指标相关，记录表区域与指标不相关，用户可以根据自己的绩效考核情况设置表单区域。

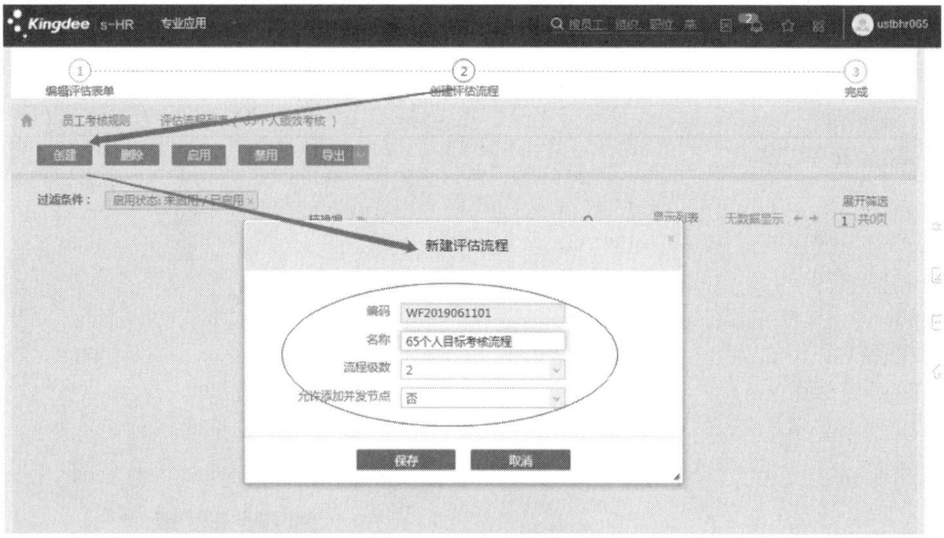

图 6-19 创建评估流程

图 6-20 流程名称界面

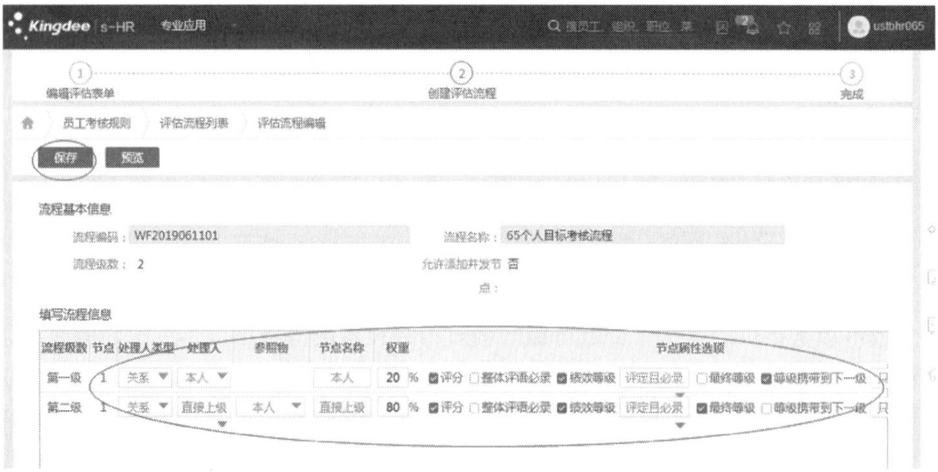

图 6-21 评估流程设置

图 6－22　启用评估流程

● 评估表单各区域内指标的字段展示和区域指标评分与权限控制受考核表单区域设置影响。系统根据评估表单设置自动拼装好评估表单，统一下达目标后，系统将评估任务发送到绩效工作台—绩效待办、团队个人目标下达、个人目标填报中。

● 目标评估流程：评估对象的绩效目标一般要经过多个环节的考核，如员工自评、直接上级评价、主管领导评价；并且各种评价关系的评估是有先后顺序的，如主管领导的评价一般是评估流程的最终节点。目标评估流程就是用来定义这些内容的。

4）完成考核规则创建。点击导航条的【完成】，选择考核规则，点击【启用】，完成考核规则创建，如图 6－23 和图 6－24 所示。

图 6－23　选择考核规则

（4）员工考核计划。考核计划主要包括：考核计划基本信息、考核周期、评估对象设置、考核目标设置。考核计划要确定员工绩效考核的考核周期以及评估对象；监控考核周期下评估对象的变动情况；建立考核分组并下达统一目标。

根据企业实际考核情况，建立具体的考核计划，进行绩效考核。

简言之，就是引用考核规则，建立考核周期，维护评估对象，设置绩效分组，统一下

图 6-24 启用考核规则

达目标。

1）创建考核计划。操作路径：【绩效管理】→【考核业务】→【考核计划】，点击【创建】，如图 6-25 所示。

图 6-25 创建考核计划

注意事项：

● 当考核计划已经添加考核周期时，不允许直接删除考核计划，需要先删除考核周期，再删除考核计划。

● 当考核计划已经添加考核周期时，修改考核周期频度会提示用户已添加考核周期，修改频度会自动清除考核周期。

● 考核计划基本信息保存后，考核计划为未启用状态，需要手工启用。

● 禁用考核计划时，当前正在进行的考核不受影响，可以继续考核；禁用考核计划后，对考核计划详细信息不允许查看和维护。

2）考核周期设定。绩效考核是一种周期性工作，考核周期就是指在一段特定时间内对员工进行一次绩效考核。举例：公司进行 2018 年度员工绩效考核，考核周期的起始时间是从 2018 年 1 月 1 日至 2018 年 12 月 31 日。

在考核计划列表中，选择考核计划，点击【考核周期】，如图 6－26 所示，打开考核周期维护界面。点击【添加考核周期】，可添加考核周期，如图 6－27 所示。

图 6－26　考核周期

图 6－27　添加 M1 考核周期

保存考核周期，如图 6－28 所示。

图 6－28　保存考核周期

3）启用考核计划。勾选“考核计划”，点击【启用】，如图 6－29 所示。

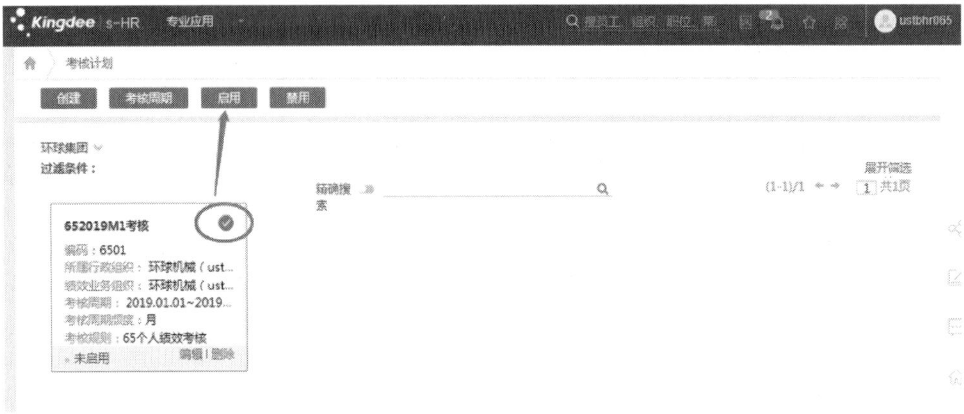

图 6－29　启用考核计划

4）评估对象设定。添加考核周期后，考核计划列表选择考核计划，点击考核计划名称，打开评估对象设定界面。

评估对象列表，点击【添加人员】，打开添加人员对话框，勾选“从绩效档案清单中选择”，打开绩效档案清单，选择绩效档案添加。添加评估对象完成后，返回评估对象界面。具体如图 6－30 和图 6－31 所示。

图 6－30　添加人员（一）

注意事项：

● 评估对象与评估人：在绩效管理中被考核的行政组织、员工在系统中统一称为评估对象；而对评估对象进行评估的人在系统中称为评估人。

● 评估对象直接上级、评估对象本人、指定人至少需要选择一个作为目标下达人［本

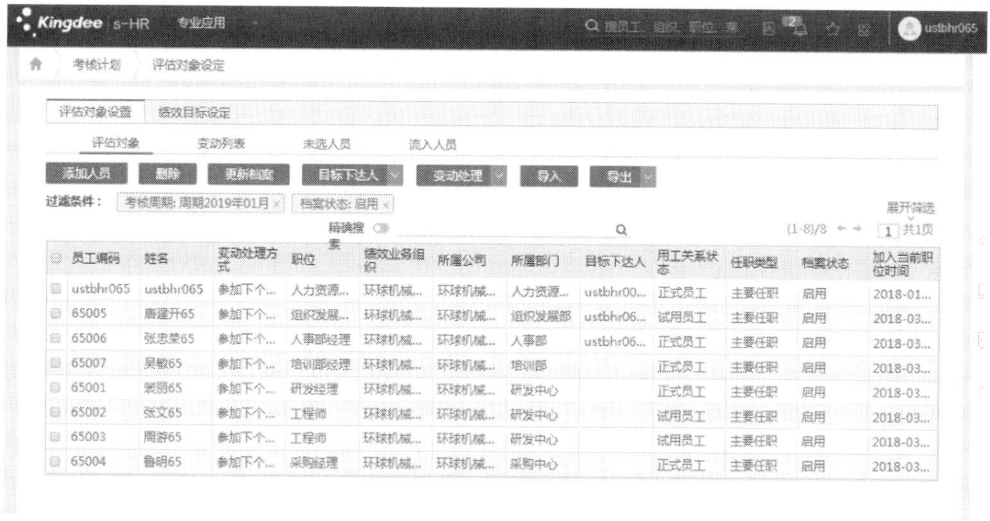

图 6-31 添加人员（二）

次实验将选择 ustbhr001（对应老师账户）为所有列表人员的目标下达人]。

5）设定目标下达人。目标下达人默认为直接上级；支持设置本人或者指定人为目标下达人；可指定多个人为目标下达人。

勾选目标下达人为空的评估对象，点击【目标下达人】→【添加目标下达人】，如图 6-32 所示。

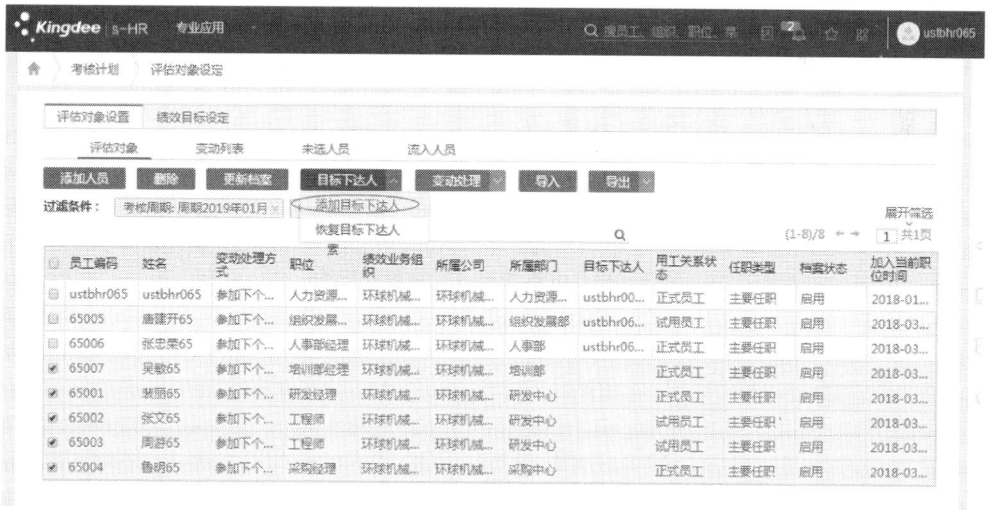

图 6-32 添加目标下达人

勾选 ustbhr001 为目标下达人，点击【确定】，如图 6-33 所示。

6）绩效目标设定。考核计划中不同类别的评估对象统一下达的目标不一致时，需要将评估对象划分到不同的分组中。

操作路径：【考核计划—创建】→【绩效目标设定】→【设置绩效分组及目标】，点击【设置绩效分组及目标】，打开设置绩效分组及目标界面，如图 6-34 所示。

图 6－33　勾选目标下达人

图 6－34　设置绩效分组及目标界面

点击【添加绩效指标】，如图 6－35 所示。

设置指标权重，如图 6－36 所示。

注意事项：

● 设置绩效分组及目标：设置“考核计划＋周期”下的分组，以及分组中需要统一下达的目标；每个“考核计划＋周期”下至少要存在一个分组。

● 只有评估表区域可以引用绩效指标库，记录表区域不支持。

● 维护分组和绩效指标后，退出设置绩效分组及目标界面，点击【关闭】，返回未下达列表。

● 指定分组：评估对象分组信息默认为空，需要手工指定，点击【指定分组】，弹出当前“考核计划＋周期”下的分组选项列表，选择分组后指定分组成功，如图 6－37 和图 6－38 所示。

图 6－35　添加绩效指标

图 6－36　设置指标权重

图 6-37 指定分组（一）

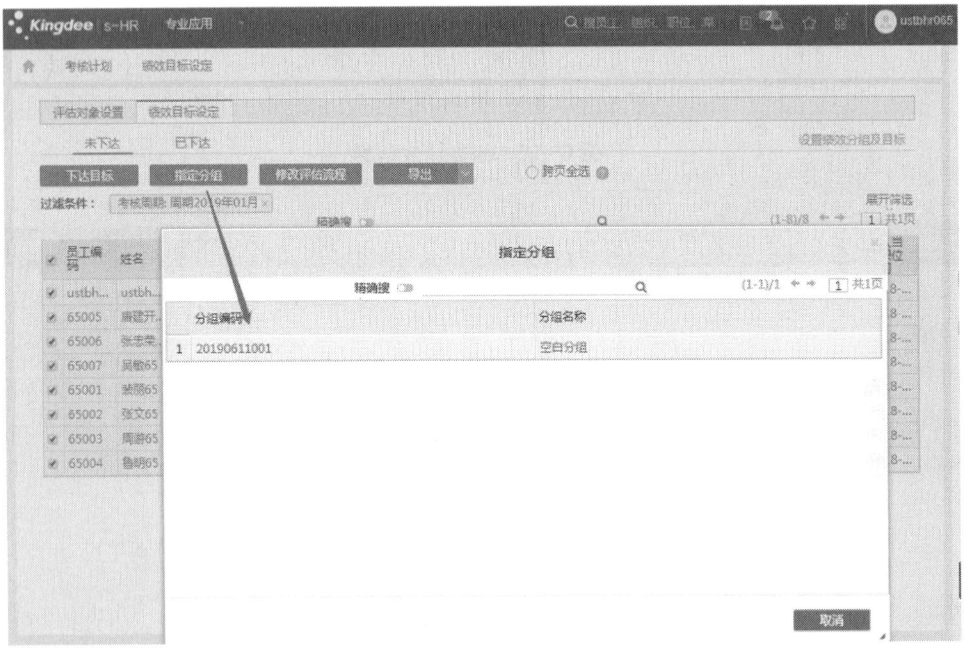

图 6-38 指定分组（二）

7）统一下达目标。操作路径：【考核计划—创建】→【绩效目标设定】→【未下达】，选择评估对象，点击【下达目标】，如图 6-39 所示，弹出下达目标对话框，选择统一下达目标，如图 6-40 所示，下达目标成功。评估对象自动更新到已下达列表中。

注意事项：

● 当目标下达人为空时，下达失败。

● 下达目标支持统一下达目标和直接下达目标两种方式，下达目标对话框中默认勾选统一下达目标。

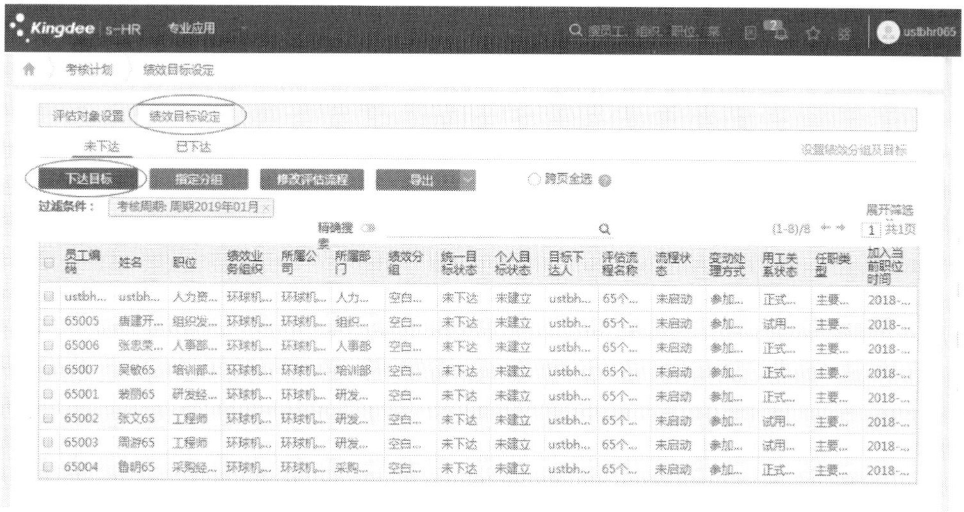

图6－39　未下达目标

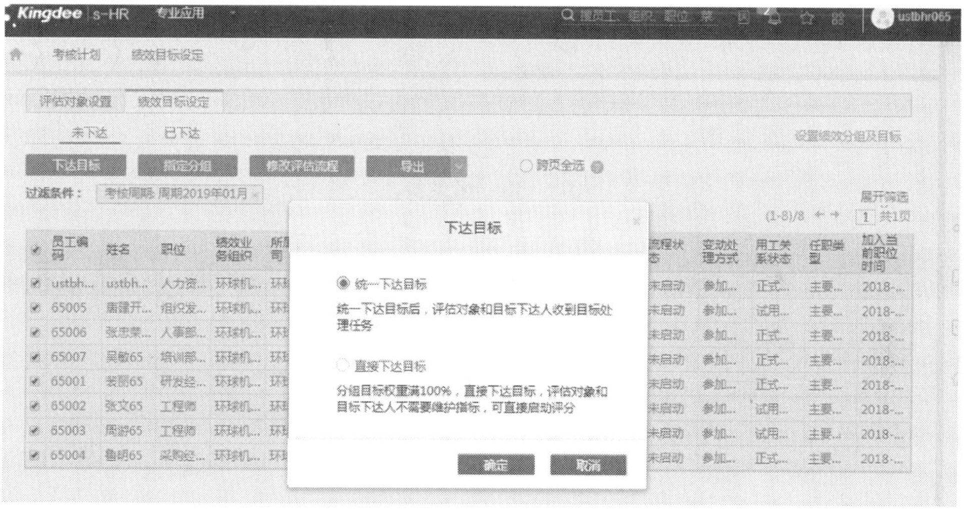

图6－40　统一下达目标

● 统一下达目标后，评估对象更新到已下达列表；同时评估对象在绩效工作台—绩效待办界面收到个人目标填报任务，目标下达人在绩效工作台—绩效待办界面收到个人目标下达任务。

8）直接下达目标。应用场景：员工的考核目标统一由人力资源管理人员制定，不需要员工和经理人维护。

当分组目标权重满100%，可直接下达目标；直接下达目标评估对象和目标下达人不需要维护目标；统一目标状态更新为已下达，个人目标状态更新为已下达；评估对象更新到已下达列表和考核计划执行未发送列表。

团队个人目标下达这一步骤由目标下达人ustbhr001操作。

考核方案统一下达目标之后，目标下达人可以收到待下达任务。目标下达人可以结合实际情况对评估对象目标进行维护。维护完成之后，可以进行提交和下达。当然评估对象自己维护目标并提交后，其目标下达人便可以对评估对象目标进行确认下达。

操作路径：【员工自助】→【绩效考核】→【绩效工作台】→【绩效待办】，如图 6－41 和图 6－42 所示。

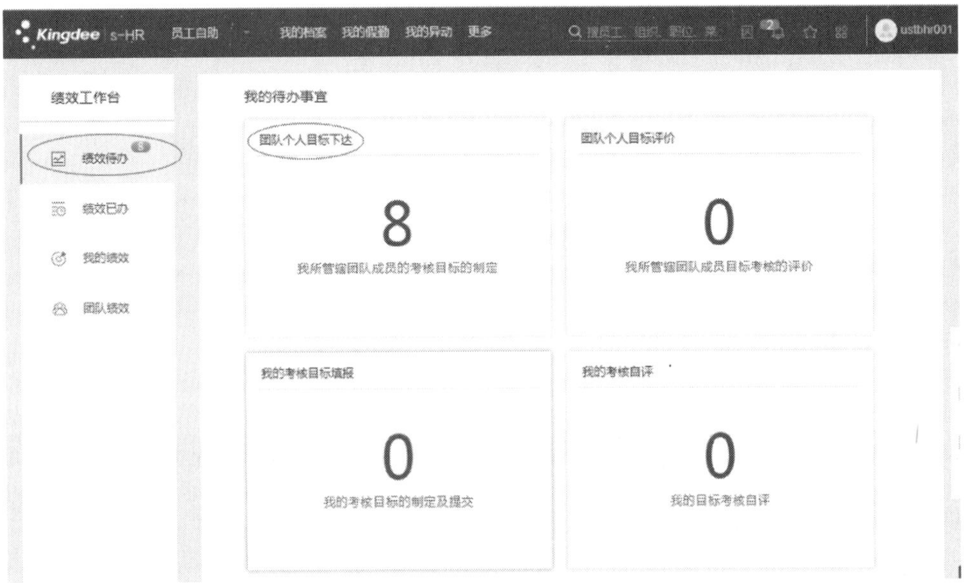

图 6－41　绩效待办

图 6－42　提交目标

团队个人目标下达列表，选择评估对象，点击【下达目标】，如图 6－43 所示。下达成功后，评估对象从团队个人目标列表消失，在“绩效工作台—绩效已办—我已下达”的目标列表显示。

注意事项：

- 只有个人目标状态为未下达的，可以下达。

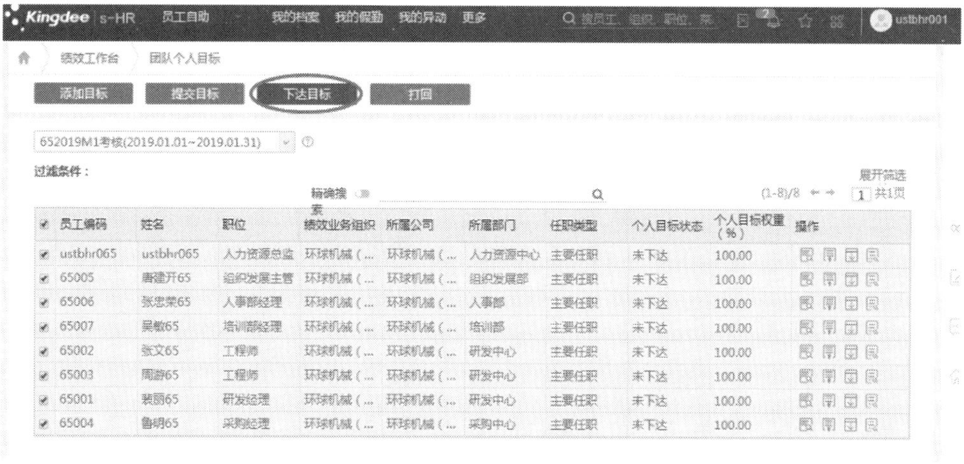

图 6-43　下达目标

● 团队个人目标列表也支持选择一条数据，进行个人目标查看、提交、下达、打回。

● 在团队个人目标列表选择一条数据，点击该数据操作列的查看、提交、下达、打回，即可完成单个数据的操作。

（5）员工考核计划执行。考核计划执行情况跟踪，可实现对考核计划目标管理跟踪、考核计划评分跟踪、考核流程监控、考核结果处理。同时，考核计划执行可以进行任务催办、启动评分任务、结束流程、结束考核周期和撤销结束考核周期、修订考核结果、审核考核结果等操作。

操作路径：【绩效管理】→【绩效业务】→【考核计划执行】，考核计划执行列表显示用户绩效业务组织和行政组织权限范围已启用状态的考核计划。

1）启动考核。评估对象个人目标下达后，评估对象数据更新到“考核计划执行—未发送列表”，绩效专员根据考核计划进度启动评分。

操作路径：【绩效管理】→【绩效业务】→【考核计划执行】→【未发送】，如图 6-44 所示，进入计划执行列表。

图 6-44　考核计划执行

勾选评估对象，点击【启动评分任务】，如图 6-45 所示。

图 6-45 启动评分任务

注意事项：

● 手工启动评分。选择评估对象，点击【启动评分任务】，启动评分任务成功后，评估对象更新到已发送列表，同时在“绩效工作台—绩效待办”收到评分任务。

● 定时启动评分。在未发送列表选择评估对象，选择【定时设置】，弹出定时发送设置对话框。

● 设置定时发送时间。点击【确定】，定时发送设置成功，未发送列表中的定时发送时间更新为设置的定时发送时间。在定时发送时间，系统会自动启动评分。

● 撤销定时发送。如果不需要定时发送评分任务，可以进行撤销定时发送操作。

2）绩效评分。由于实验系统用户数限制，此过程不在本教程说明，可参考系统中的帮助手册。

3）结束流程。结束流程后流程状态为已终止，只有撤销结束流程才可以继续评分。结束流程后，对已评分的数据会保留，待评分任务会自动撤回。结束流程后，在已评分列表中会根据已评分节点分数和等级计算出评估对象的考核结果。

在已发送列表选择数据，点击【结束流程】，如图 6-46 所示，弹出结束流程对话框，如图 6-47 所示，勾选“已阅读并明确影响”，点击【确定】，结束流程。

4）考核结果处理。考核结果处理包含：查看评估表单、修订考核结果、审核和反审核考核结果、考核结果快速转薪资、导出考核结果。

本次实验通过结果修订来确认绩效考核最终的成绩。

5）录入修订。在未审核列表选择一条数据，点击【录入修订】，如图 6-48 所示，打开录入修订对话框。输入修订分数、修订等级、修订原因，如图 6-49 所示，点击【确定】，修订结果成功。

说明：按照表 6-4 完成评估对象成绩修订，如图 6-50 所示。

6）审核考核结果。在未审核列表选择数据，点击【审核】，如图 6-51 和图 6-52 所示，审核数据成功。评估对象从未审核列表更新到已审核列表。

图 6 - 46　结束流程（一）

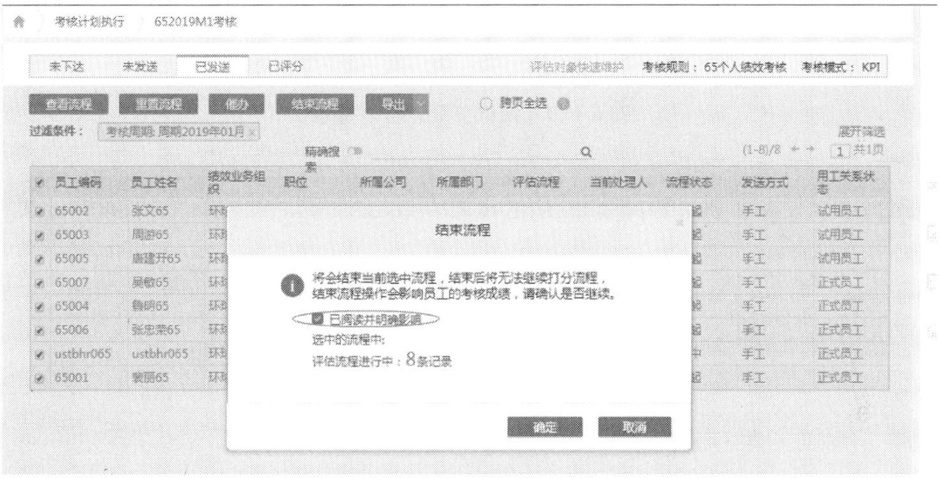

图 6 - 47　结束流程（二）

图 6 - 48　录入修订

图 6-49 修订分数、修订等级

图 6-50 完成修订

7）考核周期控制。结束考核周期相当于业务中结束评估，结束后系统会检查是否所有评估人都完成了评估，全部结束评估即可结束考核周期。如果尚有未完成的评估任务，则应按系统提示确定是否要强制结束考核周期。结束考核周期后，该评估活动中的考核结果即会出现在考核计划执行—已评分—未审核列表中。结束考核周期后，该考核周期不允许再添加评估对象进行考核，所有考核操作被终止。

操作路径：【绩效管理】→【绩效业务】→【考核计划执行】→【已评分】→【已审核】，点击【结束考核周期】，再点击【确定】，如图 6-53 和图 6-54 所示。

图 6-51　审核（一）

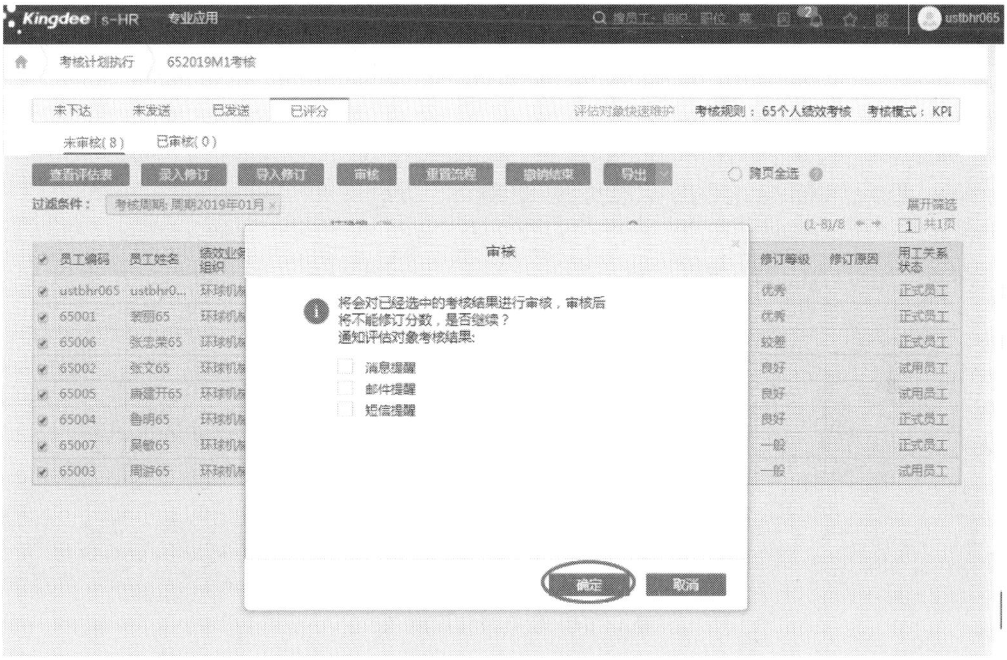

图 6-52　审核（二）

注意事项：

● 只有处于考核中和未考核状态的考核周期，才可以操作结束考核周期；对已结束的考核周期，不允许结束考核周期。

● 结束考核周期后，考核计划建立处不允许在该考核周期下进行任何操作（如添加考核对象、删除考核对象、设置目标下达人等）。

● 结束考核周期后，未提交/未下达/未发送/已发送列表中的数据都自动更新到“已评分—未审核”列表，流程状态为已终止，考核分数和等级为空。

图 6 - 53 结束考核周期（一）

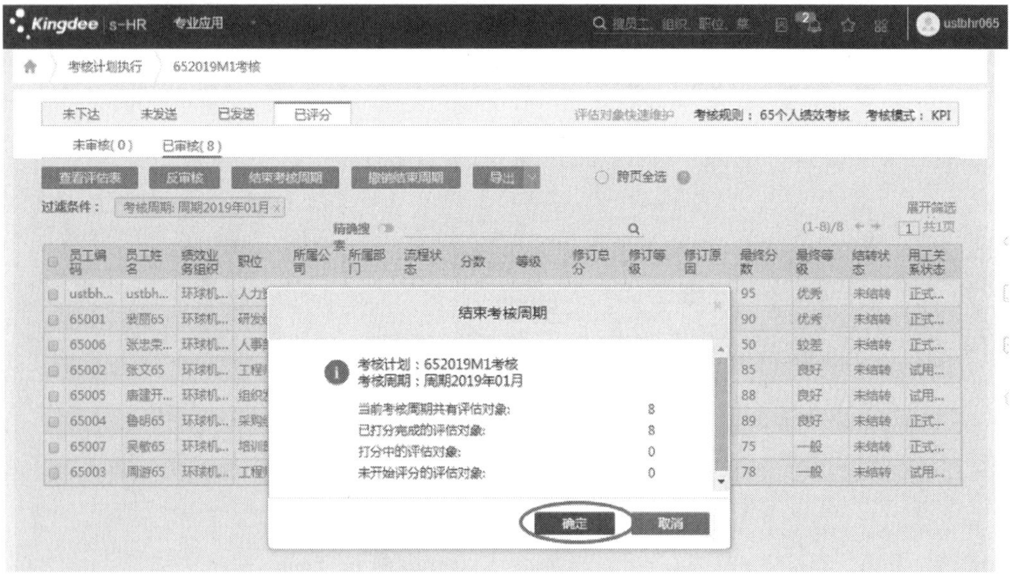

图 6 - 54 结束考核周期（二）

- 结束考核周期后，待处理的绩效任务自动撤回。

6.3.4 绩效考核结果

1. 员工绩效考核卡（查看结果即可）

考核结果列表，显示所有审核后的考核结果。支持考核结果直接录入和导入。

操作路径：【绩效管理】→【考核结果】→【绩效考核卡】，如图 6 - 55 所示。

2. 员工考核结果转薪资

操作路径：【绩效管理】→【考核结果】→【员工结转清单】。

图 6－55　绩效考核卡

员工结转清单列表数据包含考核计划已审核的考核结果和手工录入/手工导入/历史数据导入的考核结果。

选择列表中结转状态为未结转的数据，点击【结转】，弹出结转期次选择对话框，选择薪资期次、行政组织、业务组织，填写结转单名称、结转说明，点击【生成结转单】，如图 6－56 所示，生成结转单。

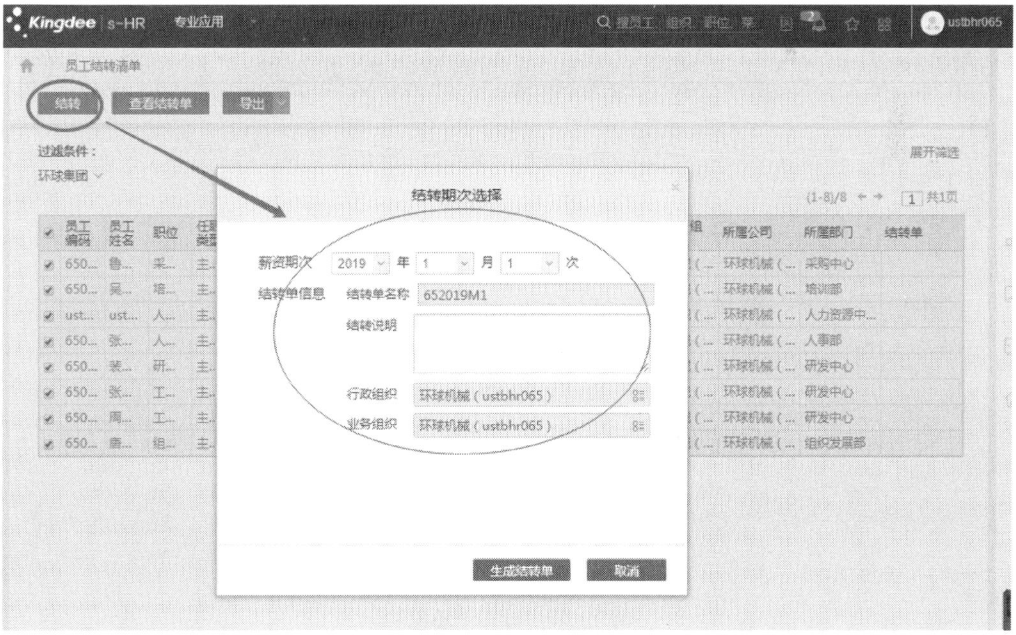

图 6－56　结转单

注意事项：

（1）已结转的数据不允许重复结转。

（2）针对同一个评估对象，同一模式的考核结果只能有一条结转到同一个薪资期次中；不同考核模式的结果可以同时结转到同一个薪资期次中。

（3）批量结转时，同一绩效业务组织下的考核结果允许同时结转；不同绩效业务组织下的考核结果只能分开结转。

6.4 实验结果

（1）绩效指标库如图 6-57 所示。

指标编码	指标名称	类型名称	指标描述	评价标准	共享策略	是否常用	顺序码	创建业务组织	使用业务组织	创建日期	状态
65001	危机意识	65KPI		1、未雨绸缪：充分考虑当... 2、永不放弃：从不轻言失...	向下共享	是	0	环球机械...	环球机械...	2019-06-...	已分配
65002	勇于承担	65KPI		1、主动承担：面对缺点、... 2、勇于推进：有主人翁意...	向下共享	是	0	环球机械...	环球机械...	2019-06-...	已分配

图 6-57 绩效指标库

（2）目标下达成功显示如图 6-58 所示。

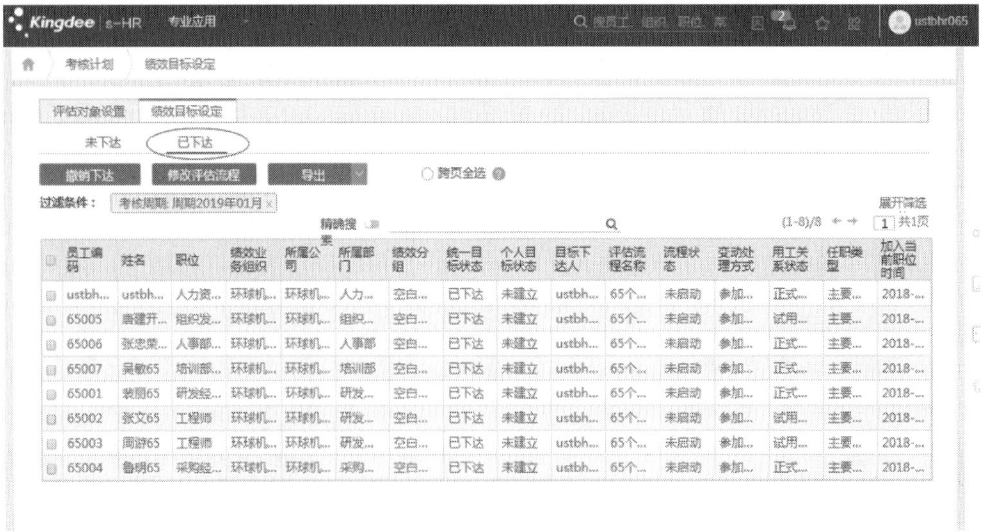

员工编码	姓名	职位	绩效业务组织	所属公司	所属部门	绩效分组	统一目标状态	个人目标状态	目标下达人	评估流程名称	流程状态	变动处理方式	用工关系状态	任职类型	加入当前职位时间
ustbh...	ustbh...	人力资...	环球机...	环球机...	人力...	空白...	已下达	未建立	ustbh...	65个...	未启动	参加...	正式...	主要...	2018-...
65005	唐建开...	组织发...	环球机...	环球机...	组织...	空白...	已下达	未建立	ustbh...	65个...	未启动	参加...	试用...	主要...	2018-...
65006	张忠荣...	人事部...	环球机...	环球机...	人事部	空白...	已下达	未建立	ustbh...	65个...	未启动	参加...	正式...	主要...	2018-...
65007	吴敏65	培训部...	环球机...	环球机...	培训部	空白...	已下达	未建立	ustbh...	65个...	未启动	参加...	正式...	主要...	2018-...
65001	裴丽65	研发经...	环球机...	环球机...	研发...	空白...	已下达	未建立	ustbh...	65个...	未启动	参加...	正式...	主要...	2018-...
65002	张文65	工程师	环球机...	环球机...	研发...	空白...	已下达	未建立	ustbh...	65个...	未启动	参加...	试用...	主要...	2018-...
65003	周游65	工程师	环球机...	环球机...	研发...	空白...	已下达	未建立	ustbh...	65个...	未启动	参加...	试用...	主要...	2018-...
65004	鲁明65	采购经...	环球机...	环球机...	采购...	空白...	已下达	未建立	ustbh...	65个...	未启动	参加...	正式...	主要...	2018-...

图 6-58 目标下达成功

（3）考核结果审核后如图 6-59 所示。

（4）绩效考核卡如图 6-60 所示。

（5）员工结转清单如图 6-61 所示。

图 6 - 59　考核结果审核后

图 6 - 60　绩效考核卡

图 6 - 61　员工结转清单

复习思考题

1. 过去在其他课程的学习中，你都学习过哪些绩效管理模式？联系本章的学习，谈谈这些绩效管理模式是否都能获得金蝶 s-HR Cloud 系统绩效管理模块的支持？

2. 企业人力资源管理部门在金蝶 s-HR Cloud 系统的支持下开展绩效管理工作，应当注意哪些方面？

实训

1. 情景

环球集团的人力资源共享服务中心成立了，为了督促共享中心员工做好员工服务工作，集团人力资源部领导决定对中心各职位开展绩效考核工作。具体考核方案如下：

(1) 考核周期：中心及下属科室管理类职位每年进行一次考核，其他职位每月进行一次考核。

(2) 绩效考核：其中需求管理岗绩效指标见表 6-5。

表 6-5　需求管理岗绩效指标

职位	考核指标	定义	评估标准	权重	信息来源
需求管理岗	需求方案编制完成率	根据公司人力资源管理系统更新计划当月应完成的需求方案按时完成情况	按时完成满分，延误每超过一周扣该项分数 20%	20%	自评
	需求提案及时回复率	对其他部门提出的需求提案在一周内完成登记并回复	按时完成满分，延误每超过一周扣该项分数 20%	20%	系统记录
	解决方案评审通过率	根据公司人力资源管理系统更新计划当月应完成的评审方案是否通过评审	按时完成满分，延误每超过一周扣该项分数 20%	20%	自评
	月度部门培训	是否按时参加部门组织的培训学习活动	参加记满分，无故不参加 0 分	10%	自评
	上级领导交办或个人根据工作需要计划的其他工作	根据实际情况个人编制提报（具体工作任务建议不超过 3 项，根据重要性或投入时间分配权重）	自行拟定，上级领导在绩效计划审核时确认	30%	自评
合计				100%	

关于其他职位指标，请同学们通过在招聘网站上查阅相关职位的工作职责自行设计。

(3) 绩效考核流程：非管理类职位每个月前五个工作日在系统中填报月度绩效计划。其中前四个指标为必选考核项，最后一项“上级领导交办或个人根据工作需要计划的其他工作”根据实际情况个人编制提交。提交完成后报上级领导审批通过。

每个月前五个工作日内，被考核人对本人上月的工作进行自评，然后提报给自己的直接上级领导，由直接上级领导进行评价，并报间接上级领导复核。复核结果为该月度的最终考核成绩。

2. 任务

(1) 绩效指标设计。除表6-5提供的需求管理岗考核指标外，请同学们通过在招聘网站上查阅相关职位的工作职责或查阅其他资料自行设计考核指标，设计完成后将这些指标录入系统的职位指标库。

(2) 建立绩效考核规则和考核计划：请同学们以“人力资源共享服务中心—绩效考核专员”的用户身份，在系统中按照本章绩效考核流程的要求在系统中设置绩效考核规则和考核计划。

(3) 模拟绩效考核过程。请利用本章所学知识，在系统中模拟编制月度绩效计划、提交、审批，以及月度绩效完成情况自评、提交、审批和复核等各个步骤。

(4) 绩效过程监控。请担任“人力资源共享服务中心—绩效考核专员”，在上述模拟考核过程进行时，体验任务执行监控、催办等功能。

(5) 以上过程完成后，通过查看相关绩效管理报表，核对人力资源共享服务中心绩效考核工作完成情况。

第 7 章 假勤管理

假勤管理是一种时间管理系统，是评估成员对组织贡献在时间维度上的一种测量方法。组织的假勤管理制度需要在考虑所在国家（地区）的劳动法规，并且要尊重宗教与民族习俗的前提下，结合本组织文化和福利水平制定。假勤管理一般包括假勤基础信息管理（日历、班次、排班制度等）、假期管理、工时过程管理、工时分析及结果管理等内容。

7.1 功能概述

在金蝶 s-HR Cloud 系统中，假勤模块分为假期、排班和考勤三个部分。假期部分用于管理员工的假期类型、假期额度、请休假审批和假期汇总转薪资等业务实现，可以独立于考勤管理使用；排班部分主要供需要多班次轮流作业的生产、服务组织进行员工排班轮岗作业使用；考勤部分用于管理员工的各类考勤数据统计、异常数据处理和假期汇总转薪资业务实现。

7.2 实验目的和任务

7.2.1 实验目的

通过本章学习，了解假勤管理在 s-HR Cloud 系统中的操作方式，熟练掌握假勤管理相关业务的处理等。

7.2.2 实验场景

（1）环球机械假期类型分为：年假、病假、事假、婚假、产假、特休等。

（2）需要对相关假期额度进行控制，考勤制度规定每个入职的员工都有固定的 7 天年假额度，且不允许超额请假，在发起请假申请时，可对剩余假期额度一目了然。

（3）环球机械有考勤机打卡，通过 Excel 模板将打卡数据导入 s-HR Cloud 系统进行管理。

（4）每个月可从系统直接导出当月考勤汇总表。

7.2.3　实验任务

（1）按照表7-1完成假期类型维护，增加“特休65”假期类型。
（2）完成年假额度规则设置。
（3）创建调休规则。
（4）创建环球机械所适用的假期制度。
（5）生成所有员工的年假额度。
（6）按照表7-2完成考勤项目新增。
（7）按照表7-3完成班次创建。
（8）完成2019年1月的排班。
（9）完成2019年1月的考勤计算。
（10）将2019年1月考勤结果导出。

7.3　实验数据及步骤

7.3.1　假期业务设置

假期业务设置包括假期类型、额度规则、假期制度、调休规则、假期项目等基础设置。

1. 实验数据

系统已经预置了部分假期类型，可直接使用，实验数据中“特休65”为企业个性化假期类型，需在系统中创建。具体数据如表7-1所示。

表7-1　假期类型

编码	名称	系统预置
JQLX000001Y	年假	是
JQLX000002Y	事假	是
JQLX000003Y	病假	是
JQLX000004Y	调休假	是
JQLX000005Y	婚假	是
JQLX000006Y	产假	是
JQLX065	特休65	否

2. 实验步骤

（1）假期类型维护。操作路径：【假期管理】→【假期业务设置】→【假期类型】，进入假期类型列表，点击【创建】，如图7-1所示。

按照表7-1，创建特休65假期类型，共享策略选择“向下共享”，如图7-2所示。

保存并启用。

图 7-1 假期类型创建

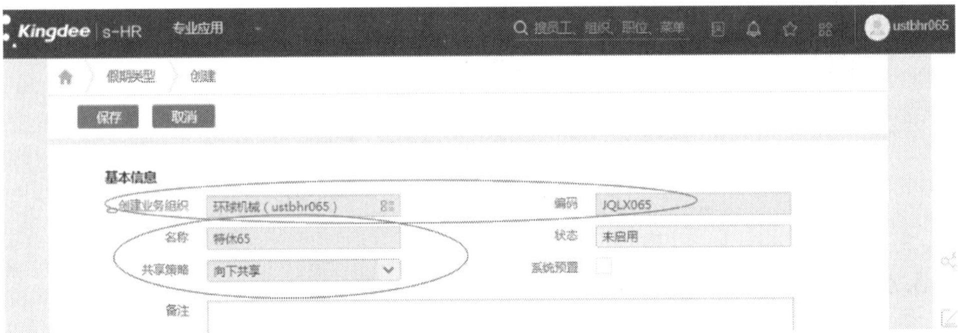

图 7-2 特休 65 假期类型创建

注意事项：

1）【创建】：点击工具栏中的【创建】，输入必填字段后，保存新增的假期类型。

2）【修订】：假期类型修订可以修改编码和名称。编码修改后，请假单界面上会根据新的编码次序显示假期类型的位置。

3）【删除】：选中需要删除的假期类型，点击【删除】，完成删除操作，系统预置、启用、禁用的假期类型不能删除，只有自定义且是未启用状态的才可以删除。

4）【启用】：对未启用或者禁用的假期类型做启用操作，启用后，才会在可使用关系表中插入已分配的可使用记录。

5）【禁用】：不用的假期类型可以在假期类型中禁用，禁用后在假期制度设置的时候不能选择禁用的假期类型，原假期制度中的显示不受影响，但在请假单申请界面，不显示已经禁用的假期类型。禁用后，可使用列表中对应假期类型的状态由已分配变成已撤销状态。

6）【分配】：对共享策略为分配共享的假期类型，分配给其他的假期业务组织或者对已分配的进行撤销分配，包括分配、撤销分配、分配查询等操作。

7）【查询】：查看假期业务组织权限范围内可以使用的假期类型，并能对可使用的假期类型进行维护，设置顺序码，确定是否设为常用。若设为常用，则在假期类型 F7 中的列表直接展示；若设为不常用，则需要在假期类型的 F7 界面勾选“显示不常用数据”，才会在列表中显示。

（2）年假额度规则设置。操作路径：【假期管理】→【假期业务设置】→【额度规则】，进入额度规则列表，点击【创建】，创建环球机械年假额度规则，如图 7-3 和图 7-4 所示。

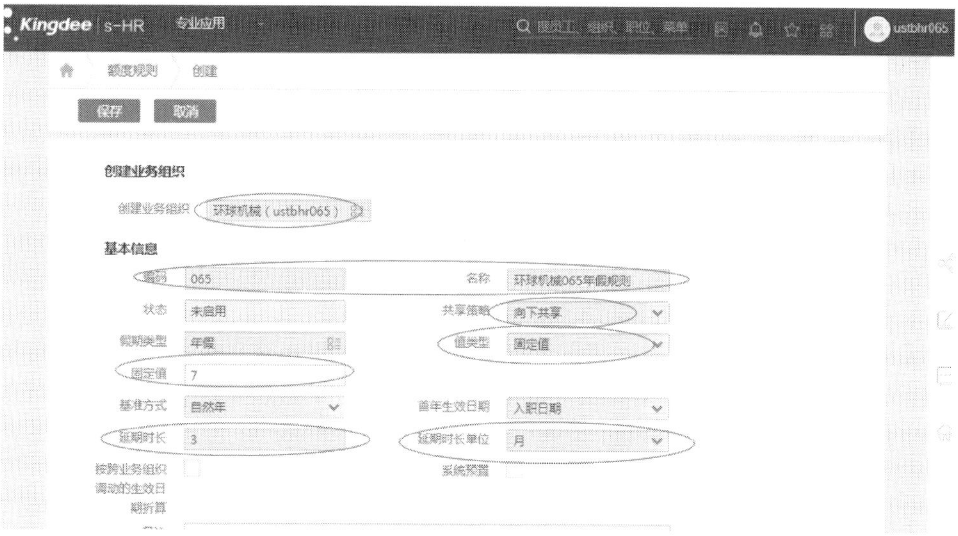

图 7-3　额度规则

图 7-4　年假额度规则

保存并启用。

注意事项：

1）【创建】：点击工具栏中的【创建】，在新增界面输入需要计算的规则，然后保存，保存后是未提交状态，需要启用后才能使用。

2)【值类型】：计算额度值的类型，有固定值和范围两种。选择固定值时，可以设置一个具体数值作为额度值。选择范围时，需要选择计算的标准，包括工龄、司龄、两者优先取大，计算标准选择工龄时，可以选择“入职首年工龄假期需要进行折算”复选框，表示需要按入职日期来进行折算。

3)【折算方式】：计算假期额度时的折算方法，有天、月、年，按天折算最精细，具体到一年按365天进行计算。

4)【额度起始年】：选择“入职首年计算额度”或是“入职满一年计算额度”。

5)【起始日期计算基准】：计算首年额度时，需选择计算额度的起始日期。选择“首次入集团日期优先”时，先取入集团日期；入集团日期为空时，取入公司日期；入公司日期为空时，取入职日期。选择“入公司日期优先”时，先取入公司日期；入公司日期为空时，取入职日期。选择“入职日期优先”时，直接取入职日期。

6)【基准方式】：确定额度周期的开始时间和结束时间，有自然年和雇佣日期两个选择。自然年表示周期的开始日期和结束日期是每年的1月1日和12月31日。雇佣日期则是从入职日期到下一年的雇佣日期的前一天为一个额度周期，比如，2015年4月1日入职，则2015年的额度周期为2015年4月1日到2016年3月31日。

7)【首年生效日期】：确定入职当年的生效日期，有入职日期、试用期满和入职满一年三个选择。

- 延期时长单位：假期类型延期的时间范围，时长为数值，单位可选天、月、年。
- 员工范围：设置这个规则使用的员工，引用员工信息集自行设置范围条件。
- 计算规则：根据上面的计算标准来对应设置，比如计算标准是工龄，则设置工龄的范围及额度值。

8)【删除】：选择需要删除的额度规则，点击工具栏中的【删除】，删除选中的额度规则，启用和禁用状态的额度规则不能删除，只有未启用状态的可以删除。

9)【启用】：对未启用和禁用状态的假期额度规则进行启用操作。

10)【禁用】：对启用状态的假期额度规则进行禁用。

(3) 调休规则设置。此功能用于设置补偿方式为调休的加班小时数转换为调休假的规则。调休规则是假期业务的基础数据。

操作路径：【假期管理】→【假期业务设置】→【调休规则】，进入调休规则列表，点击【创建】，创建环球机械调休规则，如图7-5所示。

保存并启用。

注意事项：

1)【创建】：创建新的调休规则，点击工具栏中的【创建】，在创建界面输入必填字段后，点击【保存】，保存调休规则。

2)【创建业务组织】：创建调休规则归属的HR业务组织。

3)【周期类型】：选择加班转调休的时间范围，可选自然月、自然季度、考勤周期、天、自然年。

4)【延期日期单位】：调休假延期的时间范围，单位有天、月、年。

5)【累计额度最大值】：设置有效时间范围内有效的调休假最大值。比如设置“43”，

图 7-5　调休规则创建

则在调休假有效范围内调休假累计达到 43 个小时，在提交加班申请时就不能选择补偿方式为调休了。

6）加班转调休假换算比例：可分别设置工作日、休息日、法定节假日加班转调休假的比例，系统默认都是按 1∶1 换算。

7）【请调休假时扣减调休 OT 优先级】：设置不同日期类型的加班时长转调休假的扣减顺序，用于调休明细表的查询。

8）【删除】：选择需要删除的调休规则，点击工具栏中的【删除】，可删除选中的调休规则。注意启用和禁用状态的调休规则不能删除，只有未启用状态才可以删除。

9）【启用】：选择需要启用的调休规则，点击工具栏中的【启用】，只有禁用和未启用状态的调休规则可以启用。启用成功后，会在可使用表中插入可使用调休规则记录。调休规则是带有行政组织属性的基础资料，还会在可使用调休规则的行政组织使用范围表中插入行政组织使用范围记录。

10）【禁用】：选择需要禁用的调休规则，点击工具栏中的【禁用】，只有启用状态的调休规则可以禁用，禁用成功后，调休规则的可使用记录也变成撤销分配状态，在后续业务的调休规则中不能使用。

11）【分配】：将共享策略为分配共享的调休规则，分配给创建业务组织之外的 HR 业务组织使用，包含分配、撤销分配、分配查看。

12）查看可使用：进入可使用的调休规则查看列表，显示用户权限范围内所有可以使用的调休规则。

13）设置行政组织范围：对其他业务组织分配过来的可使用调休规则，进行行政组织可使用范围的设置。分配过来的调休规则设置了行政组织范围后，只有同时拥有 HR 业务组织权限和行政组织权限的用户，才可以使用。分配过来的调休规则没有设置行政组织范围，则只需要有 HR 业务组织的权限，就可以使用。

（4）假期制度维护。用于维护假期制度下对应的假期类型及各个假期类型的参数控制。系统初始化时，会有一个默认的假期制度，里面把常用的假期类型都添加在制度中，只需要做简单的参数修改就可以使用。

操作路径：【假期管理】→【假期业务设置】→【假期制度定义】，进入假期制度列表，点击【创建】，创建环球机械假期制度（是否默认为“是”），如图 7－6 所示。

图 7－6　假期制度创建

保存后，点击【新增】，依次增加年假、事假、病假、调休假、婚假、产假、特休 65，如图 7－7 和图 7－8 所示。

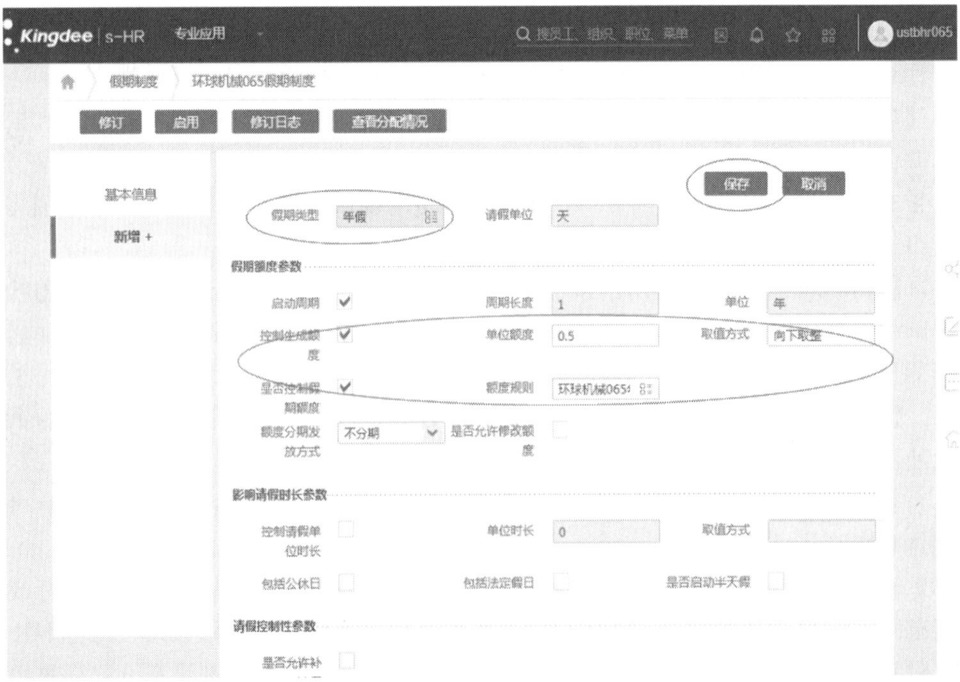

图 7－7　假期制度增加假期类型（一）

图 7-8　假期制度增加假期类型（二）

增加完成后，点击【启用】，如图 7-9 所示。

图 7-9　假期制度增加完成

注意事项：

1）【创建】：在假期制度列表中点击工具栏中的【创建】，维护创建业务组织、编码、名称、组织、共享策略等必填字段后就可以保存假期制度。

2）【是否启动半天假】：控制在填写请假单时的界面展示，默认不勾选。若勾选，则需要设置上午和下午对应的时间段。勾选时，请假时间输入日期加上午和下午；不勾选时，请假时间输入日期加时、分。

3）【修订】：假期制度中修改假期类型或者删除假期类型时，若该假期类型已被请假单或者假期额度引用，则不能被修改或删除。

4）【默认考勤时长】：仅启用假期模块时，请假小时和请假天数的换算比例默认 1 天按 24 小时进行换算，可以修改。

5）【扣减规则】：排班班次内有段内休息时长，但是没有休息开始时间和休息结束时间，请假又是非整天请假的时候，请假时长计算是否要扣减段内休息时长，包含三个选项：不扣减、始终扣减、条件扣减。

● 不扣减：请假时不管请假时长多少，都不扣减段内休息时长。

● 始终扣减：请假时不管请假时长多少，都要扣减段内休息时长。

● 条件扣减：不扣减和始终扣减的折中，设置请假时长大于多少小时的时候才扣减段内休息时长。

6）【优先级控制】：请假优先级控制调整到假期类型分录中的“前置假”设置。

7）【假期类型分录增加】：假期制度查看界面，可以增加假期类型，点击【新增】，显示假期类型选择和参数设置界面，主要参数含义如下：

● 假期类型：设置可以请假的假期类型。

● 启用周期：勾选时，需要设置后期时长，比如 1 个月。

● 控制生成额度：若不勾选，则假期额度生成时，根据额度规则进行计算，算出来多少就是多少的额度。若勾选，则需要设置单位额度值和取值方式。

● 控制请假单位时长：若不勾选，则请假申请时不控制请假时长；若勾选，则需要设置单位时长和取值方式。

● 是否允许补请假：勾选时表示允许补请假，并需要设置允许补请假的时间范围，支持按时间段或者按周期分类控制，比如 3 个月。

● 是否允许请假确认：勾选时表示允许请假确认，并需要设置允许请假确认的时间范围，比如 3 个月。

● 是否控制假期额度：勾选时表示需要控制假期额度，额度不够时，不能请假。

● 额度规则：选择需要计算假期额度的规则。

● 是否允许超额请假：勾选时没有额度还能请假，不勾选时没有额度不能请假。

● 超出额度下期扣减：本期超过的额度在下期额度生成时优先扣减。

● 是否允许修改额度：若勾选，则允许通过增加额度在界面上修改假期额度；若不勾选，则在界面上不能通过增加额度修改假期额度。

● 允许请假次数：0 表示不控制请假次数；设置为其他整数时，只能请设置值的次数，比如 3，即这个假期类型请了 3 次后，就不能再请这个类型的假。

● 包含公休日：勾选时，请假时间段包含公休日，则公休日需要算请假时长。

● 包含法定假日：勾选时，请假时间段包含法定假日，则法定假日需要算请假时长。

● 是否需要附件：勾选时，请假单申请时需要上传附件，否则不能提交请假单。

● 固定加班允许请假：控制排班中“固定加班计异常”段次是否算请假时长，默认不勾选。勾选时，“固定加班计异常”段次算请假时长。

● 额度分期发放方式：控制年假额度是否分期发放，默认不分期。选择按月分期发放时，表示年假额度按月发放。

● 前置假：请这个假期类型的假时，需要先休的假期类型设置为前置假。比如休事假时，先要将调休假和年假剩余额度休完，则事假的前置假就是调休假和年假。

● 请假起始值：该参数控制请假单提交时的起始值，未达到请假起始值时，控制请假单不能提交。

8）【删除】：选择需要删除的假期制度，点击工具栏中的【删除】，确定删除选中的假期制度。需要注意，假期制度已经被员工假期档案引用后不能删除。

9）【启用】：选择需要启用的假期制度，点击工具栏中的【启用】，只有禁用和未启用状态的假期制度可以启用，启用成功后，会在可使用表中插入记录，假期制度是带有行政组织属性的基础资料，还会在可使用假期制度的行政组织使用范围表中插入行政使用范围记录。只有启用的假期制度，在后续业务的假期制度 F7 中才可以使用。

10）【禁用】：选择需要禁用的假期制度，点击工具栏中的【禁用】，只有启用状态的假期制度可以禁用，禁用成功后，假期制度的可使用记录也变成撤销分配状态，在后续业务的假期制度 F7 中不能使用。

11）【分配】：将共享策略为分配共享的假期制度，分配给创建业务组织之外的 HR 业务组织使用，包含分配、撤销分配、分配查看。

12）【查看】：进入可使用的假期制度查看列表，显示用户权限范围内所有可以使用的假期制度。

13）【设置行政组织范围】：对其他业务组织分配过来的可使用假期制度，进行行政组织可使用范围的设置。分配过来的假期制度设置了行政组织范围后，只有同时拥有 HR 业务组织权限和行政组织权限的用户，才可以使用。分配过来的假期制度没有设置行政组织范围，则只需要有 HR 业务组织的权限，就可以使用。包含操作：设置行政组织范围、查看行政组织范围。

7.3.2　日常假期管理

日常假期管理主要包括：假期业务组织设置、假期档案设置、假期额度管理以及请假单操作等。

1. 实验数据

按照以下实验步骤完成所有员工假期档案创建，按照年假额度规则生成每个员工的年假额度。

2. 实验步骤

（1）假期业务组织和假期档案生成。操作路径：【假期管理】→【日常假期管理】→【假期业务组织设置】，点击【批量设置】，如图 7-10 和图 7-11 所示。

点击【提交并接收】后，系统会弹出批量创建档案界面，点击【创建档案】，如图 7-12 所示。

注意事项：

1）管理员工的假期业务组织，主要包含三类：内部员工、代管员工、转出员工。

2）内部员工：行政权限内本假期业务组织管理的员工。

图 7-10　假期业务组织批量设置

图 7-11　假期业务组织生成

3）设置员工的假期业务组织：在内部员工—已接收页签，点击工具栏的【批量设置】，弹出批量设置界面，选择员工、假期业务组织、生效日期后，点击【预览】，再点击【提交并接收】，弹出创建档案界面，创建完假期档案，才完成员工假期业务组织的设置。

批量设置只能对用户行政组织权限范围内的员工进行假期业务组织设置，不受已接收记录列表是否有员工记录的影响。

在批量设置员工假期业务组织的时候，如果点击【保存】，则员工的假期业务组织是未提交状态，不会弹出创建档案界面，在内部员工—未提交页签中可以查询。

注意：建档的必填项是假期制度，在设置员工假期业务组织时，需要确保假期制度已经创建。

转出员工假期业务组织：在内部员工—已接收页签，点击【转出】，弹出批量设置界

图7-12 批量创建档案

面，选择员工、假期业务组织、生效日期后，点击【预览】，再点击【提交】，完成员工假期业务组织的转出操作，等待转入假期业务组织接收。

转出员工假期业务组织的时候，如果点击【保存】，则转出员工的管理关系是未提交状态，可以在转出员工—未提交页签进行查询。

4）删除未提交状态的员工假期业务组织：在内部员工—未提交页签，选择需要删除的员工假期业务组织记录，点击【删除】，在确认提示中选择【确认】，完成删除操作。

5）提交并接收未提交状态的员工假期业务组织：在内部员工—未提交页签，选择需要提交并接收的是员工假期业务组织记录，点击【提交并接收】，弹出创建假期档案界面，联动创建员工的假期档案，创建档案成功后完成员工假期业务组织的接收。员工的假期业务组织设置记录会转到内部员工—已接收页签。

6）接收待接收状态的员工假期业务组织：在内部员工—待接收页签，选择需要接收的员工假期业务组织记录，点击【接收】，弹出创建假期档案界面，联动创建员工的假期档案，创建档案成功后完成员工假期业务组织的接收。员工的假期业务组织设置记录会转到内部员工—已接收页签。

场景说明：权限范围小的用户做的转出员工假期业务组织的操作，转出的员工在权限范围大的用户权限范围内，权限范围大的用户可在这个页签查询到待接收数据。

7）拒绝接收待接收状态的员工假期业务组织：在内部员工—待接收页签，选择需要拒绝接收的员工假期业务组织记录，点击【拒绝接收】，直接拒绝接收。拒绝接收后，员工的假期业务组织记录会转到内部员工—拒绝接收页签。

8）重新接收已拒绝接收状态的员工假期业务组织：在内部员工—拒绝接收页签，选择需要接收的员工假期业务组织记录，点击【接收】，弹出创建假期档案界面，联动创建员工的假期档案，创建档案成功后完成员工假期业务组织的接收。接收后员工的假期业务组织记录会转到内部员工—已接收页签。

9）代管员工：假期业务组织权限范围外转入假期业务组织权限范围内的外部代管员工。代管员工的【接收】【拒绝接收】【提交并接收】【删除】操作与内部员工类似，参照内部员工的注意事项。

10）转出员工：行政组织权限范围内转交假期业务组织权限范围外假期业务组织的员工。

11）将转出假期业务组织的员工转回：在转出员工—已接收页签，点击【转回】，弹出创建假期档案界面，联动创建员工的假期档案，创建档案成功后完成员工假期业务组织的转回操作。转回后员工的假期业务组织记录会转到内部员工—已接收页签。

12）撤销转出假期业务组织的员工：在转出员工—待接收页签，选择需要撤销的转出员工假期业务组织记录，点击【撤销提交】，撤销转出操作。撤销转出后员工的假期业务组织记录会转到转出员工—未提交页签。

转出员工的【批量设置】、【删除】操作与内部员工类似，参照内部员工的注意事项。

（2）假期额度生成。操作路径：【假期管理】→【日常假期管理】→【假期额度】，进入假期额度列表，【生成额度】，如图 7－13 所示。

图 7－13 假期额度列表

在生成假期额度界面，选择如图 7－14 所示的信息，点击【生成】，如图 7－15 所示。

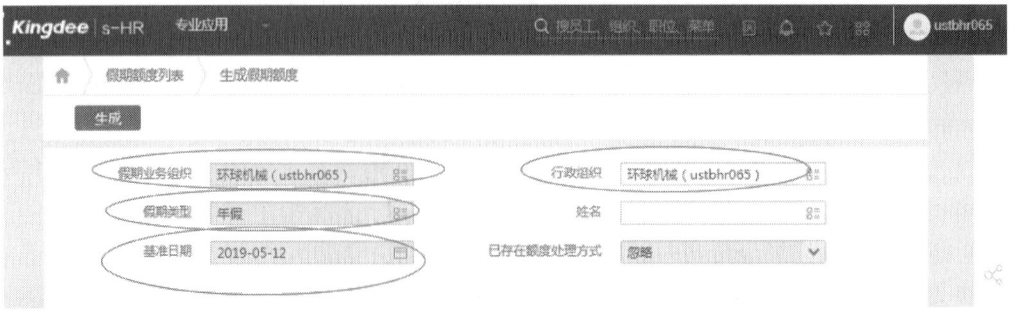

图 7－14 生成信息

图 7-15　生成结果

本次实验只需生成年假额度即可。

注意事项：

1）假期额度新增：点击工具栏中的【生成额度】，进入额度生成界面，选择需要生成额度的员工范围、生成额度的假期类型、基准日期，点击【生成】，系统就会按规则生成假期额度。

注意：调休假的生成会按实际的调休加班小时数来生成调休假额度，如果有行政导入或者初始化导入的调休假额度，则在生成调休假额度的时候，会按实际的调休加班小时数将标准额度覆盖掉。

2）假期额度的批量延期：批量选择对员工的假期结束日期进行延期，点击【批量延期】，在批量延期界面会有三种方式进行延期，可以根据实际的需要进行具体操作。

3）延期选项“对列表中所有的记录进行延期”，对查询出来的所有额度记录进行延期，延期到固定的日期或者后延多少月。

- 延期选项“对列表中选中的记录进行延期”，对列表中选择的额度记录进行延期，延期到固定的日期或者后延多少月。

- 延期选项“按下面的条件进行延期”，通过假期业务组织、假期类型、周期选择、员工范围，设置过滤条件，将需要延期的假期额度记录，延期到固定的日期或者后延多少月。

4）离职额度处理：对于员工离职后的假期额度处理方式，可按离职日期进行失效处理；也可按离职日期和额度规则对离职员工的额度进行折算。该功能需要配置【离职额度处理】权限才能使用。

5）假期额度导入：有三种方式——新增导入、修改导入和初始化导入，三种方式对应的效果有点区别。

- 新增导入适用没有假期额度记录，新增员工的假期额度记录。

- 修改导入则是在有额度记录的基础上修改员工的额度值，导入的结果是标准额度＋增减额度＝实际额度。

- 初始化导入也是在有额度记录的基础上进行额度导入，导入的结果是以剩余额度反推实际额度，即实际额度＝剩余额度＋已用额度。

6）假期额度导出：假期额度导出分为【导出全部】和【导出选中】，根据需要选择。导出选中是对列表中选中的记录进行导出，导出全部是对过滤出的数据进行导出。

7）假期额度审核和反审核：选择没有审核的假期额度记录，点击【审核】进行审核，审核后的额度记录为已审核状态。选择审核通过的额度记录，点击【反审核】进行反审核操作，反审核后的额度记录为未审核状态。注意额度生成和导入后的额度记录都是已审核状态，需修改或者是需重算假期额度的要手动反审核。

8）假期额度删除：选择假期额度记录，点击工具栏中的【删除】，删除额度记录。

9）查看后台事务：通过后台事务自动生成的假期额度，可以通过【查看后台事务】进入查看额度生成事务的执行情况。

10）假期额度转出剩余额度：员工在假期额度周期内发生跨业务组织调动，需要将剩余未休完的假期额度转到新的业务组织继续使用。只有发生过假期业务组织变化的员工，才能将剩余的假期额度转出。

11）假期额度查看转出转入：查看员工已转出的剩余假期额度数据。转出方操作，可以对转出的额度数据进行撤销转出。转入方操作，可以对转出的剩余额度数据做转入的操作，或者对已转入的剩余额度数据做撤销转入。

12）查看加班转调休明细：查看员工调休加班时长转调休假的明细记录，精确到考勤日期、OT 类型、加班时长。

7.3.3 考勤业务设置

考勤业务设置包括考勤项目、取卡规则、班次设置、考勤制度、轮班规则等基础设置。

1. 实验数据

具体数据如表 7－2 和表 7－3 所示。

表 7－2 考勤项目

编码	名称	系统预置	项目分类
KQXM000018Y	迟到次数	是	迟到项目
KQXM000020Y	早退次数	是	早退项目
KQXM000030Y	出差时长（天）	是	出差项目
KQXM000032Y	调休 OT1 小时数	是	加班项目
KQXM000033Y	调休 OT2 小时数	是	加班项目
KQXM000034Y	调休 OT3 小时数	是	加班项目
KQXM000040Y	病假时长（天）	是	假期项目
KQXM000043Y	年假时长（天）	是	假期项目
KQXM000046Y	事假时长（天）	是	假期项目
KQXM000052Y	婚假时长（天）	是	假期项目
KQXM000053Y	产假时长（天）	是	假期项目
KQXM065	特休天 65	否	假期项目

注：以上考勤项目中，只有最后一行需要实验者操作完成，其他系统已内置，无须增加。

表 7－3 班次信息

班次名称	上班时间	下班时间	段内休息时间
行政班次	08：30	17：30	12：00—13：00，60 分钟

2. 实验步骤

(1) 考勤项目维护。考勤项目维护即考勤项目的管理，维护考勤项目的类型、显示、控制参数的设置。考勤项目是基础资料，支持共享与分配。在项目列表中，内置了 65 个考勤项目，分成 8 大类。这些项目在考勤计算中都要用到，不能删除，不能禁用，只能修改部分信息。

操作路径：【考勤管理】→【考勤业务设置】→【考勤项目】，进入考勤项目列表，点击【创建】，完成特休天 65 项目的创建，如图 7－16 所示。

图 7－16　特休天 65 项目创建

保存并启用。

注意事项：

1)【创建】：内置的考勤项目不够用时，可增加新的考勤项目，点击工具栏中的【创建】，输入创建业务组织、编码、名称、数据类型、项目类型、是否显示、项目分类等，保存后完成考勤项目的新建。需要注意的是，自定义的考勤项目没有计算逻辑，需要在考勤计算公式中设置取数逻辑。

2)【删除】：对没有用的考勤项目，可以进行删除，选中需要删除的考勤项目，点击【删除】进行删除，只有未启用状态的考勤项目能够被删除，系统预置、启用和禁用状态的考勤项目不能被删除。

3)【启用】：选择需要启用的考勤项目，点击【启用】，启用后，会在可使用列表中增加可使用记录。未启用和禁用状态的考勤项目可以启用。

4)【禁用】：对暂时不用的考勤项目可以禁用，选择考勤项目，点击【禁用】，禁用后，可使用列表中对应考勤项目的可使用记录会变成已撤销状态。启用状态的考勤项目能够禁用。

5)【分配】：对共享策略为分配共享的考勤项目，分配给其他的假期业务组织，包括分配、撤销分配、分配查询等操作。

6)【查看可使用】：查看考勤业务组织权限范围内可以使用的考勤项目，并能对可使用的考勤项目进行维护，设置顺序码、设为常用、取消常用，以及设置行政组织范围。设为常用，在假期类型 F7 中的列表直接展示；设为不常用，则需要在假期类型界面勾选“显示不常用数据”，才会在列表中显示。

（2）取卡规则设置。取卡规则是设置上下班时间点取打卡记录的范围和规则。取卡规则是基础资料，支持共享与分配。取卡规则设置分一段班、二段班、三段班，和班次设置的段次一一对应。取卡规则分成段头、段尾、段间。一段班只有段头和段尾；两段班有段头和段尾，以及一个段间；三段班有段头和段尾，以及两个段间。

两段班的第一段下班和第二段的上班为段间打卡点。同理，三段班的第二段下班和第三段上班为第二个段间的打卡点。取卡规则是优先判断段间的打卡，然后是段头，再然后是段尾，最后是段间（段间有迟到早退的情况）。

操作路径：【考勤管理】→【排班管理】→【取卡规则】，进入取卡规则列表，点击【创建】，按照图 7－17 中所示信息进行创建。

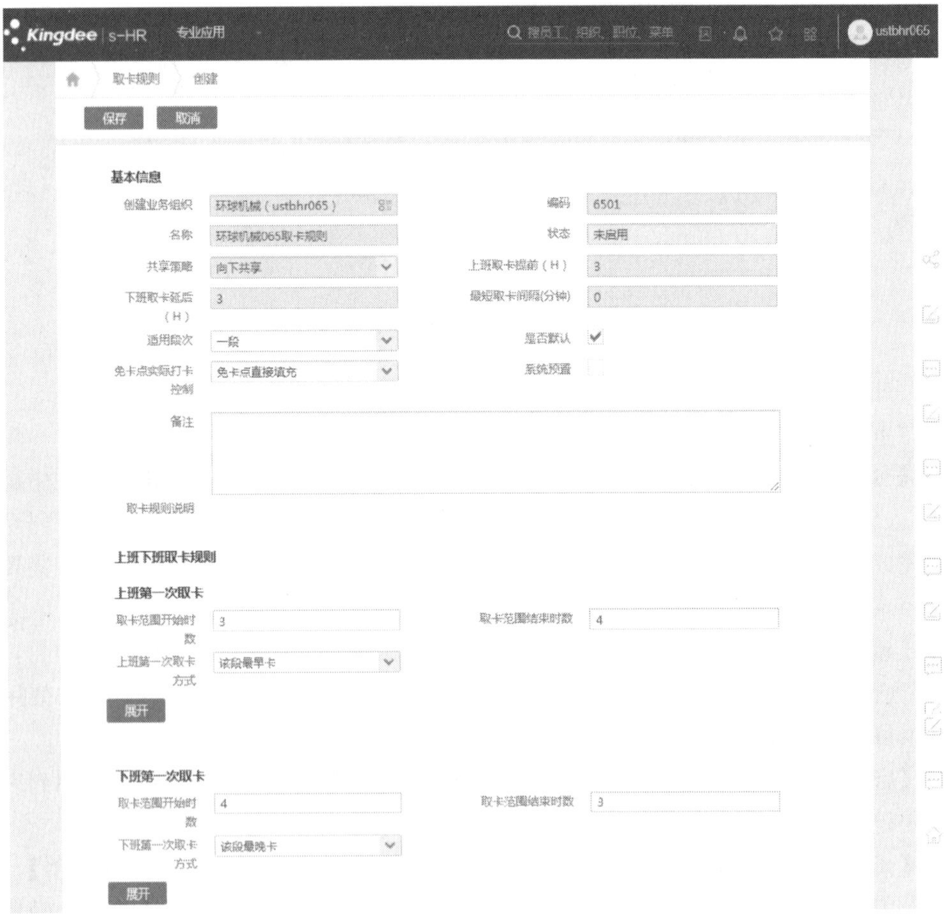

图 7－17　取卡规则信息

保存并启用。

注意事项：

1）【创建】：用于新增取卡规则，点击工具栏中的【创建】，进入编辑界面，输入必填字段后，点击【保存】，完成取卡规则新增。

保存成功后，创建业务组织保存，不能修改。修改取卡规则适用段次时，会校验班次和排班中是否有引用该取卡规则。若有引用，则该取卡规则不能修改段次。

2）【删除】：选择需要删除的取卡规则，点击【删除】，删除取卡规则。删除时会校验班次和排班中是否有引用该取卡规则。若有引用，则该取卡规则不能被删除。启用和禁用状态的取卡规则不能删除。

3）【启用】：选择需要启用的取卡规则，点击【启用】，启用后，会在可使用列表中增加可使用记录。未启用和禁用状态的取卡规则可以启用。

4）【禁用】：对暂时不用的取卡规则可以禁用，选择取卡规则，点击【禁用】，禁用后，可使用列表中对应取卡规则的可使用记录会变成已撤销状态。启用状态的取卡规则能够禁用。

5）【分配】：对共享策略为分配共享的取卡规则，分配给其他的假期业务组织，包括分配、撤销分配、分配查询等操作。

6）【查看可使用】：查看考勤业务组织权限范围内可以使用的取卡规则，并能对可使用的取卡规则进行维护，设置顺序码、设为常用、取消常用，以及设置行政组织范围。设为常用，则在假期类型F7中的列表直接展示；设为不常用，则需要在假期类型的F7界面勾选“显示不常用数据”，才会在列表中显示。

（3）班次设置。班次是定义上班、下班的时间及其他的控制参数，包括段次、上下班时间点、取打卡规则、是否需要打卡等。班次最多可以设置三段班，和取卡规则的适用段次一一对应。班次是基础资料，支持共享与分配。

操作路径：【考勤管理】→【排班管理】→【班次设置】，进入班次列表，点击【创建】，创建行政班次，如图7－18所示。

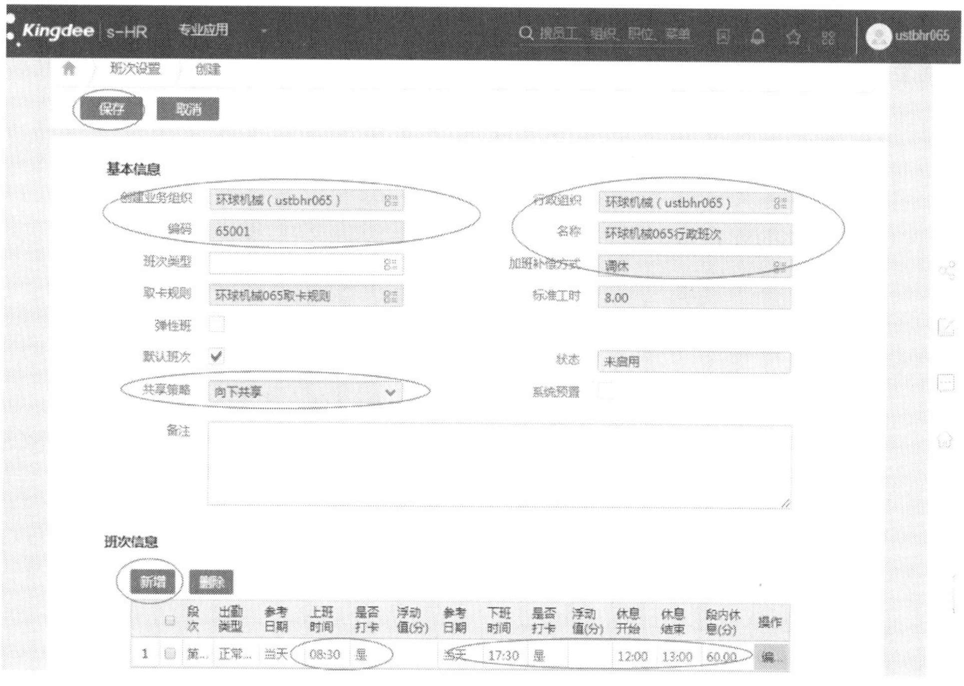

图7－18　班次创建

保存并启用。

注意事项：

1）【创建】：新增班次，点击【创建】进入新增界面，输入主表创建业务组织、编码、名称、班次类型、加班补偿方式等必填信息，然后新增班次分录，明确各段的开始时间和结束时间、是否需要打卡、浮动调整值（分）、段内休息等信息。系统最多只支持三段班，且每个班次时间不得超过 24 小时。

2）【出勤类型】：出勤类型包含四个选项，即正常出勤、正常出勤不计异常、固定加班、固定加班不计异常。

3）【是否打卡】：定义上班或者下班是否要打卡。

4）【段内休息时长】：段内休息时长不计入工作时长。支持设置具体的休息开始时间和休息结束时间。

5）【浮动调整值】：只有超过浮动调整值的异常才记为异常，考勤计算异常时，会用早退允许值、迟到允许值、旷工起始值和浮动调整值比较取大计算。

6）【复制】：在班次设置列表界面中，选中一个班次，点击工具栏中的【复制】，可按选中的班次信息复制出一个新的班次。

7）【导入】：在班次设置列表界面，点击工具栏中的【导入】，通过引用导入模板的方式导入班次。

8）【删除】：选中需要删除的班次，点击【删除】，弹出确认窗口，确定后可以删除选中的班次。只有未启用状态的班次才能够删除，启用和禁用状态的不能删除。

9）【启用】：选择需要启用的班次，点击【启用】，启用后，会在可使用列表中增加可使用记录。班次带行政组织属性，还会在可使用班次的行政组织范围中增加使用记录。

10）【禁用】：对暂时不用的班次可以禁用，选择班次，点击【禁用】，禁用后，可使用列表中的对应可使用记录会变成已撤销状态。

11）【分配】：对共享策略为分配共享的班次，分配给其他的假期业务组织或者对已分配的进行撤销分配，包括分配、撤销分配、分配查询等操作。

12）【查看可使用】：查看考勤业务组织权限范围内可以使用的班次，并能对可使用的班次进行维护，设置顺序码、设为常用、取消常用，以及设置行政组织范围。设为常用，则在假期类型 F7 中的列表直接展示；设为不常用，则需要在假期类型的 F7 界面勾选“显示不常用数据”，才会在列表中显示。不设置行政组织范围，则只要有考勤业务组织的权限就可以使用，不判断行政组织权限。设置了行政组织范围，则不但要有考勤业务组织权限，还需要有行政组织权限，才可以使用。

（4）考勤制度设置。根据考勤政策制度的定义，集团存在差异化的考勤管理，可以通过不同的考勤制度来区分，比如行政办公类、生产线倒班类、研发人员弹性上班类等。考勤制度是基础数据，支持在不同的 HR 业务组织之间共享与分配。

操作路径：【考勤管理】→【考勤业务设置】→【考勤制度】，进入考勤制度列表，点击【创建】，创建环球机械行政人员考勤制度（是否默认勾选“是”），如图 7－19 至图 7－21 所示。

以上参数维护完成后点击【保存】。

考勤制度保存后，按照实验数据完成特休天 65 公式设置，如图 7－22 至图 7－24 所示。

图7-19 考勤制度创建基本信息

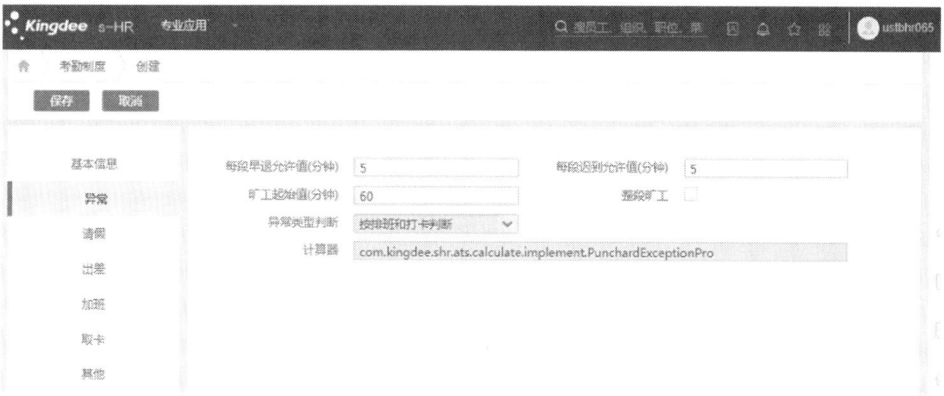

图7-20 考勤制度创建异常

特休天65=取当天的请假时长("JQLX065",1)

在图7-22、图7-23、图7-24中，考勤自定义公式全部完成后启用该考勤制度。

注意事项：

1)【创建】：新增考勤制度，点击工具栏中的【创建】，在编辑界面填入必填项和各类控制参数，点击【保存】，完成考勤制度新增。

2)【考勤明细计算公式设置】：自定义考勤明细计算规则，可以对内置项目的结果做修正，或是自定义考勤项目的计算逻辑，如统计迟到15分钟内和迟到15分钟外的次数。也可以取人事的信息集信息作为条件判断，如引用员工的职等做判断。也可以取考勤的请假单、出差单、加班单等单据信息作为判断的计算逻辑。还可以引用内置的考勤函数做计算逻辑，如取请假时长、取加班时长、取出差时长等。

3)【考勤汇总计算公式设置】：自定义考勤汇总计算规则，考勤明细记录进行审核汇总后，可以对内置汇总项目结果做修正，或是自定义考勤汇总项目的计算逻辑，如统计出勤率。也可以取人事的信息集信息作为条件判断，如引用员工的入职日期。还可以引用内

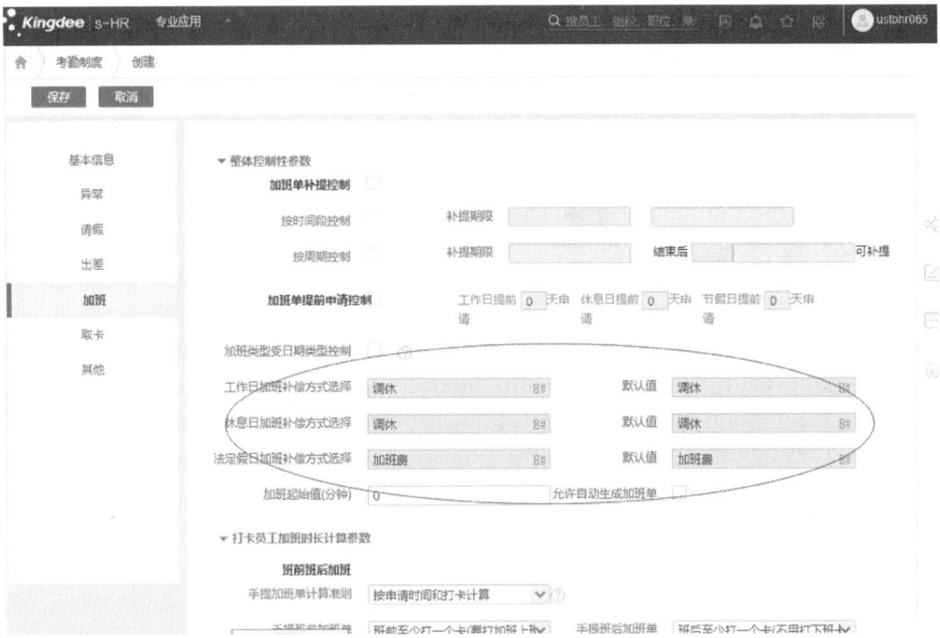

图 7－21　考勤制度创建加班

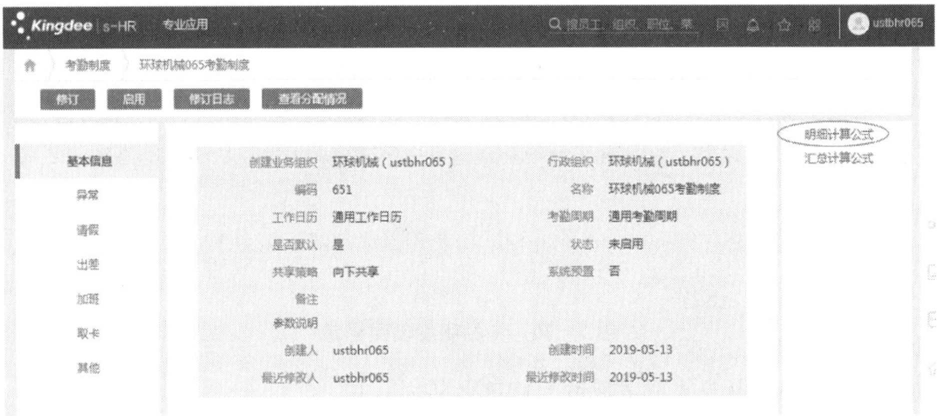

图 7－22　明细计算公式界面

置的考勤函数做计算逻辑，如统计考勤周期内请假次数、取工作日历天数、取排班天数、取假期额度。

4）【修改】：在考勤制度列表中选中一条记录，单击进入查看界面，再点击工具栏中的【编辑】，进入编辑界面就可以修改设置，修改后需要点击【保存】才能生效。创建业务组织在保存后，不能修改。

5）【删除】：在考勤制度列表中，选中需要删除的考勤制度，点击【删除】进行删除操作，只有未启用状态的考勤制度才能删除。

6）【启用】：选择需要启用的考勤制度，点击【启用】，启用后，会在可使用列表中增加可使用记录。考勤制度带行政组织属性，还会在可使用考勤制度的行政组织范围中增加使用记录。

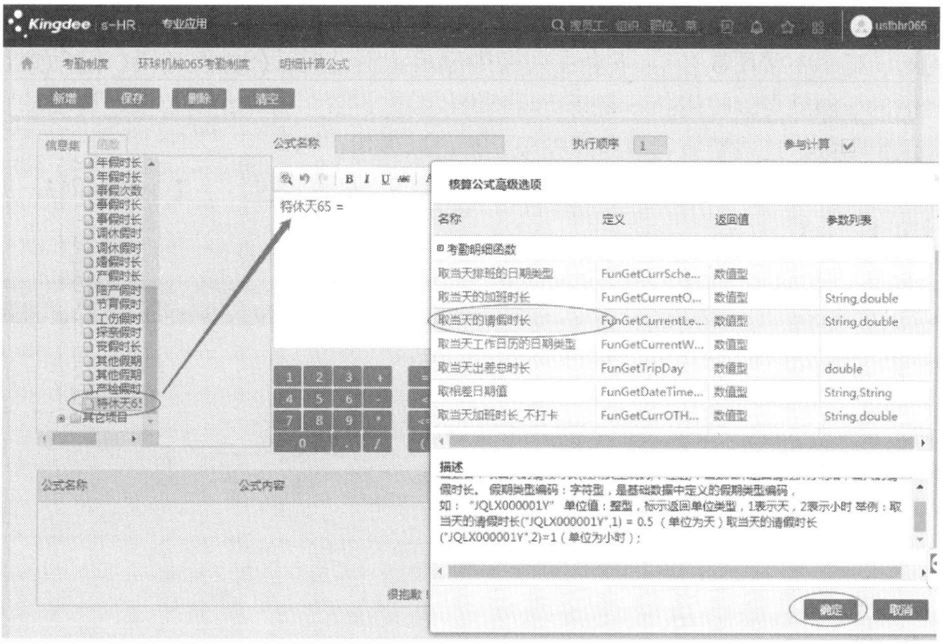

图 7－23　特休天 65 公式设置

图 7－24　特休天 65 公式

7）【禁用】：对暂时不用的考勤制度可以禁用，选择考勤制度，点击【禁用】，禁用后，可使用列表中的对应可使用记录会变成已撤销状态。

8）【分配】：对共享策略为分配共享的考勤制度，分配给其他的考勤业务组织，包括分配、撤销分配、分配查询等操作。

9）【查看可使用】：查看考勤业务组织权限范围内可以使用的考勤制度，并能对可使用的考勤制度进行维护，设置顺序码、设为常用、取消常用，以及设置行政组织范围。若设为常用，则在假期类型F7中的列表直接展示；若设为不常用，则需要在假期类型的F7界面勾选“显示不常用数据”，才会在列表中显示。不设置行政组织范围，则只要有考勤业务组织的权限就可以使用，不判断行政组织权限。设置了行政组织范围，则不单要有考勤业务组织权限，还需要有行政组织权限，才可以使用。

（5）轮班规则设置。操作路径：【考勤管理】→【排班管理】→【轮班规则】，进入界面，点击【创建】，如图7-25所示。

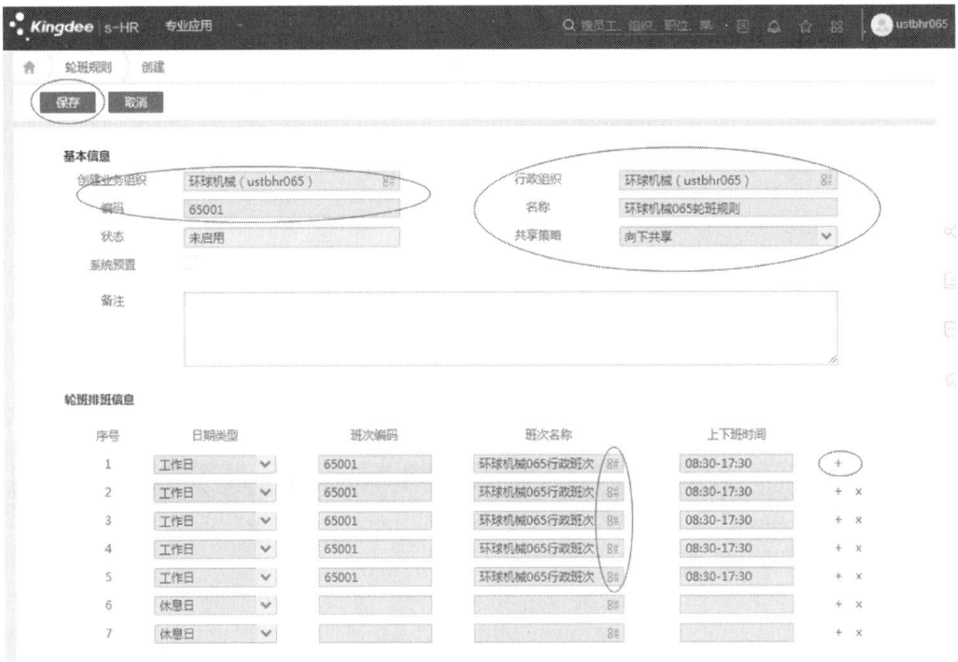

图7-25　轮班规则创建

保存并启用。

注意事项：

1）【维护】：正常的自然日历轮班是周一到周五5天工作日，周六到周日2天休息日。但是在轮班规则中支持更多的场景，包括大小周的轮班、二班倒的轮班、三班倒的轮班等。轮班规则是基础资料，支持共享与分配。另外，轮班规则是带有行政组织属性的，对分配的可使用轮班规则，还能指定其行政组织的使用范围。

2）【创建】：在轮班规则列表中点击工具栏中的【创建】，进入新增界面，在新增界面添加需要轮班的周期天数，以及对应的日期类型等，设置完后保存轮班规则。

3）【删除】：在轮班规则列表中，选中需要删除的轮班规则，点击【删除】进行删除操作。只有未启用状态的轮班规则才能删除。

4）【启用】：选择需要启用的轮班规则，点击【启用】进行启用操作，启用后，会在可使用列表中增加可使用记录。若轮班规则带行政组织属性，还会在可使用轮班规则的行政组织范围中增加使用记录。禁用和未启用状态的轮班规则可以启用。

5）【禁用】：对暂时不用的轮班规则可以禁用。选择轮班规则，点击【禁用】进行禁用操作，禁用后，可使用列表中的对应可使用记录会变成已撤销状态。只有启用状态的轮班规则可以禁用。

6）【分配】：对共享策略为分配共享的轮班规则，分配给其他的假期业务组织或者对已分配的进行撤销分配，包括分配、撤销分配、分配查询等操作。

7）【查看可使用】：查看考勤业务组织权限范围内可以使用的轮班规则，并能对可使用的轮班规则进行维护，设置顺序码、设为常用、取消常用，以及设置行政组织范围。若设为常用，则在假期类型 F7 中的列表直接展示；若设为不常用，则需要在假期类型的 F7 界面勾选“显示不常用数据”，才会在列表中显示。不设置行政组织范围，则只要有考勤业务组织的权限就可以使用，不判断行政组织权限。设置了行政组织范围，则不单要有考勤业务组织权限，还需要有行政组织权限，才可以使用。

（6）考勤业务组织及考勤档案生成。操作路径：【考勤管理】→【日常考勤】→【考勤业务组织设置】，进入界面点击【批量设置】，如图 7－26 所示。

图 7－26　批量设置

按照图 7－27 所示完成考勤业务组织设置。

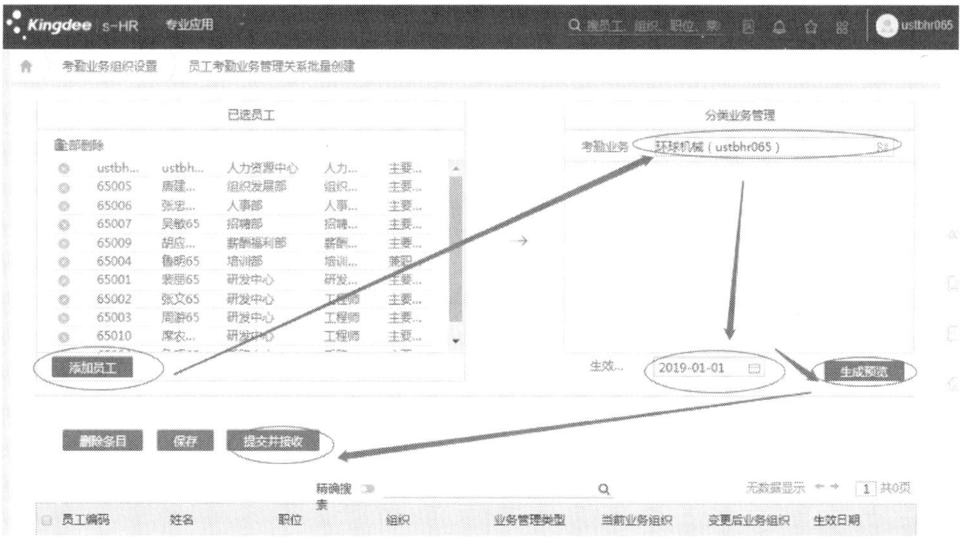

图 7－27　考勤业务组织设置

点击【提交并接收】后，系统会弹出批量创建档案界面，完成考勤档案的创建，如图 7－28 所示。

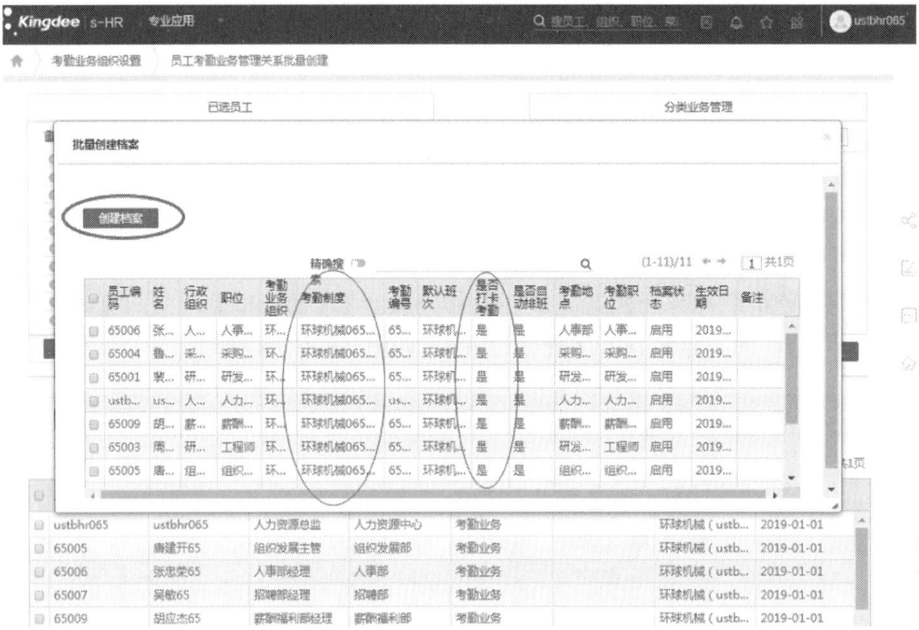

图 7－28　考勤档案创建

完成的考勤档案如图 7－29 所示。

图 7－29　考勤档案列表

7.3.4　排班管理

1. 实验数据

具体数据如图 7－30 所示。

图 7－30　环球机械行政人员 2019 年 1 月排班

2. 实验步骤

（1）员工排班。操作路径：【考勤管理】→【排班管理】→【员工排班】，进入排班界面，如图 7－31 所示。

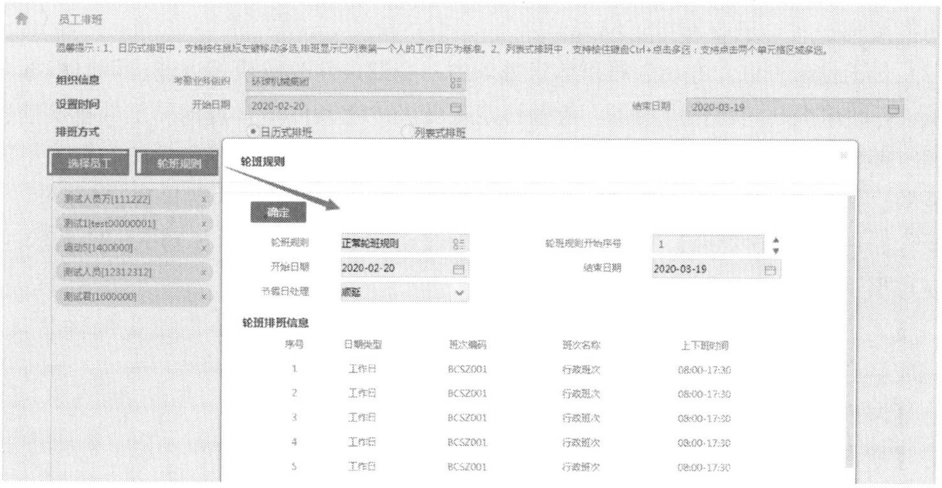

图 7－31　排班向导操作

点击【保存】，将排班信息保存，如图 7－32 所示。

员工排班操作，主要分为如下五个步骤：

1）设置时间：设置需要排班的时间范围，这里控制最大范围只能排一个月（如选择 2020 年 1 月 1 日到 1 月 31 日）。

图 7－32　排班信息保存

2）选择排班方式：有日历式排班和列表式排班两种选择。日历式排班适合的排班场景为所选员工使用相同轮班或排班规则。列表式排班适用的排班场景为所选员工使用相同或不同的轮班或排班规则（图 7－32 中采用日历式排班）。

3）选择员工：通过考勤制度、组织、姓名、考勤组等条件过滤需要排班的员工（如选择环球机械行政人员）。

4）排班设置：可以单个日期设置具体的排班，也可以鼠标滑动或点击【自定义快速排班】，还可以结合轮班规则批量快速排班。使用轮班规则排班时，可以分时间段排班。

5）保存：排班设置完成后，点击【保存】，完成排班。可在排班列表查看排班结果，也可切换至列表式排班查看排班结果。

（2）员工排班查询。在员工排班信息查询中，查询条件改成快速过滤，可以根据考勤业务组织、行政组织、内部管理员工、考勤日期和高级过滤条件组合查询员工的排班信息，并且查询出来的排班信息有横向显示和纵向显示两种展现方式。横向显示是按一个人一天一条记录显示，纵向显示是一个人一条记录，显示所有开始和结束日期内的排班记录。

操作路径：【考勤管理】→【排班管理】→【员工排班查询】，如图 7－33 所示。

注意事项：

1）【调班】：调班适用不同班次的两个排班进行调换，可根据需要生成休息日班次。调班完成后会生成调班历史，可以在调班单中查询。

2）【调班单】：查询员工调班的历史记录。

3）【个人调班单】：查询员工自助申请的调班记录。

4）【排班向导】：通过排班向导的方式给员工排班。

5）【排班时间修订】：按组织、姓名、日期批量进行排班参数的修改。

6）【考勤组织修订】：按组织、员工、日期批量修改排班上的考勤组织。

7）【导入】：通过排班导入模板导入员工的排班数据。排班模板中需要注意班次的段数和取卡规则的对应关系。在排班导入中，有两个导入模板，即横向导入模板和纵向导入模板。横向导入模板又有两个模式：填写班次明细和不填写班次明细。

图 7-33　2020 年 1 月排班列表

8）【删除】：删除排班，在列表中选中需要删除的排班记录，点击【删除】，确定删除选中员工的排班数据。

9）【导出】：排班导出分【导出选中行】和【导出全部】，导出选中行是对列表中选中的记录进行导出。导出全部是对过滤出的数据进行导出。

7.3.5　日常假勤管理

1. 实验数据

具体数据如表 7-4 至表 7-8 所示。

表 7-4　员工 2019 年 1 月打卡记录

<table>
<tr><th>姓名</th><th>考勤编号</th><th>打卡日期</th><th>打卡时间</th></tr>
<tr><td rowspan="2">裴丽 65</td><td rowspan="2">65001</td><td>2019-01-02</td><td>08：40
18：30</td></tr>
<tr><td>2019-01-03
2019-01-04
2019-01-07
2019-01-08
2019-01-09
2019-01-10</td><td>08：30
18：30</td></tr>
<tr><td rowspan="2">张文 65</td><td rowspan="2">65002</td><td>2019-01-02</td><td>08：50
18：30</td></tr>
<tr><td>2019-01-03
2019-01-04
2019-01-07
2019-01-08
2019-01-09
2019-01-10</td><td>08：30
18：30</td></tr>
</table>

续表

姓名	考勤编号	打卡日期	打卡时间
周游 65 鲁明 65 唐建开 65 吴敏 65 胡应杰 65 席农文 65 ustbhr065	65003 65004 65005 65007 65009 65010 ustbhr065	2019－01－02 2019－01－03 2019－01－04 2019－01－07 2019－01－08 2019－01－09 2019－01－10	08：30 18：30

表 7－5　请假业务数据

姓名	请假类型	请假开始时间	请假结束时间	单据编号
裴丽 65	事假	2019－01－11 08：00	2019－01－11 19：00	65001
吴敏 65	病假	2019－01－18 08：00	2019－01－18 19：00	65002
张文 65	年假	2019－01－25 08：00	2019－01－25 19：00	65003

表 7－6　出差业务数据

姓名	出差类型	出差开始时间	出差结束时间	单据编号	出发地	目的地
唐建开 65	国内	2019－01－30 08：00	2019－01－31 19：00	65001	北京	深圳

表 7－7　加班业务数据

姓名	加班日期	加班类型	加班开始时间	加班结束时间	单据编号	补偿方式
周游 65	2019－01－01	法定节假日加班	2019－01－01 08：30	2019－01－01 17：30	65001	加班费

表 7－8　补签卡业务数据

姓名	考勤日期	补签时间点	单据编号
周游 65	2019－01－01	08：30 17：30	65001
胡应杰 65	2019－01－11	08：30 17：30	
席农文 65	2019－01－11	08：30 17：30	

2. 实验步骤

（1）打卡记录。操作路径：【考勤管理】→【日常考勤】→【打卡记录】，进入打卡记录列表，点击【导入】，下载导入模板，按照实验数据表 7－4 整理打卡数据，如图 7－34 所示。

把所有员工打卡数据整理完成后，导入系统中。

注意事项：

1）【打卡记录维护】：维护员工的打卡记录，在打卡记录列表可以同步员工的云之家签到记录，对打卡记录进行作废和反作废。

	A	B	C	D	E	F	G	H
1	导入方式	新增	实体名称	原始打卡记录实	实体表	T_HR_ATS_PunchCardRecord		
2	1、红色字体是必录项。 2、为避免长时间等待，建议导入数据量不超过500条。							
3	考勤编号	打卡日期	打卡时间	打卡位置				
4	65001	2019-01-02	08:40					
5	65001	2019-01-03	08:30					
6	65001	2019-01-04	08:30					
7	65001	2019-01-07	08:30					
8	65001	2019-01-08	08:30					
9	65001	2019-01-09	08:30					
10	65001	2019-01-10	08:30					
11	65001	2019-01-02	18:30					
12	65001	2019-01-03	18:30					
13	65001	2019-01-04	18:30					
14	65001	2019-01-07	18:30					
15	65001	2019-01-08	18:30					
16	65001	2019-01-09	18:30					
17	65001	2019-01-10	18:30					
18	65002	2019-01-02	08:50					
19	65002	2019-01-03	08:30					
20	65002	2019-01-04	08:30					
21	65002	2019-01-07	08:30					

图 7－34 打卡记录

2）【作废和反作废】：对于导入错误，或者其他方式引入错误的打卡记录，可进行作废处理，废弃的打卡记录将不参与考勤计算以及其他地方的展示。反作废则是取消已作废的打卡记录，让已作废的打卡记录再次生效。

3）【打卡记录导入】：先下载打卡记录导入模板，按模板格式录入员工的打卡记录，然后按模板导入员工的打卡记录到系统中。

4）【云之家签到同步】：手动执行同步云之家签到数据。可以选择员工和时间段同步员工的云之家签到数据。还可以设置同步时间，同步所有员工的云之家签到数据。

5）【导入金蝶考勤机打卡记录】：与人事 100 考勤机集成后，通过【导入金蝶考勤机打卡记录】，可以直接将考勤机上的打卡数据同步到 s-HR 打卡记录表中。

6）【打卡记录导出】：导出打卡记录可以导出选中行和导出全部，可以根据需要选择相应的操作。导出选中行是对列表中选中的记录进行导出。导出全部是对过滤出的数据进行导出。

（2）请假单业务。对员工病假、事假、年假等假期数据记录与监控。

操作路径：【假期管理】→【日常假期管理】→【请假单】，进入请假单列表，点击【创建】→【单人请假单】，如图 7－35 和图 7－36 所示。

单据信息填写完成，点击【提交生效】。

注意事项：

1）【查询】：在请假单列表界面，查看员工的请假情况。请假单查询增加快速过滤功能，可以根据假期业务组织、行政组织、请假时段、单据的状态等进行数据过滤，高级过滤中还可以设置复杂的查询条件，进行数据查询。快速过滤设置条件查询后，界面有记忆功能，下次进来默认按上次的查询条件进行查询。

2）【创建】：点击工具栏中的【创建】，下拉列表中有【单人请假单】和【多人请假单】两种方式。单人请假单只能选择一个人提交请假申请单。多人请假单支持多人同时申

图 7－35　单人请假单

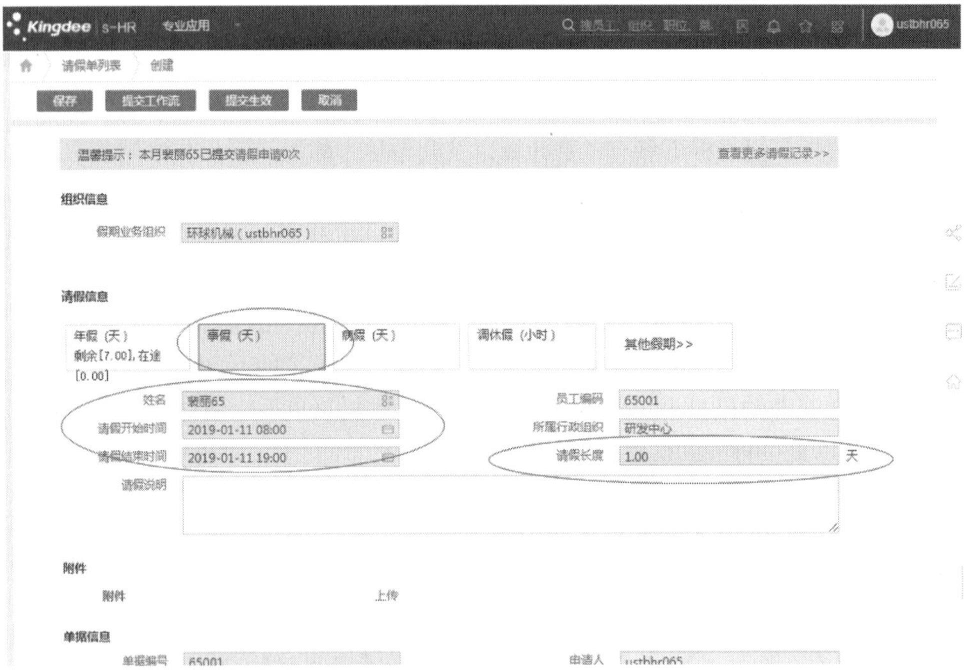

图 7－36　请假单据信息

请，但最大记录数为 100 条，且分录中的员工不能重复。

注意：创建请假单选择员工的时候，员工 F7 选择的是假期档案的历史，根据选择的档案，自动带出对应的假期类型。员工 F7 在选择中增加快速过滤条件，快速过滤失效档案、档案历史、外部代管的员工。增加高级过滤，即在高级过滤中新增性别、年龄做过滤条件。

3）【提交】：对列表中的单据做提交操作，分【提交工作流】和【提交生效】两个按钮。提交工作流是进入流程审批，需要流程中的各处理人审批，全部审批通过才审批完成。提交生效是不通过审批流程，直接更新成审批通过状态。

4）【删除】：选择需要删除的请假单，点击工具栏中的【删除】进行删除操作，只能删除未提交状态的请假单，流程中和审批通过的请假单不能删除。

5）【套打】：选择需要打印的请假单，点击【套打】，即可按设定的套打模板打印请假单。

6）【反审批】：对已审批通过的单据进行反审批，反审批后，单据状态变成未提交。支持批量反审批。

7）【导入】：按导入模板导入请假单，导入后的请假单状态是审批通过，会扣减相应类型的假期额度。

8）【废弃】：只能对提交流程中的请假单进行废弃，包括未审批和审批中两种状态的单据。选择流程中的请假单，点击【废弃】，把审批状态的单据还原到未提交状态，同时冻结的额度会还原到剩余额度中。

9）【导出】：请假单导出可以导出选中行和导出全部，根据需要选择导出方式。导出选中行是对列表中选中的记录进行导出。导出全部是对过滤出的数据进行导出。

10）【请假确认单】：对选中的请假单时间进行确认，一次只能选中一张单据进行确认。提示：不支持多分录的请假单。

11）【排班修改请假重算】：请假单提交后，又发生过排班修改，对这些请假单可重算请假时长，重新扣减假期额度。

（3）出差单业务。操作路径：【考勤管理】→【日常考勤】→【出差单】，进入出差单列表，点击【创建】→【单人出差单】，如图7－37和图7－38所示。

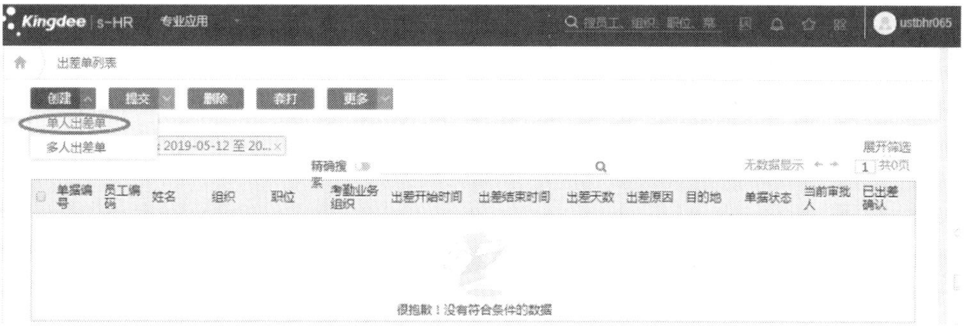

图7－37　单人出差单

单据信息填写完成，点击【提交生效】。

注意事项：

1）维护员工的出差单，在出差单列表增加快速过滤功能，可以根据考勤业务组织、是否内部管理员工、行政组织、出差时段、状态等进行数据过滤，高级过滤中还可以设置复杂的查询条件，进行数据查询。快速过滤设置条件查询后，界面有记忆功能，下次进来默认按上次的查询条件进行查询。

2）【创建】：在列表界面点击工具栏中的【创建】，创建员工出差单，有单人出差单和多人出差单两种方式。单人出差单只能对一个人进行出差申请，在新增界面输入出差单信息，点击【提交审批】或者【提交生效】。多人出差单可以对多个人进行出差申请，出差

图 7-38　出差单据信息

的人可以逐行增加，也可以按组织填充多人的出差记录，具体的操作是在批量填充界面选择姓名、组织、出差开始时间、出差结束时间等信息后，将相应的人员出差明细信息填充到多人出差单明细中。

3）【提交】：对列表中的单据做提交操作，分【提交工作流】和【提交生效】两个按钮。提交工作流是进入流程审批，需要流程中的各处理人审批，全部审批通过才生效。提交生效是不通过审批流程，直接生效。

4）【导入】：在出差单列表中，导入后的出差单状态是审批通过。在批量补签卡申请界面，导入的是出差单明细数据，数据还是编辑状态。

5）【废弃】：只能对审批中的出差单进行废弃，包括未审批和审批中两种状态的单据。选择流程中的出差单，点击【废弃】，把审批状态的单据还原到未提交状态。

6）【反审批】：将审批通过的出差单反审批成未提交状态。反审批只针对审批通过的单据做操作。

7）【删除】：选择需要删除的出差单，点击工具栏中的【删除】进行删除操作，只能删除未提交状态的出差单，流程中和审批通过的出差单不能被删除。

8）【套打】：按预置的套打模板打印出差单。

9）【导出】：导出出差单数据，可以导出选中行和导出全部，根据需要自行选择。导出选中行是对列表中选中的记录进行导出。导出全部是对过滤出的数据进行导出。

10）【出差确认】：员工出差结束后，确定出差时间。可以在界面上选择出差单后点击【出差确认】，也可以进入出差确认编辑界面后，再选择出差单进行确认。

11）【出差确认列表】：对出差确认单的查看和维护列表，包含对出差确认单的查看、创建、编辑、提交、删除、反审批、废弃、导出功能。

（4）加班单业务。操作路径：【考勤管理】→【日常考勤】→【加班单】，进入加班单列表，点击【创建】→【单人加班单】，如图7-39和图7-40所示。

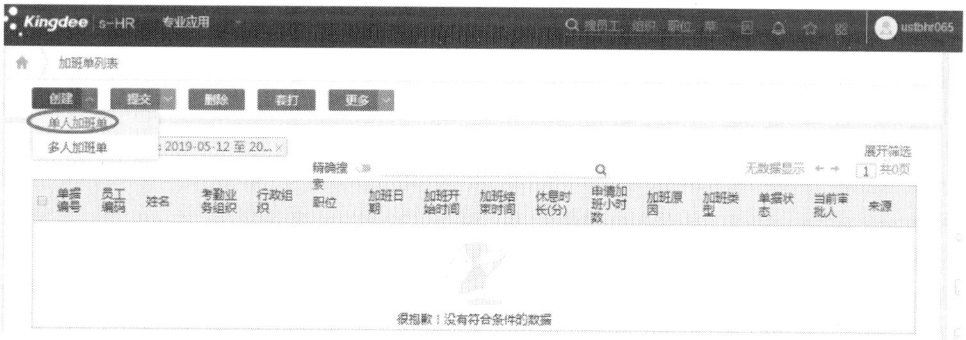

图7-39　单人加班单

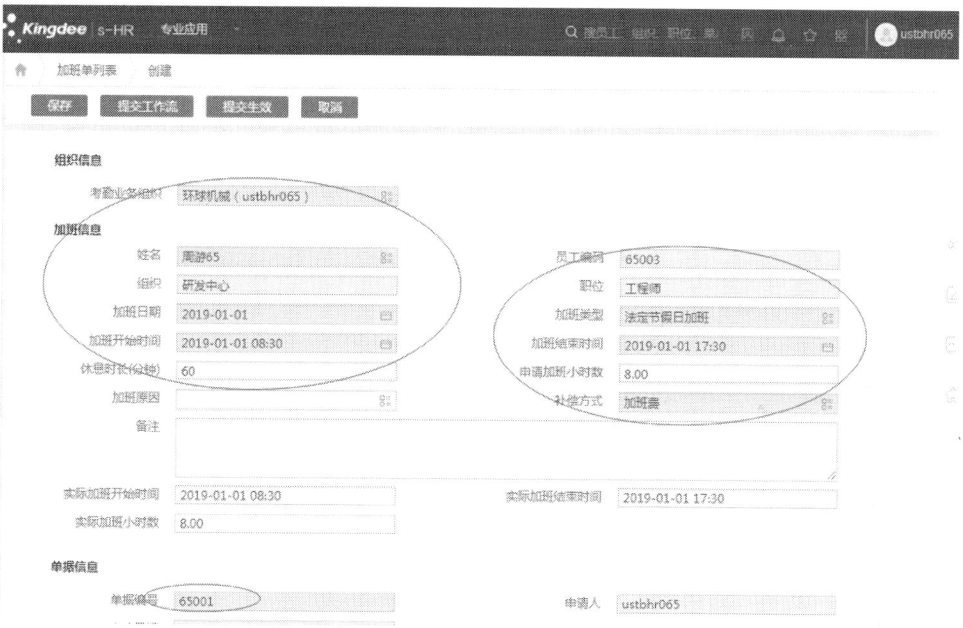

图7-40　加班单据信息

单据信息填写完成，点击【提交生效】。

注意事项：

1）维护员工的加班单，在加班单列表增加快速过滤功能，可以根据考勤业务组织、是否内部管理员工、行政组织、加班日期、状态等进行数据过滤，高级过滤中还可以设置复杂的查询条件，进行数据查询。快速过滤设置条件查询后，界面有记忆功能，下次进来默认按上次的查询条件进行查询。

2）【创建】：在列表界面点击工具栏中的【创建】，创建员工加班单，有单人加班单和多人加班单两种方式。单人加班单只能对一个人进行加班申请，在新增界面输入加班单信息点击【提交审批】或者【提交生效】。多人加班单可以对多个人进行加班申请，加班的人可以逐行增加，也可以按组织填充多人的加班记录，具体的操作是在批量填充界面选择姓名、组织、加班日期、加班开始时间、加班结束时间等信息后，将相应的人员加班明细信息填充到多人加班单明细中。

3）【提交】：对列表中的单据做提交操作，分【提交工作流】和【提交生效】两个按钮。提交工作流是进入流程审批，需要流程中的各处理人审批，全部审批通过才生效。提交生效是不通过审批流程，直接审批通过。

4）【删除】：选择需要删除的加班单，点击工具栏中的【删除】进行删除操作，只能删除未提交状态的加班单，流程中和审批通过的加班单不能被删除。

5）【套打】：按预置的套打模板打印选中的加班单。

6）【导入】：在加班单列表中，导入后的加班单状态是审批通过。在批量补签卡申请界面，导入的是加班单明细数据，数据还是处于编辑状态。

7）【废弃】：只能对审批中的加班单进行废弃，包括未审批和审批中两种状态的单据。选择流程中的加班单，点击【废弃】，把审批状态的单据还原到未提交状态。

8）【反审批】：将审批通过的加班单变成未提交状态，加班单不支持批量反审批，只能单条反审批。

9）【导出】：导出加班单数据，可以导出选中行和导出全部，根据需要自行选择。导出选中行是对列表中选中的记录进行导出。导出全部是对过滤出的所有数据进行导出。

（5）考勤计算。在专员考勤看板，可以查看考勤明细及汇总，并对其进行审核。

操作路径：【考勤管理】→【日常考勤】→【考勤计算】，选择考勤制度和考勤周期，点击【查询】，在未计算列表中，全选员工，点击【计算选中行】，如图 7－41 所示。

图 7－41 考勤计算

注意事项：

1）【专员考勤看板】：可以查看、核对员工的考勤明细及汇总数据，并进行计算、修改、审核、汇总计算、转薪资等操作，将考勤汇总数据和薪资关联起来。

2）【未计算】：查询没有计算过考勤的员工数据。

3）【待计算】：查询考勤结果可能发生变化的员工列表，影响员工考勤结果发生变化的因素有打卡记录导入、单据审批通过、单据反审批、排班修改等。展示数据为已计算有明细数据，但是有影响明细结果的操作，可能需要重算的员工及考勤明细，经重新计算后，会从待计算的页签中移除。

4）【全部计算】或【计算选中行】：在已计算页签或未计算页签，点击【全部计算】，则将过滤出来的记录全部进行考勤计算，不限于当前界面上显示的员工。全部计算不管查询出来的数据多少，都是通过后台事务执行考勤计算的。在已计算页签或未计算页签，点击【计算选中行】，如果选中的行数小于等于10行，则考勤计算直接由程序完成，不会生成后台事务。如果选中的行数大于10行，则和全部计算一样，生成后台事务执行考勤计算。

5）【已计算】：查询显示权限范围内，已经执行过考勤计算，且有考勤明细记录数据的员工考勤数据，查询条件范围内至少有一条考勤明细记录的员工。

6）【汇总模式显示】：按考勤周期展示员工的汇总和明细数据，其中汇总显示项目和明细显示项目都支持可配置。汇总模式下可进行的操作有查询、直接修改数据、审核、全部计算、计算选中行。

7）【明细模式显示】：和考勤明细表一样，展示员工的日考勤结果，支持快速查询旷工、迟到、早退等各类数据。对于异常的考勤记录，可以快速生成单据或者修改排班，减少界面切换操作，提升效率。明细模式下可进行的操作有查询、审核、反审核、全部计算、计算选中行、请假、补卡、出差、加班、修改排班、导入、导出。

8）【流程单据检查】：检查考勤周期内没有审批通过，或者是审批通过没有参与考勤计算的单据，包括补签卡、请假单、请假确认单、出差单、加班单、出差确认单的查询。支持【导出选中行】和【导出全部】功能。

9）【查看后台事务】：查看考勤计算后台事务的执行情况，对计算失败的数据可以根据提示做相应的检查。

10）【审核】：在已计算列表，直接点击工具栏中的【审核】，则对所有过滤出来的记录做审核操作。如果需要对某些记录做审核操作，则需要在列表中选中相应的记录，再点击【审核】。审核后的数据会从已计算列表中消失，转到已审核列表中。

11）【已审核】：在查询条件中输入组织、姓名、考勤制度、考勤周期，点击工具栏中的【查询】，可根据过滤条件查询已审核的员工考勤数据。展示数据为所有已计算的明细都审核的员工及考勤数据。只要有一天的明细未审核，员工就会返回到已计算页签中。

12）【反审核】：查询已审核的考勤数据后，点击工具栏中的【反审核】，则将所有的记录进行反审核。如果是需要对部分记录进行反审核，则需要在列表中选中相应的记录，然后点击【反审核】。

13）【汇总直接转薪资】：查询已审核的考勤数据后，点击工具栏中的【汇总直接转薪资】，选择需要关联的薪资周期，则将所有的记录进行汇总并直接转薪资。如果是需要对部分记录进行转薪资，则需要在列表中选中相应的记录，然后点击【汇总直接转薪资】，关联相应的薪资周期。转薪资成功后的记录会从已审核列表中消失，转到已转薪资列表中。

14）【汇总】：查询已审核的考勤数据后，点击工具栏中的【汇总】，则将所有的记录进行汇总，为汇总计算做准备。如果是需要对部分记录进行汇总，则需要在列表中选中相应的记录，然后点击【汇总】。汇总成功后的记录不会从已审核列表中消失，而是已审核列表和已汇总列表都存在该记录。已审核的明细记录再次汇总时，会覆盖之前已汇总列表中的汇总数据，请谨慎进行多次汇总操作，若重新汇总，请注意进行公式汇总计算。

15）【已汇总】：在查询条件中输入组织、姓名、考勤制度、考勤周期，点击工具栏中的【查询】，可根据过滤条件查询已汇总的员工考勤数据。

16）【转薪资】：查询已汇总的考勤数据后，点击工具栏中的【转薪资】，选择需要关联的薪资周期，则将所有的记录进行转薪资。如果是需要对部分记录进行转薪资，则需要在列表中选中相应的记录，然后点击【转薪资】，关联相应的薪资周期。转薪资成功后的记录会从已汇总列表中消失，转到已转薪资列表中。

17）【公式计算全部】或【公式计算选中行】：在已汇总页签，点击【公式计算全部】，则将过滤出来的记录根据汇总计算公式，全部进行汇总计算，不限于当前界面上显示的记录。在已汇总页签，点击【公式计算选中行】，则将选中的记录根据汇总计算公式，进行汇总计算。

18）【已转薪资】：在查询条件中输入组织、姓名、考勤制度、考勤周期，点击工具栏中的【查询】，可根据过滤条件查询已转薪资的员工考勤数据。

19）【撤销】：查询已转薪资的考勤数据后，点击工具栏中的【撤销】，则将所有的记录进行撤销转薪资。撤销后的记录会转到已审核列表和已汇总列表。如果需要对部分记录进行撤销，则需要在列表中选中相应的记录，然后点击【撤销】。

20）提醒：转薪资和撤销需要注意，如果转薪资时，员工在薪资计算中被锁定，则不能转薪资；同样，撤销时员工在薪资计算中被锁定也不能撤销转薪资。

（6）补签卡业务。对因忘记刷卡或外出公干等原因造成的未刷卡进行补卡，审核通过后会自动在员工打卡数据中增加记录。

操作路径：【考勤管理】→【日常考勤】→【补签卡】。

操作方式一：进入补签卡列表，点击【多人补签卡】，如图 7-42 所示。

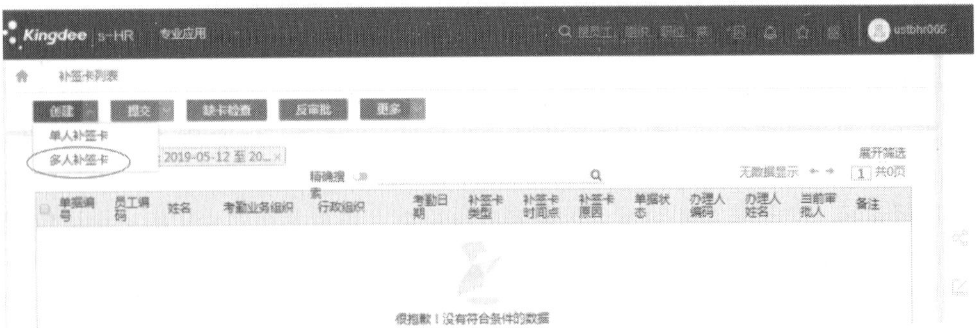

图 7-42　多人补签卡

按照表 7-8 实验数据完成补签卡新增，如图 7-43 所示。

单据信息完成后，点击【提交生效】。

操作方式二：进入补签卡列表界面，点击【缺卡检查】，如图 7-44 所示。

点击【展开筛选】，如图 7-45 所示。

选择考勤日期（2019-01-01 至 2019-01-31），点击【查询】，如图 7-46 所示。

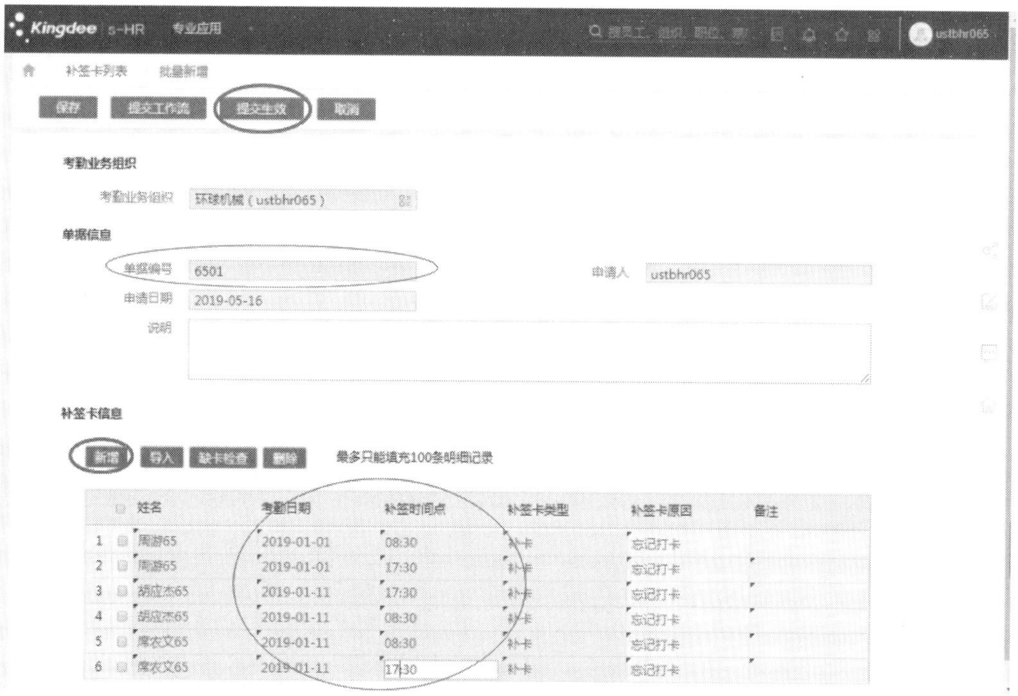

图 7 - 43　补签卡信息

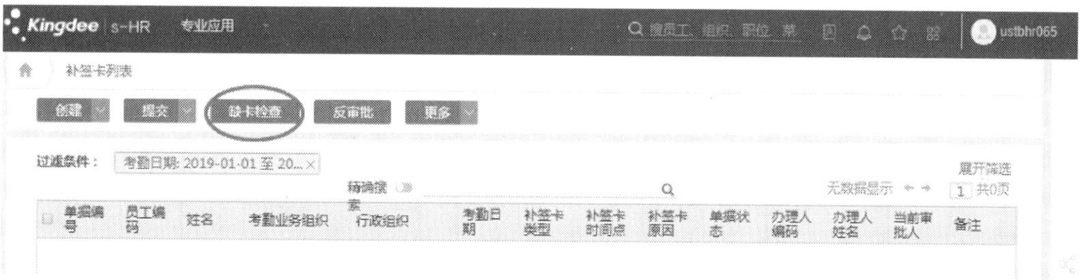

图 7 - 44　缺卡检查

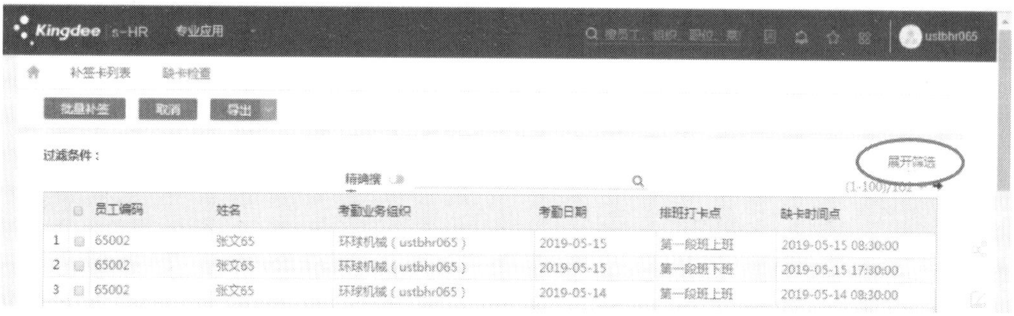

图 7 - 45　缺卡检查展开筛选

查询出结果后，全选列表缺卡人员，点击【批量补签】，如图 7 - 47 所示。

弹出批量新增界面，维护补签卡界面信息，点击【提交生效】，如图 7 - 48 所示。

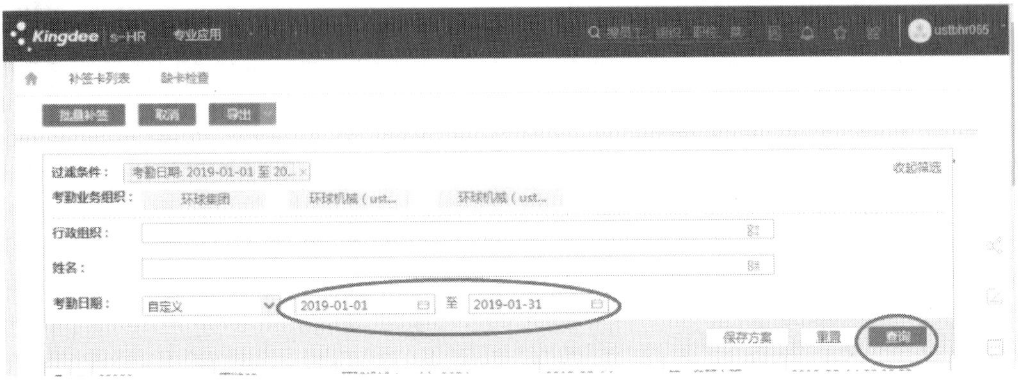

图 7-46　缺卡查询

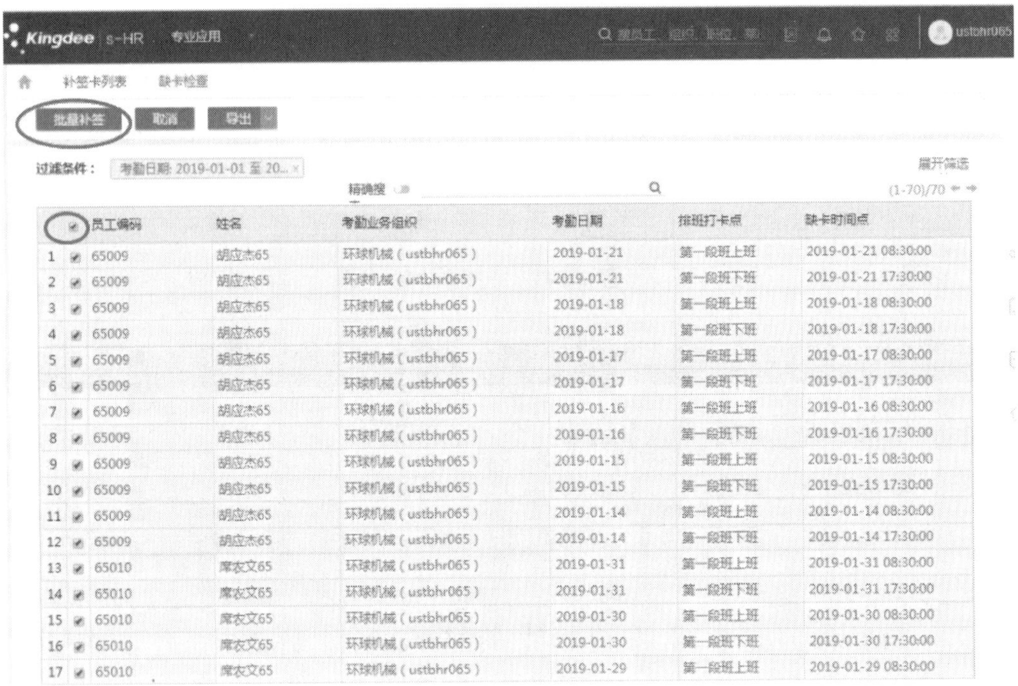

图 7-47　批量补签

注意事项：

1）维护员工的补签卡，在补签卡列表增加快速过滤功能，可以根据考勤业务组织、是否内部管理员工、行政组织、考勤日期、状态等进行数据过滤，高级过滤中还可以设置复杂的查询条件，进行数据查询。快速过滤设置条件查询后，界面有记忆功能，下次进来默认按上次的查询条件进行查询。

2）【创建】：在列表中点击【创建】，创建员工补签卡有单人补签卡和多人补签卡两种方式。单人补签卡只能对一个人进行多个打卡时间点的补签。多人补签卡可以对多个人进行多个打卡时间点的补签。

3）【提交】：对列表中的单据做提交操作，分【提交工作流】和【提交生效】两个按钮。提交工作流是进入流程审批，需要流程中的各处理人审批，全部审批通过才生效。提

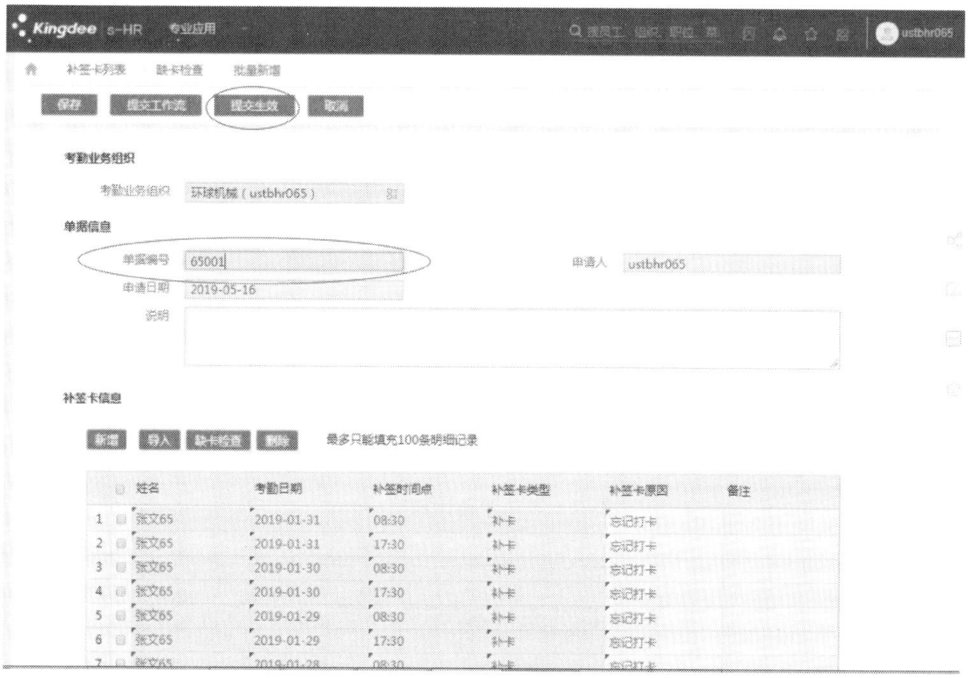

图 7－48　完成补签卡批量新增

交生效是不通过审批流程，直接审批通过。

4）【缺卡检查】：根据组织、姓名、开始日期、结束日期查询考勤计算明细中缺卡的上下班时间点，然后可对这些时间点做批量的补签操作，注意批量补签的记录行数限定在 100 行。考勤明细中的迟到分钟、早退分钟、旷工小时数都为 0 时，则那一天不认定为缺卡；缺卡点若有有效的请假单或者出差单覆盖，则不计算为缺卡。

5）【反审核】：将审批通过的补签卡单据变成未提交状态，补签卡反审批后，对应的打卡记录会从打卡记录表中删除。

6）【导入】：在补签卡列表中，导入后的补签卡状态是审批通过。在批量补签卡申请界面，导入的是补签卡单据明细数据，还是处于编辑状态的数据。

7）【删除】：选择需要删除的补签卡，点击工具栏中的【删除】进行删除操作，只能删除未提交状态的补签卡，流程中和审批通过的补签卡不能被删除。

8）【废弃】：只能对审批中的补签卡进行废弃，包括未审批和审批中两种状态的单据。选择流程中的补签卡，点击【废弃】，把审批状态的单据还原到未提交状态。

9）【导出】：导出员工补卡数据，可以导出选中行和导出全部，根据需要自行选择。导出选中行是对列表中选中的记录进行导出。导出全部是对过滤出的数据进行导出。

说明：补签卡完成后，回到考勤计算界面［参考第（5）项业务操作］，勾选所有员工，点击【计算选中行】，重新将考勤数据进行计算，并将最终数据审核，如图 7－49 和图 7－50 所示。

（7）考勤汇总表。操作路径：【考勤管理】→【考勤报表】→【考勤结果汇总】，进入后点击【展开筛选】，如图 7－51 所示，设置过滤条件并查询。

图 7-49　考勤计算（一）

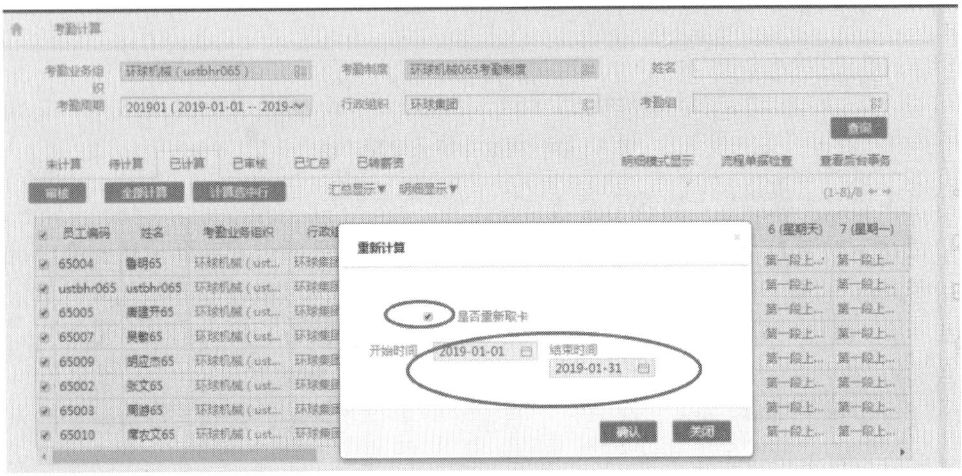

图 7-50　考勤计算（二）

图 7-51　考勤结果汇总

查询结果如图 7－52 所示。

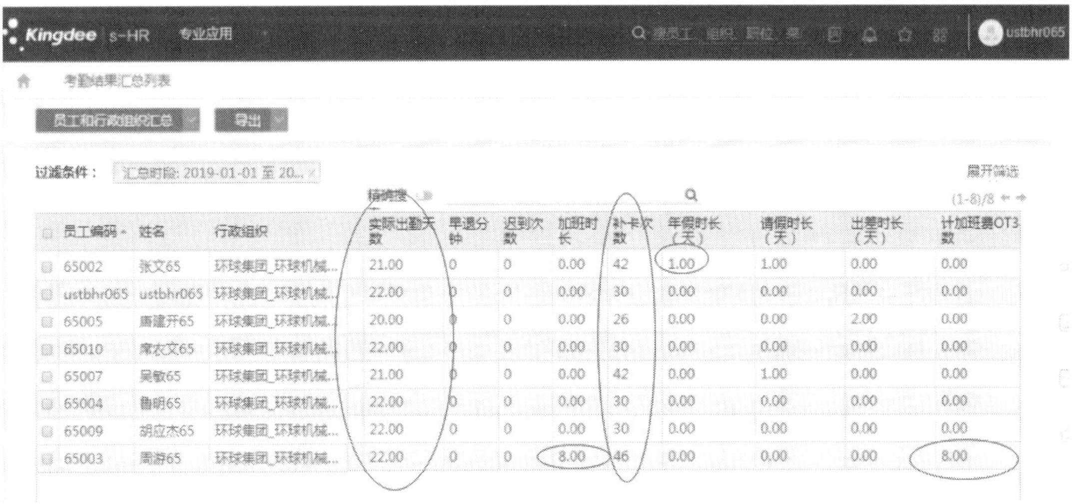

员工编码	姓名	行政组织	实际出勤天数	早退分钟	迟到次数	加班时长	补卡次数	年假时长（天）	请假时长（天）	出差时长（天）	计加班费OT3数
65002	张文65	环球集团_环球机械...	21.00	0	0	0.00	42	1.00	1.00	0.00	0.00
ustbhr065	ustbhr065	环球集团_环球机械...	22.00	0	0	0.00	30	0.00	0.00	0.00	0.00
65005	唐建开65	环球集团_环球机械...	20.00	0	0	0.00	26	0.00	0.00	2.00	0.00
65010	常衣文65	环球集团_环球机械...	22.00	0	0	0.00	30	0.00	0.00	0.00	0.00
65007	吴敏65	环球集团_环球机械...	21.00	0	0	0.00	42	0.00	1.00	0.00	0.00
65004	鲁明65	环球集团_环球机械...	22.00	0	0	0.00	30	0.00	0.00	0.00	0.00
65009	胡应杰65	环球集团_环球机械...	22.00	0	0	0.00	30	0.00	0.00	0.00	0.00
65003	周游65	环球集团_环球机械...	22.00	0	0	8.00	46	0.00	0.00	0.00	8.00

图 7－52　考勤结果汇总查询

查看所有数据可导出表。

注意事项：

1）查询自定义时间段范围内员工的考勤汇总数据，列表中展示的数据只是对查询时间段内明细表中考勤项目做简单的求和运算，不能查询考勤汇总公式计算后的汇总值。汇总查询时，有员工和行政组织汇总、员工和考勤组织汇总、员工汇总三种方式可供选择。这里的汇总数据不能关联结转到薪资系统。

2）导出：考勤汇总导出可以导出选中和导出全部，可根据实际数据的需要选择导出的方式。导出选中是对列表中选中的记录进行导出。导出全部是对过滤出的数据进行导出。

7.4　实验结果

（1）假期额度列表如图 7－53 所示。

（2）取卡规则如图 7－54 所示。

（3）员工排班查询如图 7－55 所示。

（4）打卡记录如图 7－56 所示。

（5）请假单列表如图 7－57 所示。

（6）出差单列表如图 7－58 所示。

（7）加班单列表如图 7－59 所示。

（8）补签卡列表如图 7－60 所示。

（9）考勤结果明细列表如图 7－61 所示。

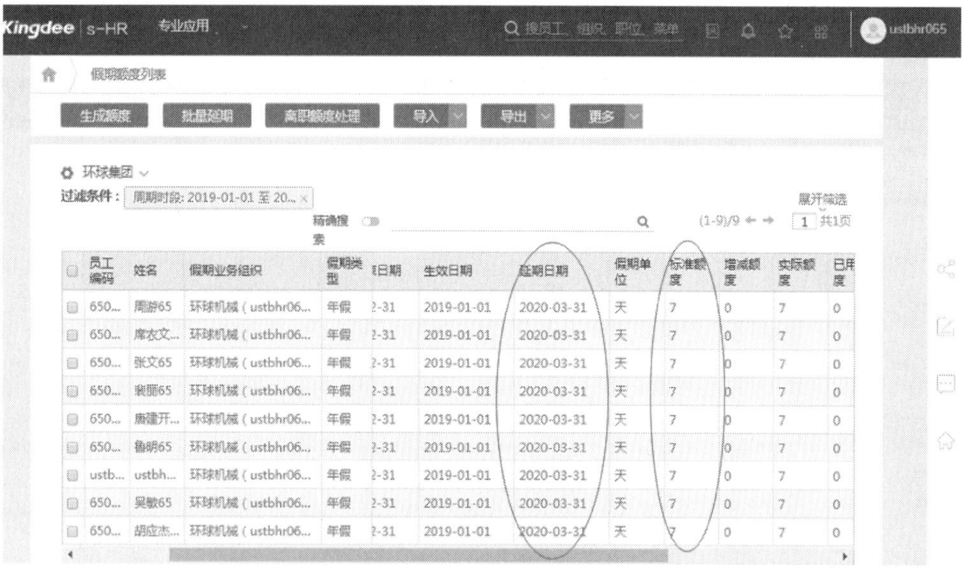

图 7-53 假期额度列表

图 7-54 取卡规则

图 7-55 员工排班查询

图 7－56　打卡记录

图 7－57　请假单列表

图 7－58　出差单列表

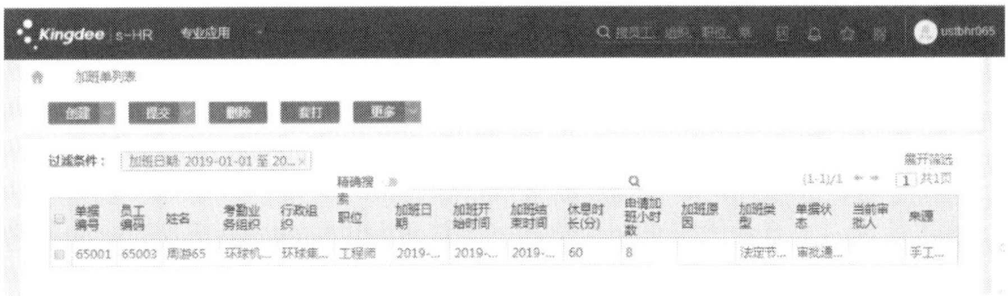

图 7－59　加班单列表

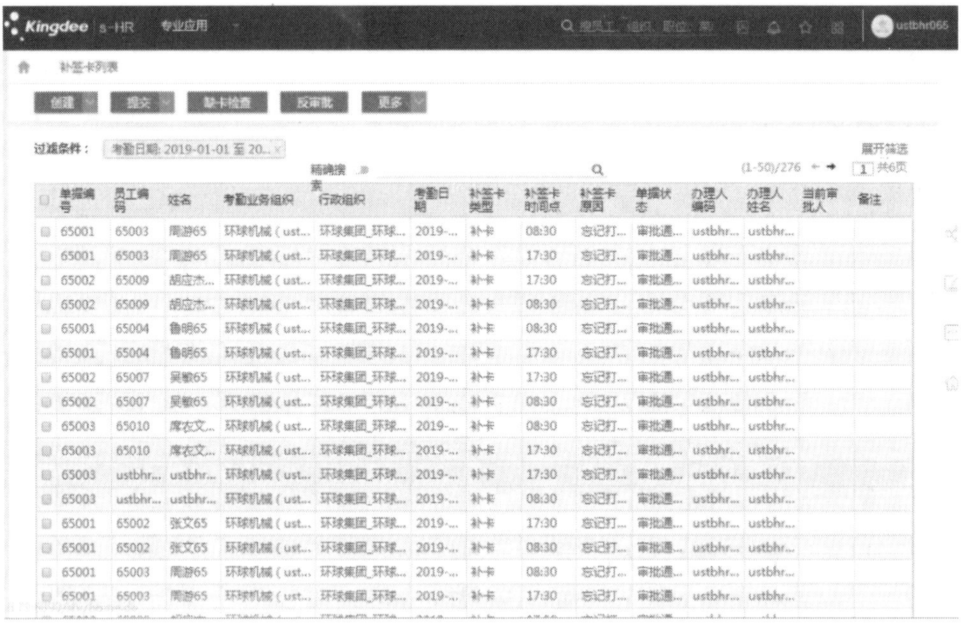

单据编号	员工编码	姓名	考勤业务组织	行政组织	考勤日期	补签卡类型	补签卡时间点	补签卡原因	单据状态	办理人编码	办理人姓名	当前审批人	备注
65001	65003	周游65	环球机械（ust...	环球集团_环球...	2019-...	补卡	08:30	忘记打...	审批通...	ustbhr...	ustbhr...		
65001	65003	周游65	环球机械（ust...	环球集团_环球...	2019-...	补卡	17:30	忘记打...	审批通...	ustbhr...	ustbhr...		
65002	65009	胡应杰...	环球机械（ust...	环球集团_环球...	2019-...	补卡	17:30	忘记打...	审批通...	ustbhr...	ustbhr...		
65002	65009	胡应杰...	环球机械（ust...	环球集团_环球...	2019-...	补卡	08:30	忘记打...	审批通...	ustbhr...	ustbhr...		
65001	65004	鲁明65	环球机械（ust...	环球集团_环球...	2019-...	补卡	08:30	忘记打...	审批通...	ustbhr...	ustbhr...		
65001	65004	鲁明65	环球机械（ust...	环球集团_环球...	2019-...	补卡	17:30	忘记打...	审批通...	ustbhr...	ustbhr...		
65002	65007	吴敏65	环球机械（ust...	环球集团_环球...	2019-...	补卡	17:30	忘记打...	审批通...	ustbhr...	ustbhr...		
65002	65007	吴敏65	环球机械（ust...	环球集团_环球...	2019-...	补卡	08:30	忘记打...	审批通...	ustbhr...	ustbhr...		
65003	65010	席衣文...	环球机械（ust...	环球集团_环球...	2019-...	补卡	08:30	忘记打...	审批通...	ustbhr...	ustbhr...		
65003	65010	席衣文...	环球机械（ust...	环球集团_环球...	2019-...	补卡	17:30	忘记打...	审批通...	ustbhr...	ustbhr...		
65003	ustbhr...	ustbhr...	环球机械（ust...	环球集团_环球...	2019-...	补卡	17:30	忘记打...	审批通...	ustbhr...	ustbhr...		
65003	ustbhr...	ustbhr...	环球机械（ust...	环球集团_环球...	2019-...	补卡	08:30	忘记打...	审批通...	ustbhr...	ustbhr...		
65001	65002	张文65	环球机械（ust...	环球集团_环球...	2019-...	补卡	17:30	忘记打...	审批通...	ustbhr...	ustbhr...		
65001	65002	张文65	环球机械（ust...	环球集团_环球...	2019-...	补卡	08:30	忘记打...	审批通...	ustbhr...	ustbhr...		
65001	65003	周游65	环球机械（ust...	环球集团_环球...	2019-...	补卡	08:30	忘记打...	审批通...	ustbhr...	ustbhr...		
65001	65003	周游65	环球机械（ust...	环球集团_环球...	2019-...	补卡	17:30	忘记打...	审批通...	ustbhr...	ustbhr...		

图 7-60　补签卡列表

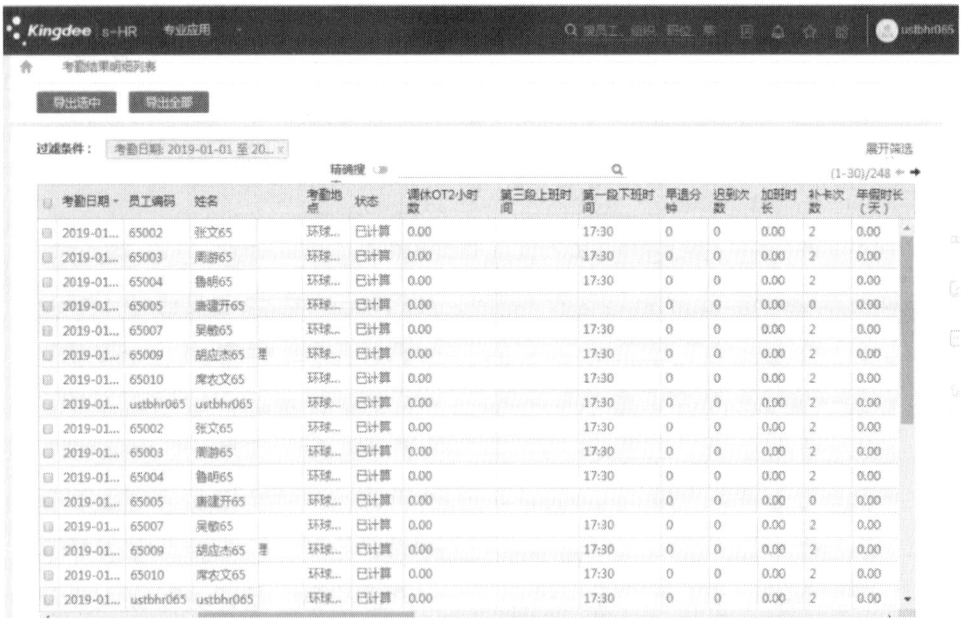

考勤日期	员工编码	姓名		考勤地点	状态	调休OT2小时数	第三段上班时间	第一段下班时间	早退分钟	迟到次数	加班时长	补卡次数	年假时长（天）
2019-01...	65002	张文65		环球...	已计算	0.00		17:30	0	0	0.00	2	0.00
2019-01...	65003	周游65		环球...	已计算	0.00		17:30	0	0	0.00	2	0.00
2019-01...	65004	鲁明65		环球...	已计算	0.00		17:30	0	0	0.00	2	0.00
2019-01...	65005	唐建开65		环球...	已计算	0.00			0	0	0.00	0	0.00
2019-01...	65007	吴敏65		环球...	已计算	0.00		17:30	0	0	0.00	2	0.00
2019-01...	65009	胡应杰65	程	环球...	已计算	0.00		17:30	0	0	0.00	2	0.00
2019-01...	65010	席衣文65		环球...	已计算	0.00		17:30	0	0	0.00	2	0.00
2019-01...	ustbhr065	ustbhr065		环球...	已计算	0.00		17:30	0	0	0.00	2	0.00
2019-01...	65002	张文65		环球...	已计算	0.00		17:30	0	0	0.00	2	0.00
2019-01...	65003	周游65		环球...	已计算	0.00		17:30	0	0	0.00	2	0.00
2019-01...	65004	鲁明65		环球...	已计算	0.00		17:30	0	0	0.00	2	0.00
2019-01...	65005	唐建开65		环球...	已计算	0.00			0	0	0.00	0	0.00
2019-01...	65007	吴敏65		环球...	已计算	0.00		17:30	0	0	0.00	2	0.00
2019-01...	65009	胡应杰65	程	环球...	已计算	0.00		17:30	0	0	0.00	2	0.00
2019-01...	65010	席衣文65		环球...	已计算	0.00		17:30	0	0	0.00	2	0.00
2019-01...	ustbhr065	ustbhr065		环球...	已计算	0.00		17:30	0	0	0.00	2	0.00

图 7-61　考勤结果明细列表

复习思考题

1. 结合本章学习内容，请你谈谈如何运用金蝶 s-HR Cloud 系统提高企业假勤管理工作效率和数据统计的准确性。

2. 企业未来应如何在员工身份复杂、办公流动性较高、工作弹性化等情景下用金蝶 s-

HR Cloud系统做好员工假勤管理工作？

实训

1. 假期管理

(1) 情景。环球机械为了体现企业对员工的关怀，帮助员工解决生活中的实际困难，决定在全集团范围内新增两个带薪假期类型：

1) 陪产假：男性员工配偶分娩期间可申请5个工作日的陪产假（限“二胎”以内），双胞胎或多胞胎的每多一个婴儿增加3个工作日，由请假员工凭配偶相关病历、诊断证明提出申请，上级领导审批通过。

2) 双独关爱假：员工及其配偶均为独生子女的，每年给予5天的双独关爱假，可在员工或配偶父母生病住院时，由请假员工持本人及配偶的独生子女证、双方父母住院证明提出申请，上级领导审批通过。

(2) 任务。

1) 请在系统中设置以上两个假期类型；

2) 请每名同学使用在系统中的用户，模拟进行以上两个假期类型的请假、审批、销假过程；

3) 查看系统中的员工假期档案、假期报表，看以上发生的业务是否计入相关档案和报表当中。

2. 排班管理

(1) 情景。为了保证集团s-HR Cloud系统升级后稳定运行，人力资源共享服务中心决定系统管理科的四名运维工程师轮流于每天8：30至次日0：00在机房执勤，分白班岗、夜班岗（白班岗和公司正常工作时间一致，夜班岗工作时间为白班下班时刻至次日0：00)，周六、周日不休息。

(2) 任务。

1) 请按照以上情景为四名运维工程师生成下月排班表；

2) 导入模拟考勤数据（2020年×月)，在系统中查看考勤统计结果。

3. 考勤管理

(1) 情景。环球机械为了给员工提供午休方便，决定自本年度起分别实行冬夏不同的出勤时间，具体规定如下：

1) 每年9月1日至次年5月31日，白班上班时间为：8：30—12：00，13：30—17：30。

2) 每年6月1日至8月31日，白班上班时间为：8：30—12：00，14：00—18：00。

(2) 任务。

1) 请在系统中维护以上考勤规则；

2) 导入（2020年×月）人力资源共享服务中心人员的打卡模拟数据（请任课老师提供)，在系统中查看考勤统计结果。

第8章 薪酬管理

薪酬管理是指一个组织根据成员所提供的服务来确定报酬总额以及报酬结构和报酬形式的循环过程。在循环过程中，组织需要不断就薪酬水平、薪酬体系、薪酬结构、薪酬构成以及特殊员工群体的薪酬做出决策。

8.1 功能概述

金蝶 s-HR Cloud 系统薪酬管理包括薪酬设计和薪酬核算两个模块：薪酬设计包含企业薪酬标准体系设计、员工定调薪档案、批量定薪调薪以及定调薪报表查询等功能；薪酬核算包含员工薪酬档案管理、员工社保档案管理、员工薪酬向导式核算、变动员工薪酬精准核算、发放审批、银行代发、薪酬成本分摊、薪酬费用分配提交财务生成凭证、套打打印、员工自助查询工资条、薪酬报表查询、薪酬统计分析报表、社保及住房公积金缴纳计算和报表查询等功能。

8.2 实验目的和任务

8.2.1 实验目的

通过实验掌握薪酬管理模块基础业务设置、计算规则设置以及日常的定调薪业务处理和薪酬社保核算的过程。

8.2.2 实验场景

（1）各自设定自己的薪酬核算方案，取名为“环球机械工资核算方案××”，纳税单位为“环球机械”，结账周期为月，起始日期为 2019－01－01，纳税年度起始月为 1 月，纳税年度起始年为当年。

（2）收集员工专项扣除信息。

（3）月度工资核算发放（例如：每月 5 日开始核算上月工资，15 日发放上月工资，如遇到周末等休息时间则提前在工作日发放，员工社保和薪酬在一个方案中进行核算)。

8.2.3 实验任务

(1) 完成员工薪酬档案和社保档案维护。
(2) 完成薪酬项目设置。
(3) 创建各自公司为纳税单位。
(4) 完成各自公司薪酬方案设置。
(5) 导入员工专项扣除数据以及需要手工录入的数据。
(6) 完成 2019 年 1 月工资核算，并导出银行代发单。

8.3 实验数据及步骤

8.3.1 薪酬档案完善

1. 实验数据

部分员工银行账号信息如表 8-1 所示。

表 8-1 部分员工银行账号信息

员工姓名	银行名称	银行账号
裴丽 65	招商银行	652588015152××××
席农文 65	招商银行	652588013243××××
唐建开 65	招商银行	652588013243××××
张忠荣 65	招商银行	652588015152××××
吴敏 65	招商银行	652588013243××××
胡应杰 65	招商银行	652588013649××××
张文 65	招商银行	652588015739××××
周游 65	招商银行	652588018786××××
鲁明 65	招商银行	652588019089××××
ustbhr065	招商银行	652588015156××××

2. 实验步骤

在薪酬档案信息界面，用户可以选中具体的员工进行薪酬档案的维护。薪酬档案的维护内容包括：员工的发薪业务组织、薪酬结构（当前生效的定调薪数据）、计算规则、银行账号、费用分摊设置等。

同时在薪酬档案中也可以进行员工的发薪、停薪、失效和操作。针对薪酬分类、银行账号、费用承担组织等信息，也可以通过导入模板进行批量导入。

现对实验数据以维护员工的银行账号信息为例说明。操作路径：【薪酬核算】→【员工薪酬档案】。

打开员工薪酬档案界面后，选中某位员工，用鼠标单击的方式打开，找到银行账号位置进行新增或修改，如图 8－1 和图 8－2 所示。

图 8－1　银行账号新增

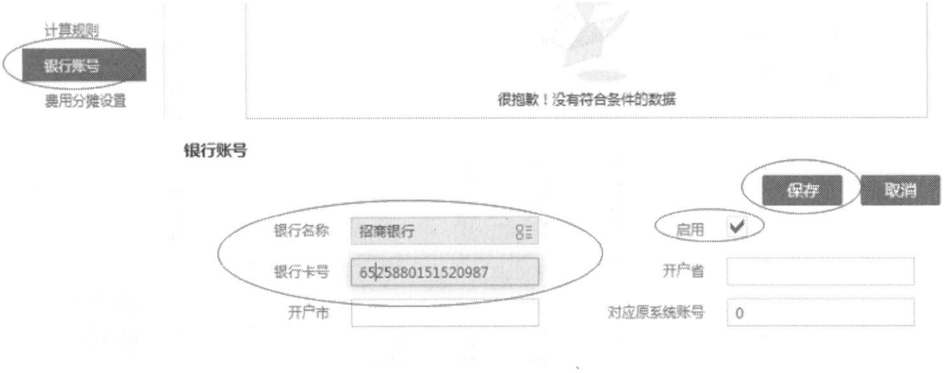

图 8－2　银行账号维护

注意事项：

（1）发薪档案失效。员工离职、离退休、调出等流出后，为了避免选错发薪员工，应该对档案进行失效处理，失效日期之后的月份在核算向导—可选人员中默认过滤不到该员工；在可选员工的快速过滤中，将查询时间段的日期调到离职前，就可以过滤到这些员工。

当选择多个员工薪酬档案进行失效时，需要填写失效日期，假设为 X，档案中原失效日期假设为 Y，档案失效时会做如下校验：

1）员工在失效日期 X 之后不存在发薪数据（判断核算表数据中有引用该档案的发薪任职，不存在发薪数据的实际结束日期＞失效日期 X 的数据）。

2）任职信息、薪酬分类、费用分摊设置中所有的生效日期必须＜失效日期 X。

3）任职信息、薪酬分类、费用分摊设置的失效日期除去＝Y 的，其他所有失效日期必须＜失效日期 X。

以上校验通过后，则失效处理成功，同时将档案的失效日期更新为 X，薪酬分类和费用分摊设置的失效日期＝Y 且＞X 的更新为失效日期 X。如果存在多个校验不通过的员工，则多个员工不通过的原因都会提示出来，此处选中的员工都没有失效成功。

（2）停薪操作。可以选择不再发薪的员工，点击【停薪】，员工的发薪数据全部已结账才能停薪，可以通过员工薪酬档案—计算规则查看未结账数据上的计算规则和期次。在薪酬核算向导—核算员工—可选员工中不会包含停薪状态的员工。

（3）薪酬结构。默认显示发薪业务组织＝员工薪酬档案的发薪业务组织的最新的定调薪记录，通过点击【历史记录】可查看历史定调薪记录。薪酬结构的数据如果要修改，则需在员工定调薪档案中修改。薪酬结构的数据可以通过计算规则—计算公式中的函数取数参与计算。可取员工薪酬档案—薪酬结构中薪酬发放周期生效的项目金额、薪等、薪级、宽带薪酬、固浮比例、薪酬标准。

（4）费用分摊设置。费用承担组织：用于记录员工薪资费用由哪些组织来承担、承担比例是多少，可以按照员工任职、薪酬项目分别设置分摊规则。同一个任职、同一个项目的所有组织的费用承担比例之和必须为 100%，在编辑和导入时判断不能超过 100%，在分摊时校验分摊比例之和是否为 100%。

8.3.2 社保档案维护

1. 实验数据

具体数据如表 8-2 至表 8-4 所示。

表 8-2 社保基础数据

参保地区	户籍类型	社保险种
65 北京	65 本市城镇 65 本市农业 65 外埠城镇 65 外埠农业	养老保险
		医疗保险
		失业保险
		工伤保险
		生育保险
		住房公积金

表 8-3 社保参保规则

名称：65 北京城镇参保规则 生效日期：2018-07-01								
社保险种	个人缴纳比例（%）	单位缴纳比例（%）	个人固定额	单位固定额	个人缴费基数上限（元）	个人缴费基数下限（元）	单位缴费基数上限（元）	单位缴费基数下限（元）
养老保险	8	20	0	0	25 401	3 387	25 401	3 387
医疗保险	2	10	3	0	25 401	5 080	25 401	5 080
失业保险	0.2	0.8	0	0	25 401	3 387	25 401	3 387
工伤保险	0	0.5	0	0	25 401	5 080	25 401	5 080
生育保险	0	0.8	0	0	25 401	5 080	25 401	5 080
住房公积金	12	12	0	0	25 401	0	25 401	0

表 8-4　部分员工社保档案

姓名	适用参保规则	社保险种	个人基数（元）	单位基数（元）	基数生效日期
ustbhr065 裴丽 65 鲁明 65 唐建开 65 吴敏 65	65 北京城镇参保规则	养老保险	12 000	12 000	2019-01-01
		医疗保险	12 000	12 000	2019-01-01
		失业保险	12 000	12 000	2019-01-01
		工伤保险	0	12 000	2019-01-01
		生育保险	0	12 000	2019-01-01
		住房公积金	12 000	12 000	2019-01-01
张文 65 周游 65 胡应杰 65 席农文 65		养老保险	8 000	8 000	2019-01-01
		医疗保险	8 000	8 000	2019-01-01
		失业保险	8 000	8 000	2019-01-01
		工伤保险	0	8 000	2019-01-01
		生育保险	0	8 000	2019-01-01
		住房公积金	8 000	8 000	2019-01-01

2. 实验步骤

（1）社保基础数据维护。在社保基础数据中，可以维护社保相关的基础数据，包括：户籍类型、参保地区、社保险种、参保规则、社保险种分类等。

操作路径：【系统设置】→【薪酬数据设置】→【社保基础数据】，如图 8-3 所示。

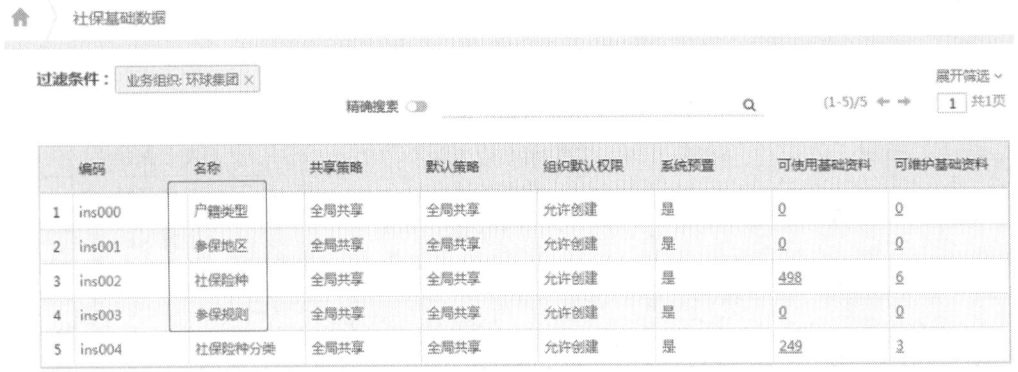

图 8-3　社保基础数据

1）户籍类型维护。进入社保基础数据列表，点击户籍类型对应的“可维护基础资料”对应数字，如图 8-4 所示。

进入户籍类型维护界面，点击【创建】，创建户籍类型，如图 8-5 所示，保存点击【启用】即可。

2）参保地区维护。维护方式参考户籍类型创建，按照实验数据各自创建参保地区“65 北京”，注意携带公司编码。

3）社保险种（系统已有数据，无须操作）。

4）参保规则。参保规则需维护生效日期，同一个参保规则可维护多个版本。比如每

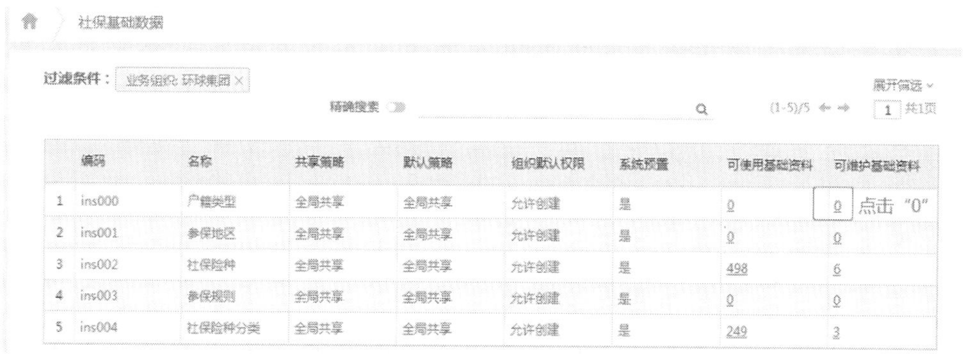

图 8-4 可维护基础资料

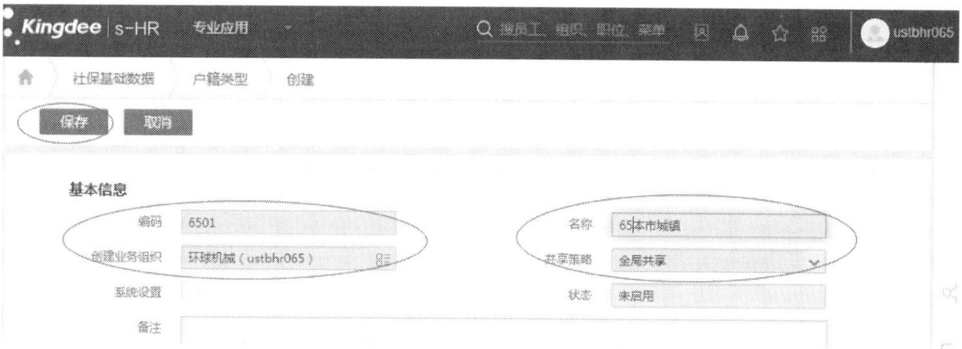

图 8-5 创建户籍类型

年的缴费基数上下限、缴费比例有调整时，可直接编辑参保规则，填写新的生效日期。生效日期必须大于参保规则当前版本的生效日期。保存时会新增一个版本，原来的版本进入历史信息中，在历史信息中可以查看所有版本包括当前版本的参保规则明细数据。如果生效日期没有修改，则仅对当前版本的数据进行修改。

特别说明：如果要修改当前版本的生效日期，则需要在这个参保规则的查看历史信息中选择这个版本进行编辑和保存，并且保存时会校验：生效日期不能与已有版本的生效日期相同，且生效日期必须大于上一个版本的生效日期、小于下一个版本的生效日期。但是如果参保规则已经被员工社保档案中的参保信息引用，则该参保规则所有版本的生效日期不允许修改，参保规则中引用的险种也不允许增加或减少，只能新建版本。如果确实录入错误需要修改，则需要把引用该参保规则的员工参保信息都删除了再修改（在员工社保档案中删除引用）。

在参保规则的编辑界面，勾选参保规则中要设置的社保险种，选中的险种列表中自动增加一行，设置险种的个人缴纳比例、单位缴纳比例、个人固定额、单位固定额以及缴费基数上下限，如图 8-6 所示。

参保规则批量导入：支持新增/覆盖导入，导入时，依据模板上的参保规则编码、参保规则名称判断。如果系统中已存在该参保规则且已被引用，则红色字体（本教程因印刷原因，未能清晰展现）的字段不允许修改，险种不允许添加；如果存在但未被引用，则只有创建业务组织不可修改，其他都可覆盖更新；如果不存在，则新增规则记录，生效日期

图 8-6 参保规则创建

格式支持 2018-9-1、2018-10-12 等。

参保规则创建保存后，点击【启用】即可。

注意事项：

1）个人缴费基数、单位缴费基数可不设置，如果设置了，则在员工社保档案中引用参保规则时，缴费基数分录中各个险种的个人基数和单位基数会默认自动引用参保规则中设置的基数（允许修改）。

2）如果缴费基数上限没有设置，则默认为 0，那么在计算社保个人缴纳和单位缴纳值时，计算结果为 0。

举例如下：

薪酬函数：取社保及公积金缴纳值（“险种编码”“返回值类型”，其中取 0 为计算个人缴纳值、1 为计算单位缴纳值），如图 8-7 所示。

使用该函数，计算时会去员工社保档案中找到“险种”是缴纳状态的当前计算周期内生效的参保档案中当前计算周期内生效的社保缴费基数，然后去取参保规则中相关的数据计算，自动算出个人缴纳值或单位缴纳值。

计算逻辑说明：

以计算个人缴纳值为例，计算公式为：

如果个人缴费基数＞个人缴费基数上限：

个人缴纳值＝险种对应的个人缴费基数上限×个人缴纳比例＋个人固定额

如果个人缴费基数＜个人缴费基数下限：

个人缴纳值＝险种对应的个人缴费基数下限×个人缴纳比例＋个人固定额

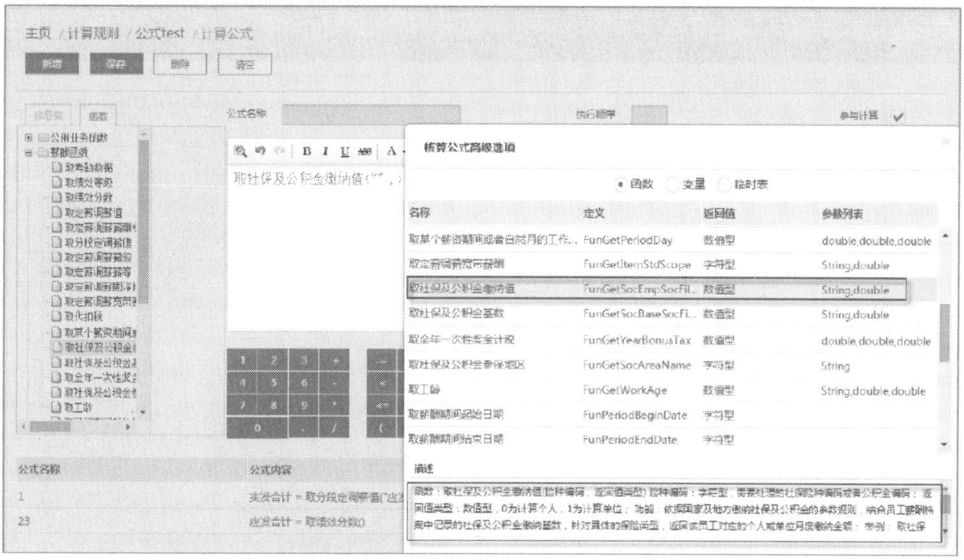

图 8－7　薪酬函数

如果个人缴费基数下限≤个人缴费基数≤个人缴费基数上限：

个人缴纳值＝险种对应的个人缴费基数×个人缴纳比例＋个人固定额

（2）社保档案维护。操作路径：【薪酬核算】→【员工社保档案】，进入员工社保档案列表，选择要维护社保档案的员工。以“张文 65”为例，进入张文 65 社保档案，点击【新增】，如图 8－8 所示。

图 8－8　社保档案维护（一）

维护参保规则、参保日期以及个人基数、单位基数，点击【保存】，如图 8－9 所示。

数据维护完成后点击【保存】，如图 8－10 所示。

按照实验数据完成所有员工的社保档案维护。

注意事项：

1）可以进入员工社保缴纳状态维护界面，批量设置员工各个社保险种分类的缴纳状态和生效日期。

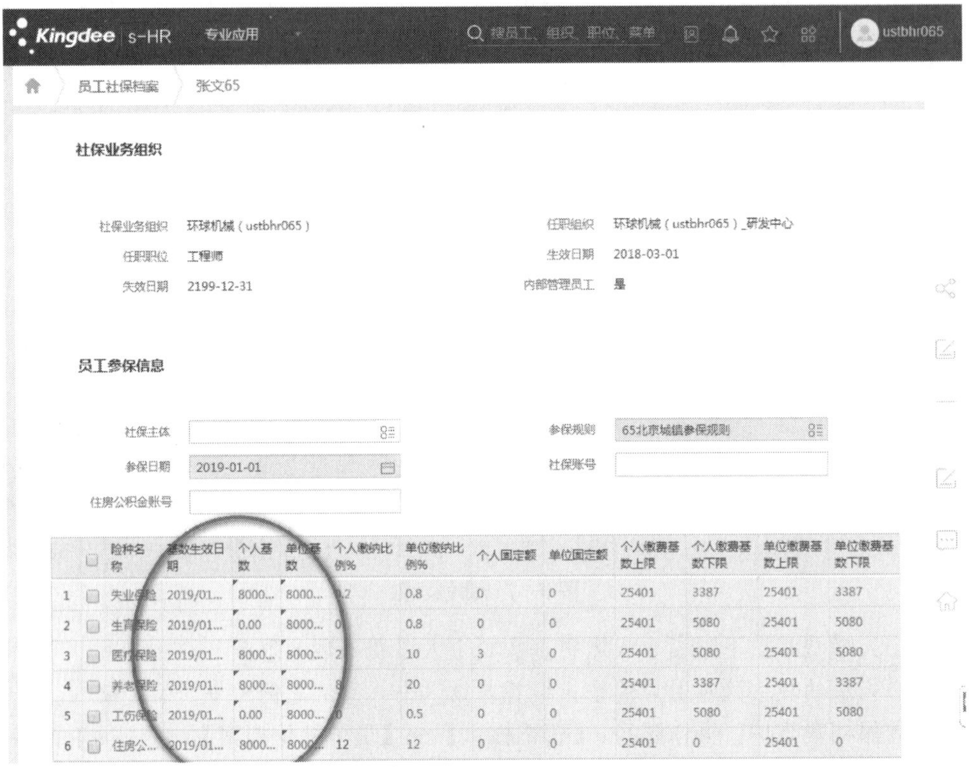

图 8-9 社保档案维护（二）

图 8-10 数据维护完成

在员工社保缴纳状态维护界面，选择员工，设置“正常缴纳”或“停止缴纳”，在设置缴纳状态界面，先勾选社保险种分类，再填写生效日期，点击【确定】。在设置正常缴纳时校验：如果该员工的该社保险种分类在其他社保业务组织下也是正常缴纳状态，则会将其先更新为停止缴纳，当前的再更新为正常缴纳。具体如图 8－11 和图 8－12 所示。

图 8－11　员工社保缴纳状态维护（一）

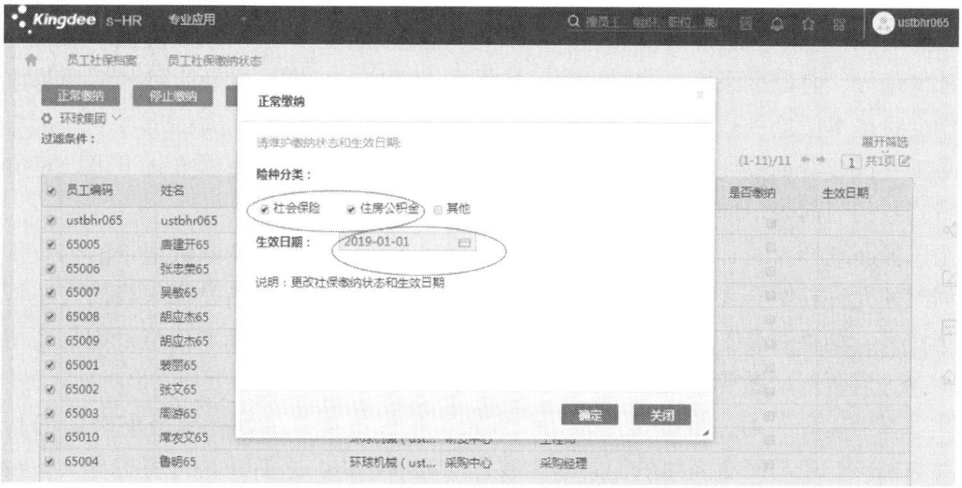

图 8－12　员工社保缴纳状态维护（二）

也可通过导入模板批量导入，导入时可选择是否更新导入。如果选择“是”，则按模板更新数据库中的数据；如果选择“否”，则若数据库中已经存在社保险种分类的状态数据则不更新。员工社保险种分类的缴纳状态目前没有保存历史记录，只保存了最后一次的记录。比如员工入职—离职—再入职，员工的缴纳状态则只有当前的再入职后正常缴纳状态和生效日期，之前的数据不会保存。目前社保计算暂时不会根据生效日期判断缴纳状态，也就是说：计算某个险种缴纳值时，找到这个险种对应的险种分类的缴纳状态是正常缴纳，则正常计算，否则返回 0，不会根据计算的哪个月份、缴纳状态是否生效来判断。

可以根据是否缴纳和生效日期，过滤当月每个社保险种分类的增加缴纳人员表和减少缴纳人员表，并支持导出。

在员工社保缴纳状态的列表上支持按照缴纳状态快速过滤，支持多选。

- 未缴纳：过滤未设置员工缴纳状态的人员。
- 正常缴纳：当前为正常缴纳状态的数据。
- 停止缴纳：当前为停止缴纳状态的数据。

若社保险种分类的“是否缴纳”为“否”，这个社保险种分类下的险种在函数“取社保及公积金缴纳值”计算时，个人和单位缴纳值为 0。只有险种对应的社保险种分类的“是否缴纳”为“是”，才会取员工社保档案中的基数和参保规则进行计算。

员工社保基本信息和缴费基数都可以通过模板进行导入。

2）【员工社保基本信息导入】：可导入员工的社保账号、住房公积金账号、参保规则、社保主体、生效日期。系统提供两个模板：一是社保基本信息导入（模板可配置），其支持通过开发平台中的【导入模板配置】功能增加自定义的字段；二是社保基本信息导入（带人员信息），其在下载时会将列表的员工（如果选择了数据行，则带已选择的）的基本信息带到模板中。

3）【员工社保缴费基数导入】：可导入员工历史和当前各个险种的个人缴费基数和单位缴费基数。员工缴费基数调整时也可以使用该导入模板导入调整后的基数，历史的基数记录保存在历史记录中，可点击【基数历史查询】进行查看。在下载模板时，会将当前列表的人员的社保基本信息带到模板中。如果基本信息为空，则可以在该模板中录入基本信息（社保账号、公积金账号、参保规则、社保主体、参保日期）以及险种和缴费基数的数据，则会将基本信息和基数数据一起导入。

员工社保缴费基数导入支持两种导入方式：新增和覆盖。在覆盖方式下可以对员工社保缴费基数的当前表中的数据（基数或基数生效日期）进行修改。

当选择新增导入时，只有判断模板中的数据与系统已有的缴费基数记录的生效日期都不相同时才允许新增导入。新增导入时根据基数的生效日期来判断是写入当前表还是写入基数历史表。如果按员工、参保规则、参保日期都没有找到社保基本信息，则先新增社保基本信息之后再新增缴费基数记录。

当选择覆盖导入时，根据员工、参保规则、参保日期、险种找到当前表中的基数记录，并判断该记录与历史表中的记录的生效日期都不相同，之后才进行覆盖导入。在覆盖导入时，如果当前导入的基数生效日期比基数历史表中的生效日期小，则该条记录写入基数历史表，历史表中最大生效日期的记录写入当前表；如果当前表中无相应的记录，则新增导入缴费基数记录；如果按员工、参保规则、参保日期都没有找到社保基本信息，则先新增社保基本信息，之后再新增缴费基数记录。

通过员工社保档案列表点击数据行进入表单，可编辑基本信息和基数数据。点击【编辑】直接修改分录中的基数和生效日期，录入的基数生效日期必须大于基数历史中所有的生效日期。

对于员工社保缴费基数的调整，通过【基数调整】新增基数记录。保存时校验：基数生效日期与已存在的基数的生效日期不同。如果基数生效日期小于历史表中基数的生效日期，则当前这条记录写入历史表，历史表中生效日期最大的那条记录写入当前表。

基数记录中引用参保规则信息时，会根据基数的生效日期判断引用参保规则哪个版本，判断逻辑为：参保规则的历史版本中生效日期≤基数生效日期的最大的一个版本。

参保规则增加新版本时，会判断引用了该参保规则的员工社保档案中，是否存在基数的生效日期≤该版本的参保规则的生效日期，并且员工社保档案的失效日期>该版本的参保规则的生效日期的数据。如果存在，则原来的记录进基数历史，当前表中插入该版本的参保规则的所有险种数据；如果参保规则中维护了个人缴费基数和社保缴费基数，则自动携带到各险种的缴费基数中，基数的生效日期为参保规则的生效日期。如果参保规则上没有基数，则基数和基数的生效日期携带上一份的数据。

4）员工社保档案失效，根据失效日期判断档案的失效日期>参保日期且>基数的开始日期且>社保实际缴纳值数据的统计年月的结束日期。社保档案失效后，员工社保实际缴纳值导入将无法再继续导入失效之后月份的数据，但各个险种的缴纳值计算则根据缴纳状态判断。

在【更多】→【删除档案】中可以将员工社保档案（包括档案中的参保信息和缴费基数记录）删除。适用场景：员工参保信息和缴费基数记录导入错误，删除后设置创建员工社保业务组织与导入参保信息和缴费基数。

8.3.3 薪酬业务设置

1. 实验数据

具体数据如表8-5和表8-6所示。

表8-5 薪酬项目

说明	创建业务组织：环球机械（ustbhr065），以下带有编码标识的为需创建薪酬项目。			
编码	项目名称	数据类型	项目分类	计入个税累计项
Ustb65001	月基本工资65	数值	应发项目	
Ustb65002	绩效奖金65	数值	应发项目	
Ustb65003	补发工资65	数值	应发项目	
	应发合计	数值	应发项目	累计收入
Ustb65004	养老个人扣除65	数值	其他项目	
Ustb65005	医疗个人扣除65	数值	其他项目	
Ustb65006	失业个人扣除65	数值	其他项目	
Ustb65007	社保个人扣除合计65	数值	其他项目	累计社保扣除
Ustb65008	公积金个人扣除65	数值	其他项目	累计公积金扣除
Ustb65009	专项扣除65	数值	其他项目	累计专项附加扣除
Ustb65010	病假天数65	数值	其他项目	
Ustb65011	病假扣款65	数值	扣款项目	
Ustb65012	事假天数65	数值	其他项目	
Ustb65013	事假扣款65	数值	扣款项目	
Ustb65014	法定加班天数65	数值	其他项目	
Ustb65015	加班工资65	数值	其他项目	

续表

编码	项目名称	数据类型	项目分类	计入个税累计项
Ustb65016	税前工资 65	数值	其他项目	
	应纳税所得额	数值	其他项目	累计应纳税所得额
	个税起征点	数值	其他项目	累计基本减除
	代扣税	数值	扣款项目	累计已预扣税额
	累计收入	数值	其他项目	
	累计社保扣除	数值	其他项目	
	累计住房公积金扣除	数值	其他项目	
	累计专项附加扣除	数值	其他项目	
	累计基本减除费用	数值	其他项目	
	累计预扣预缴应纳税所得额	数值	其他项目	
	累计应纳税所得额	数值	其他项目	
	累计预扣税额	数值	其他项目	
	实发合计	数值	其他项目	

注：项目表中所有带编码的项目是需要实验操作的数据；没有带编码的项目系统已内置，无须添加，但是需要将这些所有的项目添加到各自的计算规则中。

表 8-6　计算公式

项目名称	计算公式
养老个人扣除 65	养老个人扣除 65＝取四舍五入值[取社保及公积金缴纳值(“004”,0),2]
医疗个人扣除 65	医疗个人扣除 65＝取四舍五入值[取社保及公积金缴纳值(“003”,0),2]
失业个人扣除 65	失业个人扣除 65＝取四舍五入值[取社保及公积金缴纳值(“001”,0),2]
社保个人扣除合计 65	社保个人扣除合计 65＝养老个人扣除 65＋医疗个人扣除 65＋失业个人扣除 65
公积金个人扣除 65	公积金个人扣除 65＝取四舍五入值[取社保及公积金缴纳值(“006”,0),0]
病假扣款 65	病假扣款 65＝取四舍五入值(月基本工资 65/21.75×病假天数 65×0.4,2)
事假扣款 65	事假扣款 65＝取四舍五入值(月基本工资 65/21.75×事假天数 65,2)
加班工资 65	加班工资 65＝ 取四舍五入值(月基本工资 65/21.75×法定加班天数 65×3,2)
应发合计	应发合计＝月基本工资 65＋绩效奖金 65＋补发工资 65＋加班工资 65－病假扣款 65－事假扣款 65
税前工资 65	税前工资 65＝应发合计－社保个人扣除合计 65－公积金个人扣除 65－专项扣除 65
个税起征点	如果［核算次数］＝“1”,那么个税起征点＝取个税起征点(),其余个税起征点＝0
累计专项附加扣除	累计专项附加扣除＝取计税累计项目值(“70”,2)＋专项扣除 65
累计收入	累计收入＝取计税累计项目值(“20”,2)＋应发合计
累计社保扣除	累计社保扣除＝取计税累计项目值(“50”,2)＋社保个人扣除合计 65
累计住房公积金扣除	累计住房公积金扣除＝取计税累计项目值(“60”,2)＋公积金个人扣除 65
累计基本减除费用	累计基本减除费用＝取计税累计项目值(“40”,2)＋个税起征点
累计预扣预缴应纳税所得额	累计预扣预缴应纳税所得额＝累计收入－累计基本减除费用－累计社保扣除－累计住房公积金扣除－累计专项附加扣除

续表

项目名称	计算公式
累计预扣税额	累计预扣税额＝取计税累计项目值("90",2)
代扣税	如果[取累计代扣税(累计预扣预缴应纳税所得额,1)－累计预扣税额]<0,那么代扣税＝0,其余代扣税＝取累计代扣税(累计预扣预缴应纳税所得额,1)－累计预扣税额
实发合计	实发合计＝税前工资 65－代扣税

注：公式表中公式需要在各自的计算规则—计算公式中进行设置，建议按照实验数据顺序逐条设置。

2. 实验步骤

（1）薪酬项目设置。维护用于薪酬核算和发放的薪酬项目，并且可以设置薪酬项目的顺序，在核算发放时沿用该顺序进行显示。

操作路径：【薪酬核算】→【薪酬业务设置】→【薪酬项目】，点击【创建】，如图 8－13 和图 8－14 所示。

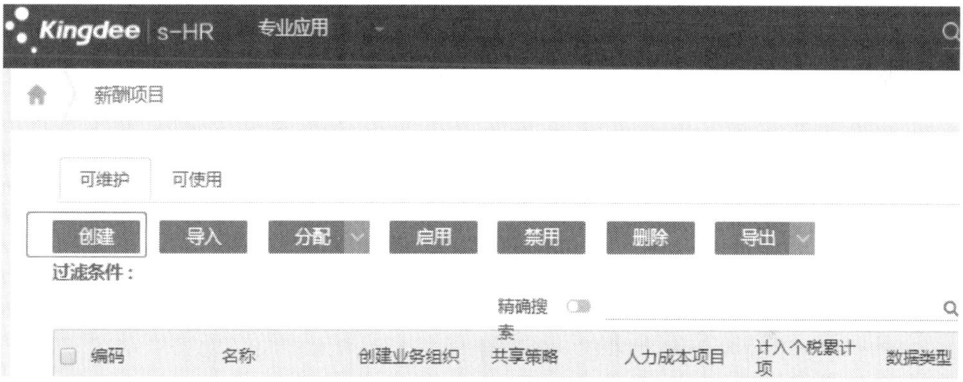

图 8－13　薪酬项目创建

注意事项：

1）编码、名称：不允许重名，不可以以数字开头。

2）创建业务组织、共享策略：维护后就确定了该薪酬项目可维护和可使用的业务组织范围。

3）数据类型：可选数值或字符类型，除了数值类型的，都选择字符，比如日期的项目，也选择字符类型。

4）数据长度：指数据库为该项目分配的数据长度，比如默认的数值是 13 位，那么包括小数位总共是 13 位。

5）数据精度：数值类型的，选择数据精度，表示保留几位小数位，则计算出来超出的部分四舍五入。

6）顺序：薪酬项目的顺序在被计算规则引用时，为薪酬项目显示的顺序；引用后，计算规则中薪酬项目的顺序默认引用该顺序。在可使用列表中批量排序时，默认引用该顺序。调整后，在可维护和可使用列表都可以查看，两边的顺序相同。

7）薪酬项目分类：薪酬项目所属的分类。在信息集，查询报表时会按该分类显示。

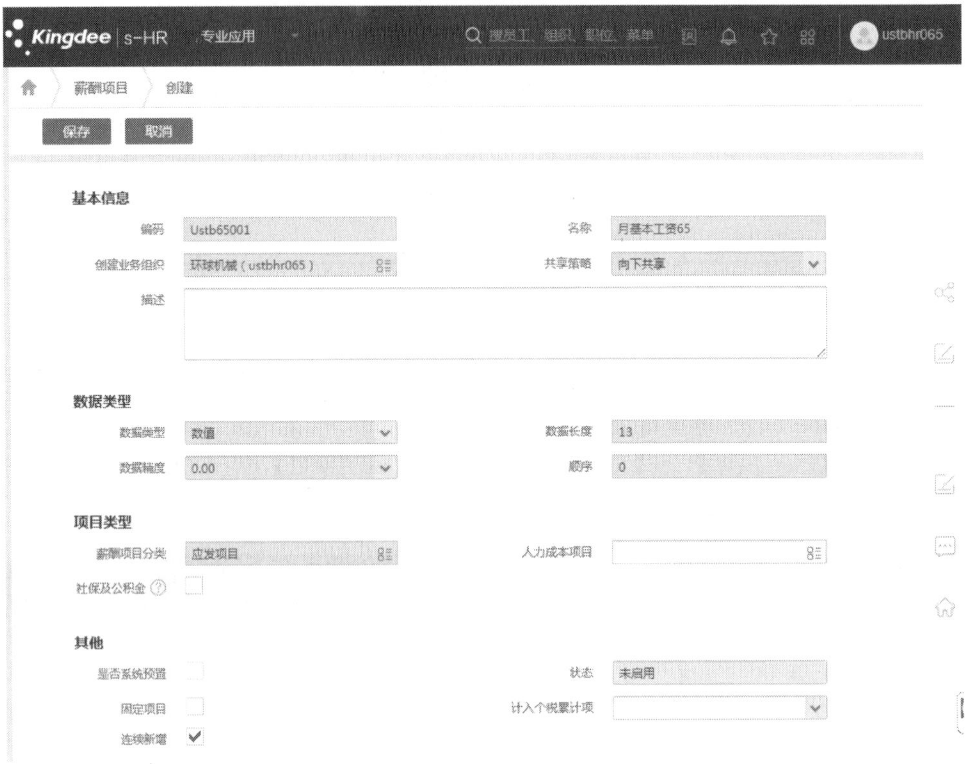

图 8-14　薪酬项目信息维护

8）人力成本项目：薪酬项目关联的人力成本项目，可选择的数据范围为薪酬项目创建业务组织下可使用的人力成本项目。薪酬项目与人力成本项目是多对一的关系，后续报表可以按人力成本项目统计，也只有关联了人力成本项目的薪酬项目，后面才会算到成本的实际发生值中。比如薪酬云分析中的薪酬总额，就是汇总了关联了人力成本项目的薪酬项目分摊到对应组织的金额。

9）社保及公积金：在社保及公积金查询报表中可查询的项目范围为勾选了该选项的薪酬项目。在计算公式中，使用这些薪酬项目来存储社保及公积金的数据。

10）是否内置：不可修改，系统出厂预置的项目会自动表示为内置，用户新增的都是“否”。

11）固定项目：用来表示是否为固定项目，勾选后，在薪酬标准中才能被引用。（与带到下期没有关系，如果项目值要带到下期，请在计算规则—薪酬项目—批量设置中设置。）

12）连续新增：勾选后，保存后自动打开新增界面，用户可新增下一个薪酬项目。

13）删除：选中薪酬项目，点击【删除】，只能对没有被计算规则引用且没有结过账的禁用状态的薪酬项目进行删除。如果有计算规则引用了这个薪酬项目，或者当前没有被计算规则引用但有已结账的记录中该项目存在数据，则该项目不允许删除，只能禁用。薪酬项目禁用后，所有该薪酬项目的使用关系记录全部更新为已撤销。

14）批量排序：在可使用列表中，点击【批量排序】，可以对薪酬项目进行排序，通过点击上移、下移、置顶、置底进行排序。

特别说明如下：

本次实验要完成新个税业务，所以对于薪酬项目也要有相关设置，要新增系统预置薪酬项目，实验中还需要给应发薪酬项目、起征点、代扣税等薪酬项目设置计入累计项。

这样在每一个期次结账时，每个累计项的数据会将对应的薪酬项目的值进行累加后保存下来，供下个月使用。

15）检查各个薪酬项目计入累计项的设置是否正确。

16）【备注】：累计项目不要设置计入累计项，否则会重复累计，导致计税错误。

17）【示例】：参考图 8－15，月度明细项目应该设置对应的“计入累计项”，社保和专项附加扣除的各项可设置到各个明细专项累计，也可统一设置到社保或专项附加扣除项，二选一。累计项目不要再设置计入累计项。没有用到的薪酬项目可不设置。

	月度明细																			纳税年度内累计到当月累计（获取上期次累计值+当月明细）								累计到上期次累计值
类别	应发薪金			专项扣除				法定其他扣除				专项附加扣除（计入累计项：累计专项附加扣除）					免税收入	起征点	应纳税所得	当月预扣税额	累计收入	累计专项扣除		累计其他扣除	累计专项附加扣除	累计免税收入	累计基本减除	累计应纳税所得	累计预扣税额
薪酬项目	月基本工资	绩效奖金	补发工资	个人养老保险费	个人医疗保险费	个人失业保险费	个人公积金扣款	企业年金	职业年金	商业健康险扣除	递延型商业养老扣除	子女教育扣除	赡养老人扣除	住房贷款扣除	住房租金扣除	继续教育扣除	免税收入	起征点	应纳税所得	代扣税	累计收入	累计社保扣除	累计公积金扣除	累计其他扣除	累计专项附加扣除	累计免税收入	累计基本减除	累计应纳税所得	累计预扣税额
计入累计项	累计收入			累计社保扣除、或者对应的各个险种的累计项，二选一			累计住房公积金扣除	累计依法确定的其他扣除				累计专项附加扣除、或者对应的各个专项的累计项，二选一					累计免税收入	累计基本减除	累计应纳税所得	累计预扣税额	不要设置累计项								
薪酬公式	不变											通过函数取员工申报专项数据，或导入					不变	使用新增函数获取	不变，保留员数	使用新增函数计算	使用新增函数获取累计到上期次累计值+当月明细中对应的项目								使用新增函数获取

图 8－15　累计项目设置示例

（2）纳税年度设置。因为薪资发放时间和薪酬统计年月间存在时间差，所以需要设置纳税年度的开始月，系统通过纳税年度的设置来判断哪些核算期间属于同一个纳税年度且需要累计。结账到新的纳税年度时重新开始累计。

操作路径：【系统设置】→【薪酬数据设置】→【个税起征点及税率表】，系统预置了“2019 税率表”，点击进入，然后点击【编辑】，如图 8－16 所示。

选择年度为当年，起始月为 1，保存即可，如图 8－17 所示。

（3）纳税单位设置。纳税单位方便个税报表的过滤、申报以及按纳税单位累计同一个纳税年度的数据。

操作路径：【薪酬核算】→【薪酬业务设置】→【纳税单位】，支持新建，也能从法人公司引用（勾选了法人公司的行政组织），如果行政组织上已经维护了纳税人识别号（税

含税级距		不含税级距		税率	速算扣除数
起始点	终止点	起始点	终止点		
0.00	36000.00	0.00	34920.00	0.03	0.00
36000.00	144000.00	34920.00	132120.00	0.10	2520.00
144000.00	300000.00	132120.00	256920.00	0.20	16920.00
300000.00	420000.00	256920.00	346920.00	0.25	31920.00
420000.00	660000.00	346920.00	514920.00	0.30	52920.00
660000.00	960000.00	514920.00	709920.00	0.35	85920.00
960000.00	999999999.00	709920.00	999999999.00	0.45	181920.00

图 8－16　2019 税率表

含税级距		不含税级距		税率	速算扣除数
起始点	终止点	起始点	终止点		
0.00	36000.00	0.00	34920.00	0.03	0.00
36000.00	144000.00	34920.00	132120.00	0.10	2520.00
144000.00	300000.00	132120.00	256920.00	0.20	16920.00
300000.00	420000.00	256920.00	346920.00	0.25	31920.00
420000.00	660000.00	346920.00	514920.00	0.30	52920.00
660000.00	960000.00	514920.00	709920.00	0.35	85920.00
960000.00	999999999.00	709920.00	999999999.00	0.45	181920.00

图 8－17　纳税年度设置

号），则会自动带到纳税单位中，如图 8－18 和图 8－19 所示。

保存并启用。

每位实验者都可创建自己所在公司的纳税单位信息。默认情况下，纳税单位的个税累计数据不允许被其他纳税单位引用，即在一个纳税年度中，其他纳税单位都无法取到该纳税单

图 8-18 纳税单位创建

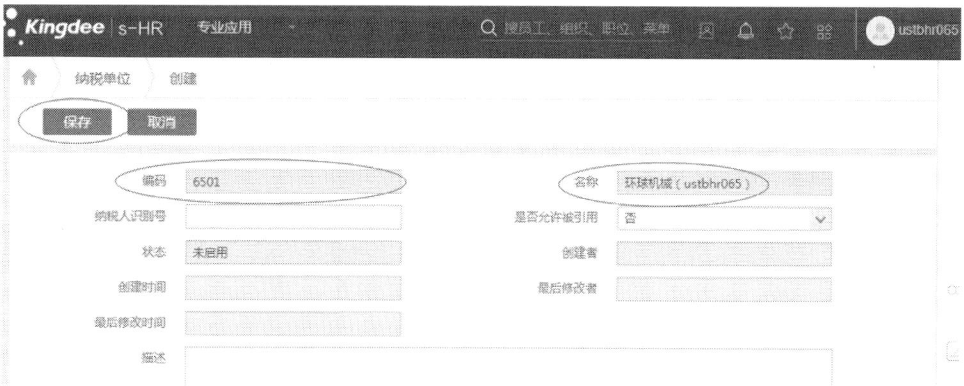

图 8-19 纳税单位信息创建

位的累计收入、累计应纳税所得额、已预扣预缴税额等项目值。其可设置为允许引用（支持批量设置）。如果设置为允许引用，则其他纳税单位都能取到该纳税单位的累计计税数据。

纳税单位可在计算规则上维护，如果在此前已经设置，则无须再设置；如果之前没有设置，则必须设置，否则在核算向导中无法进行审核。在计算规则中设置纳税单位后，该计算规则下当前期次的员工以及新加入的核算员工的纳税单位默认与此相同，计算规则的纳税单位更新时会将员工的纳税单位也自动更新。如果该员工的纳税单位与计算规则的纳税单位不同，则可以在核算向导第二步已选员工中，点击对应的员工记录单独修改；也支持直接在薪酬核算向导第三步导入模板中维护纳税单位，进行批量导入更新。

创建或引用的纳税单位，状态为未启用，启用后才能使用。如果纳税单位不再使用，可进行禁用。没有使用过的纳税单位可删除。

此外，需再次检查计算规则的纳税单位是否维护正确，否则下一期累计项会出现异常。可在薪酬核算向导第二步已选员工列表上，检查薪酬核算里面每个人的纳税单位是否正确。

注意事项：

1）计算规则的纳税单位一定要提前维护，这样员工的纳税单位才会自动带出，否则在薪酬核算界面，需手动维护或者导入纳税单位。

2）如果当前的计算规则中有已经审核的员工薪酬数据，“纳税单位”项目会为空，无法编辑。将计算规则中的审核和审批数据反审核之后或者结账到下期次后恢复正常。

（4）计算规则设置。根据薪酬数据的共享隔离需要，以及发放数据的规律，抽取薪酬项目与计算逻辑，设置成计算规则。计算规则中包含核算发放的薪酬项目、项目的计算公式，以及项目是否带到下期等逻辑设置。

操作路径：【薪酬核算】→【薪酬业务设置】→【计算规则】，点击【创建】，在计算规则新增界面需要录入计算规则的编码、名称、发薪业务组织、纳税单位、结账周期、起始日期等，如图 8－20 所示。

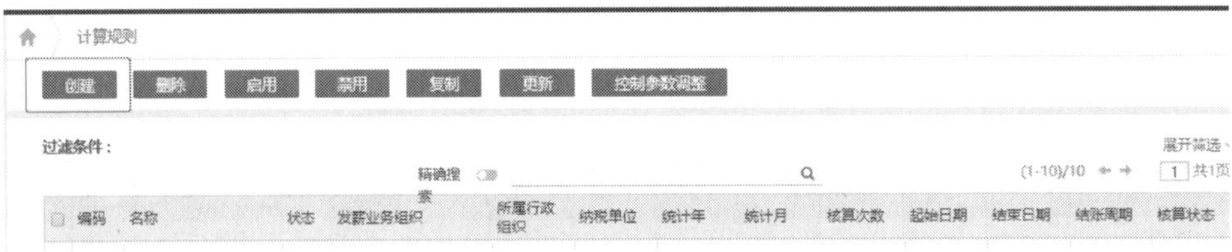

图 8－20　计算规则

按照图 8－21 设置计算规则基本信息。

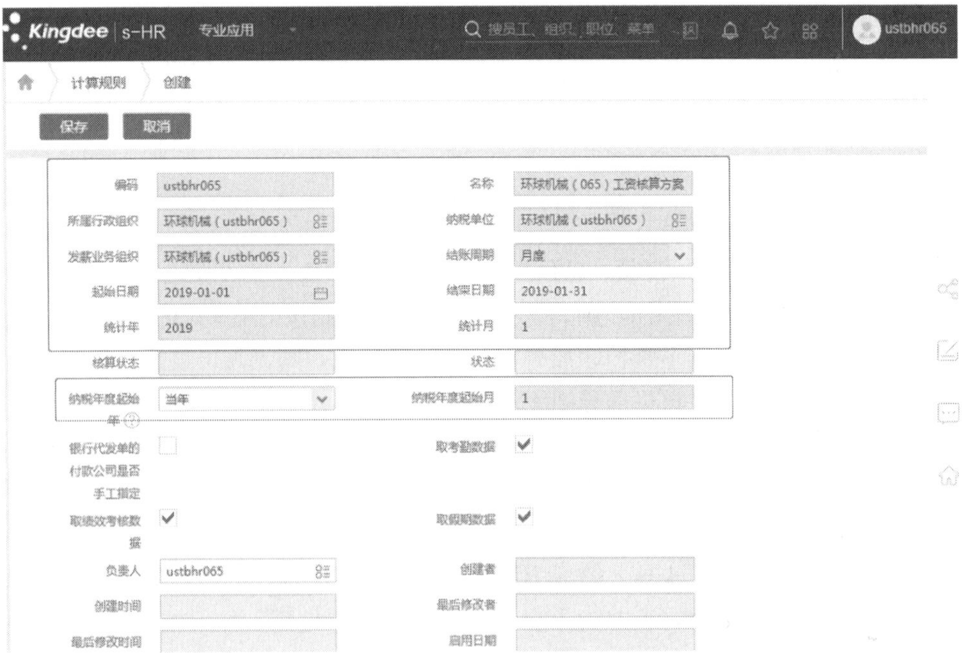

图 8－21　计算规则设置

保存后可启用。

项目的具体说明如下：

1）编码、名称：不允许重复。

2）创建业务组织：计算规则不支持按业务组织共享，只有创建业务组织才可使用。

3）所属行政组织：计算规则的默认权限控制为，用户有计算规则所属组织的权限时，才能看到该计算规则。

4）纳税单位：当需要用到合并计税时，需要选择纳税单位，只有法人组织才能作为纳税单位，同一个纳税单位同一个月的发薪才合并计税。计算规则中人员的纳税单位默认为引用计算规则的纳税单位，如有不同可在薪酬核算向导—核算员工的已选人员中进行单独设置。

5）结账周期：计算规则发放的周期，可选择月度、季度、半年、年度，计算规则结账时会自动按照结账周期滚到下一期，统计年、统计月、起始日期、结束日期自动滚动。

6）起始日期：创建的计算规则从哪个发薪周期开始使用，其起始日期是哪天。

7）结束日期：根据起始日期和结账周期自动计算出结束日期，可修改。

8）统计年：自动取结束日期的年，可修改。

9）统计月：自动取结束日期的月份，可修改。特别注意，当不是自然月时，统计月可能需要手工调整。启用前请确认统计月的正确性。

10）取考勤数据、取绩效考核数据、取假期数据：勾选这些选项，在薪酬计算时才会取到考勤、绩效考核、假期数据（函数还是需要设置）。

11）计算规则支持复制：复制时允许修改行政组织和发薪业务组织，修改了行政组织后，自动带出该行政组织所属的发薪业务组织。如果当前用户没有该发薪业务组织权限，则自动带出为空，需用户手动选择。保存时，会校验该计算规则下的薪酬项目是否都为该发薪业务组织可使用的薪酬项目，否则保存不了。

12）复制时可选择：复制的薪酬项目和薪酬公式允许删除或修改为是或否。如果为否，在对计算规则进行编辑时，复制的薪酬项目和薪酬公式不允许修改和删除，可新增薪酬项目、薪酬公式。如果为是，则复制的薪酬项目和薪酬公式也可以修改和删除。

13）计算规则支持批量更新：在选择计算规则进行【更新】时，如果没有复制过计算规则，点击【更新】。提示：该计算规则没有进行复制的计算规则，不需要更新。选择复制过的计算规则，点击【更新】，列出复制后的计算规则列表，可全选或选择部分计算规则进行更新。已经禁用的计算规则如果选择更新，也可更新。更新后，复制而来的项目和公式全部更新为当前源计算规则的项目、公式、项目设置。非复制的部分不变。

14）控制参数调整：在选择计算规则进行【控制参数调整】时，如果没有复制过计算规则，点击【控制参数调整】。提示：该计算规则没有进行复制的计算规则，不需要调整参数。选择复制过的计算规则，点击【控制参数调整】，列出复制后的计算规则列表，可设置是否允许修改复制的部分。

计算规则基本信息维护好后，点击侧边栏中的【薪酬项目】，维护计算规则中核算发放的薪酬项目（按照表 8－5 所示项目全部添加至计算规则—薪酬项目中），如图 8－22 和图 8－23 所示。

默认添加了应发合计、扣款合计、实发合计，如果不用这三个项目，可以删除。

进入选定的薪酬项目，可以进行添加、设置、删除等操作。点击【添加】，弹出薪酬项目基础资料，选择薪酬项目，可以翻页选择，已经勾选可以切换到已选界面来确认是否有误。确定无误后点击【确定】，完成添加。项目添加后，项目的顺序默认沿用薪酬项目

图 8－22 计算规则薪酬项目（一）

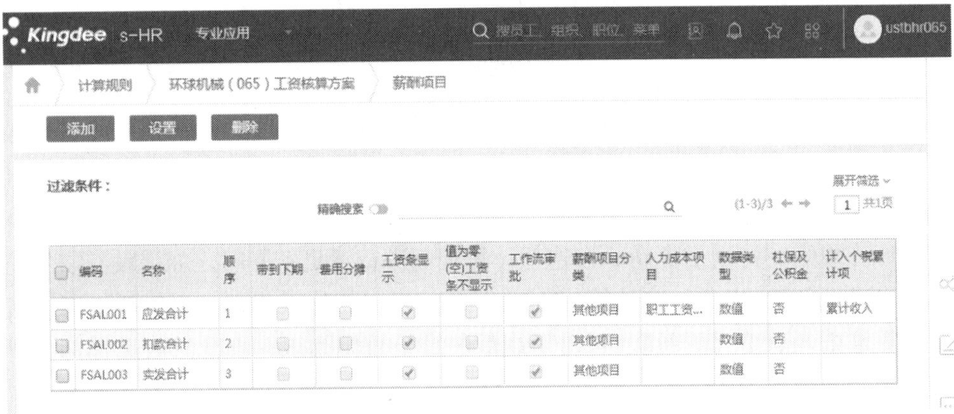

图 8－23 计算规则薪酬项目（二）

基础资料中设置的顺序，如图 8－24 所示。

点击【设置】，可以设置项目是否带到下期、费用分摊、是否工资条显示，以及薪酬项目的显示顺序。项目的具体说明如下：

1）顺序：可以直接录入数字，后续用到这个计算规则项目的地方，都默认按照这个顺序显示。

2）带到下期：勾选了该选项的项目，在计算规则按期结账或者按次结账时，会将结账期间的项目的数据带到下个期次中。

3）费用分摊：勾选了该选项的项目，在薪酬发放—成本分摊时，这些项目才按员工的费用承担组织和承担比例进行分摊；没有勾选该选项的项目，不会进行分摊操作；只有关联了人力成本项目和数值类型的薪酬项目才能勾选费用分摊，参与分摊的薪酬项目值也

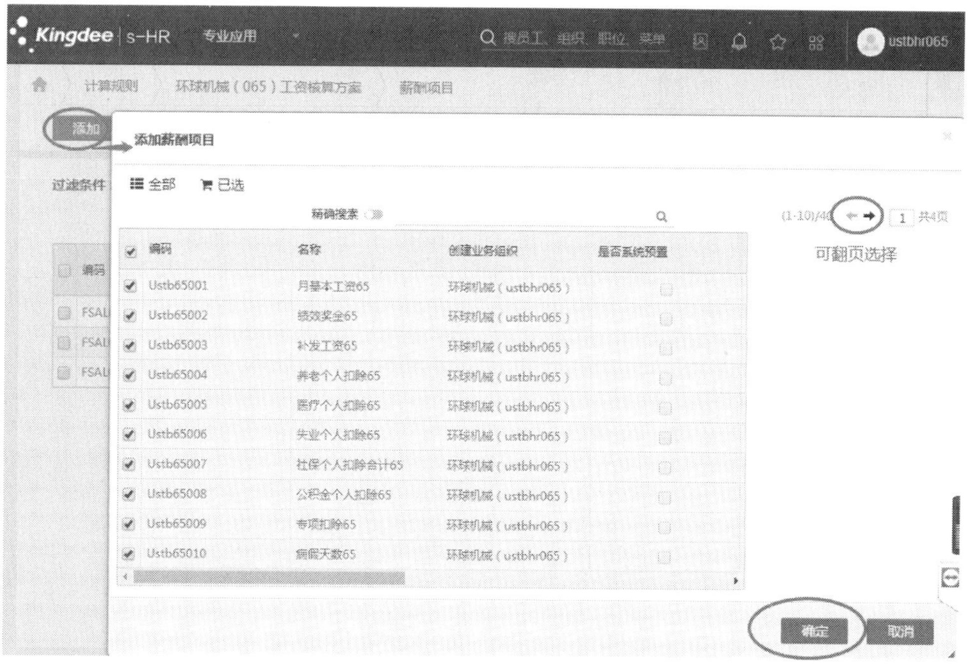

图 8-24　计算规则薪酬项目添加

才会存储在分摊结果中。

4）是否工资条显示：默认为是，勾选了的项目才在员工自助—我的工资条，以及移动应用我的工资条中显示。

5）值为零（空）工资条不显示：默认为否，勾选了的项目在员工自助—我的工资条，以及移动应用我的工资条中该项目如果值为零或空则不显示。

6）是否工作流审批：默认为是，勾选了的项目才会在薪酬发放审批单据中显示，否则不显示，包括薪酬发放员工明细、组织明细、组织层级汇总三个页签。

7）删除：在项目里选择要删除的项目，点击【删除】，可以删除计算规则引用的项目。已经结账的数据不会发生变化。当前期间开始不再使用该项目。

每位实验者可按照表 8-5 中薪酬项目的排序进行顺序设置。排序后项目如图 8-25 所示。

在计算规则查看界面，点击侧边栏中的【计算公式】，如图 8-26 所示，进入公式新增界面，维护计算规则中薪酬项目的计算公式，可以直接在公式编辑区录入公式，或者从其他地方复制、粘贴过来，如图 8-27 所示。

每位实验者按照表 8-6 计算公式完成计算公式设置，如图 8-28 和图 8-29 所示。

注意事项：

一次只能给一个项目设置公式，比如这种公式是不允许的：如果年龄＜20，那么项目 A=1.0，其余项目 B=2.0。

等式的左边和右边类型要相同，字符串要用英文半角的双引号引起来。

公式中使用条件判断，最后要增加其余分支。

公式的执行顺序一定要设置正确，比如项目 B 要通过项目 A 进行计算，那么项目 A

图 8－25　薪酬项目顺序设置

图 8－26　计算公式

的公式顺序要在项目 B 的公式之前。举一个简单例子：扣款合计中包含了代扣税，代扣税要通过公式函数进行计算，那么代扣税的这个公式要先算，然后算扣款合计，这个顺序就是通过这个执行顺序来控制。

双击左边信息集字段，字段会传到公式编辑区，薪酬项目默认显示为红色，人事信息

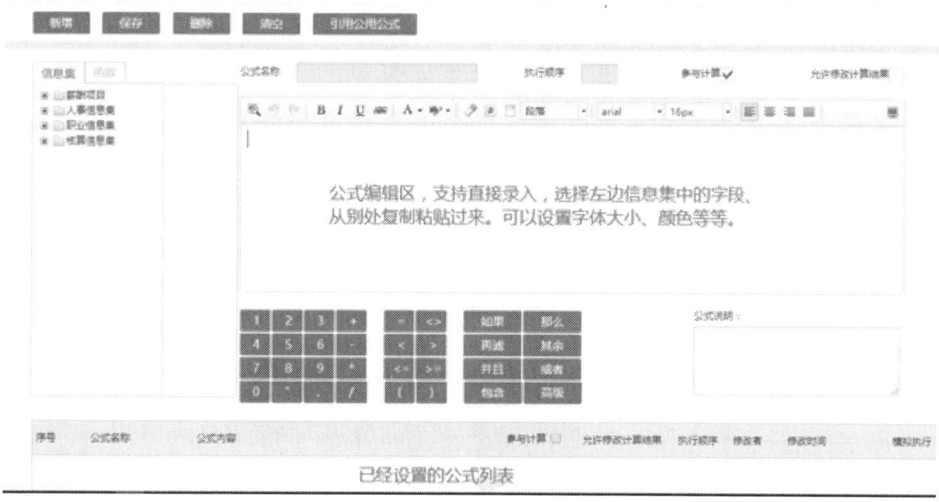

图 8－27　公式编辑区

图 8－28　计算公式设置

集和职业信息集下的字段默认显示为蓝色，以“［ ］”括起来，这些格式请保留。如果人事信息集和职业信息集下的字段比如入职日期要作为函数的参数，那么直接把字段传进去，不要加""（英文半角的双引号）；如果是具体的某个值作为参数，则需要加""（英文半角的双引号）。

设置好的公式，可以当作是一段文本，可以对这段文本设置字体、颜色、格式，使公式看起来更明了。注意符号要求必须是英文半角。

模拟执行功能：设好公式以后，通常在不确定公式是否正确的情况下，可以用模拟执行来检查。

参与计算：当这个选项不勾选时，计算时是不会计算这个公式的。这个选项一般用于定

图 8-29 计算公式

位问题。比如计算时报错，但是不确定哪个公式报错的情况下，有怀疑的公式可以先不计算，看看是不是这个公式的问题，再就是反结账到历史期间重新计算，而历史期间的公式可能与当前期间的公式不一样，可以另外设置一个，把现有的公式暂时设置为不参与计算。

在公式列表上可以查看公式最后修改者和修改时间，点击公式列表表头“参与计算”后面的复选框，可批量设置为参与计算或不参与计算，也可在公式行的单元格中利用勾选和去掉勾选进行设置。

8.3.4 薪酬核算

薪酬核算向导是完成员工薪酬核算的主要操作界面，在此可以针对选中的员工完成薪酬的计算、审核、发放、结账等操作。

核算向导中所有操作都是基于人员，可以在列表上进行选择。如果一行都不选，则默认表示全选。选中列表表头上的全选框，只是表示全选当前界面的数据行，不是所有数据都选中。

1. 实验数据

具体数据如表 8-7 所示。

表 8-7 手工维护薪酬数据

姓名	月基本工资	绩效奖金	补发工资	专项扣除	病假天数	事假天数	法定加班天数
裴丽 65	11 000			1 000		1	
张文 65	8 000	600	100	1 000			
周游 65	8 000	600		1 000			1

续表

姓名	月基本工资	绩效奖金	补发工资	专项扣除	病假天数	事假天数	法定加班天数
鲁明65	11 000			1 000			
唐建开65	10 000			1 000			
吴敏65	11 000			1 000	1		
胡应杰65	10 000			1 000			
席农文65	8 500	800		1 000			
ustbhr065	12 000			3 000			

2. 实验步骤

操作路径：【薪酬核算】→【薪酬核算向导】。

(1) 选择薪酬核算表，如图8-30所示。

图8-30 选择薪酬核算表

核算表有以下几种状态：未计算、已计算、已审核、审批中、审批通过、已结账等。

- “未计算”表示核算表中所有人员的薪酬都还没有进行过计算。
- “已计算”表示核算表中已经有人员的薪酬进行过计算，但是还没有完成审核。
- “已审核”表示核算表中已经有人员的薪酬记录并且薪酬专员/薪酬主管已经审核，但还未提交领导审批发放。
- “审批中”表示核算表中的薪酬数据提交领导审批中。
- “审批通过”表示核算表中所有薪酬数据都已审批通过，可进行发放。
- “已结账”表示发放完成，本期数据冻结，要进行下一期的发放。

核算状态变化流程如图8-31所示。

注意事项：

如果在此步骤没有看到具体可选择的薪酬核算表，则表明还没有用户权限范围内启用状态的薪酬计算规则或者被过滤了。由于薪酬核算表是计算规则与薪酬发薪周期绑定而成，因此不需要进行薪酬核算表增删改的操作，某个薪酬周期对应的核算表在结账后会自动滚动生成下一个新的核算表。

(2) 核算员工。进入下一步“核算员工”，如图8-32所示。

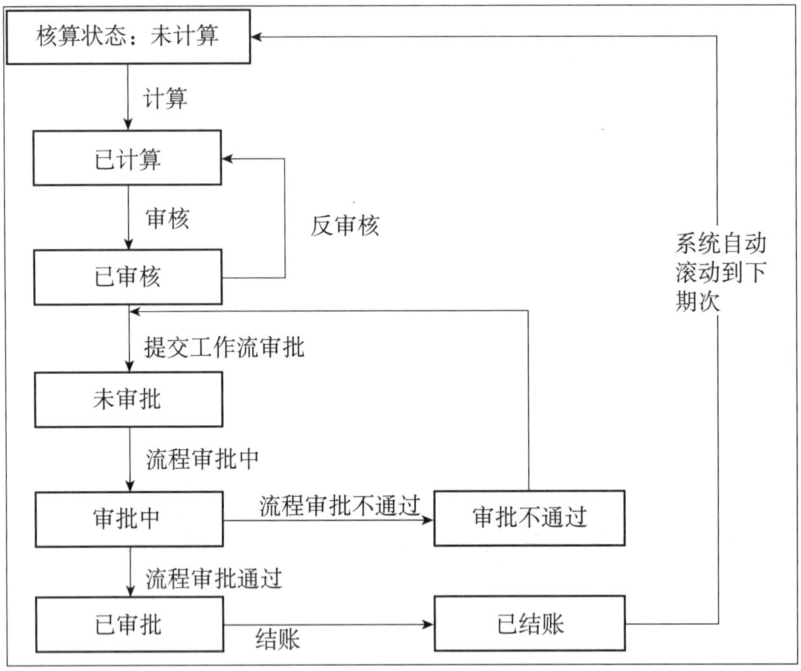

图 8-31　核算状态变化流程

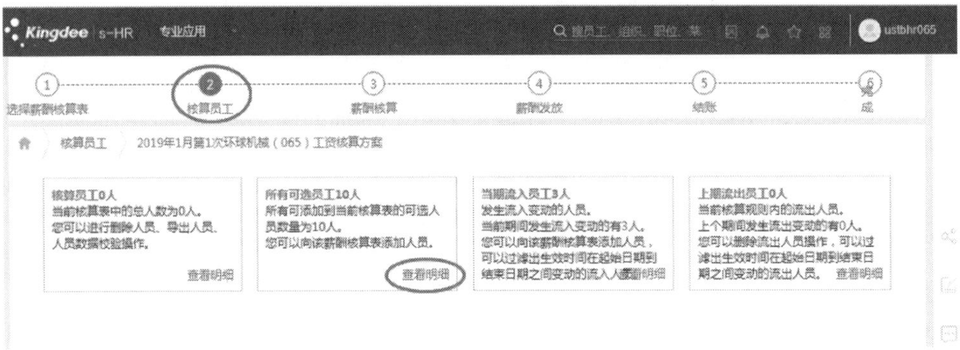

图 8-32　核算员工

点击【所有可选员工】查看明细，进入可选员工列表，勾选需要核算工资的员工，点击【添加员工】，如图 8-33 所示。

结果如图 8-34 所示。

(3) 薪酬核算。在第三步“薪酬核算”中，可以在界面上直接对人员的项目值进行录入、删除、修改、批量录入、保存、计算、计算结果调整、锁定、审核、对比分析、合并计税查看、查看考勤数据、查看绩效数据、数据导出等操作。如图 8-35 所示，录入或者导入表 8-7 中需要手工维护的项目对应的数据，保存。

保存后，点击计算、锁定、审核，如图 8-36 和图 8-37 所示。

注意事项：

在录入数据时，可编辑的单元格可通过键盘上的↑、↓、←、→键定位到邻近单元格进行编辑。

图 8-33　添加员工

图 8-34　已选员工

1）列值编辑：选择人员，如果都不选，表示全选，点击【列值编辑】，弹出所有可编辑的项目（没有设置公式），可对选中人员的项目进行批量录入。勾选“若存在数据则不修改”，则列表已存在的数据（包括 0）不会变化。没有数据的统一录入左边录入的值。点击【保存】，则直接保存到数据库中，列表上不需要再进行保存。

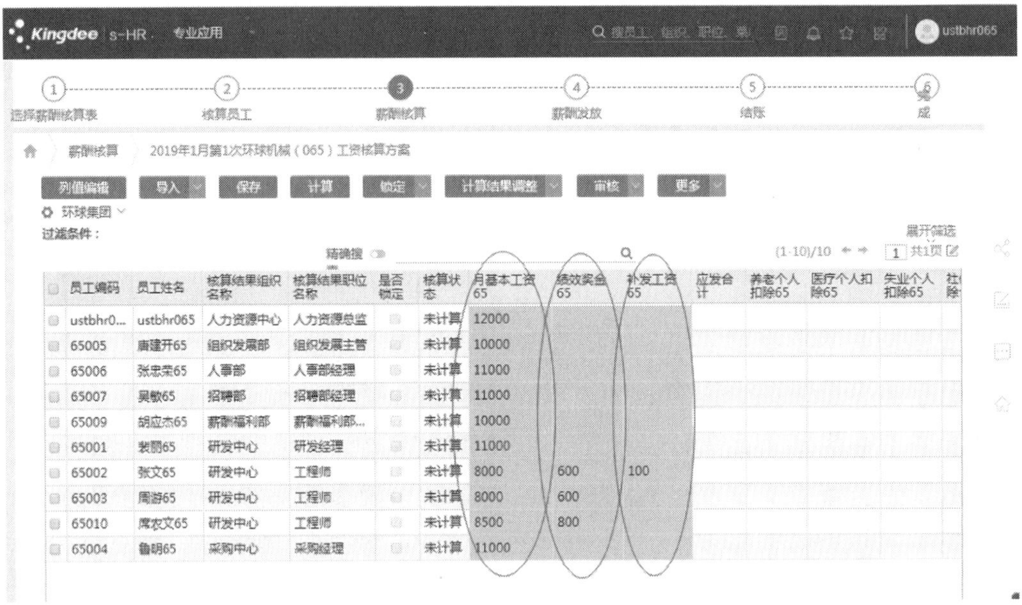

图 8-35 录入保存数据

图 8-36 计算完成

2）导入：点击【导入数据】，可以下载模板，在模板中维护数据后，通过模板进行批量导入，没有设置公式的项目才能进行导入。

有三种模板可选择使用：模板一不带员工编码和姓名，适用于导入部分员工的数据；模板二带用户权限范围内所有的员工编码和姓名，以及允许导入的薪酬项目列，适用于导入全部员工的数据；模板三带用户权限范围内所有的员工编码和姓名，以及允许导入的薪酬项目列和数据，适用于要批量修改数据后导入。三种模板导入时，都是将符合编辑条件

图 8－37　锁定、审核

的人员的项目数据更新到数据库中，已有的数据不保留。

导入完成后，可以查看导入报告中哪些数据导入成功，哪些数据导入失败，失败原因是什么。比如：薪酬核算导入模板中的有的员工不在当前计算规则中，或者员工的核算状态为已审核、未审批、审批中、已审批、已结账，以及模板中薪酬项目列在计算规则中不存在或者已经设置公式。

(4) 薪酬发放。薪酬发放中可以进行发放前的审批，可以直接审批或工作流审批，审批通过后可进行银行代发、套打、成本分摊等操作。

要对全部人进行直接审批，只需点击【直接审批】，不需要选择人员。如果需要对部分人员进行审批，则选择对应人员后，点击【直接审批】。具体如图 8－38 所示。

图 8－38　薪酬发放审批

（5）结账。点击【按期结账】，则系统会对当前薪酬周期的核算表数据进行封存，同时自动产生下一期数据，将本期的人员和勾选了带到下期的项目的数据带到下一期；点击【按次结账】，则系统会对当前薪次及当前薪次下的核算表数据进行封存，同时自动产生下一薪次数据，将本薪次的人员和勾选了带到下薪次的项目的数据带到下一薪次。

本次实验选择【按期结账】，如图 8－39 和图 8－40 所示。

图 8－39　按期结账（一）

图 8－40　按期结账（二）

（6）导出。已经结账的薪酬数据可以选择需要的列进行导出，如图 8－41 和图 8－42 所示。

图 8-41　导出字段选择

图 8-42　导出薪酬数据

8.4　实验结果

(1) 户籍类型如图 8-43 所示。

图 8-43 户籍类型

（2）参保地区如图 8-44 所示。

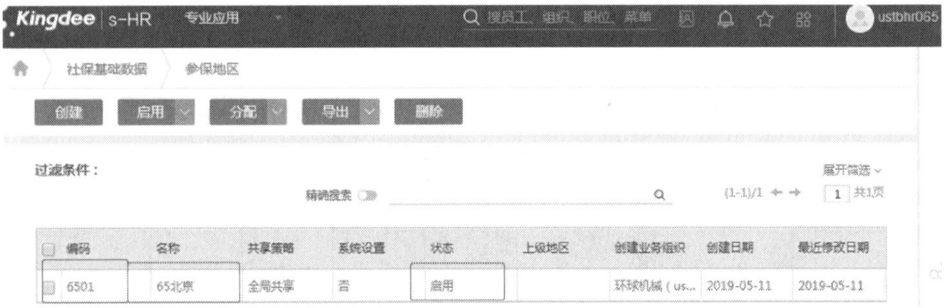

图 8-44 参保地区

（3）参保规则如图 8-45 所示。

图 8-45 参保规则

（4）社保档案数据如图 8－46 所示。

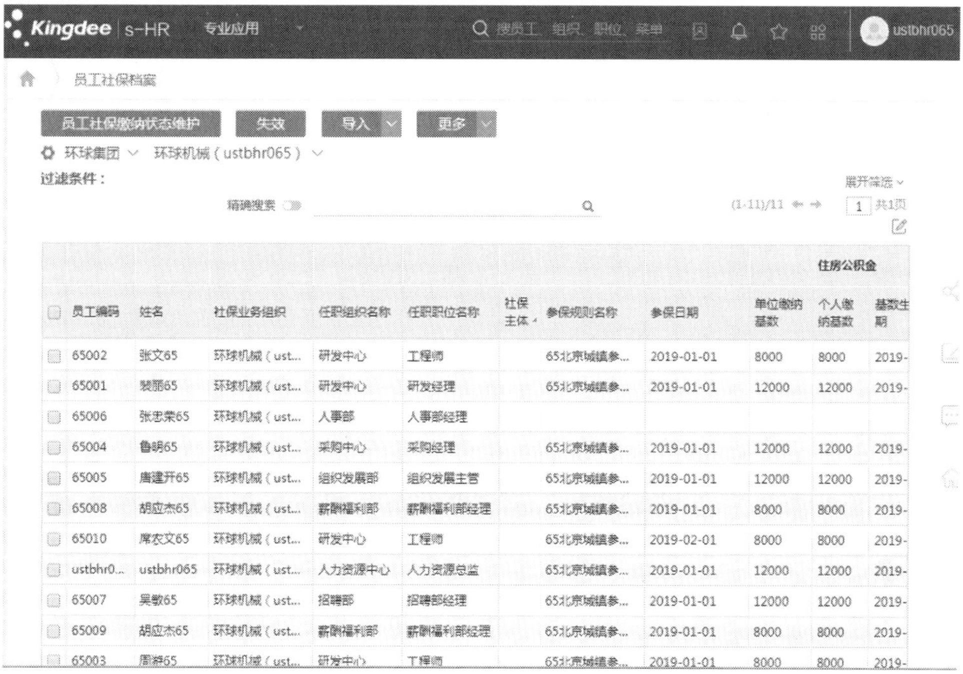

图 8－46　社保档案数据

（5）薪酬项目如图 8－47 所示。

图 8－47　薪酬项目

（6）纳税单位如图 8－48 所示。

图 8－48　纳税单位

（7）结账显示如图 8－49 所示。

图 8－49　结账显示

（8）员工薪酬明细查询数据导出如图 8－50 所示。

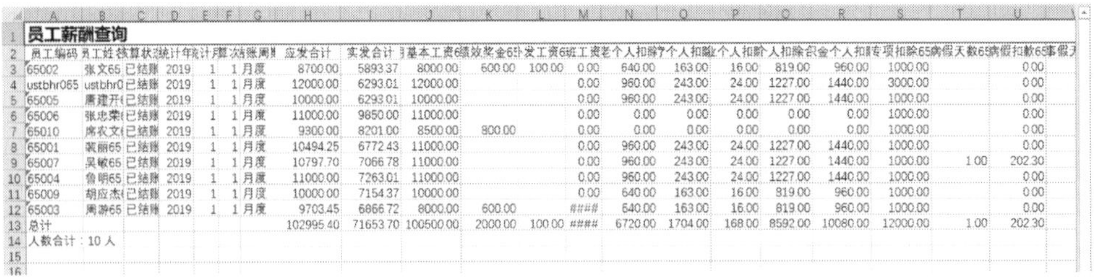

员工薪酬查询

员工编码	员工姓	核算状	统计年	统计月	算次	结账周	应发合计	实发合计	基本工资6	绩效奖金6	补发工资6	班工资	老个人扣除	个人扣除	个人扣除	人扣除	积金个人扣	专项扣除65	病假天数65	病假扣款65
65002	张文65	已结账	2019	1	1	月度	8700.00	5893.37	8000.00	600.00	100.00	0.00	640.00	163.00	16.00	819.00	960.00	1000.00		0.00
ustbhr065	ustbhr0	已结账	2019	1	1	月度	12000.00	6293.01	12000.00			0.00	960.00	243.00	24.00	1227.00	1440.00	3000.00		0.00
65005	唐建开	已结账	2019	1	1	月度	10000.00	6293.01	10000.00			0.00	960.00	243.00	24.00	1227.00	1440.00	1000.00		0.00
65006	张忠荣	已结账	2019	1	1	月度	11000.00	9850.00	11000.00			0.00	0.00	0.00	0.00	0.00	0.00	1000.00		0.00
65010	席农文	已结账	2019	1	1	月度	9300.00	8201.00	8500.00	800.00		0.00	0.00	0.00	0.00	0.00	0.00	1000.00		0.00
65001	裴丽65	已结账	2019	1	1	月度	10494.25	6772.43	11000.00			0.00	960.00	243.00	24.00	1227.00	1440.00	1000.00		0.00
65007	吴敏65	已结账	2019	1	1	月度	10797.70	7066.78	11000.00			0.00	960.00	243.00	24.00	1227.00	1440.00	1000.00	1.00	202.30
65004	鲁明65	已结账	2019	1	1	月度	11000.00	7263.01	11000.00			0.00	960.00	243.00	24.00	1227.00	1440.00	1000.00		0.00
65009	胡应杰	已结账	2019	1	1	月度	10000.00	7154.37	10000.00			0.00	640.00	163.00	16.00	819.00	960.00	1000.00		0.00
65003	周游65	已结账	2019	1	1	月度	9703.45	6866.72	8000.00	600.00		####	640.00	163.00	16.00	819.00	960.00	1000.00		0.00
总计							102995.40	71653.70	100500.00	2000.00	100.00	####	6720.00	1704.00	168.00	8592.00	10080.00	12000.00	1.00	202.30
人数合计：10 人																				

图 8－50　薪酬数据导出

复习思考题

1. 请结合本章学习，谈谈运用金蝶 s-HR Cloud 系统进行薪酬核算能够为企业薪酬管理带来哪些价值。

2. 请结合本章学习及其他人力资源管理知识的学习，谈谈作为一名薪酬体系的设计或实际操作人员应该掌握哪些知识和技能。

实训

1. 情景

近期环球机械的薪酬管理制度做出了如下调整：

(1) 为了鼓励员工长期服务，决定为全体员工增设年功工资。规定对与集团及下属企业签订正式合同的员工，自签订合同满一年（12个月）的次月起，按为企业服务年数，每月享有40元/年的年功工资，满12年封顶。

(2) 每名员工每年增加3天带薪病假额度，员工请病假不超过3天的不扣除病假工资。

(3) 全集团取消“绩效奖金”，员工月度基本工资的20%作为绩效工资基数。绩效工资计算公式如下：

员工月度绩效工资=月度基本工资×20%×绩效系数

其中，绩效系数按表8-8所给方式计算。

表8-8 考核等级和绩效系数规范

员工月/季度绩效考核成绩（四舍五入取整）	考核等级	绩效系数
98%～100%	S（优秀）	1.2
90%～97%	A（良好）	1.0
75%～89%	B（一般）	按实际得分计算
74%～60%	C（及格）	0.6
<60%	D（待改进）	0.4

(4) 为严肃集团考勤管理制度，集团规定，员工每月迟到或早退1次扣20元作为罚款，每个月不得超过3次，如迟到或早退超过3次，当月绩效考核等级为D。

2. 任务

(1) 请按照上述薪酬管理制度的调整，完成薪酬方案的调整。

(2) 利用第5章和第6章两章实训课题的绩效考核和假勤统计数据，在任课老师的指导下计算人力资源共享服务中心一个月的薪酬。

(3) 将通过系统计算出的薪酬结果进行手工验算，验证计算公式编辑的正确性。

第9章 共享服务

人力资源共享服务的概念起源于1997年，是HR三支柱模型的部分内容，由戴维·尤里奇（Dave Ulrich）提出，三支柱即专家中心（COE）、人力资源业务伙伴（HRBP）和人力资源共享服务中心（HRSSC）。该模型作为支撑企业战略的人力资源体系，服务于组织业务，其核心理念是通过组织能力再造，让人力资源组织更好地为企业创造价值。人力资源共享服务中心是将企业各业务单元中所有与人力资源管理有关的基础性行政工作统一处理。比如将员工招聘、薪酬福利核算与发放、社会保险管理、人事档案、人事信息服务管理、劳动合同管理、新员工培训、员工投诉与建议处理、咨询服务等集中起来，建立一个服务中心来统一进行处理并通过信息化工具达到提高效率、节约成本的目的。

9.1 功能概述

金蝶s-HR Cloud系统为企业人力资源共享服务中心开发了几个典型应用功能，包括员工入职服务、员工证明开具服务、电子劳动合同和智能问询服务等。

9.2 功能说明

9.2.1 人事共享

人事共享提供入职、证明办理等人事共享服务。主要包括预入职登记、职位入职二维码、证明模板设置、在职证明申请、收入证明申请、离职证明申请、其他证明申请、员工信息维护（共享），如图9-1所示。

(1) 预入职登记。为人事专员提供在系统中新增预入职人员记录，维护预入职人员基本信息，批量更新预入职人员入职状态，为预入职人员发送自助化云服务平台登录信息，代预入职人员维护档案信息后提交审核等相关功能。

(2) 职位入职二维码。为人事专员提供职位入职二维码发布功能，支持预入职人员在移动端通过扫描该二维码后进行预入职信息填写。

图 9-1 人事共享

（3）证明模板设置。提供证明模板设置功能，包括证明模板方案维护、模板文件上传、模板参数匹配、模板样式预览，支持证明模板样式的自定义设置和灵活使用。

（4）在职证明申请。为人事专员提供代员工填写在职类证明申请，包括在职（含收入）与在职（不含收入）两种，同时提供查询跟进已提交的在职证明的流程审批进度、证明状态等相关功能。

（5）收入证明申请。为人事专员提供代员工填写收入证明申请、查询跟进本人提交的收入证明的流程审批进度、证明状态等相关功能。

（6）离职证明申请。为人事专员提供代员工填写离职证明申请、查询跟进本人提交的离职证明的流程审批进度、证明状态等相关功能。

（7）其他证明申请。为人事专员提供代员工填写企业提供开具的其他类证明申请、查询跟进本人提交的其他证明的流程审批进度、证明状态等相关功能。

（8）员工信息维护（共享）。对已入职员工提供日常信息维护和查看员工个人信息、员工变动记录、教育经历、标签等功能，支持员工变动历史数据、员工职等历史数据的导入。

9.2.2 合同共享

金蝶 s-HR Cloud 系统合同共享提供人事专员对员工入职后电子劳动合同的新签发起以及对劳动合同即将到期的员工电子劳动合同的续签发起，企业电子劳动合同模板配置等功能，如图 9-2 所示。

（1）电子劳动合同新签。为人事专员提供针对员工入职前后进行电子劳动合同新签发起功能，支持批量新签发起、流程跟踪等相关功能。

（2）电子劳动合同续签。为人事专员提供针对劳动合同即将到期员工进行电子劳动合同续签发起功能，支持批量续签发起、流程跟踪以及对当前合同记录进行历史合同追溯等相关功能。

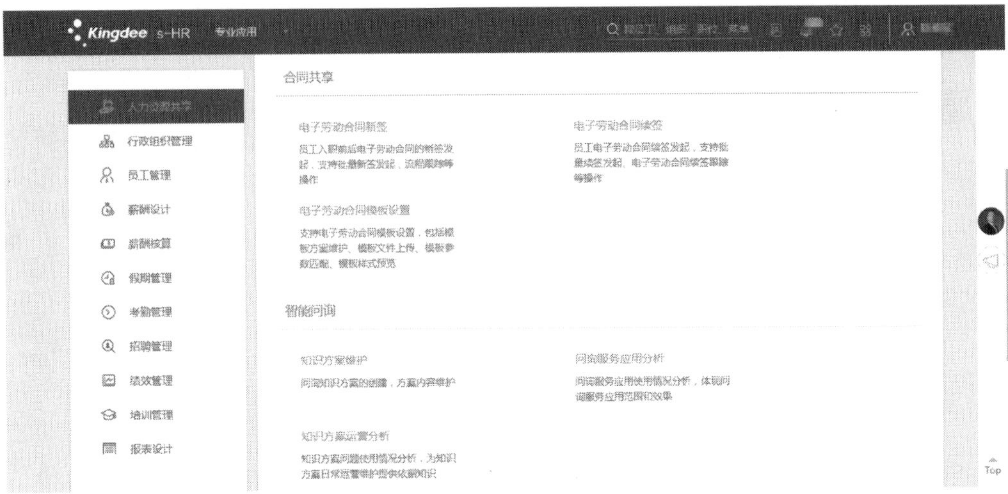

图 9-2　合同共享

(3) 电子劳动合同模板配置。为人事专员提供企业各类电子劳动合同签署功能，包括预入职新签、员工新签、员工续签等服务时，需设置不同电子劳动合同模板功能。电子劳动合同模板设置主要包括模板方案维护、合同模板上传、模板匹配和模板预览等。

9.2.3 智能问询

智能问询界面如图 9-3 所示。

图 9-3　智能问询

(1) 知识方案维护。为人事专员提供知识方案的创建和知识方案问题维护的功能，支持员工问询服务应用的使用。

(2) 问询服务应用分析。为人事专员提供问询服务应用使用情况分析。

(3) 知识方案运营分析。为人事专员提供知识方案问题使用情况分析，为知识方案日常运营维护提供依据。

9.2.4　共享任务中心

金蝶 s-HR Cloud 系统共享任务中心是人力资源共享服务的核心应用，该功能基于 EAS 共享任务平台，接收人力资源业务领域产生的任务，根据任务分配规则分配给共享服务中心的业务员进行处理。主要功能包括任务工作台、预入职档案审核、入职办理、电子劳动合同签署办理、证明办理，如图 9 - 4 所示。

图 9 - 4　共享任务中心

(1) 任务工作台。为共享服务中心的业务员提供人力资源共享任务看板查看功能，包括全部任务、超期任务、待处理任务和今日已完成任务等关键指标，以及近两周单据处理情况分析图表。

(2) 预入职档案审核。为共享服务中心的业务员提供预入职人员档案审核任务处理功能。共享服务中心的业务员可跟踪预入职人员的信息审核状态，可进入查看和修改信息。审核后自动推送短信提醒给预入职人员。审核通过的预入职人员档案状态更新为“审核通过”，审核不通过的预入职人员档案状态更新为“待重新提交”，预入职人员可登录自助化云服务平台进行个人信息修改后的重新提交。

入职办理前必须对档案进行审核且审核通过，否则不能进行入职办理。

(3) 入职办理。为共享服务中心的业务员提供员工现场入职信息确认及入职办理任务处理功能。入职办理支持通过扫描入职人员提供的条形码和直接选择人员两种方式进行入职办理。共享服务中心的业务员完成入职办理检查，系统自动下推生成入职单，完善相关入职信息后，即完成该人员的入职办理任务。如果不符合入职条件，系统支持进行入职终止操作。

系统支持入职办理过程中电子劳动合同新签的发起操作；支持通过设置“入职前是否进行劳动合同签署”参数以控制预入职人员能否进行入职办理。

(4) 电子劳动合同签署办理。为共享服务中心的业务员提供电子劳动合同签署任务处理功能。系统针对预入职新签、员工新签、员工续签等不同业务预置对应的员工签署、企业签章任务类型。电子劳动合同新签、续签发起单据经工作流进入任务池，共享服务中心的业务员可以预览带有员工信息的合同模板，确认后进行“员工签署”操作；员工可在手机端接收云之家推送的电子劳动合同签署消息，点击消息后经过合同信息查看、个人身份验证后即可进行在线合同签署。员工完成签署后，共享服务中心的业务员即可进行下一步“企业签章”的任务处理，一份员工电子劳动合同即完成完整的签署。电子劳动合同签署办理提供“终止签署”操作，支持完成签署过程中发生异常时，终止当前合同签署任务的操作。

（5）证明办理。为共享服务中心的业务员提供员工证明办理任务处理功能，证明类型支持在职证明、收入证明、离职证明、其他证明，针对不同证明类型支持审核和办理等不同任务类型，支持共享服务中心的业务员登记收入证明的进度和物流编号等信息，支持业务员选择证明模板进行证明的打印操作。

9.2.5 人才服务平台

金蝶 s-HR Cloud 系统人力资源共享预入职云服务依赖于人才服务平台功能实现。

针对入职过程中最烦琐的个人信息填写环节，人力资源共享服务提供了快速应用的自助化云服务平台——人才服务平台（talent service platform，TSP），TSP 支持企业预入职人员基于该平台进行入职信息登记和提交，通过服务前置来大大减少人力资源管理人员的工作负担。

在人才服务平台上，不同企业模板配置信息相互隔离。

员工入职服务的业务需要结合 TSP 一起应用，才可以完整实现 HRSSC 中的标准化入职处理。其主要功能覆盖 s-HR 专业用户应用和预入职个人用户应用。TSP 和 s-HR 实时进行“云＋端”的数据交互。

TSP 面向两类用户提供应用。

（1）专业用户应用：入职模板管理，如图 9－5 所示。

图 9－5　入职模板

TSP 为企业提供多种入职信息登记模板的维护功能，通过维护不同的入职模板类型，来支持不同入职类型的人员按照对应模板进行信息填写和提交。

（2）个人用户应用：入职信息登记。TSP 为个人用户提供以下两种登录方式，进行入职信息填写与提交。

1）扫描企业发布的入职登记二维码（手机端），如图9-6所示。

9-6　手机端入职登记

2）接收短消息/邮件发送的登录信息（手机端和PC端），如图9-7所示。

图9-7　登录信息

注意事项：

人才服务平台的数据结构、基础资料、人员记录等完全来自s-HR。企业间数据互相隔离，可支持不同企业不同的数据结构、校验规则和界面展示，做到按需定制，完整匹配不同企业预入职共享业务的需要。

复习思考题

1. 通过人力资源共享服务中心为企业和员工提供服务，与以往传统方式有何不同？
2. 建立人力资源共享服务中心能够为企业带来哪些价值？

第 10 章 员工自助

企业员工队伍趋向年轻化、个性化，员工在企业中工作不仅是为了获得一份满意的收入，还希望个人的权益能够得到充分保障。人性化管理的完善和员工服务手段的改进将有效加强企业与员工的联系，对员工队伍稳定和员工对企业的满意度、忠诚度的提升将起到积极的帮助作用。借助人力资源管理信息系统让员工实时准确查看个人重要信息、及时发起个人事务申请、简化企业审批事务流程、及时满足员工个性化需求也是上述工作中的一项重要内容。

10.1 功能概述

金蝶 s-HR Cloud 系统员工自助服务（PC 端）模块不仅可以实时提供员工较为关注的个人档案、假勤和薪酬等方面的信息，还支持员工在线发起个人调动、出差、竞聘、证明开具等各类申请，在线完成绩效考核和培训学习任务，为员工和企业人力资源管理部门及上级领导进行信息的沟通提供了平台。

10.2 功能说明

10.2.1 我的档案

(1) 我的个人档案（见图 10－1 和图 10－2）。员工可查看个人基本信息、工作经历、教育经历等信息，可在授权范围内修改联系方式、教育经历等。

图 10－1 我的个人档案（一）

图 10－2　我的个人档案（二）

1）对于在我的个人档案中维护的需要审核的信息，要在人事专员审核通过后才生效，审核不通过时，可在个人档案中查看不通过的原因并重新修改。

2）员工个人档案审核不通过时，员工可以在消息中心收到通知，并能查看审批意见。

（2）我的成长记录。员工可查看自己在企业内的任职变化、职等变化情况等，如图 10－3 所示。

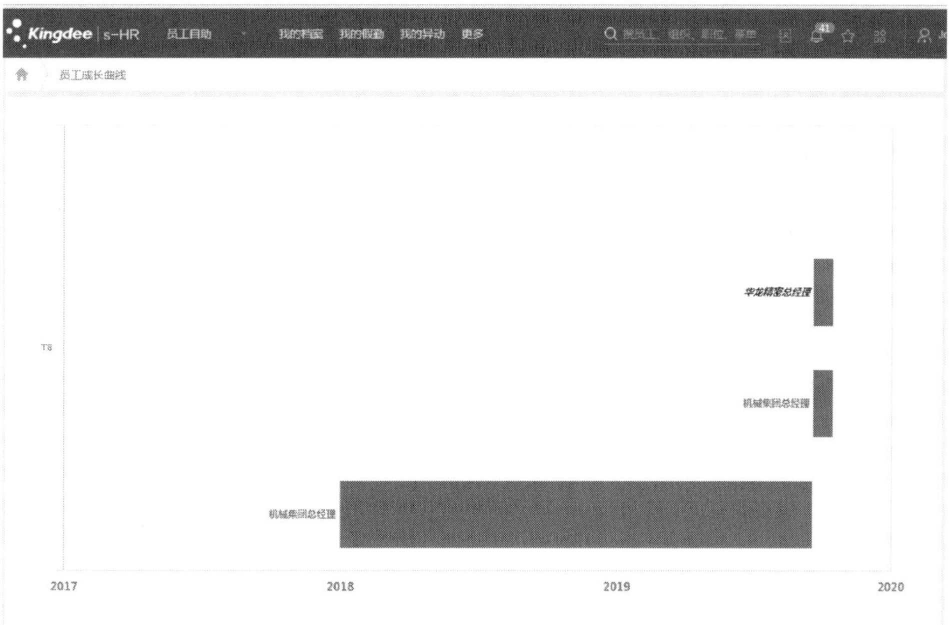

图 10－3　我的成长记录

10.2.2 我的假勤

（1）我的考勤。可以全面掌握自己每天的考勤情况，包括应出勤时间、实际打卡情况、迟到、早退、旷工、请假申请、出差申请、加班情况等，并及时确认处理异常情况（补签卡、请假、出差申请、加班申请），也可根据自身的排班情况，进行调班申请，如图 10－4 和图 10－5 所示。

图 10－4　我的假勤

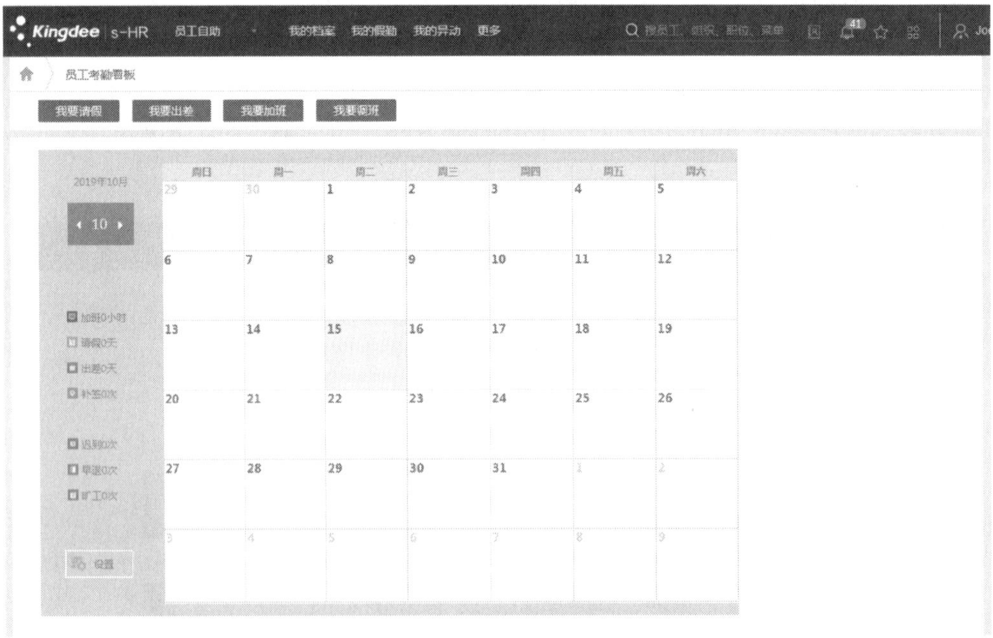

图 10－5　我的考勤

（2）我的打卡记录。员工自助查看自己当前和历史签到记录、打卡时间和打卡地点信息，发现遗漏打卡时可以发起补卡申请，也可以发起请假和出差申请，如图 10－6 所示。

（3）我要请假。员工自助请假功能，可查看每种假期类型的额度情况，随时进行请假申请提交，并对已申请的情况进行查询，如图 10－7 所示。

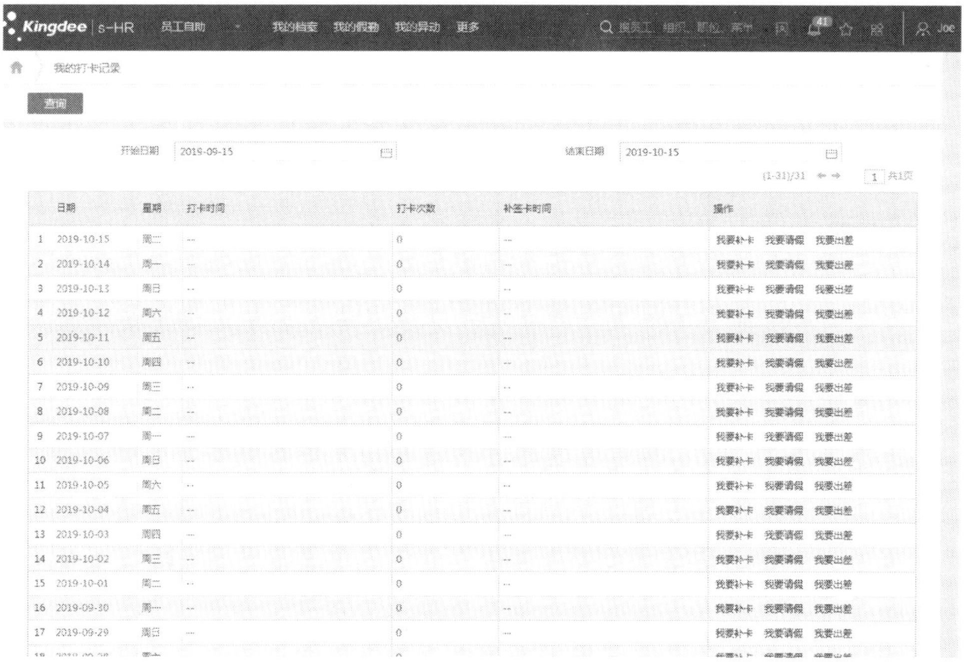

图 10－6　我的打卡记录

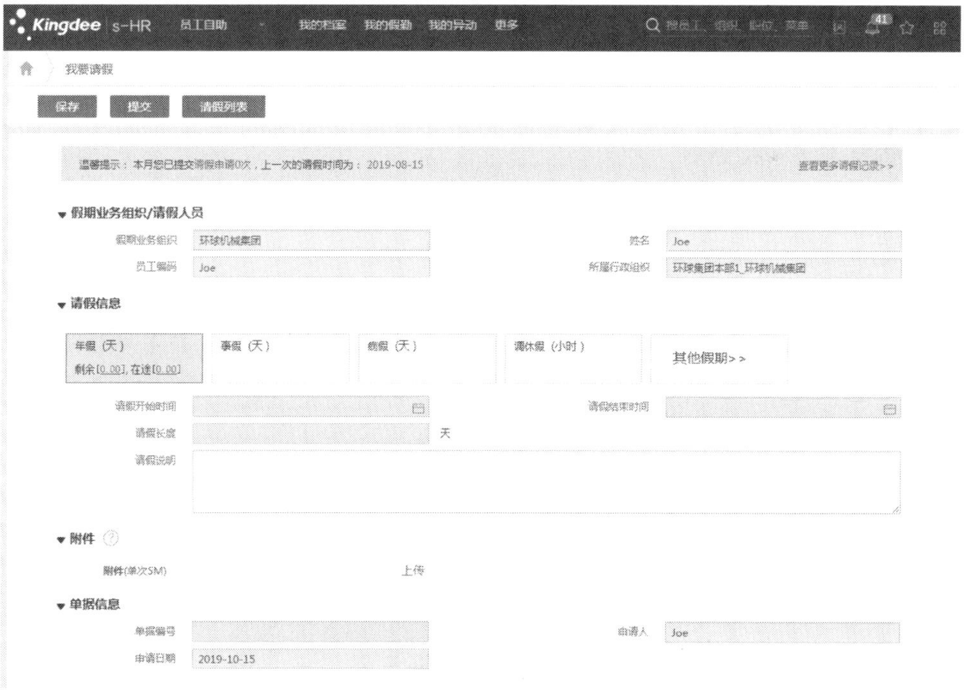

图 10－7　我要请假

（4）我要加班。员工自助提交加班申请功能，可对加班原因、加班类型、加班日期、加班起始时间、加班小时数、补偿方式等进行查看选择，随时提交加班申请，并对历史加班申请进行查看，如图 10－8 所示。

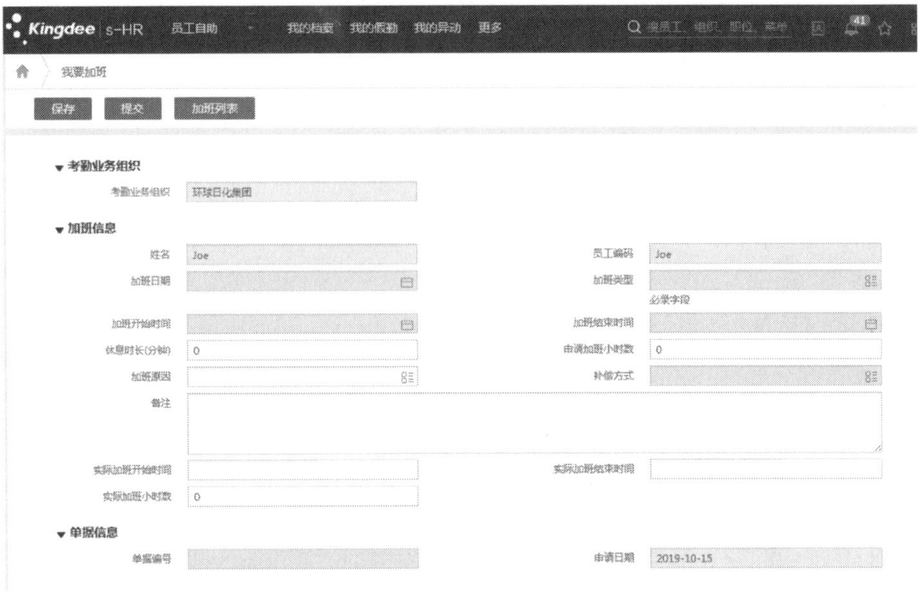

图 10－8 我要加班

（5）我要出差。员工自助提交出差申请功能，可对出差类型、出差地点、出差起始时间、出差天数、出差原因等进行查看选择，随时提交出差申请，并对历史出差申请明细及审批状态进行查看，如图 10－9 所示。

图 10－9 我要出差

（6）我要请假确认。员工对已通过审批的请假申请进行请假确认处理，确认实际的请假时长，并对已进行请假确认的单据进行查看，如图 10－10 所示。

（7）我要补卡。员工自助提交补签卡申请功能，可对上班或下班缺卡的时间点，进行补签打卡记录的操作，并对已提交的单据进行查看，如图 10－11 所示。

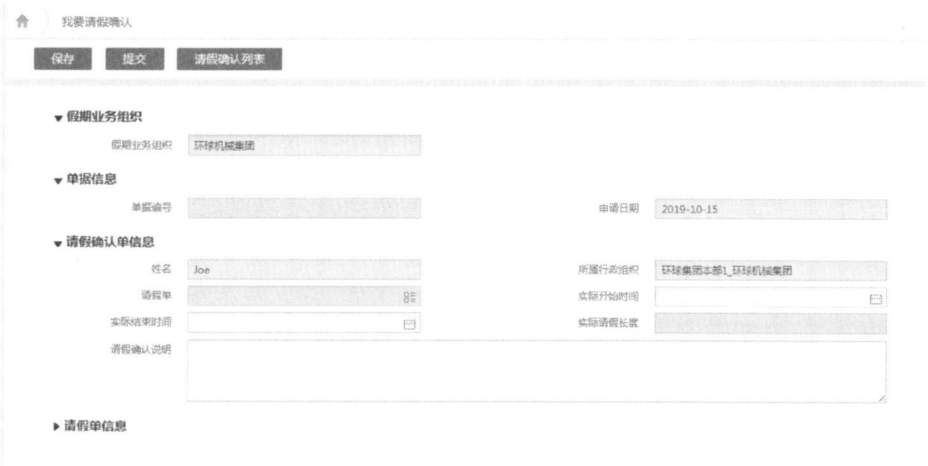

图 10－10　我要请假确认

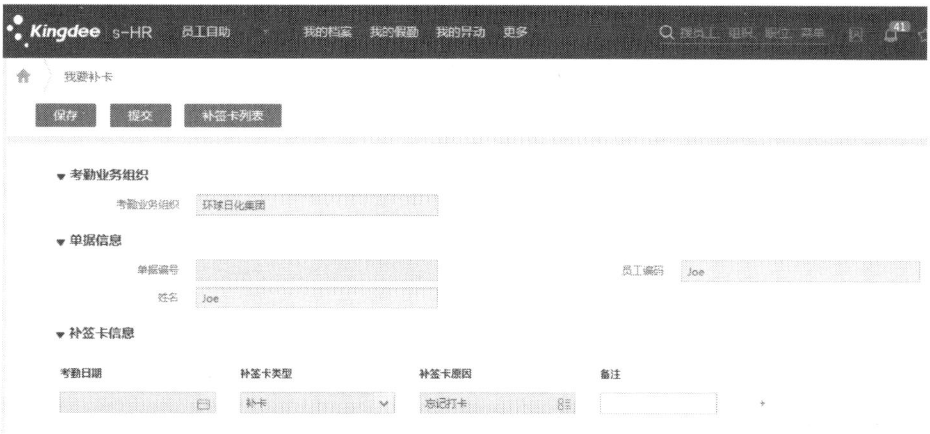

图 10－11　我要补卡

10.2.3　我的异动

我的异动包含转正、调动、职等调整与离职的申请功能，如图 10－12 所示。

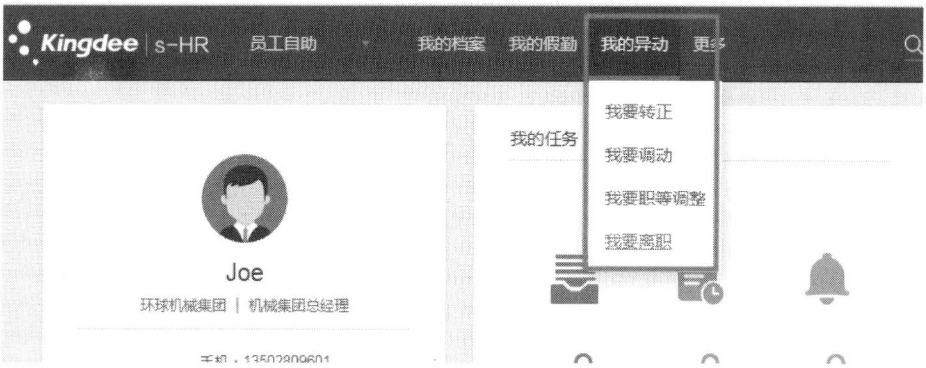

图 10－12　我的异动

（1）我要转正。员工可在自行发起转正申请，并可追踪审批进度、审批意见，重新发起申请，如图 10-13 所示。

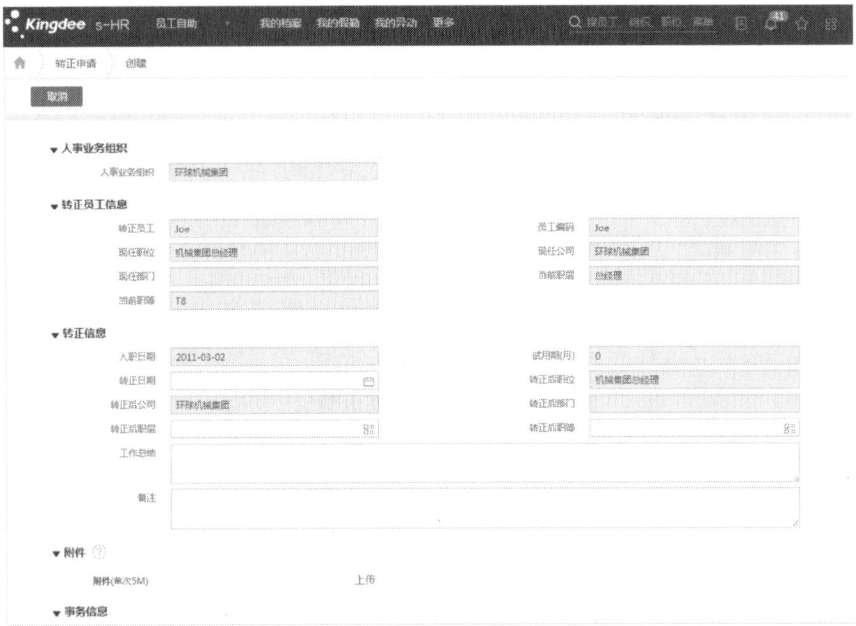

图 10-13　我要转正

（2）我要调动。员工可发起部门内外任职调动申请，并可追踪审批进度、审批意见，重新发起申请，如图 10-14 所示。

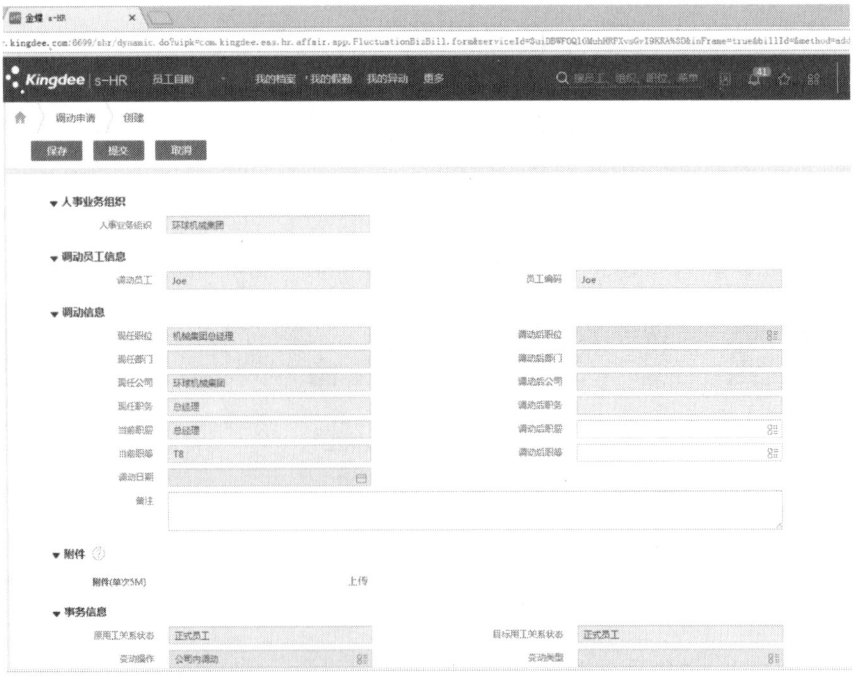

图 10-14　我要调动

（3）我要离职。员工可提出离职申请，维护离职原因，给予公司建议等，并可追踪审批进度、审批意见，重新发起申请，如图 10－15 所示。

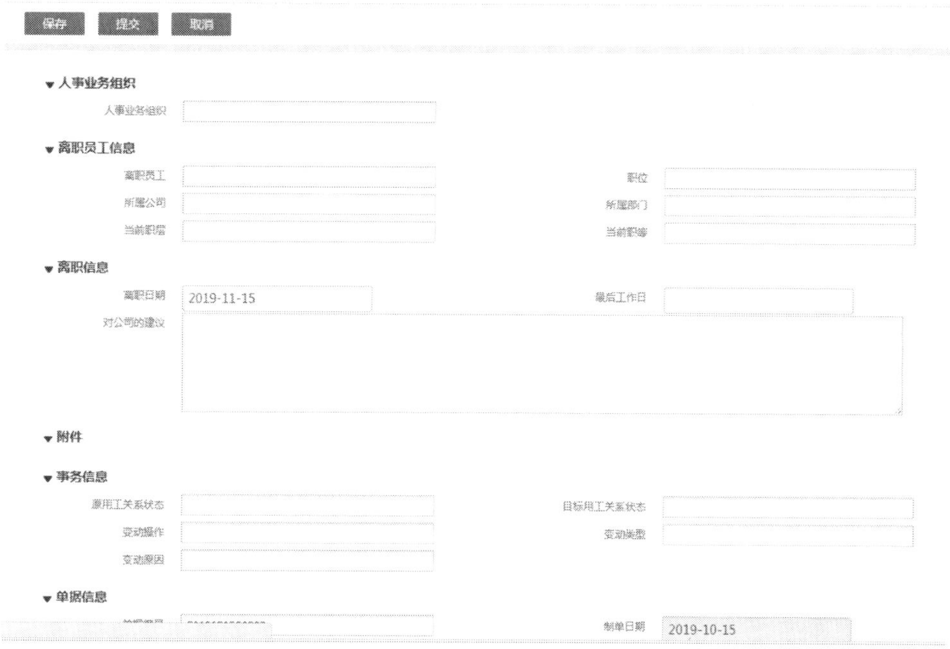

图 10－15　我要离职

（4）我要职等调整。增加职等调整申请功能，如图 10－16 所示。

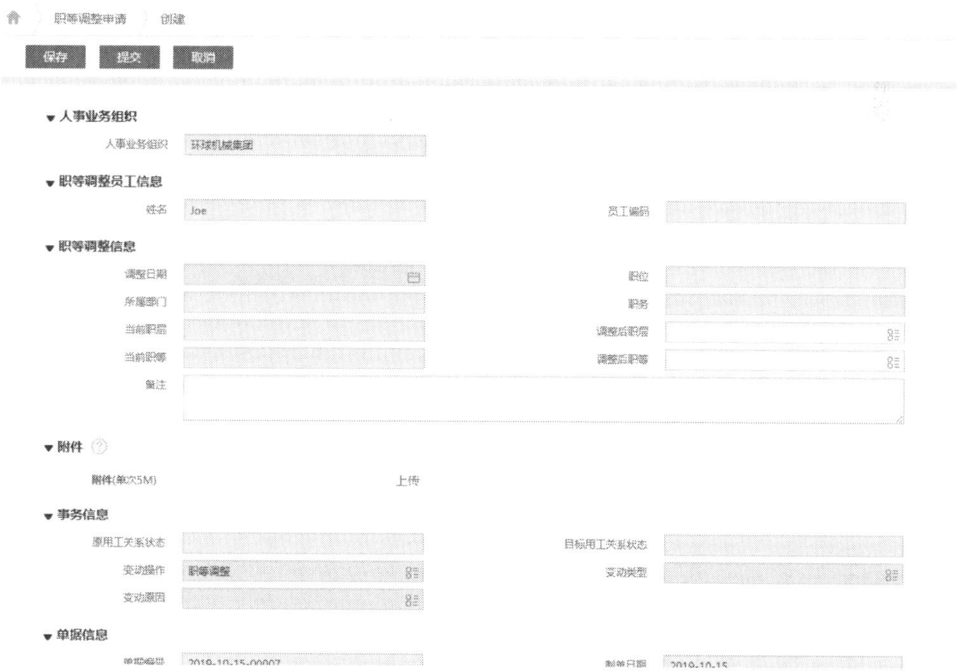

图 10－16　我要职等调整

10.2.4 我的薪资

员工可以通过“我的工资条”查看员工自己的工资发放明细，如图 10－17 所示。

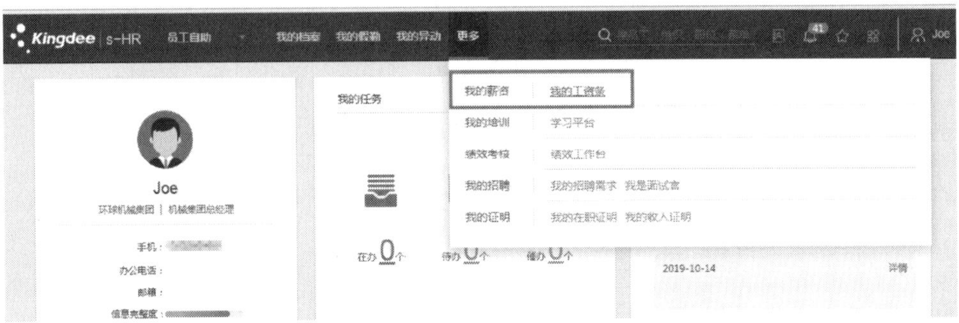

图 10－17 我的工资条

打开工资条，显示各月的薪资发放情况，如图 10－18 所示。

图 10－18 工资条显示

10.2.5 绩效工作台

金蝶 s-HR Cloud 系统的绩效管理全员应用部分，在绩效工作台进行处理。可以通过自助服务完成员工目标的维护、提交及确认下达，完成个人目标考核任务的处理。员工本人可以查看历史考核目标和考核成绩，经理人可以查看组织权限范围内成员的考核目标和考核成绩。绩效工作台如图 10－19 所示。

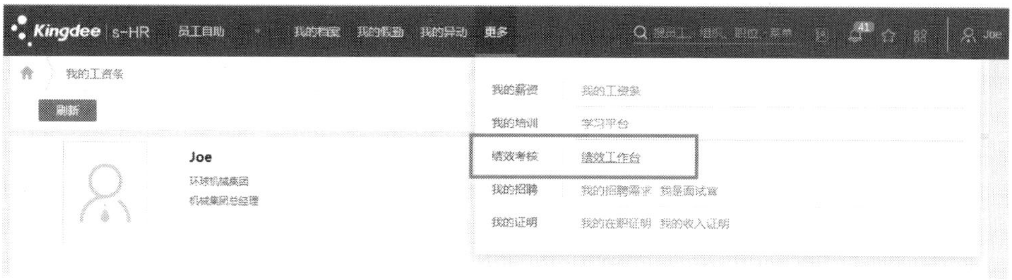

图 10－19　绩效工作台

点击【绩效工作台】，打开界面，如图 10－20 所示。

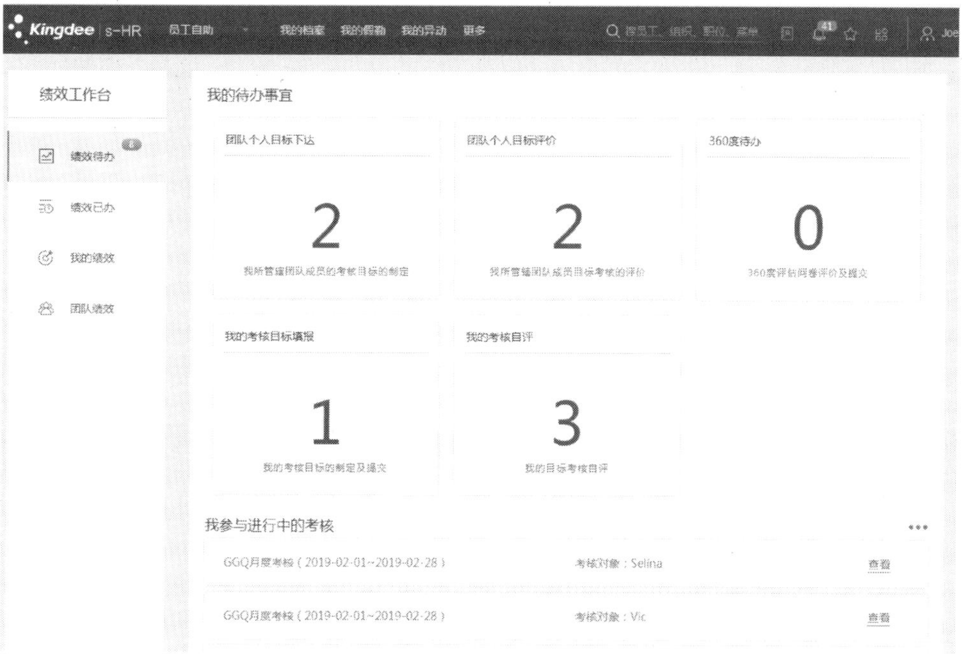

图 10－20　绩效工作台界面

（1）绩效待办。

1）我的考核目标填报：统一目标下达后评估对象在绩效工作台—个人目标填报收到任务；添加个人目标，支持新增目标、引用指标库、引用已有指标；保存和提交指标后个人目标填报任务完成。

2）团队个人目标下达：统一目标下达后目标下达人在绩效工作台—团队个人目标下达收到任务；目标下达人批量添加指标，支持新增目标、引用指标库、引用已有指标；目标下达人保存和提交指标，并进行下达操作。具体如图 10－21 所示。

3）打回指标：个人目标提交后，目标下达人可以打回，打回后评估对象会收到任务重新维护指标并提交。具体如图 10－22 所示。

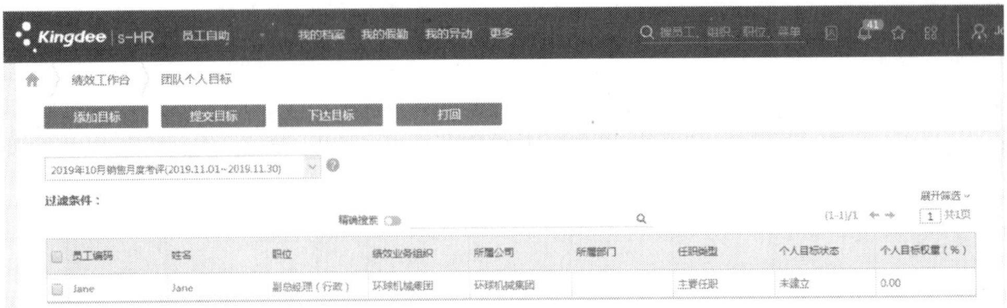

图 10-21 团队个人目标

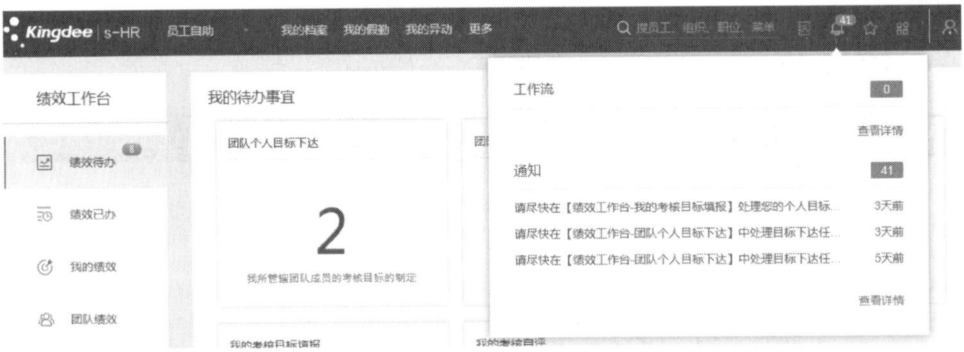

图 10-22 打回指标

4）我的考核自评：启动评分后，当节点处理人为本人时，评估对象在绩效工作台—我的考核自评收到任务；评分后保存和提交评分。具体如图 10-23 所示。

图 10-23 我的考核自评

5）团队个人目标评价：启动评分后，当节点处理人非本人时，评估对象在绩效工作台—团队个人目标评价收到任务；评分后保存和提交评分。

6）打回：当流程非第一节点时，可以打回到上一节点。

7）评分列表可批量调整等级。

8）评分界面支持上传附件。

9）评分界面可查看评估流程图。

（2）绩效已办。

1）我已下达的目标：可查看员工已下达的目标清单；可撤销下达；当评估对象评估流程未启动时可以撤销，启动评分后不允许撤销下达。具体如图 10－24 所示。

图 10－24　我已下达的目标

2）我已处理的评分：可查看员工已提交的评分任务，如图 10－25 所示。

图 10－25　我已处理的评分

（3）我的绩效。

1）我的目标：可查看员工个人已提交和已下达状态的目标；可按时间和按计划查看我的目标，如图 10－26 所示。

2）我的考核历史：员工可查询历次考核结果，如图 10－27 所示。

（4）团队绩效。

1）团队目标：经理人可查看下属的目标，如图 10－28 所示。

图 10-26　我的目标

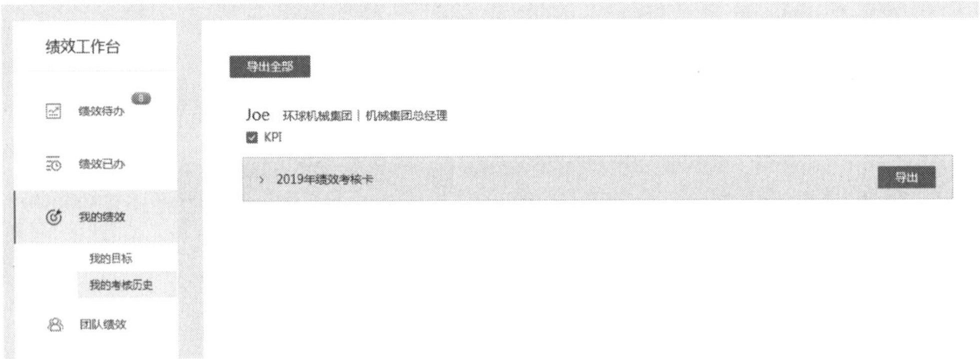

图 10-27　我的考核历史

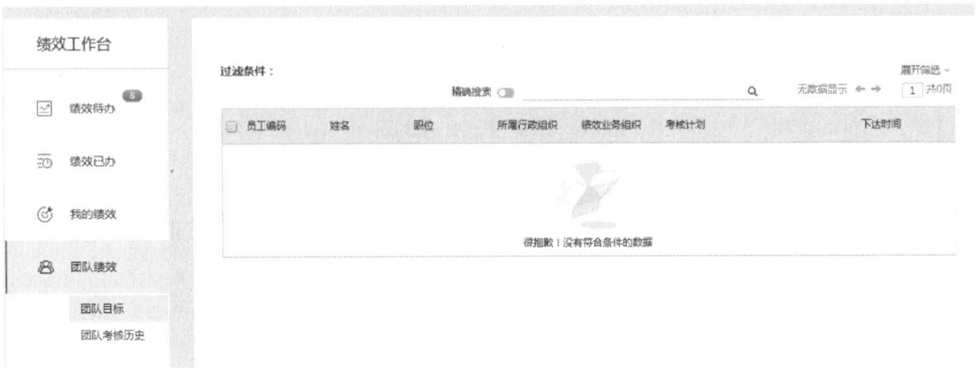

图 10-28　团队目标

2）团队考核历史：可查看用户组织权限范围内的员工的考核结果，如图 10－29 所示。

图 10－29　团队考核历史

（5）我参与进行中的考核（见图 10－30）。

1）当用户为流程处理人时，可以跟踪监控流程的处理情况。

2）查看用户参与考核的流程列表。

3）查看评估流程图。

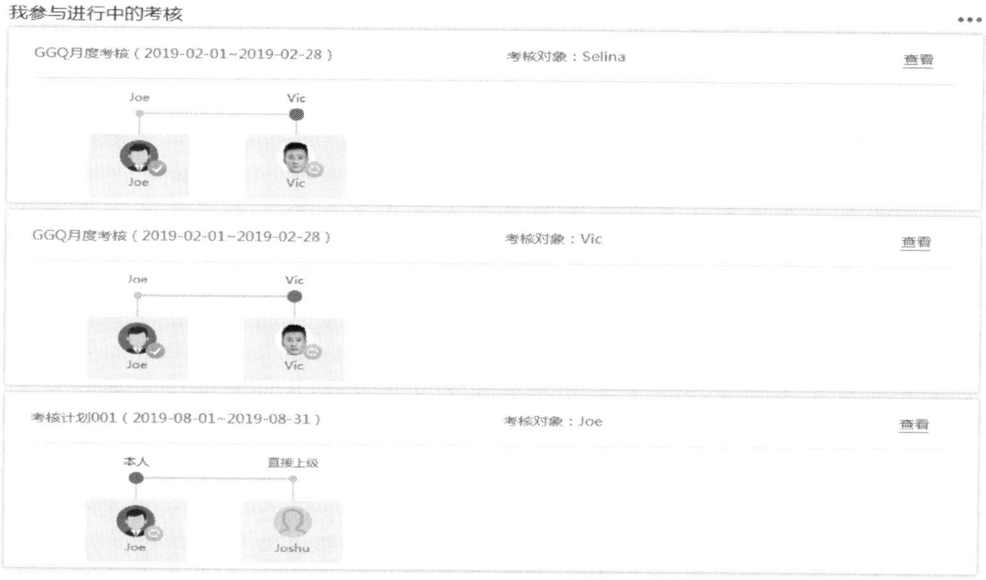

图 10－30　我参与进行中的考核

10.2.6　我的培训

学习发展平台如图 10－31 所示。

图 10－31　学习发展平台

点击【课程中心】，显示如图 10－32 所示。

图 10－32　课程中心

10.2.7　我的招聘

招聘管理人员可以通过【我的招聘】进行招聘需求发布等业务操作，如图 10－33 所示。

（1）我的招聘需求（见图 10－34）。

1）申请招聘需求：用户默认拥有自己所在组织的行政组织权限，根据部门职位空缺发起招聘需求，可以废弃和删除招聘需求，并且跟踪招聘过程。

点击【创建】，打开如图 10－35 所示的招聘需求申请单。

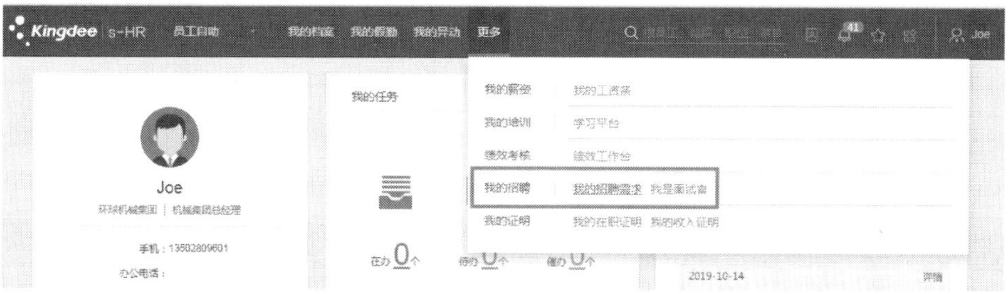

图 10－33　我的招聘操作路径

图 10－34　我的招聘需求

图 10－35　招聘需求申请单

（2）我是面试官（见图 10-36）。

1）通过 PC 端信息通知获知新的面试邀约、评价信息。

2）录入面试结果：录入所面试的环节的结果，可保存后再提交，并可根据权限查看其他面试官的面试结果。

图 10-36　我是面试官

10.2.8　我的证明

员工可以通过【我的证明】进行线上证明申请操作，如图 10-37 所示。

图 10-37　我的证明申请路径

可申请的证明分为四个部分：

（1）在职证明申请。

1）申请在职证明：员工申请开具在职证明，如图 10-38 所示。

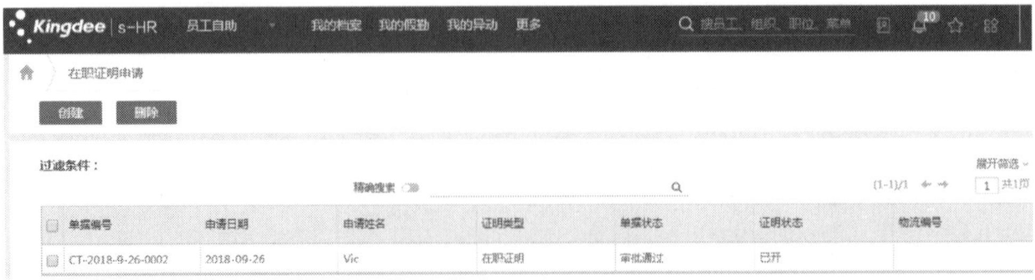

图 10-38　在职证明申请

2）创建在职证明，如图 10－39 所示。

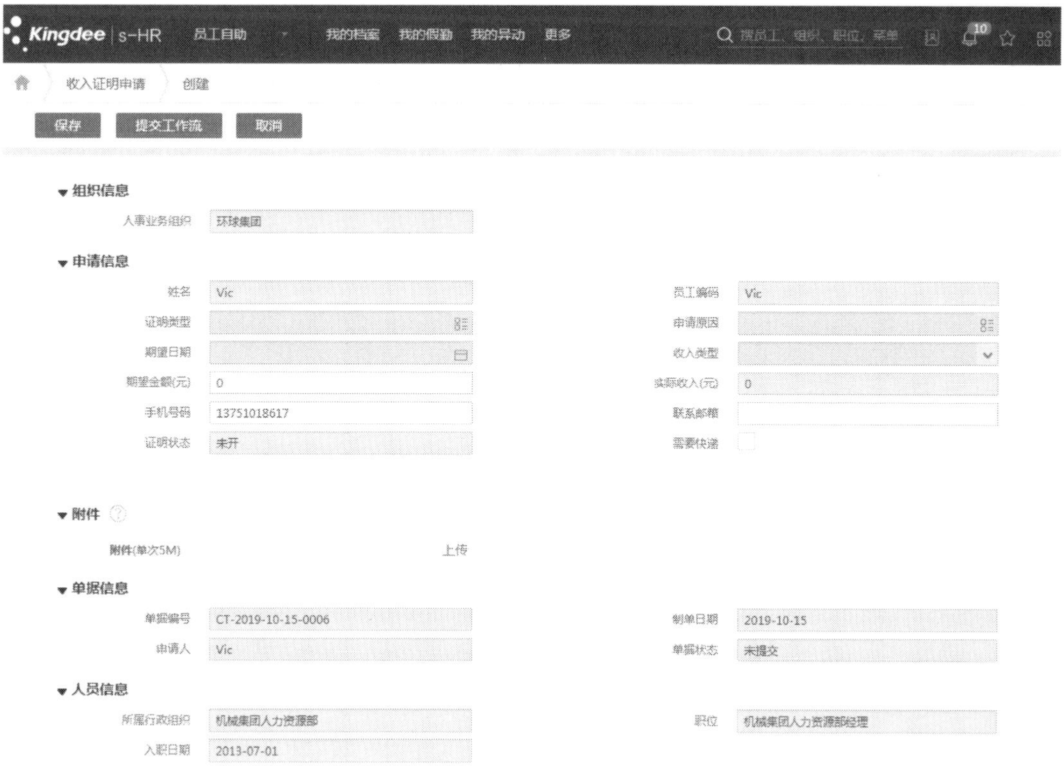

图 10－39　在职证明创建

（2）收入证明申请。

1）申请收入证明：员工申请开具收入证明，如图 10－40 所示。

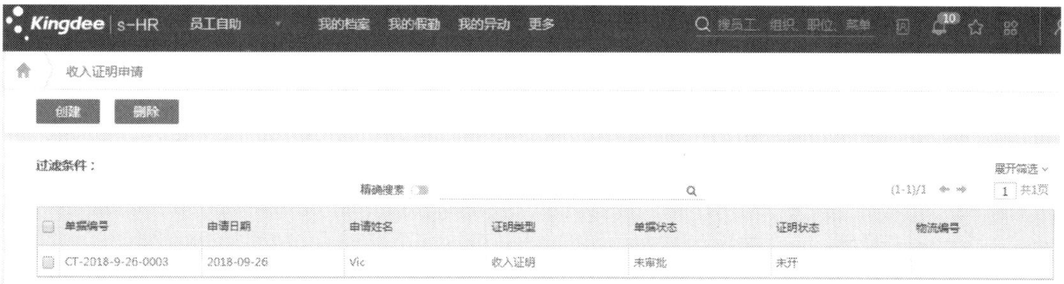

图 10－40　收入证明申请

2）创建收入证明，单据如图 10－41 所示。

（3）离职证明申请。

1）离职证明：要离职的员工申请开具离职证明，如图 10－42 所示。

2）创建离职证明，如图 10－43 所示。

（4）其他证明申请。员工可申请开具其他一些证明。

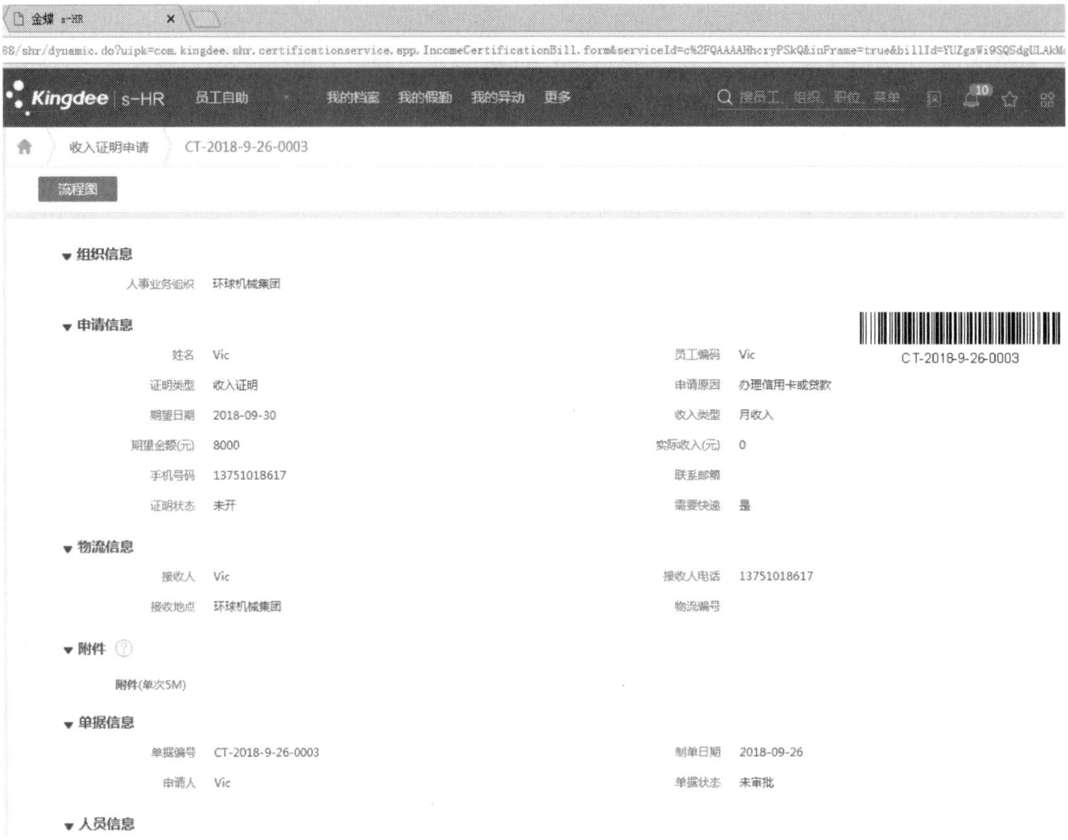

图 10-41 收入证明创建

图 10-42 离职证明申请

10.2.9 员工自助卡片

展示员工的基本信息、员工自助的常用入口（我的在办、昨日出勤、当月出勤、我的年假、我的历程、薪资变化），如图 10-44 所示。

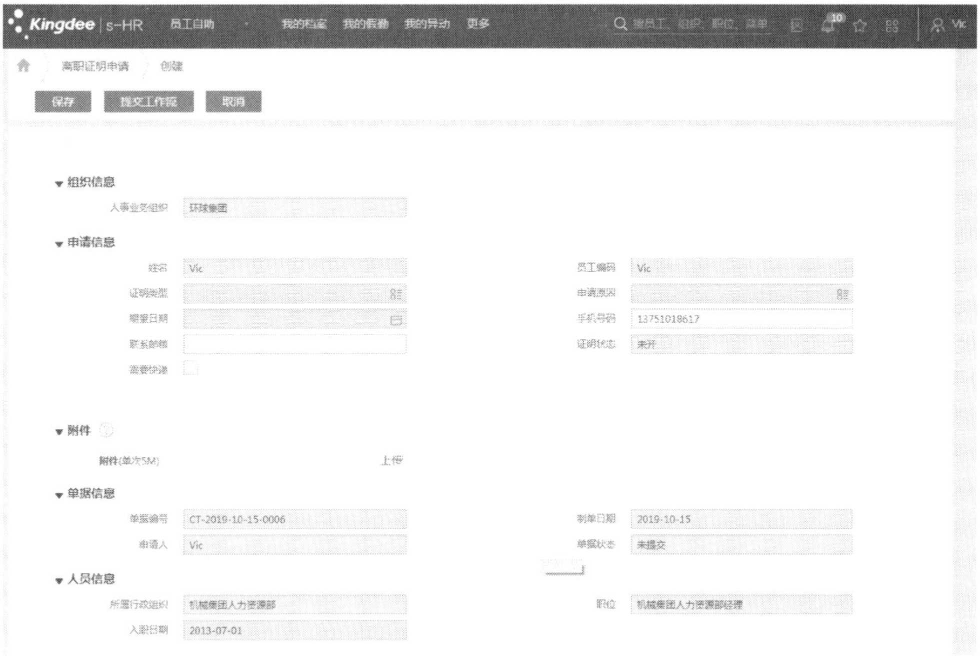

图 10－43　离职证明创建

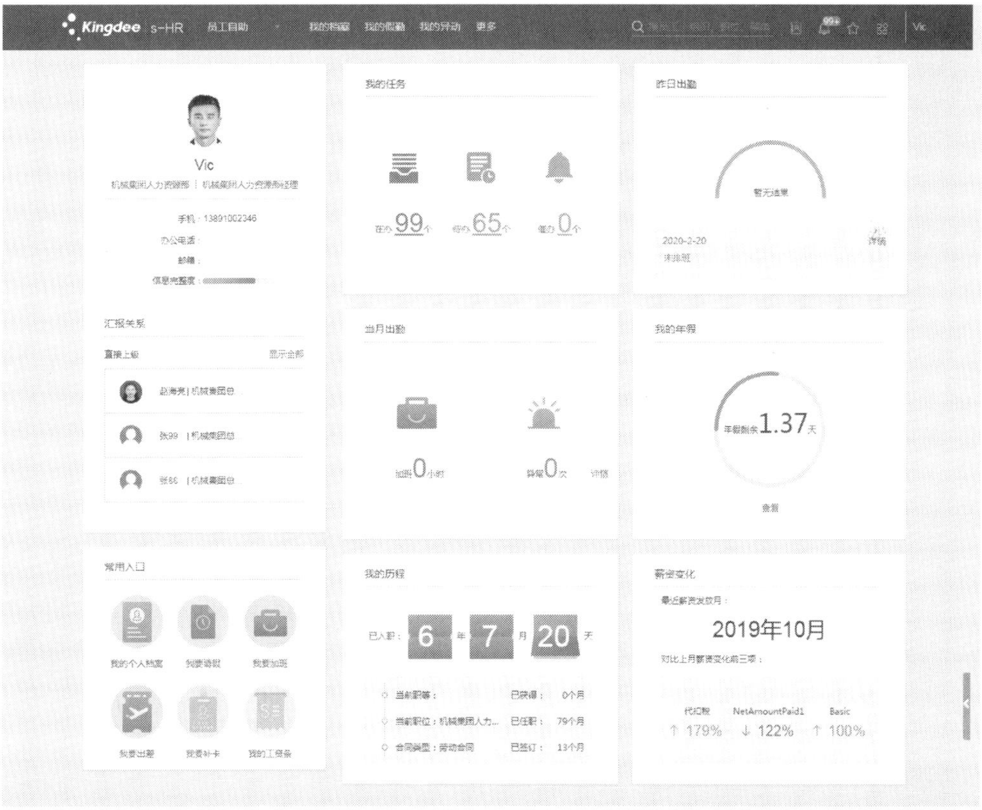

图 10－44　员工自助卡片

复习思考题

1. 除了本章中介绍的金蝶 s-HR Cloud 系统员工自助模块提供的功能外，你认为还可以增加哪些功能以更好地满足员工对人力资源管理信息的需求？

2. 满足员工的个人信息查询需求可以为企业带来哪些价值？

第11章 移动应用

随着智能手机和其他移动终端的普及，人力资源信息化管理的许多应用正在向移动端迁移。在移动端使用人力资源信息化系统，不仅可以帮助企业管理者实时准确掌握企业人力资源关键数据，还可让员工享受到人力资源信息化管理带来的便利。

11.1 功能概述

金蝶 s-HR Cloud 系统移动应用（见图 11－1）包括员工自助服务和经理人分析等轻应用部分（见图 11－2），员工自助服务功能项目与 PC 端的员工自助服务项目基本相同。而经理人分析模块则充分考虑到了移动端界面展示专业数据的特殊性，采用更加直观和美观的图形化技术所开发出的人力简报、薪酬简报、团队考勤等功能可以让各级管理者及时准确掌握相关信息，做出各项管理决策。

图 11－1　移动应用

图 11－2　s-HR 轻应用

11.2 功能说明

11.2.1 经理人分析

在云之家上打开经理人分析轻应用后界面如图 11－3 所示。

图 11－3 经理人分析

1. 人力简报

人力简报面向企业经理人角色提供基于所查看组织的 HR 关键指标、关键趋势和多维度人员结构分析等内容，支持按管辖组织切换进行人力简报查看，通过对入离职人数、超缺编人数、各结构维度员工人数提供深入钻取查看，支持基于员工列表的搜索查询和即时云之家沟通等功能，有效支撑企业经理人进行基于其管辖范围的 HR 业务监控和管理决策。

主要内容包括：

(1) 支持按管辖范围灵活进行组织切换，如图 11－4 所示。人力简报功能使用权限赋予金蝶 s-HR Cloud 系统中部门负责人职位和分管领导角色，人力简报轻应用按使用者的行政组织范围呈现其可查看的组织数据，支持在该用户可查看的组织范围内进行组织切换，切换组织层级可至最末级。

(2) 组织关键指标及趋势分析，如图 11－5 所示。人力简报首页提供组织当前关键指标，包括当前人数、本月入职、本月离职、可用编制；提供近 6 个月员工趋势、近 6 个月入离职趋势指标趋势。

图 11-4 人力简报行政组织切换

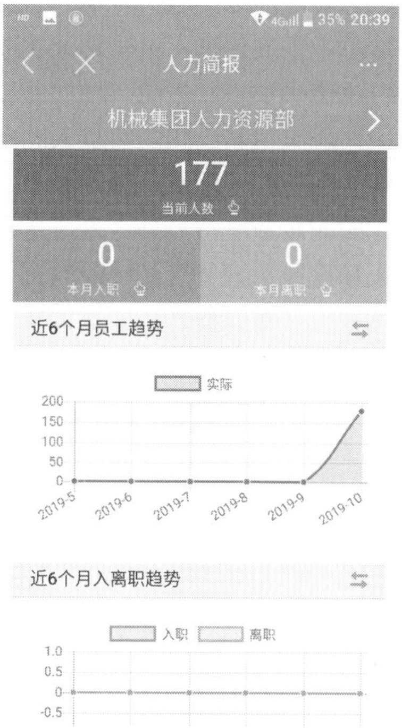

图 11-5 组织关键指标及趋势分析

（3）组织当前人员结构布局分析，如图 11-6 所示。提供按组织、性别、年龄、工龄、学历、职等、职务类别进行多维度人员结构分析功能，在图形化呈现各维度结构布局的基础上，支持对各结构项按组织层级逐级查看不同结构项下员工人数与占比，当查询至末级组织时，提供进入该末级组织该结构维度的员工列表，基于该员工列表可进一步支持搜索查询、员工详细档案信息查看及云之家即时沟通功能。

图 11-6 组织当前人员结构布局分析

（4）组织员工入、离职分析。点击人力简报首页的【本月离职】可进入组织员工离职分析界面，提供当前组织所有下级组织本月和本年的离职人员占比和人数信息，支持按组织层级层层展开展现，提供进入该末级组织离职员工列表功能，基于该员工列表可进一步支持搜索查询、员工详细档案信息查看功能。

（5）组织在编人数分析。点击人力简报首页的【可用编制】可进入组织员工超缺编分析界面，提供当前组织所有下级组织当前实际人数、编制人数、可用编制列表，该列表支持按实际人数、编制人数、可用编制进行排序展现，帮助经理人快速定位下属组织人数变化和可用编制情况；同时，支持按组织层级层层展开至最末组织该系列数据列表的展现功能。

(6) 人力简报推送提醒。基于人力简报关键指标数据的变化，定时为人力简报使用者推送关键信息，提醒相关人员密切关注其所管辖团队的变化情况。

2. 员工关怀

员工关怀轻应用基于团队负责人、部门经理等角色的团队管理需求，通过关键人事事务提醒的即时消息推送功能，帮助经理人掌握包括员工生日、员工转正、员工合同到期等员工的关键时刻，并支持经理人基于这些关键时刻的人事事务进行员工关怀和团队管理，实现经理人精准地掌握员工的关键时刻，密切关注员工成长。该应用预置推送内容如下：

(1) 员工生日提醒推送。为部门负责人推送所管辖团队中员工生日提醒信息，支持经理人了解员工生日信息并基于员工生日，对团队成员进行员工关怀。

(2) 员工转正提醒推送。为部门负责人推送所管辖团队中员工转正提醒信息，支持经理人了解员工转正信息并基于员工转正，对团队成员进行员工关怀。

(3) 员工劳动合同到期提醒推送。为部门负责人推送所管辖团队中员工劳动合同到期提醒信息，支持经理人了解员工劳动合同到期信息并基于员工劳动合同到期情况，对团队成员进行员工关怀。

3. 薪酬简报

通过移动端即时呈现与组织薪酬成本相关的重要指标和趋势变化情况、组织薪酬成本构成分析，为管理者提供组织薪酬相关的决策依据，如图 11－7 所示。主要内容如下：

(1) 组织薪酬成本总量分析。包含薪酬成本增长率、本期/上期薪酬成本总额、本期/上期人数等。

(2) 组织薪酬成本人均分析。包含人均薪酬成本增长率、本期/上期人均成本、本期/上期人均利润等。

(3) 组织薪酬成本趋势分析。

1) 薪酬成本总额趋势（月、季、年）：按月度/季度/年度呈现的薪酬成本总额趋势图。

2) 发薪人数趋势（月、季、年）：按月度/季度/年度呈现的发薪人数趋势图。

3) 人均薪酬成本趋势（月、季、年）：按月度/季度/年度呈现的人均薪酬成本总额趋势图。

4) 人均利润趋势（月、季、年）：按月度/季度/年度呈现的人均利润趋势图。

(4) 组织薪酬成本结构分析。

1) 薪酬成本项目结构：提供组织薪酬成本总额按人力成本项目构成的饼状图分布，同时支持某成本项目按下级组织构成展开的列表查看。

2) 薪酬成本组织结构：提供当前组织下一级组织薪酬成本结构的饼状图分布，同时支持下级组织薪酬成本总额按再下级组织分布的列表查看。

4. 团队打卡

在团队打卡中，部门经理或主管能够查看到团队成员的当前和历史打卡、签到、补卡的时间和地点信息。

5. 团队考勤

部门经理或主管能够查看到团队成员的当前和历史考勤情况，包含旷工、迟到、早退、请假、加班、出差等各类信息，从汇总到详细明细，帮助团队主管随时随地发现考勤异常、即时发起沟通，让团队主管第一时间发现问题、解决问题，避免问题的再次发生。

（1）考勤面板。考勤面板包含日模式和月模式。日模式按天展示签到情况，以及迟到、早退、旷工、请假等信息，并给出最早打卡前三名；月模式按月统计迟到、早退、旷工、请假等信息，并汇总出勤时长和加班时长最多的前三名。

（2）员工明细。展示团队的员工明细，以及按员工展示详细的出勤信息，包含该员工的月总览，以及每一天的详细出勤情况。

团队管理的功能界面如图 11－8 所示。

图 11－7　薪酬简报

图 11－8　团队管理

团队考勤内容如图 11－9 所示。

11.2.2　员工自助服务

手机端员工自助服务打开界面如图 11－10 所示。

1. 天天荐

天天荐轻应用主要目的是向企业内部员工展现企业在 s-HR Cloud 系统发布的竞聘职位，员工可查看竞聘职位详情，填写简要信息快速参与竞聘，跟踪竞聘处理进度。员工提交竞聘单据后，专员便可在 s-HR Cloud 系统内查看到员工的申请、联查员工档案信息，反馈竞聘和调动的结果。申请竞聘职位的员工可以跟踪竞聘记录处理进度。员工还可以查看历史竞聘信息。具体如图 11－11 所示。

2. 天天勤

提供全面掌握自己的考勤情况，包括排班、打卡、假期额度、部门排名、月度出勤总览、出勤详细、流程审批情况等，并及时确认处理异常情况（补签卡、请假、出差申请、加班申请、调班），自己重新计算及确认考勤结果。具体如图 11－12 所示。

图 11－9　团队考勤

图 11－10　员工自助服务

图 11－11　天天荐

图 11－12　天天勤

点击中间的“＋”号，弹出界面如图 11－13 所示。

在上面可以进行如下操作：

（1）我要请假（见图 11－14）。提供员工自助请假功能，并可查看每种假期的额度情况；支持对已请假申请进行查看。

图 11－13　考勤操作

图 11－14　请假申请

（2）请假确认。提供员工对已通过审批的请假申请进行请假确认处理，并对已请假确认的单据进行查看。

（3）我要出差。提供自助提交出差申请功能，可对出差类型、出差地点、出差起始时间、出差天数、出差原因等进行查看选择，随时提交出差申请，并对历史出差申请明细及审批状态进行查看。

（4）我要加班。提供自助提交加班申请功能，可对加班原因、加班类型、加班日期、加班起始时间、加班小时数、补偿方式等进行查看选择，随时提交加班申请，并对历史加班申请进行查看。

（5）我的打卡。提供自助查看自己当前和历史签到、打卡时间和地点信息，发现漏打卡可以发起补卡申请。

（6）我要补卡。提供自助提交补卡申请功能，可快速查询一段时间范围内的缺卡时间点，随时进行批量提交审批，并对历史提交的补卡申请进行查看跟踪。

3. 我的档案

面向员工档案信息查询，包括员工联系信息、关系、任职经历等详细档案信息，如图 11－15 所示。

4. 我的工资

面向员工的自助工资发放查询，通过输入二次认证密码，获取员工各月份不同工资方案、工资明细项目信息。

5. 绩效 GO

员工和经理人处理绩效考核任务，包含：个人目标填报、团队个人目标下达、自评、团队个人目标评价；查看绩效目标和绩效考核历史。如图 11－16 所示。

图 11－15 我的档案

图 11－16 绩效 GO

复习思考题

1. 结合平常社会实践和知识学习，谈谈移动互联网的兴起为社会和企业带来了哪些变化。

2. 运用企业移动办公平台可以帮助人力资源管理工作者开展哪些工作？带来哪些独特的价值？

第 12 章 管理者分析

12.1 功能概述

企业人力资源管理和人才队伍建设对企业战略发展的推动作用不断提升，企业管理人员对各级组织人力资源数据的实时掌握和精准分析有越来越高的要求。

金蝶 s-HR Cloud 系统中的管理者分析模块，将系统中各类人力资源关键数据抽取出来以直观、清晰的图形化模式加以展现，帮助企业管理者及时了解和掌握企业人力资源数量、结构和流动性等方面的指标，以及企业各项人力资源管理工作的实际情况，将对企业管理者更好地把握企业人力资源和人才队伍的准确信息，科学做出企业人力资源管理和其他经营管理决策起到重要的支持和帮助作用。

管理者分析通过卡片式设计呈现丰富的分析主页和分析主题、组织模型、HR 云分析等，如图 12 - 1 所示。

图 12 - 1　管理者分析

12.2 功能说明

12.2.1 功能特点说明

本模块的特点如下：

（1）支持人事、薪酬、考勤等按行政组织进行对比分析。

（2）支持集团管控的权限体系控制、管理者分析（PC 端）、人力简报等经理人服务轻应用，可按其查看组织数据范围权限，实现更加细化的管理者数据查看权限控制。

（3）支持直接获取行政组织所维护的城市、行业、企业性质等属性作为薪酬云分析的维度，统一维护，操作方便。

（4）支持云端获取薪酬外部标准数据和本地维护两种方式，企业应用标杆数据更加便捷灵活。

12.2.2 管理者分析首页

（1）基本信息。提供个人基本信息（用户照片、职位、组织、司龄勋章）和直接行政汇报关系的呈现，通过详细行政汇报关系可以提供按职位上下级关系展现的行政组织汇报关系树状图，将各下级情况一目了然地进行呈现，双击下级人员卡片提供查看下级员工包括员工基本信息、职等随入职时间变化的成长曲线。具体如图 12-2 和图 12-3 所示。

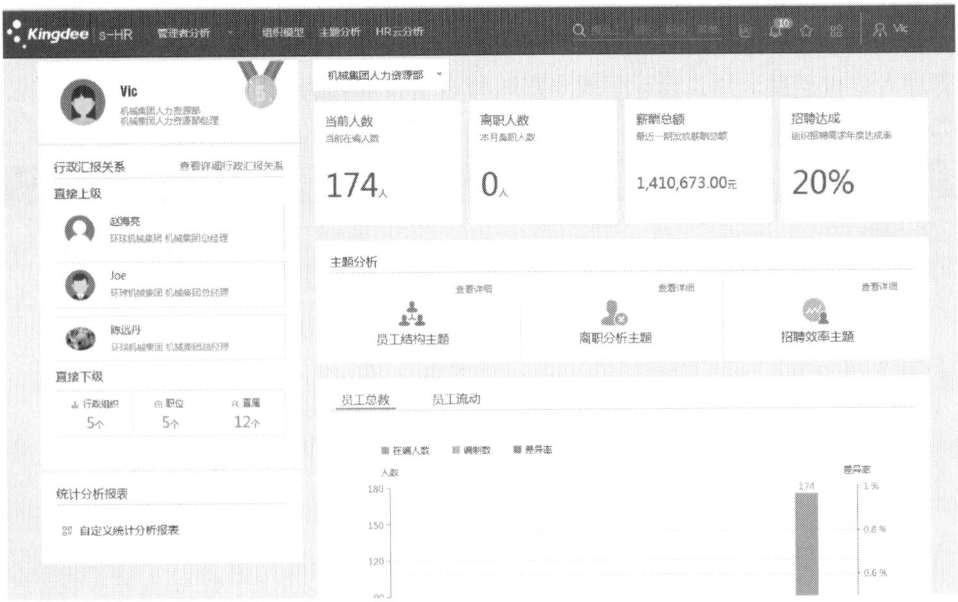

图 12-2　基本信息展示

（2）关键指标。通过即时呈现系统中企业当前在编人数、本月离职人数、最近一期组织薪酬总额等关键 HR 指标，为管理者提供 HR 业务指标提醒功能，如图 12-4 所示。

（3）关键趋势。通过员工总量趋势、员工流动趋势提供企业关键 HR 指标趋势，为集

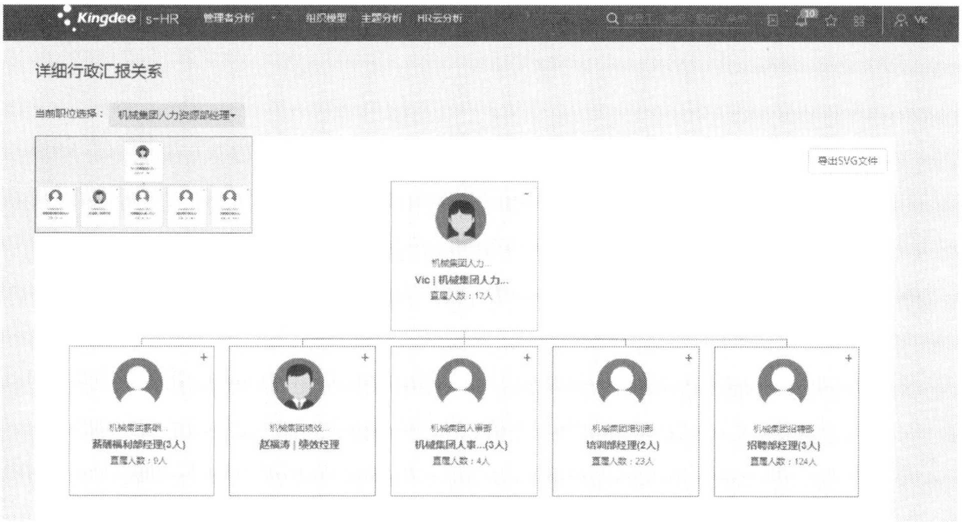

图 12－3　详细行政汇报关系

图 12－4　企业当前人数信息

团管理提供精准决策支持。员工总量趋势提供近 6 个月当前组织在编人数、编制人数和编制与在编差异率趋势；员工流动趋势提供近 6 个月当前组织入职人数与离职人数的对比趋势，如图 12－5 所示。

注意事项：

获取编制人数及相关差异率计算需在系统中启用人力编制表。

（4）统计分析报表。支持专业用户通过报表设计工具发布相关报表到管理者分析界面，供指定管理者进行查看，如图 12－6 所示。

下载报表如图 12－7 所示。

12.2.3　组织模型—组织健康模型

通过梳理反映组织整体状况的相关 HR 指标构建组织健康雷达图，应用历史模型原理，以时间轴的呈现方式，动态呈现组织不同时点的健康状况，为管理者评估组织的发展状态提供支持。

（1）组织健康总览。系统预置员工规模、薪酬成本总额、考勤时间、关键人才、离职率五大指标，通过指标实际值与标准值对比构建组织健康模型，以雷达图形式展现近 6 个月组织状况，为管理者呈现组织不同时点的健康状态，如图 12－8 所示。

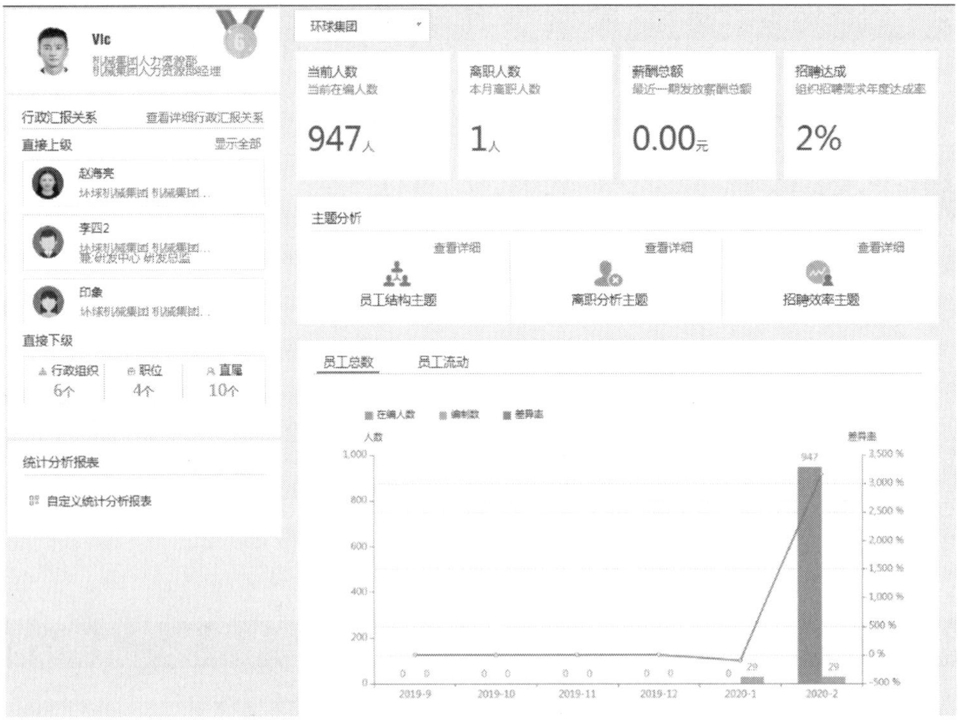

图 12－5　关键趋势

图 12－6　管理者统计分析报表

（2）员工规模（见图 12－9）。

1）提供当前人数和本月计划人数对比呈现。

2）提供近 6 个月组织在编人数、去年同期人数、差异率对比分析，以柱状图＋曲线图的方式呈现。

（3）薪酬总额（见图 12－10）。

1）提供组织当前薪酬实际发放总额与标准薪酬总额的对比呈现（薪酬实际发放总额：按人力成本项目归集）。

2）提供近 6 个月组织薪酬总额、去年同期薪酬总额、差异率对比分析，以柱状图合并趋势图的方式呈现。

（4）考勤工时（见图 12－11）。

1）提供组织当前实际考勤与标准工时的对比呈现。

2）提供近 6 个月组织实际考勤工时、去年同期考勤工时、差异率对比分析，以柱状图合并趋势图的方式呈现。

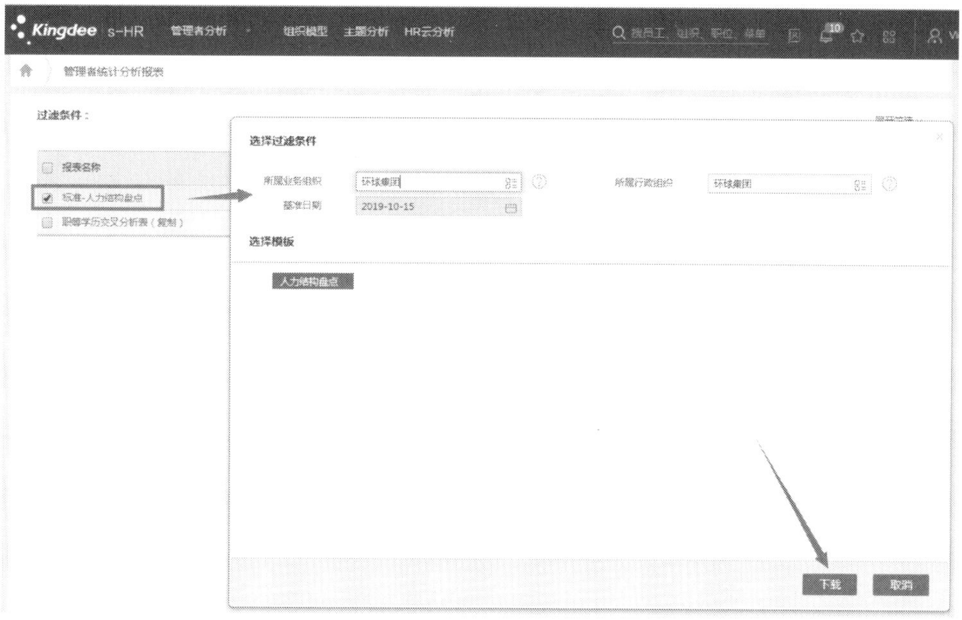

图 12－7　下载报表

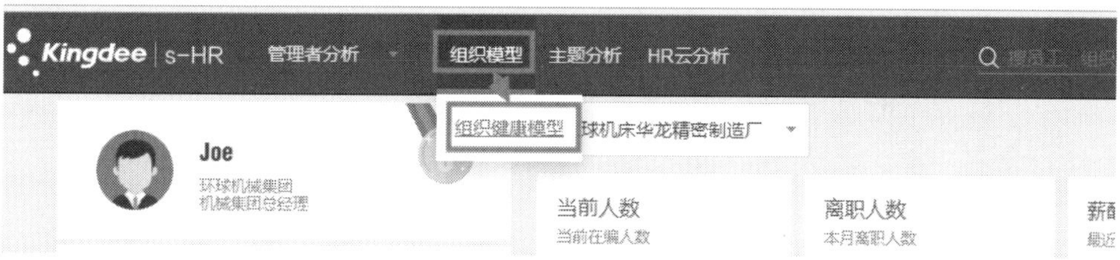

图 12－8　组织健康模型

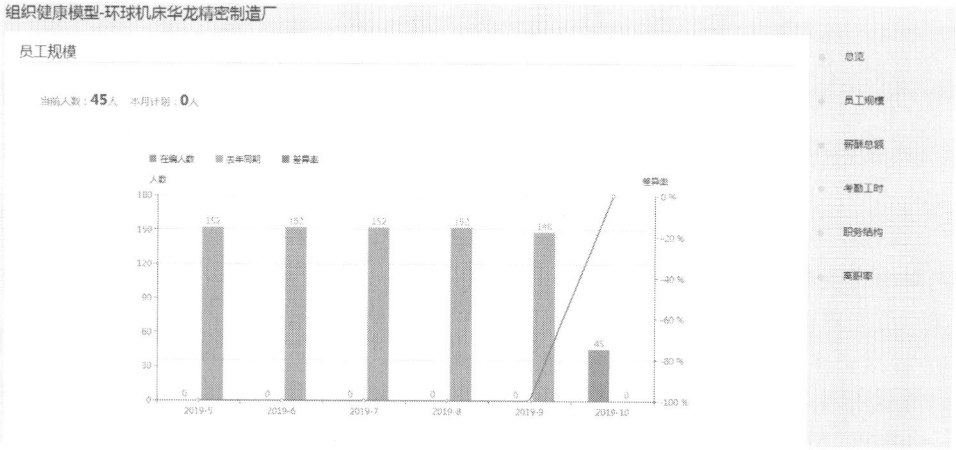

图 12－9　员工规模

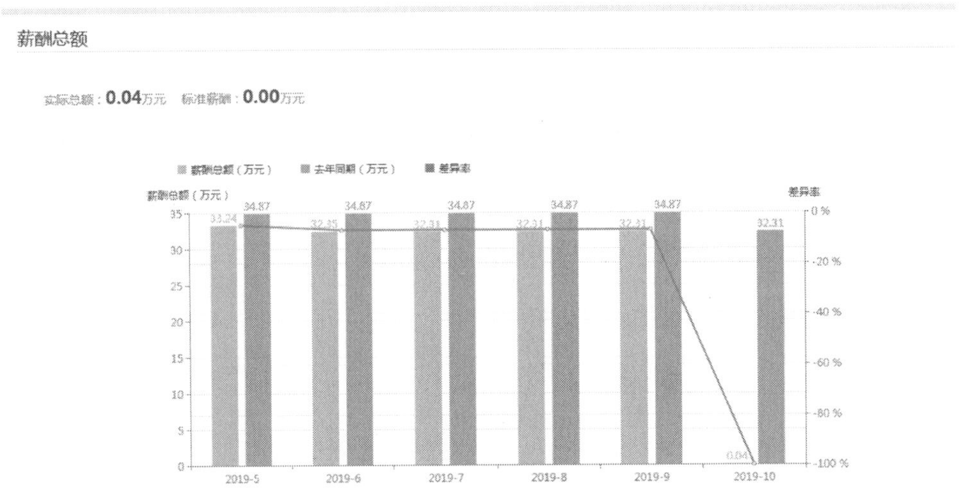

图 12－10 薪酬总额

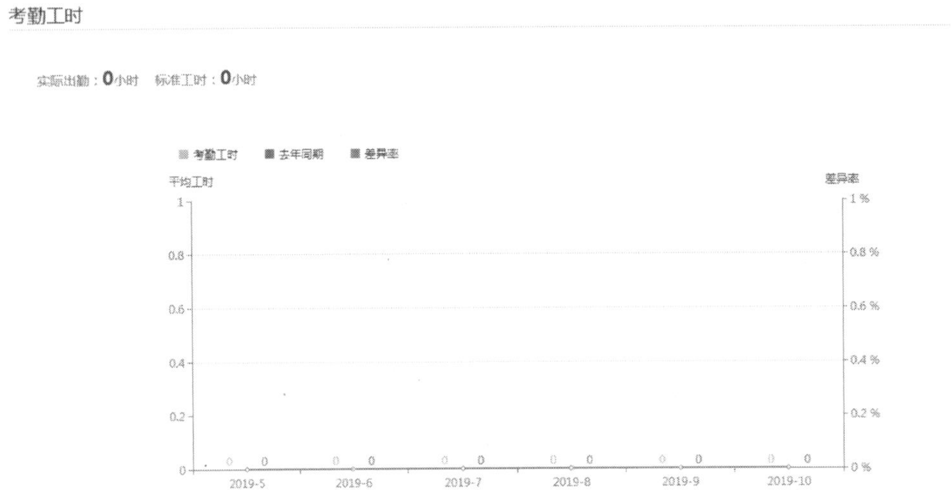

图 12－11 考勤工时

(5) 职务结构（见图 12－12）。

1）通过职务分布状态提供按职务族分布的企业实际人才梯队与企业预期标准职务族分布梯队之间的直观对比。

2）通过职等分布状态提供按职等分布的企业实际人才梯队与企业预期标准职等分布梯队之间的直观对比。

(6) 员工离职率（见图 12－13）。

1）提供组织当前实际离职率与标准离职率的对比呈现。

2）提供近 6 个月组织实际离职率与历史离职率的对比呈现。

注意事项：

本功能需获取人力编制相关指标，系统中需启用人力编制表功能。

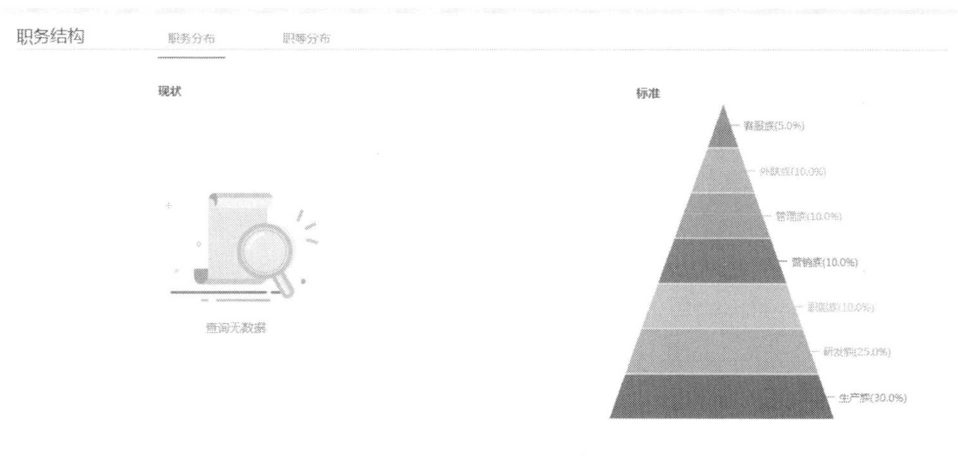

图 12-12　职务结构

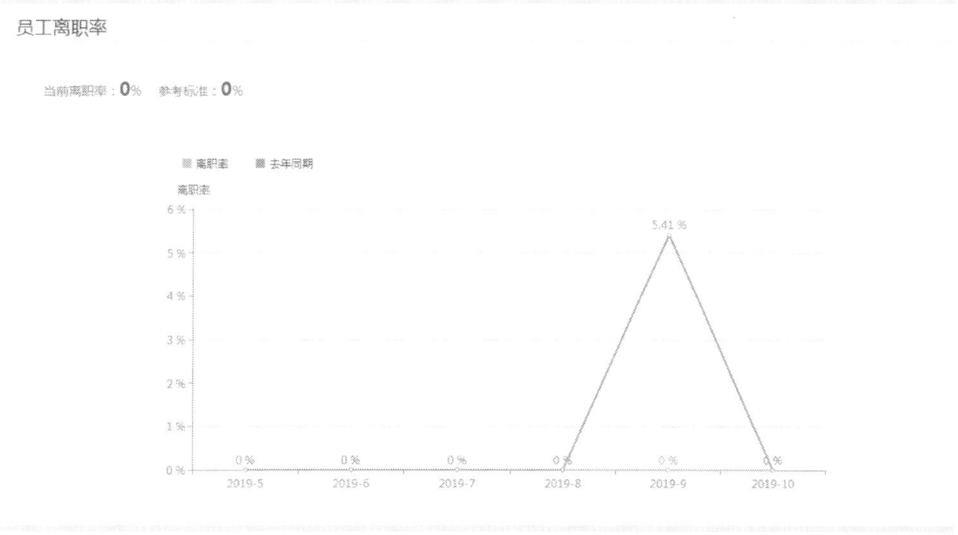

图 12-13　员工离职率

12.2.4　主题分析

模拟管理者分析路径，基于企业关注的关键 HR 业务，通过梳理、分析相关指标，为管理者尽可能深入、全面地提供决策依据。预置分析主题为员工结构分析主题、员工离职分析主题。如图 12-14 所示。

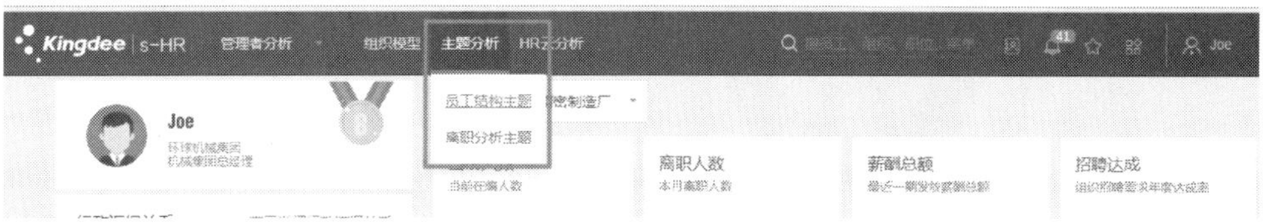

图 12-14　主题分析

（1）员工结构主题。提供组织当前员工性别、学历、工龄、年龄、职等、职务结构等实际分布状况及与企业希望达到结构状态的对比差异，以支持管理者对组织当前员工结构状态的合理性进行判断。

1）结构现状与对比。提供当前组织内员工不同维度（性别、学历、工龄、年龄、职等、职务）结构现状的饼图分析，并展示该维度结构现状与组织预期结构标准之间的对比差异，如图 12－15 所示。

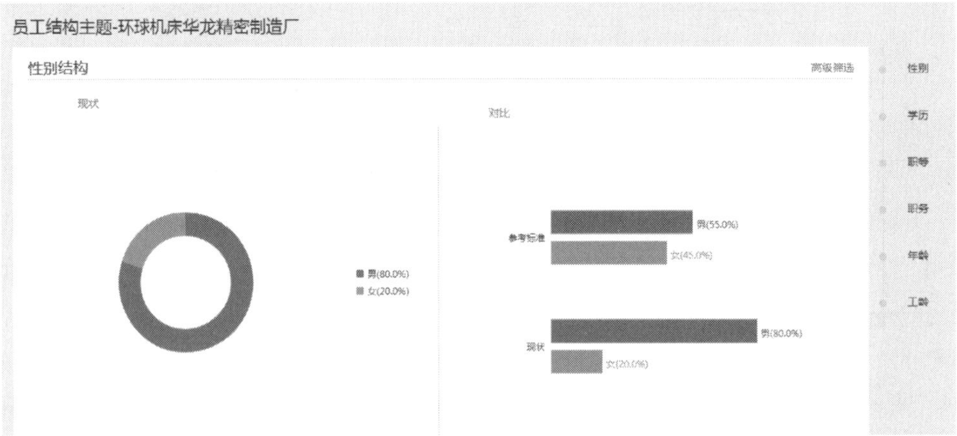

图 12－15　性别结构

2）高级筛选。提供在当前结构状况下多过滤条件的筛选功能，通过多过滤条件累加筛选，为管理者提供精准结构分析结果，并提供该筛选结果对应的员工明细信息列表呈现，如图 12－16 所示。

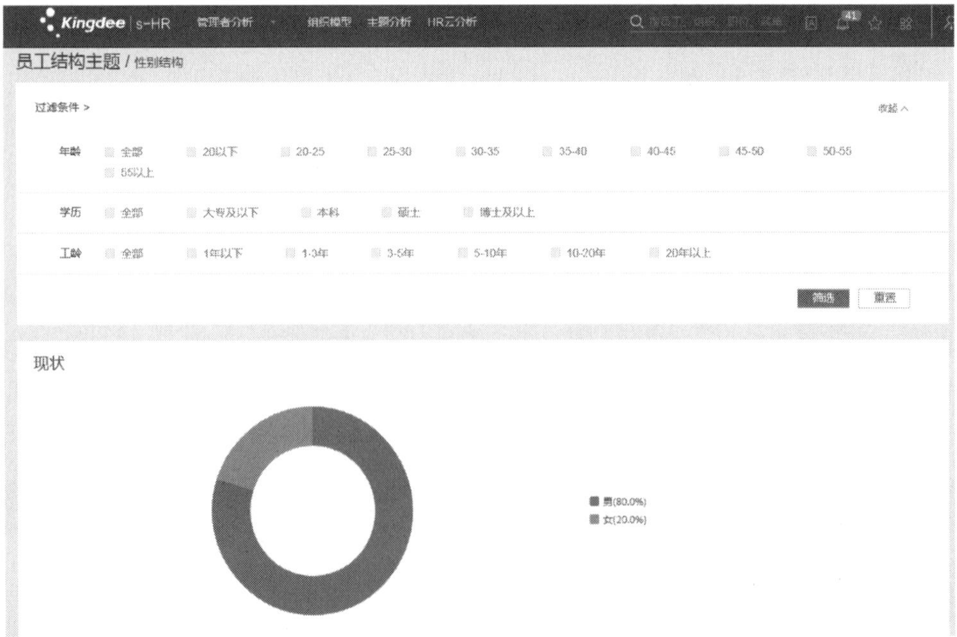

图 12－16　性别结构筛选

（2）员工离职主题。提供组织当前员工离职率与历史同期对比情况、员工离职结构分析、基于员工离职原因的相关因素分析，探寻影响企业当前员工离职情况的相关性因素，如图 12－17 所示。

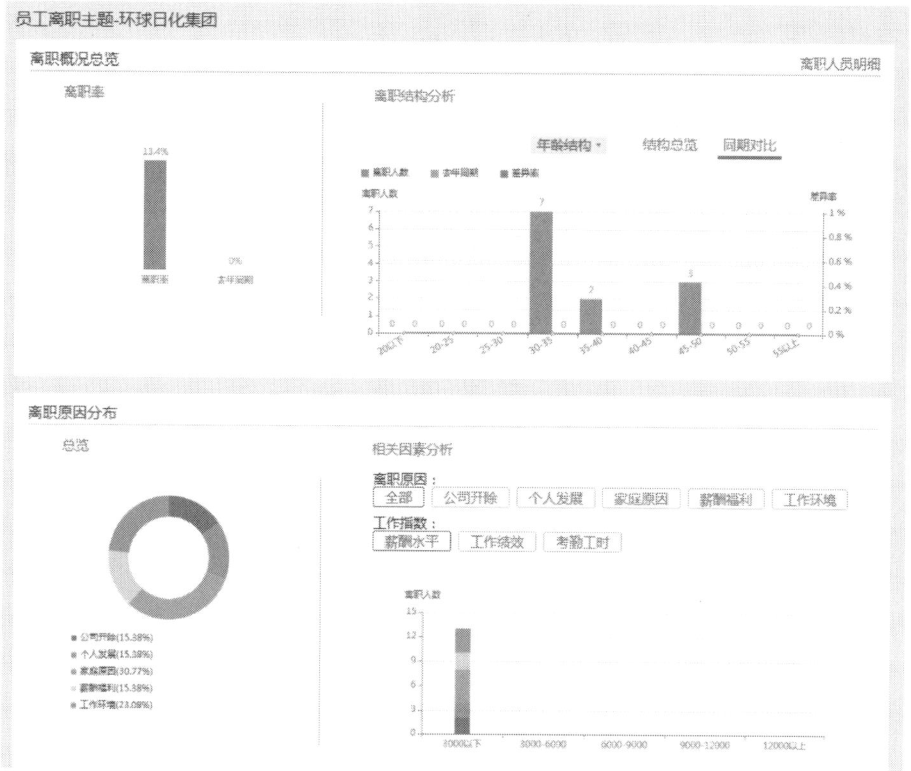

图 12－17　离职结构分析

1）离职概况总览。提供本月离职率与去年同期离职率对比柱图，直观呈现当前离职率状态；提供按工龄、年龄、学历、性别维度的离职人员结构分析，包括各维度结构分布的饼状图，以及每一维度下不同结构项同期对比分析的柱状图。

2）离职原因分布。提供本月离职人员按离职原因分布的饼状图总览；通过呈现不同原因的离职人数在不同工作指数（薪酬水平、工作绩效、考勤工时）状态下的分布情况，提供当前员工离职原因与薪酬水平、考勤工时、工作绩效相关分析。

12.2.5　HR 云分析—薪酬云分析

融合外部薪酬数据的 HR 云分析（见图 12－18），为企业高管提供基于客观视角的薪酬对标分析，为企业制定 HR 战略和提升竞争优势提供决策支持。预置分析维度为地区、行业、注册企业类型。主要内容如下。

（1）外部薪酬分析。提供当前组织（组织基本信息维护为公司）近三年员工平均薪酬水平与该公司所在城市、行业及与注册企业性质的标准薪酬水平对比情况。城市、行业、企业类型下拉菜单可切换至不同的城市、行业、企业类型，供管理者将组织当前薪酬水平与其进行对比，以支持相关管理决策分析，如图 12－19 所示。

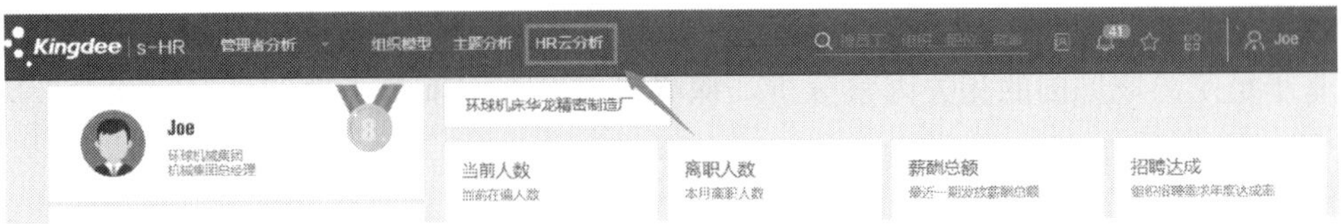

图 12-18　HR 云分析

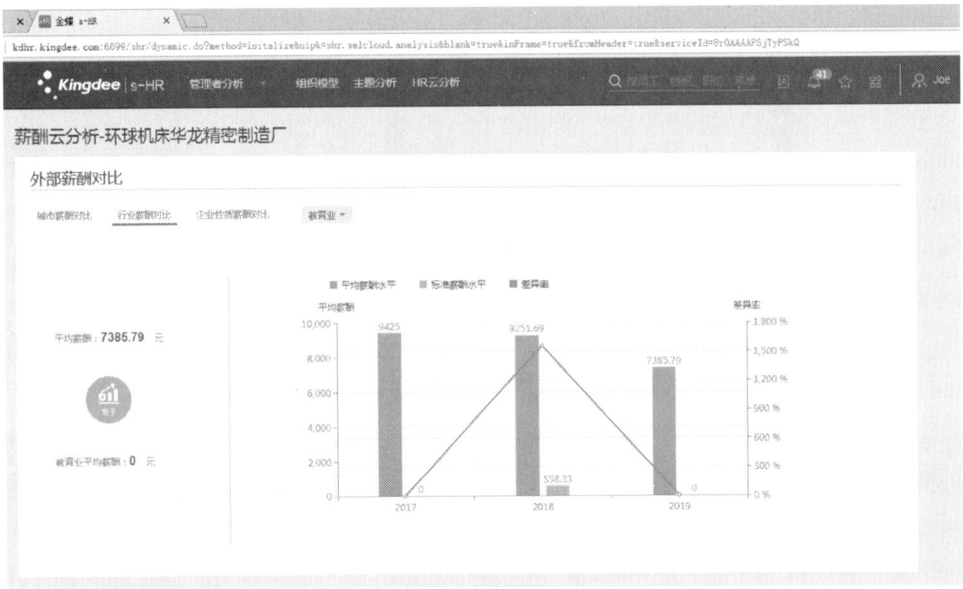

图 12-19　外部薪酬分析

（2）内部薪酬分析。提供当前组织（组织基本信息维护为公司）下级公司（组织基本信息维护为公司）平均薪酬水平的对比，以呈现当前组织下级公司的薪酬水平高低。点击下级公司薪酬水平柱状图可展现下级公司外部薪酬分析，如图 12-20 所示。

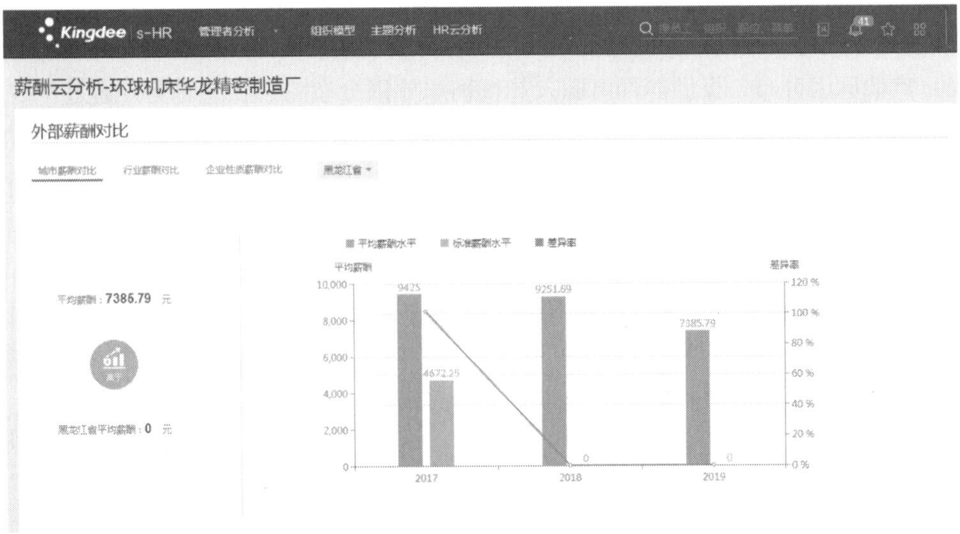

图 12-20　内部薪酬分析

（3）下级公司外部薪酬分析。提供组织下级公司近三年员工平均薪酬水平与该公司所在城市、行业及与注册企业性质的标准水平对比情况。城市、行业、企业类型下拉菜单可切换至不同的城市、行业、企业类型，供管理者将组织当前薪酬水平与其进行对比，以支持相关管理决策分析，如图 12 - 21 所示。

注意事项：

薪酬云分析服务需要在金蝶 s-HR Cloud 系统中进行云服务注册和连接后才能使用。

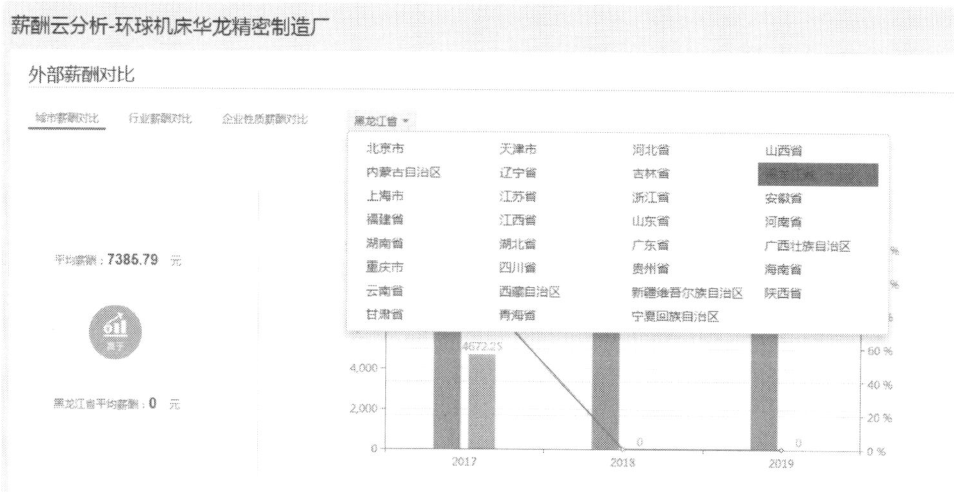

图 12 - 21　下级公司外部薪酬分析

复习思考题

1. 企业基层管理人员（如一线操作班组负责人）、中层管理人员（部门负责人）和高层管理人员（企业高管）对人力资源管理信息的关注点有何不同？应该如何满足不同层级人员对人力资源管理信息的需求？

2. 除了本章中介绍的金蝶 s-HR Cloud 系统管理者分析模块提供的功能以外，你认为还可以增加哪些功能更好地满足不同类型的管理者对人力资源管理信息的需求？

附　录

A.1　教程案例

A.1.1　案例1：教程综述

金蝶龙哥和他的《实施顾问三字经》

张金龙老师是金蝶软件一名资深的人力资源管理系统实施顾问，现任金蝶HR解决方案事业部交付总监，已有17年的人力资源管理系统实施经验，亲身历经了金蝶K/3 HR、EAS HR和s-HR三代软件产品的更新换代历程，曾经参与和主导数十个人力资源管理信息系统实施项目，服务过的客户包括中国铁路建设集团、三一集团、贵州茅台集团、格力电器和江铜集团等中国行业领军企业和世界500强企业，获得了客户和同事的一致好评，被同事和客户亲切地称为“龙哥”。

与此同时，龙哥也是一位资深的“文艺青年”，项目做到哪里，他都会把自己心爱的吉他带到哪里，工作之余经常带着客户和金蝶的同事放歌一曲，缓解工作的紧张和烦闷。不仅如此，他还结合工作实际，用一些经典流行歌曲的旋律创作了多首倾诉人力资源管理信息化建设服务者心声的歌曲，包括《金蝶HR实施顾问之歌》《金蝶HR售前顾问之歌》《最近比较烦（HR的心声）》等，尤其是《实施顾问三字经》这首歌，选用了著名歌手王力宏原唱的《三字经》旋律填词而成，不仅曲调优美、朗朗上口，更是集龙哥与同事们十余年管理信息系统实施经验之大成，深受金蝶各产品线实施顾问青睐！

以下是张金龙老师创作的《实施顾问三字经》全文：

实施顾问三字经

说万事，开头难，做项目，也这般。
为顾问，必学道，道者也，方法先。
曰准备，曰蓝图，曰上线，曰验收。
PMP①，是师也，师者也，传道也。

① 国际项目管理师（Project Management Professional，PMP）是由美国国际项目管理学会（Project Management Institute，PMI）组织进行的一项项目管理领域的资格认证。通过PMP相关知识的学习和资格认证考试，大量信息系统开发及实施人员全面系统地掌握了项目管理知识，为科学有序管理信息化建设项目奠定了坚实的基础。

对客户，讲管理，对顾问，定规范。
定计划，宁可宽，常检查，不能缓。
周月报，勿断掉，抄领导，不能少。
多说话，少寡言，常请示，勤汇报。
控需求，难上难，管需求，是灵丹。
熟产品，为门槛，通业务，方为仙。
搭架构，设组织，是交付，第一关。
写蓝图，贵在专，字推敲，句钻研。
测流程，不能烦，一而再，再而三。
若客开[①]，定麻烦，记住了：专人管。
搞部署，做环境，最好是：专家干。
管项目，不简单，既当爹，又为娘。
常委屈，总受伤，又向谁，诉衷肠？
心光明，复何言，天虽大，念向善。
尊内心，致良知，走正道，行王道。
心中有，必会有，有志者，事竟成！

A. 1. 2 案例 2：行政组织管理

金蝶 s-HR Cloud 系统助力中农发集团人力资源管理变革

中国农业发展集团（简称中农发集团）是唯一一家由国务院国资委直接管理的大型综合农业类中央企业，是中国远洋渔业的开拓者，是中国乃至世界上最大的远洋渔业企业；是全国最大的动物疫苗生产企业，疫苗总产量及禽流感、口蹄疫等疫苗产量全国第一；也是中央企业中唯一以种业为主营业务的上市公司，小麦、甘蔗等种子产量全国第一。集团拥有全资及控股子公司 17 家，上市公司 3 家，业务遍及全国各省（自治区、直辖市），在世界 40 多个国家（地区）建立了分支机构或基地，员工人数多达 3 万人。

企业规模庞大，分支机构分布全球，各企业人力资源管理政策在实际执行过程中因所在行业与地域不同存在一定的差异，加上没有一个覆盖全集团的人力资源管理系统，使得中农发集团人力资源部门人力资源事务效率不高，集团对下属企业的组织、人事、薪酬管控方面存在较大困难。

2015 年，中农发集团按照国资委对央企人力资源管理和信息化的指导意见、结合中农发集团人力资源管控的要求，选用金蝶 s-HR Cloud 系统为企业搭建统一的信息化管理平台，在双方历时 13 个月的共同努力下圆满完成了系统建设任务，取得了如下成果：

（1）强化企业组织机构管理。在系统中实现了集团组织信息的统一管理，能随时进行组织结构调整并在系统上调整操作，使得集团各级组织（含二级、三级、参股公司和控股公司）组织结构和职位信息与实际情况保持一致，为组织、职位规范化管理和定岗、定编工作的开展奠定了良好的基础。

---

① 客开：即客户化开发，指针对客户个性化需求进行的专项定制开发。

（2）规范基础数据管理。建立了统一、规范的信息标准（包括基本信息、职（执）业资格、出国（境）信息等），统一、规范了编码规则，规范了人事信息管理规则及各类报表格式，提高了数据统计工作的规范性和准确性。

（3）实现全员实时、动态管理。通过规范和全面实现人员异动审批流程和人事异动操作流程的线上操作，实现通过系统可实时准确获取集团总体、各级组织、各职位类别、各职级等维度人数统计信息。

（4）提高算薪效率，规范薪酬项目和计算规则。全集团薪酬项目由150多个压缩到60个，各企业在统一平台上进行薪酬核算，不仅提高了薪酬核算效率，还实现了集团对下属企业劳动用工预算和工资总额预算下达、分解和执行监控，全面提升了集团对下属企业薪酬预算的管控能力。

（5）搭建HR决策服务平台，为领导提供决策支持。在实现企业组织、职位、人事和薪酬等核心业务在s-HR Cloud系统平台运行的基础上，通过引进商业智能图形化展示技术，搭建起集团领导人力资源决策服务平台，实现对集团各行业和地域企业员工的数量指标、结构指标（年龄结构、学历结构、性别机构等）、员工流动指标以及薪酬预算执行情况在PC端和移动端的实时图形化呈现（见图A-1），为集团领导决策提供及时准确的数据支撑。

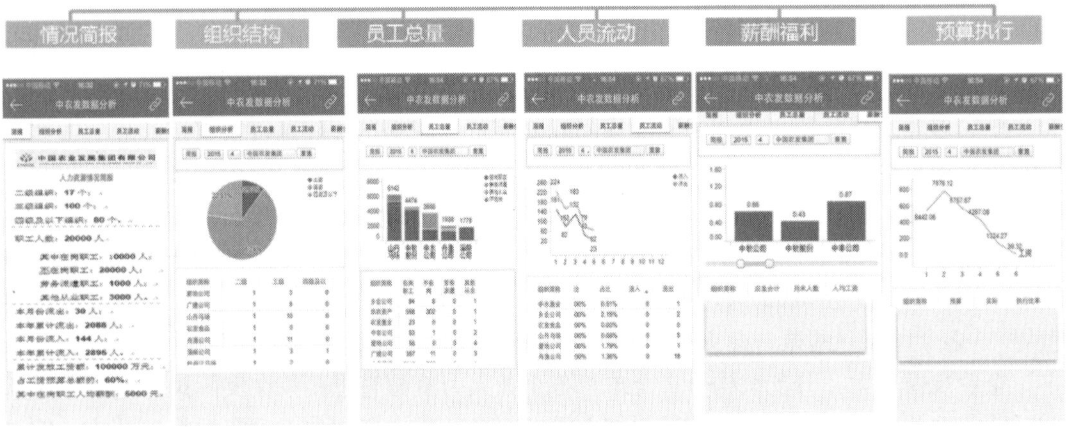

图A-1 移动端呈现人力资源重要信息应用展示

借助金蝶s-HR Cloud系统，中农发集团按照“全员覆盖、发准薪酬、集全信息、分析决策”的建设目标，搭建了统一、稳定、准确的人力资源管理信息系统操作平台，建设了员工自助、预算管理、组织管理、员工管理、薪酬核算、数据智能分析等六大功能模块，实现了组织、人员和薪酬的“纵向到底、横向到边”全覆盖、人力资源业务的动态监控和人事管理的“工作无纸化、操作标准化、业务规范化、信息数字化”。

A.1.3 案例3：招聘管理

三一集团的“招聘抢单”

三一集团创立于1989年，长期秉持“创建一流企业，造就一流人才，做出一流贡献”

的企业愿景，打造了业内知名的“三一”品牌。自 2018 年起三一集团在人力资源管理和移动办公平台等领域开始与金蝶软件开展合作，全面使用金蝶 s-HR Cloud 系统和云之家移动办公台，应用范围覆盖组织和职位、考勤、薪酬、培训、人才开发等各个领域。

三一集团近年来为了适应数字化转型和快速发展的需要，将人才引进工作提升到了前所未有的重视高度。三一集团认为业务部门能够引进竞赛模式，人力资源作为职能部门一样可以。为此三一集团在人力资源招聘领域基于金蝶 s-HR Cloud 系统招聘平台建立起了“招聘抢单”模式，全集团的招聘需求通过统一平台发布，通过各种渠道获得的简历对所有单位的招聘人员公开，如某事业部招聘人员在简历库中发现了一份应聘其他事业部岗位的简历，同样可以抢简历，马上锁定简历（抢单成功）并开展后续招聘流程。如果候选人被录用，即可获得招聘提成奖励。通过“抢单荐才”的功能实现，三一集团招聘专员挖掘人才、推荐人才的积极性和服务人才的主动性大大增强，人才的引进效率和质量全面提升。

A. 1. 4 案例 4：员工管理

泰豪科技的“六岗”管理体系和“四支人才队伍”建设

泰豪科技股份有限公司（简称泰豪科技）是在江西省和清华大学“省校合作”推动下，在南昌国家高新开发区设立的高科技公司，公司成立于 1996 年 3 月，2002 年 7 月上市。泰豪科技现总部设在上海，平台下设智慧能源产业群、军工产业群、智能科技公司、资本经营公司、资产经营公司和平台建设公司；在南昌、北京、上海、长春、济南、衡阳等地拥有 100 多家分、子公司，员工总数近 7 000 人。

在与金蝶软件合作运用 s-HR 软件建立泰豪科技的人力资源管理体系过程中，泰豪科技高度重视企业人事信息的标准化管理和企业人才队伍建设工作，其中以“六岗”管理体系（见图 A－2）和“四支人才队伍”建设最具特色。

结合系统实施，泰豪科技将公司梳理出的 5 103 个岗位对应于 311 个基准岗位，实现了全公司的职务体系标准化管理。

同时，泰豪科技还结合系统实施，进一步巩固和规范了企业的人才队伍建设能力，实现了对包括“关键人才、特殊人才、外部人才和绿色人才”四类重点人才的在线管理，如图 A－3 所示。

对企业人力资源数据采用指数化管理，也是泰豪科技一项独特的创新。比如员工的学历可以按博士、硕士、本科、专科等分别赋值为 21、16、11、7 等，年龄段也可以按 51～60 岁、46～50 岁、41～45 岁等分别赋值为 16、11、7 等。通过学历指数、年龄指数、职称指数体系的建立和应用，就可以把企业之间过去很难量化的事务进行精确的对比分析了。比如 A 公司过去三年员工平均年龄指数下降、学历指数上升——这是队伍趋向年轻化、专业化的表现；B 公司同期平均年龄指数上升、学历指数下降——会不会是人员流失、队伍老化的征兆呢？在项目实施过程中，这套指数化管理体系（见图 A－4）成功实现于系统当中，为企业人力资源管理专业人员和企业高管洞察企业人力资源变动趋势提供了有力的工具。

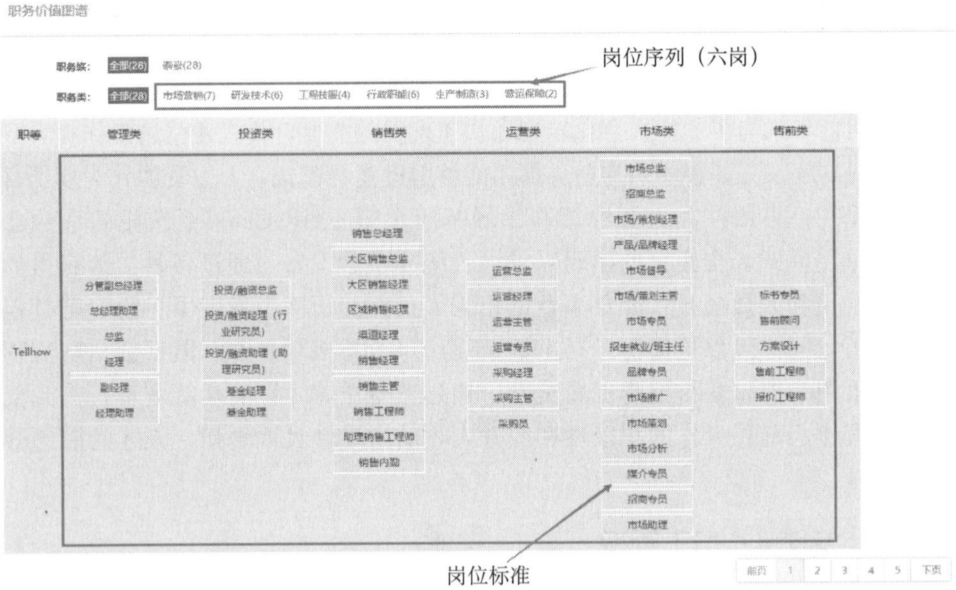

图 A-2　泰豪科技的“六岗”体系

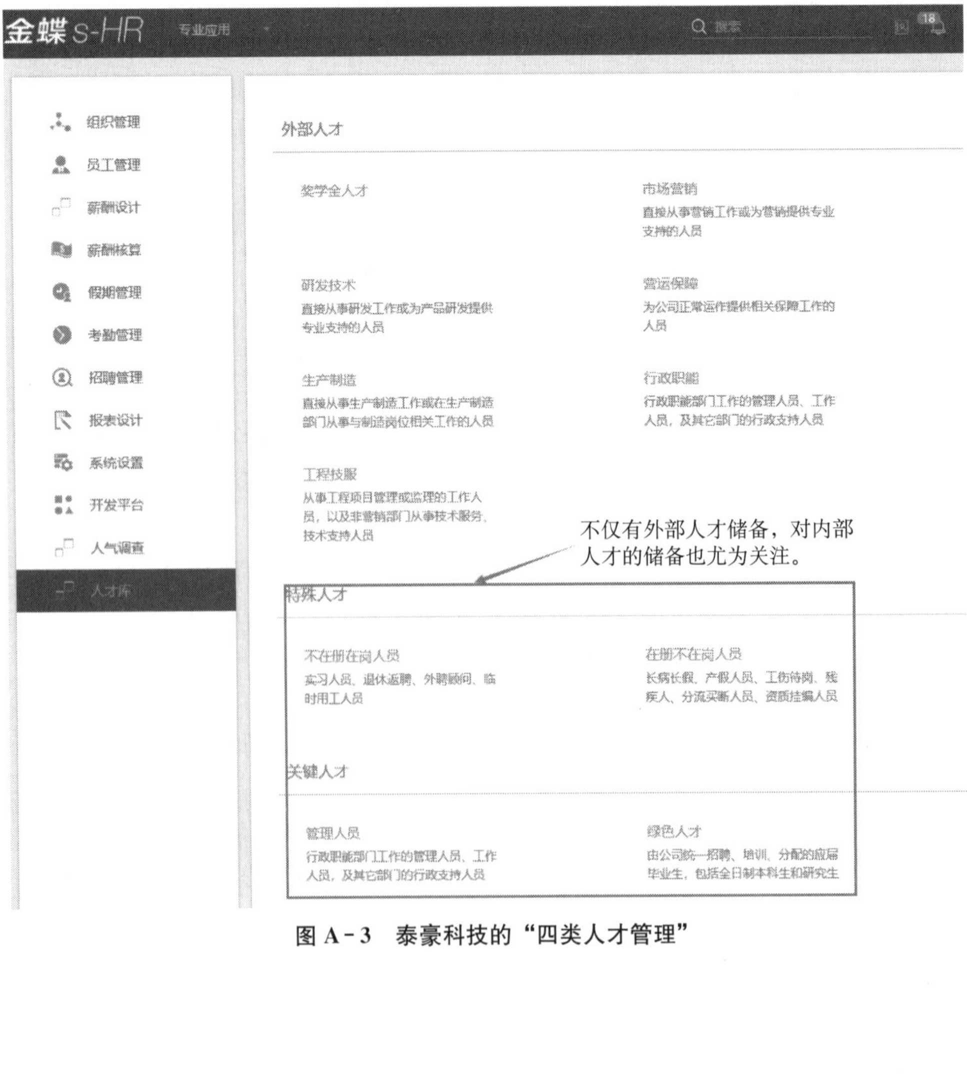

图 A-3　泰豪科技的“四类人才管理”

学历指数

学历	学历指数	A公司	B公司	C公司
博士	21	0	0	0
硕士	16	1	1	2
本科	11	5	7	4
大专	7	34	45	67
中专	4	23	51	56
高中	2	13	30	33
初中	1	3	2	6
总人数		79	136	168
学历指数和		430	674	841
（平均）学历指数		5.44	4.96	5.01

年龄指数

年龄	年龄指数	A公司	B公司	C公司
≥60	21	0	1	0
51～60	16	1	5	0
46～50	11	7	12	2
41～45	7	11	7	4
36～40	4	22	45	67
31～35	2	23	43	56
25～30	1	13	21	33
≤25	0	3	2	6
总人数		80	136	168
年龄指数和		317	569	463
（平均）年龄指数		3.96	4.18	2.76

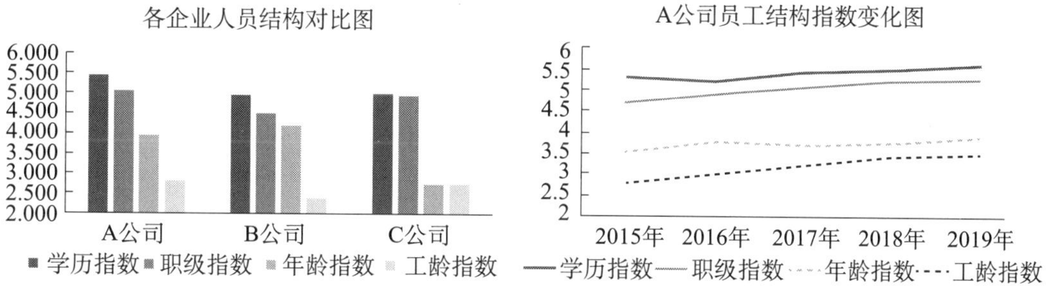

图 A-4 人力资源指数应用（图表中均采用模拟数据）

基于标准职务体系、人才分类管理体系和人力资源指数的应用，泰豪科技明确了企业内部各类人才发展和建设目标，按照不同专业序列建立工作、业务学习、汇报等方面专门的流程和制度，推动了泰豪科技各专业的垂直管理业务及双线管理的业务管理的落实，大大降低了人才流失率，降低了培训成本。内外部人才的共享，为优化泰豪科技内各单位间人才结构提供了有效的帮助，同时，通过外部人才的储备，大大降低了招聘成本。金蝶 s-HR Cloud 系统的全面应用，为泰豪科技的人力资源管理和人才队伍建设打造了坚实的平台。

A. 1. 5 案例 5：培训管理

打造海尔 16 万“服务兵”的移动学习平台

青岛海尔集团是全球著名的家电企业，仅在国内就有近 16 万名被称作“服务兵”的家电维修人员。在家电产业持续升级、智能产品日益普及、服务同产品之间的界限逐渐消失的时代背景下，海尔积极推进服务体系“智联服务、共创共赢”暨“人人服务、人人创业”服务模式战略转型。金蝶软件通过 s-HR 培训系统和云之家的完美结合，在不到一年的时间里就帮助海尔集团建立起覆盖全体服务兵队伍的移动培训学习平台——iService，在海尔售后服务体系内成功地开展了一场“互联网＋”时代的学习革命。该项目的应用亮点如下。

1. 后备力量“自进入”

借助金蝶 s-HR Cloud 系统的移动招聘功能，海尔集团实现了“服务兵自进入功能”，“服务兵”的招聘信息通过微信以“病毒式传播”的模式在技工学校、职高毕业生等特定人群中发布，并提供在线报名及相关资料审核功能。报名人员在资料通过审核后即可进入指定的班级，根据系统推送来的课程学习规定课程，学习完成后即可在线参加理论考试。考试合格者再参加定期举行的实操培训，各项成绩都合格的人员将推荐至意向网点上岗成为一名服务兵。

2. 知识获取“自培训”

不论是通过报名审核的新生还是在职的“服务兵”，都可以按照海尔集团制定的培训课程要求，用手机参加家电基础知识及维修知识在线学习，并可在培训课程学习完成后在线参加理论知识考试。

3. 持续提升“自成长”

海尔“服务兵”按冰箱、空调、洗衣机、厨电、热水器、彩电分为六大产业，“服务兵”在每个产业都有对应的级别，依次为D、C、B、A、A＋及金牌，当“服务兵”在每个级别达到一定条件的时候，可以借助本系统参加升级培训和理论知识考核。移动课程学习为“服务兵”跨产业学习其他产业的知识、提高个人知识技能和经济收入提供了有力的帮助。

4. 学习活动“自记录”

本系统将学员的培训及考试成绩自动同步到海尔集团的“服务兵”业务档案管理系统（HP系统），全部条件合格时即可完成级别晋升。如果有“服务兵”因服务质量被扣分至一定程度，系统会自动接收到由HP系统推送过来的信息，并按规定向该“服务兵”发送参加“失效培训”指令，服务兵只有完成“失效培训”规定的相关学习和考试任务以后才能获得重新上岗的机会。

5. 工作经验“自交流”

iService平台的建成为全国各地的海尔“服务兵”提供了知识交流的新平台，每天在这个平台上关于家电维修方面的求助、解答及讨论互动空前活跃，还涌现出了一批经常通过学习社区热心回答同行问题的“服务兵”，被企业聘为“在线后备技术专家”。

海尔“服务兵”培训系统移动应用界面如图A－5所示。

课程体系　　在线学习　　在线沟通　　在线考试

图A－5　海尔“服务兵”培训系统移动应用界面

通过充分发挥金蝶云之家和 s-HR 培训系统的组合优势，海尔集团在较短时间内建立起了一个集移动办公、培训考核及知识共享的新型移动平台，为海尔集团深化“人人服务、人人创业”平台建设提供了有力的支持。

A. 1. 6 案例 6：绩效管理

厦门国贸集团的“矩阵式绩效考核”

厦门国贸集团股份有限公司始创于 1980 年，1996 年在上海证券交易所上市，是《财富》世界 500 强厦门国贸控股集团有限公司的控股子公司。现已形成供应链管理、房地产经营和金融服务三大核心业务；拥有供应链、房地产、金融以及战略发展等四大事业部；是全球上市公司 2 000 强、中国上市公司 50 强、亚洲品牌 500 强、全国守合同重信用企业。公司秉承“持续创造新价值”的使命，“创新、恒信、进取”的核心价值观，“激扬无限、行稳致高”的企业精神，锐意进取，不断创新，全力将企业打造成为值得信赖的全球化综合服务商。

2019 年厦门国贸集团开始与金蝶软件合作，运用金蝶 s-HR Cloud 系统建立覆盖全集团各成员企业的人力资源管理平台，实施模块包括组织、人事、薪酬、假期和考勤、绩效管理、员工自助和管理者分析等。在实施的各模块中，以在绩效模块中实现的“矩阵式绩效考核”最具创新意义。

在厦门国贸的房地产经营等业务板块中，存在着广泛的矩阵式管理关系，如图 A－6 所示。例如，房地产开发项目中，项目组中的土建工程师、机电工程师和景观工程师等技术人员来自房地产开发公司的专业部门，根据各项目工程进度派驻到各项目从事专业工作，既要接受专业部门的指导监督，又要服从各开发项目的任务安排，这种“矩阵式管理”模式广泛存在，如何平衡专业管理和项目运作管理关系，一直是国内许多房地产企业管理模式设计中的难点。

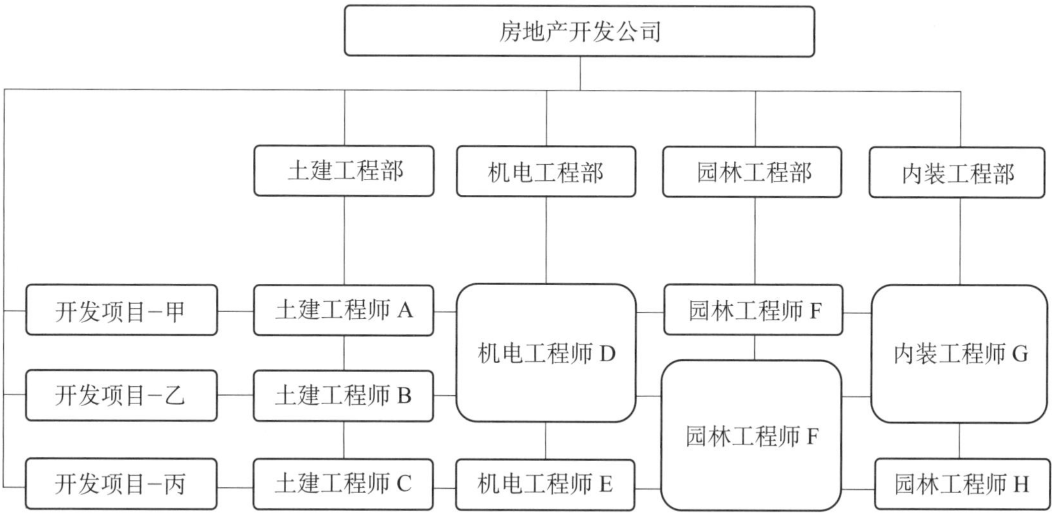

图 A－6 房地产企业矩阵式管理模式

在金蝶 s-HR Cloud 系统实施项目过程中，双方项目团队共同努力，成功地在系统中实现了矩阵式的绩效考核模式。一名承担项目工程技术任务的工程师在绩效考核中有 40%

的考核指标由其所属的专业部门进行评价，而另外60%的考核指标由该名工程师参与的工程项目负责人进行评价。两个考核流程可以同时启动，考核成绩最后由系统自动汇总作为员工该次绩效考核的总评成绩（见图A-7、图A-8、图A-9）。

图A-7 考核指标维护

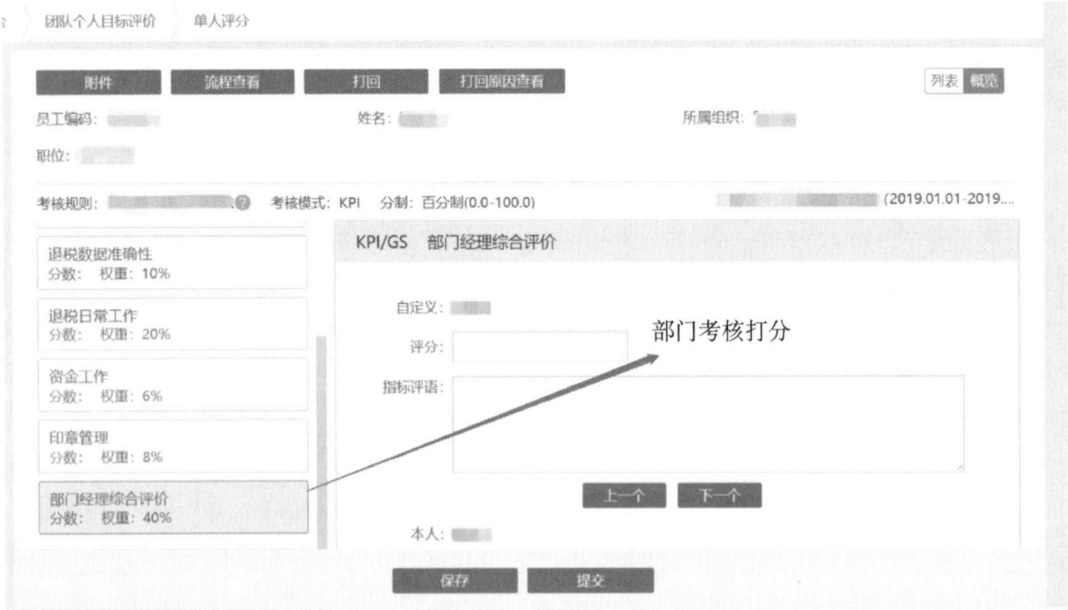

图A-8 部门考核

矩阵式绩效考核模式的成功引进，要求每一名参与项目开发建设的技术人员既要主动严格执行各项技术标准和质量规定，又要积极配合项目达成开发进度、开发成本和客户满意度各项指标，消除了长期以来在矩阵式组织“条（专业技术）线（项目开发）管理”中存在的

图 A－9　项目考核指标维护

管理矛盾，对调动工程技术人员发挥专业特长服务开发项目起到了积极的推动作用。

A. 1. 7　案例 7：假勤管理

广州 72 街的"精益考勤"

广州七十二街餐饮连锁发展有限公司（简称 72 街）是一家知名的中式连锁快餐品牌，近年来积极引进"丰田 TPS 精益生产模式"，利用金蝶 s-HR Cloud 系统和云之家移动办公平台，不断提升门店精细化管理水平，在各项创新成果中以"精益考勤"最为出色。

为了在确保菜品的质量和速度的同时杜绝人员空闲产生人工浪费，72 街以半小时为单位将营业时间划分为多个时段，并统计出每个时段的客单交易次数（TC），根据客单交易次数对应的工作量，确定前厨、后厨等每个标准化岗位所需要的人手，形成"人手指引表"。

基于金蝶 s-HR Cloud 系统的排班、考勤模块，72 街将排班权限下放到门店，门店经理根据本店过往的客单交易次数数据，结合"人手指引表"，在系统中预测未来一周每天所需的工时数量和人手数量，并以半小时为单位自动将工作时段、岗位、员工进行对应，形成门店未来一周的考勤排班表（见图 A－10、图 A－11）。

72 街基于客单交易次数和对岗位的标准化分解，对门店用工以半小时为单位进行精确预测，对门店用工及考勤进行精细化管理，在保障高效生产和优质服务的同时最大限度地节约了用工成本，实现了对门店人力资源的精益化极致管理。

A. 1. 8　案例 8：薪酬管理

远大住工的"人人账本"

远大住宅工业集团股份有限公司（简称远大住工），是国内首家从事建筑工业化体系研发和产业化应用的综合型企业。历经 20 余年的发展，远大住工已成为集研发设计、工业

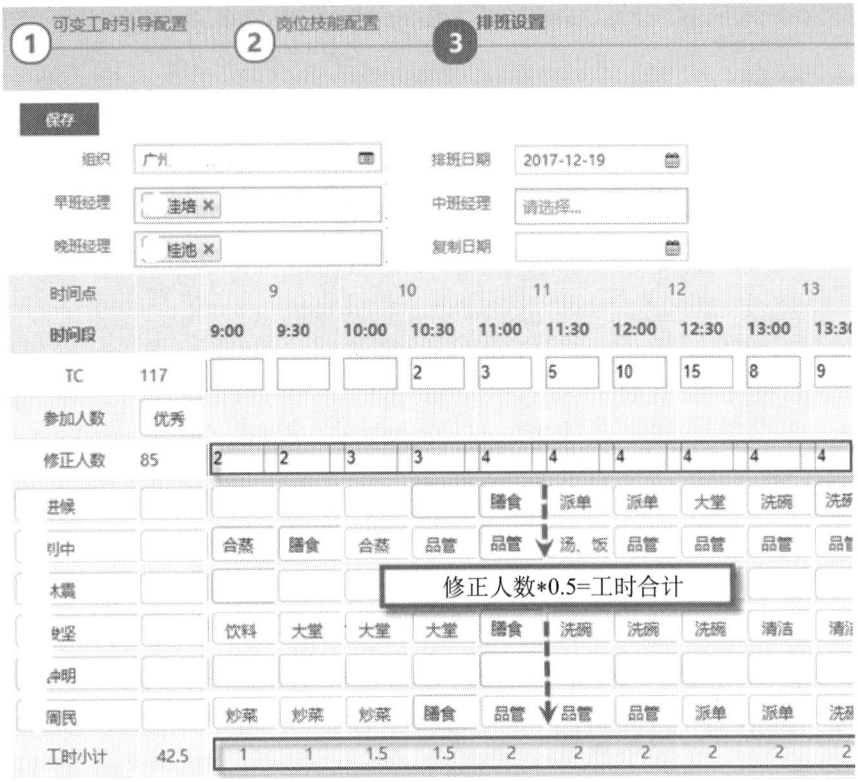

图 A-10 排班设置（一）

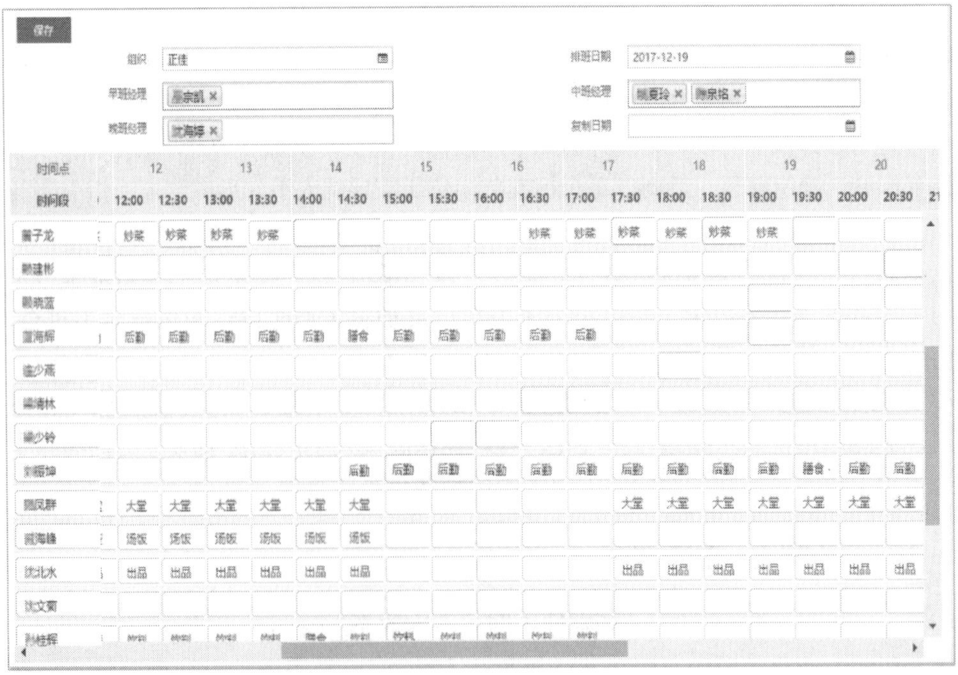

图 A-11 排班设置（二）

生产、工程施工、装备制造、运营服务为一体的新型建筑工业化企业，在全球拥有 100 余家 PC（混凝土预制件）研发制造基地，员工将近 5 000 人。

在与金蝶的合作过程中公司不断提升企业人力资源管理信息化水平。在实现 HR 专业运营在线化和员工服务在线化之后，又在系统中开发建立起了“人人账本”体系。所谓人人账本，就是每一个组织、每一个项目和每一个员工都有一本明明白白的人力成本账本。每名员工年初可以在账本中看到相应的薪酬预算，员工通过劳动投入实现相应的绩效就能将薪酬预算变成自己的工资和奖金；每个工程项目也有一本人人账本，即项目人力成本预算，项目经理在管项目进度、质量、材料成本的同时，还要主动管好人力成本支出，如能按期完工，成本支出还有结余，就可以获取相应的提成奖励。人人账本模式（见图 A－12）的实现，激活了远大住工各级管理人员和广大员工的自主经营意识，带动了企业精细化运营水平的提升，在 HR 管理工作与企业业务经营紧密结合并相互推动上进行了成功的实践。

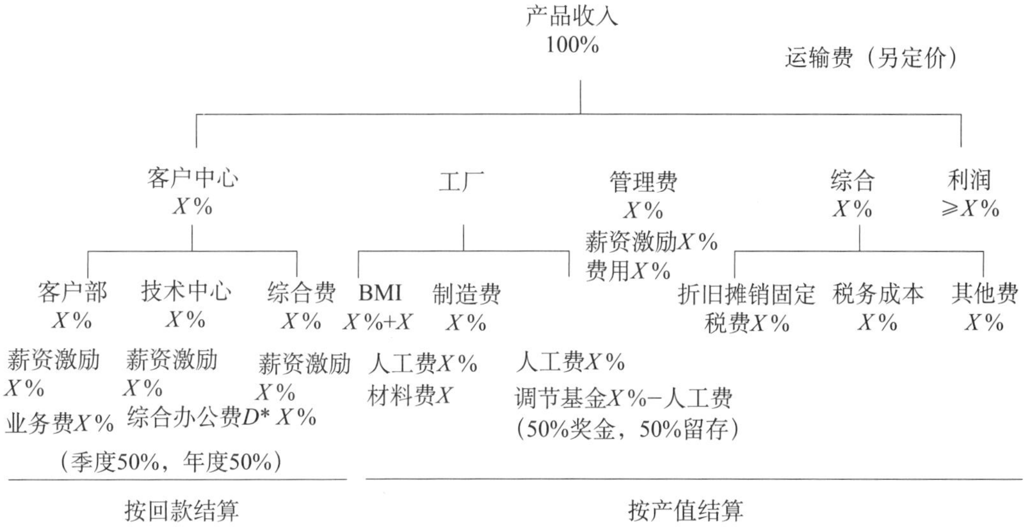

图 A－12 远大住工的人人账本原理

A. 1. 9 案例 9：人力资源共享

今麦郎的人力资源管理转型与员工共享服务中心建设

今麦郎面品有限公司是一家以方便食品为主业，集生产、销售、研发于一体的现代化大型综合食品加工集团，是全国方便食品行业的龙头企业。公司下设 8 个事业部、21 个方便面工厂、10 个面粉公司、6 个相关配套生产公司、142 条方便面生产线，员工总数近 3 万人。

今麦郎自 2008 年起开始使用金蝶的软件产品，2013 年双方建立了战略合作关系，开展了全方位信息化建设合作实践，金蝶 EAS、OA 及云之家等软件产品陆续在今麦郎成功上线，逐步覆盖了今麦郎财务、生产、制造、人力资源和协同办公等各个领域。近年来，双方又不断深化战略合作，积极打造以平台型、智能化为特征的现代食品加工企业，在较短的时间内建成了财务共享服务中心和员工共享服务中心，成为第一家拥有基于金蝶 EAS 平台财务共享和人力资源共享服务中心的“双共享平台企业”。

食品加工行业是劳动力密集行业，受中国人口结构变化的影响，行业企业“招工难、用工难”的问题十分突出。为了保证一线用工需求及时满足，HR 工作对企业经营管理保障有力，今麦郎决定按照“HR 三支柱”模式进行组织变革，并以人力资源共享服务中心建设为突破口，推动 HR 管理体系变革。

1. HR 组织结构调整

基于“HR 三支柱”管理思想及今麦郎人员管理方式特点，将企业 HR 组织架构从原先按职能模式分工转为按“HR 三支柱”模式组建，重新调整职能分工，并进一步明确了各级 HR 人员的工作职责，提高了信息反馈和政策执行的效率（见图 A－13）。

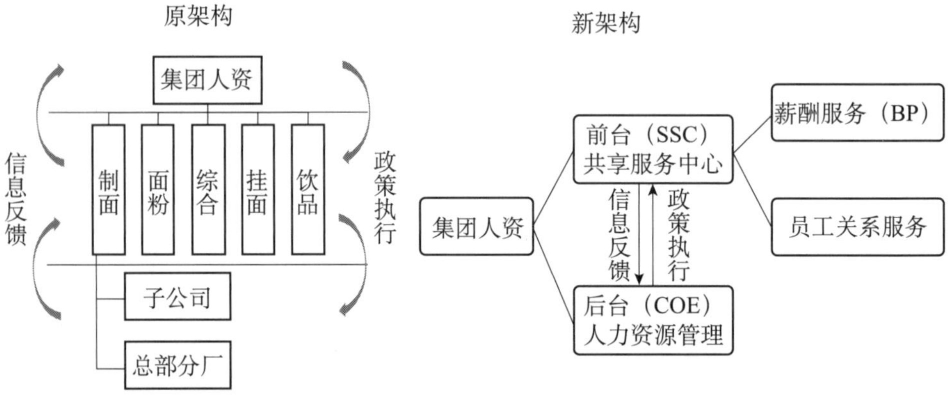

图 A－13　今麦郎 HR 组织结构调整

2. HR 体系和流程优化

重新梳理 HR 业务流程框架，分析比较各事业部 HR 事务的异同，经过多轮次的设计优化，提出了核心人事、薪资、社保、考勤、社保等职能共享的 HR 流程体系，编写流程文件 46 个，并对优先纳入员工共享服务中心的入职、社保、薪酬核算和员工服务流程进行了重点优化，使之能够充分发挥人力资源共享服务体系特点，满足在线可靠运行的需要。仅新员工入职流程的运行时间就从原来的 2 个小时以上缩短至 15 分钟以内。

3. 系统迁移及优化

在前期充分规划及业务优化方案制定的基础上，金蝶—今麦郎项目组将今麦郎的 HR 系统从 EAS-HR 迁移到 s-HR 的同时，进一步优化和完善了 HR 系统和生产管理系统、考勤机系统以及招聘系统、自助服务终端等系统的集成，同步实现了员工入职、劳动合同签订、工卡办理、社保事务及薪酬核算等业务向员工服务中心集中，进一步减少了各职能间的中间环节，减少了重复劳动，显著提高了工作效率（见图 A－14）。

4. 日工资核算系统优化

为了激发员工的工作热情、提高产量、保证质量，双方合作开发出了一套“日工资核算系统”（见图 A－15）：通过考勤数据采集平台和生产管理系统集成，准确获取员工当日出勤及生产线产量数据，并按照员工对应工种系数和折算规则自动核算日工资（见图 A－16），再将该信息直接通过云之家移动办公平台推送到员工手机终端（见图 A－17）。这样员工每天一下班就可看到自己当天的出勤情况及工作获得的收入。

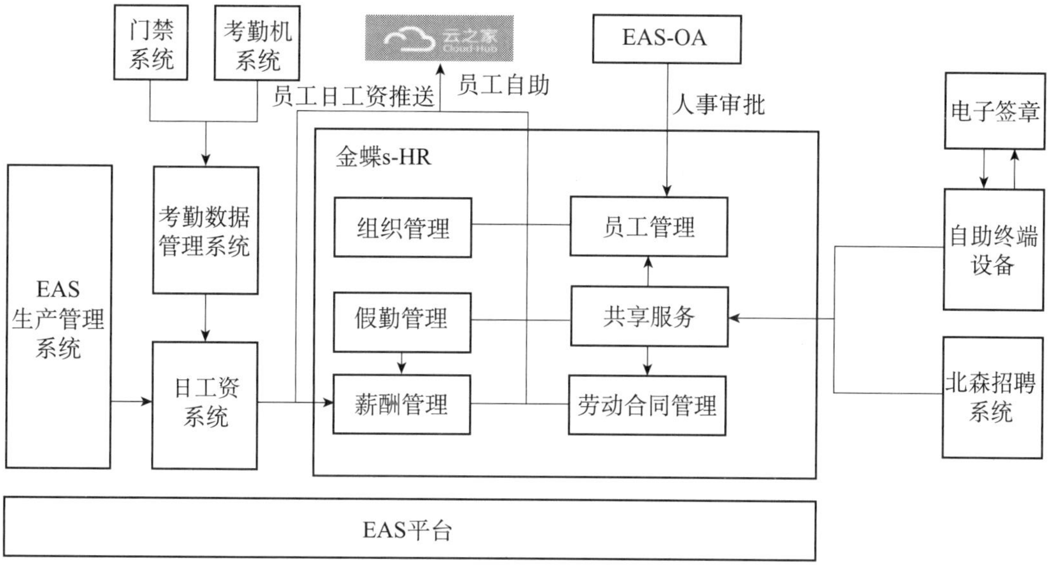

图 A-14　今麦郎 HRSSC 业务架构

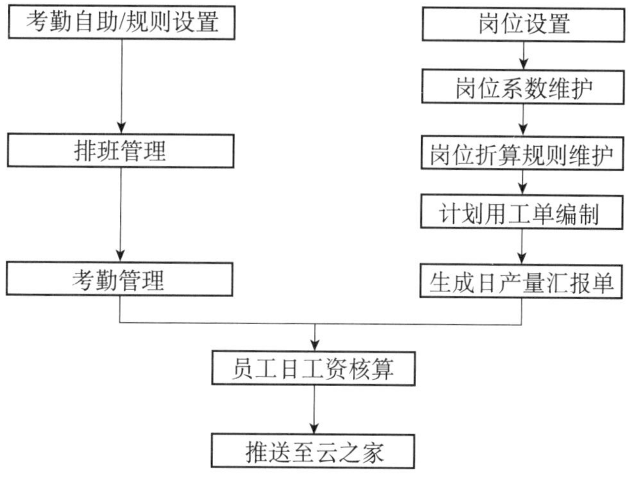

图 A-15　今麦郎日工资核算业务蓝图

5. 员工共享服务中心

在实施系统的同时，今麦郎建起了员工共享服务中心，员工服务共享中心位于今麦郎总部一楼，现已配备了叫号机和自助终端设备（见图 A-18、图 A-19）。目前已能为员工提供入离职手续办理、劳动合同签订、在职/实习/收入证明自助开具、宿舍登记、员工信息自助查询、工卡制作等项服务。日接待新入职员工数量超过百人。

在这一过程中，金蝶 s-HR Cloud 系统用先进的“互联网＋”技术帮助客户在较短时间内完成了 HR 组织、系统、流程和人员的切换任务，将传统 HR 模式快速转型为“HR 三支柱”模式，优化了企业员工管理方式，激活了员工的工作热情，为后续深化 HR 变革和企业管理创新奠定了坚实的基础。

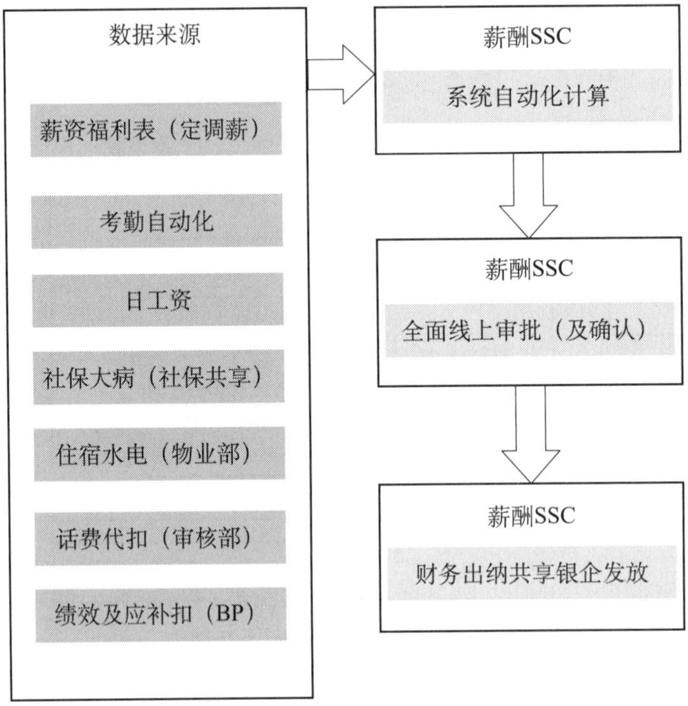

图 A－16　今麦郎薪酬核算流程

图 A－17　今麦郎员工出勤及日工资信息查看界面

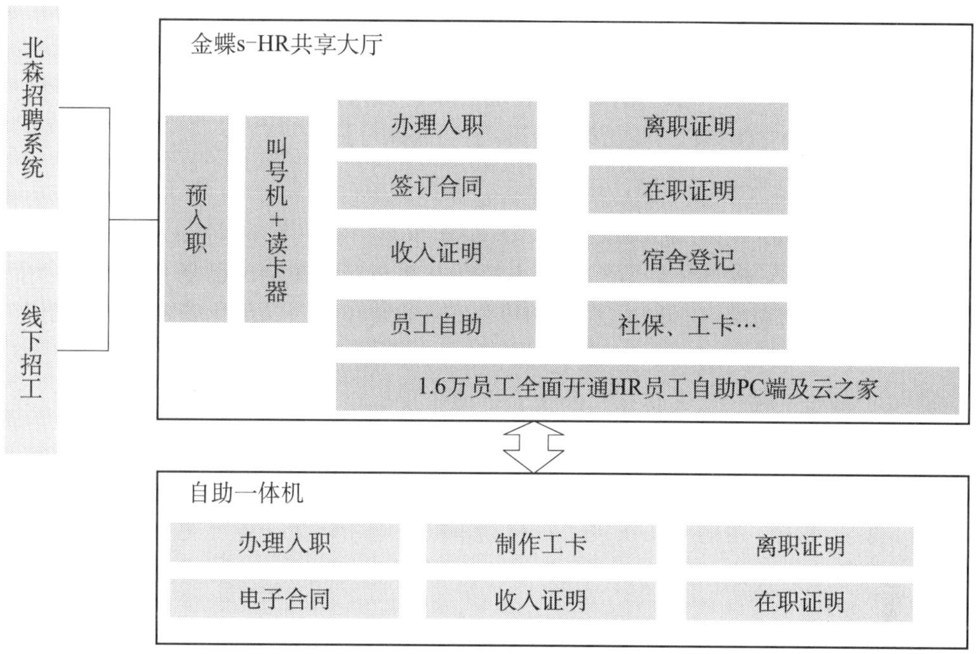

图 A-18 今麦郎 HRSSC 自助服务流程

图 A-19 今麦郎员工共享服务中心实景

A.1.10 案例 10：移动应用

运通集团的“移动互联、万人共享”

运通集团成立于 1983 年，是一家拥有汽车、地产、投资等业务板块的多元发展集团。30 余年来致力于汽车行业的发展，现已建成、运营超豪华和豪华品牌汽车 4S 店 70 余家，分布于 13 省 19 个城市，员工超过 7 000 人。集团按照“秉承豪华品牌，定位国内发达一、二线城市，自有土地，园区化经营”的四大特性发展布局，在全国已陆续建成十余个豪华品牌集中的综合型汽车园区，形成了“集团化、跨地域经营、品牌化管理”的全新模式。

在与金蝶软件合作过程中，运通集团利用 s-HR 软件和云之家移动办公平台深度协同，构建起“移动互联、万人共享”的人力资源管理和企业文化建设新模式。项目建设成果包括：

1. 统一门户

结合本项目实施，运通集团实现了将移动审批、电子门禁、电子名片、电子发票、视频会议等工作集中到云之家进行，一部手机、一次登录即可随时随地轻松完成各项业务。具体如图 A-20 所示。

APP门户　　　电子门禁　　　电子发票

图 A-20　运通云之家门户应用

2. 员工个人服务

运通集团总部到经销店的各级员工，都可以在手机智能终端的云之家 APP 中，查询与本人相关的档案、出勤情况、假期额度、工资条以及同事通讯录等信息，在线提交个人请假、出差、加班、调休等流程。具体如图 A-21 所示。

3. 企业文化建设

借助人力资源管理和移动办公平台，运通集团的员工可以即时获取公司的最新动态，发布的政策、公告、通知，参与公司发起的诸如卡拉 OK 比赛、公司年会在线直播等员工活动。具体如图 A－22 所示。

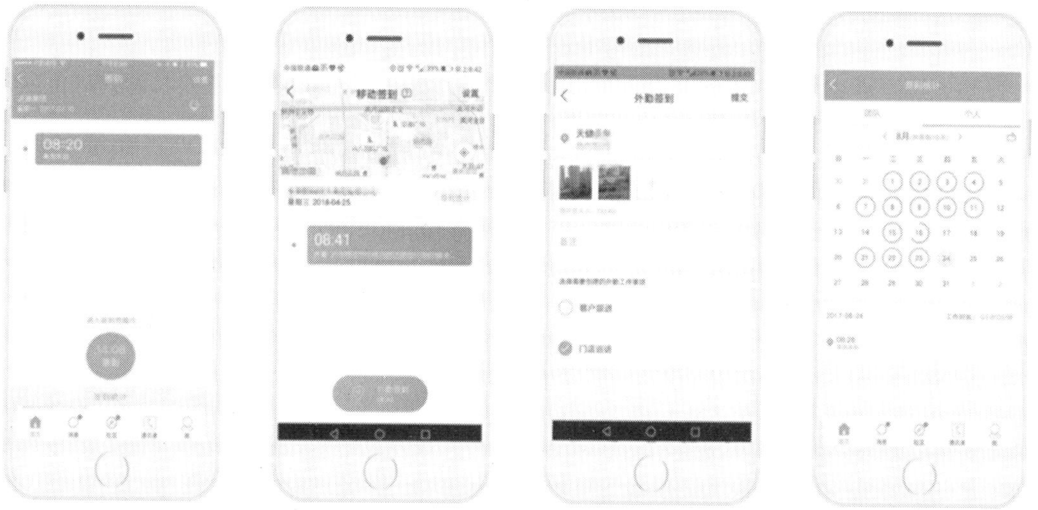

内勤签到　　外勤签到　　离线拍照签到　　本人/下属出勤数据查看

图 A－21　员工移动考勤应用

运通集团的在线卡拉OK大赛　　运通集团的年会微站

图 A－22　运通集团运用移动办公平台开展企业文化建设

运通集团基于金蝶云之家构建起新型的移动社交人力资源服务与企业文化沟通平台，不仅推动企业人力资源管理信息系统建设水平全面提升，更为全集团近万名员工搭建了高效、互联的移动沟通桥梁，将公司倡导的“行业精神”文化更便捷地传导给每一位员工，为将企业文化在全集团多产业、多区域中广泛传承与延续发挥了积极作用。

A.1.11 案例 11：管理者分析

安徽省投资集团的管理者分析平台

安徽省投资集团控股有限公司于 1998 年 6 月经安徽省政府批准，由原安徽省建设投资公司、安徽省农业投资公司和安徽省铁路建设投资公司合并组建而成，2011 年 6 月和 2014 年 10 月，先后与上海裕安投资集团有限公司、深圳安徽实业总公司重组。安徽省投资集团是安徽省委、省政府确定的首家国有资本投资运营公司改革试点企业，承担保障重要基础设施建设、引领工业产业升级等重要战略任务。注册资本 300 亿元，截至 2017 年底，资产总额近 1 400 亿元，旗下有全资子公司 14 家，控股子公司 13 家，参股子公司 80 余家，主要分布在安徽、上海、深圳等地，全集团在岗员工约 2 000 人。

随着集团公司迅速发展，人员规模不断扩大，集团总部和子公司承担的人力资源事务性工作繁重，集团人力资源管理相对分割，总部和子公司各成体系，人力资源工作协同、信息共享严重不足，集团总部及子公司人力资源管理难度不断加大。针对以上问题，在与金蝶软件合作开展人力资源管理信息系统平台建设过程中，除了将组织、人事、薪酬等业务从原有的手工操作模式转为系统操作，完成覆盖全集团的人力资源管理信息数据库建设任务之外，集团还高度重视人力资源管理信息系统对集团人力资源管理工作的“事前引领、事中控制和事后分析”工作的支持作用，深度应用了金蝶 s-HR Cloud 系统中的管理者分析平台（见图 A－23）。

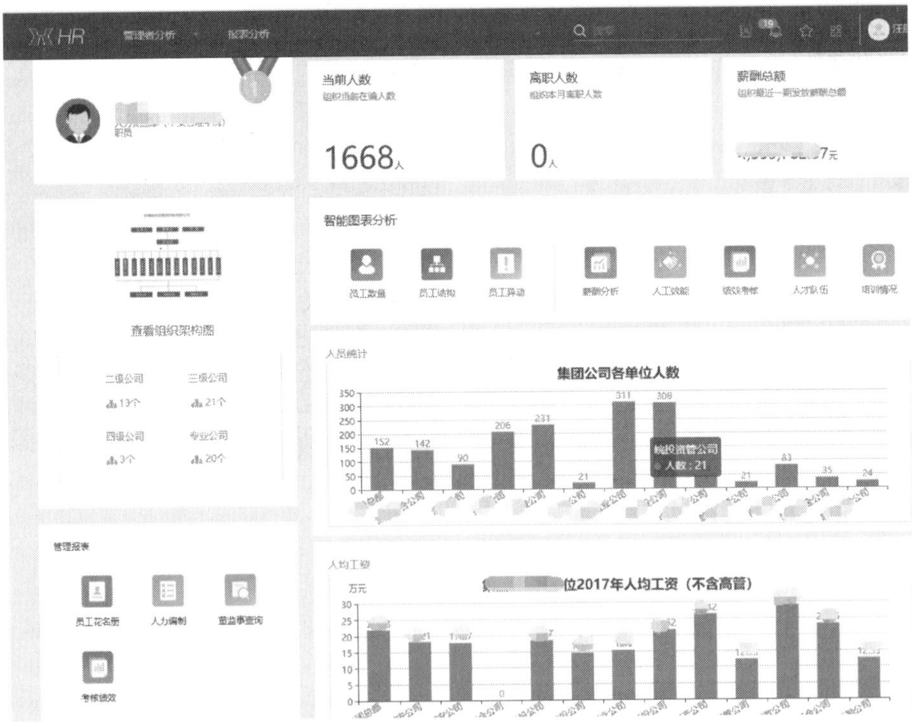

图 A－23　安徽省投资集团管理者分析界面

1. 员工数量和员工结构分析

员工数量和员工结构分析主要包括集团各所属企业和各业务板块员工数量及年龄、性别、职级等结构化分析（见图 A－24、图 A－25）。

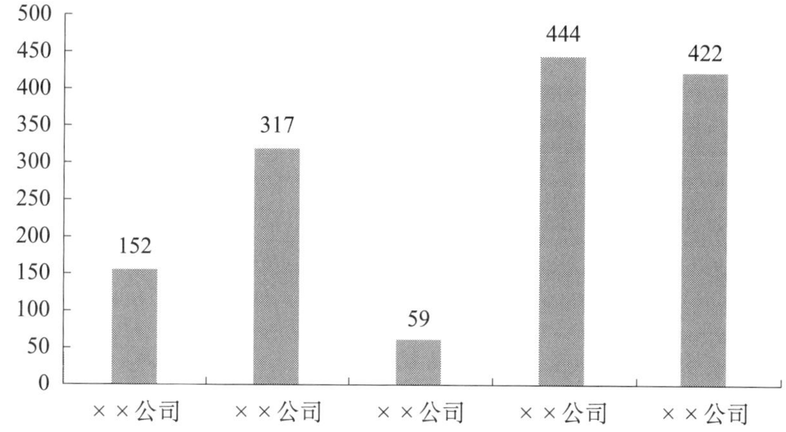

图 A－24　各板块人员数量统计

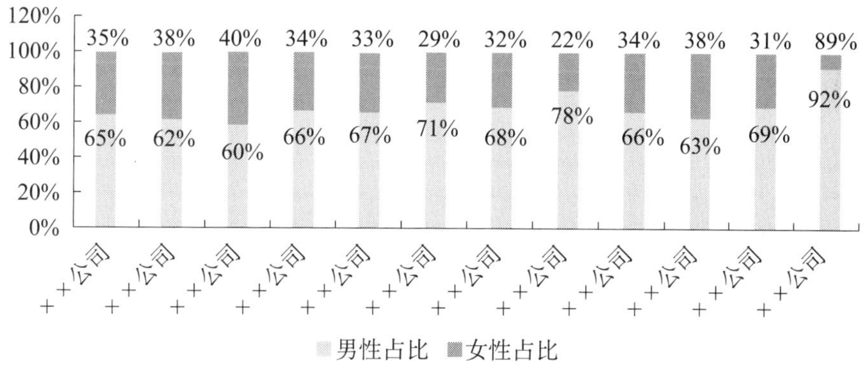

图 A－25　性别分布

2. 员工编制和异动分析

员工编制和异动分析包括集团、各下属企业、各板块人员编制和实有人数对比分析、员工来源分析、员工离职原因分析等（见图 A－26、图 A－27）。

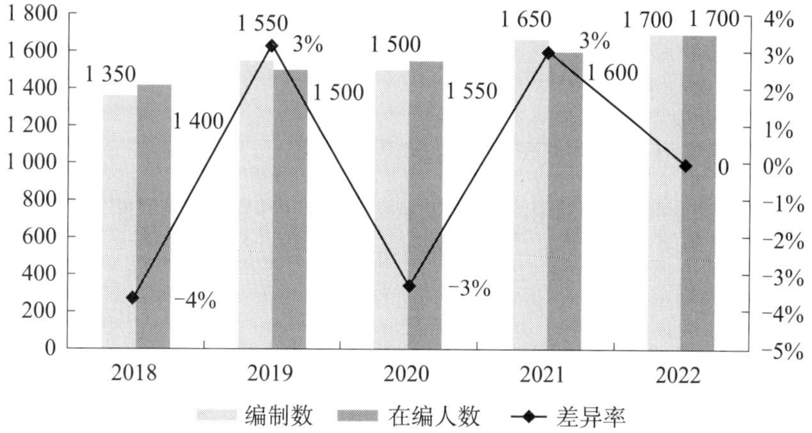

图 A－26　员工编制分析

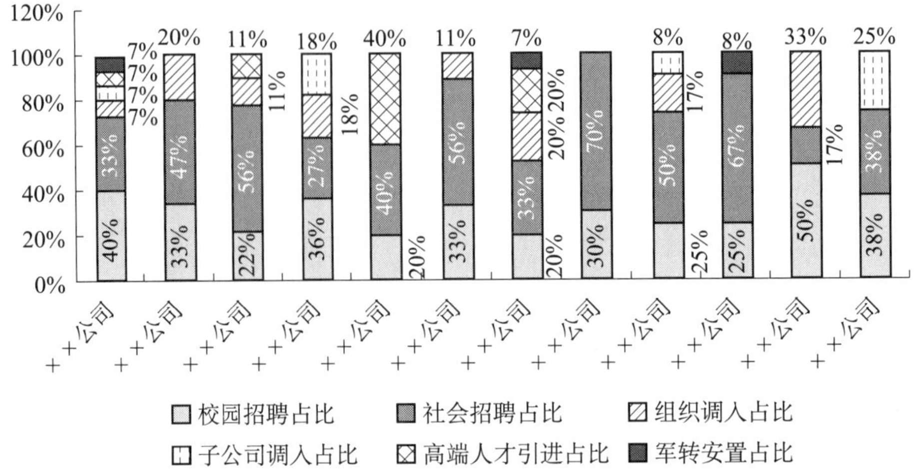

图 A－27　员工来源分布

3. 薪酬分析

薪酬分析包括薪酬总额、人均薪酬、薪酬固浮比统计及管控类高管薪酬与效益联动分析等，如图 A－28、图 A－29、图 A－30 所示。

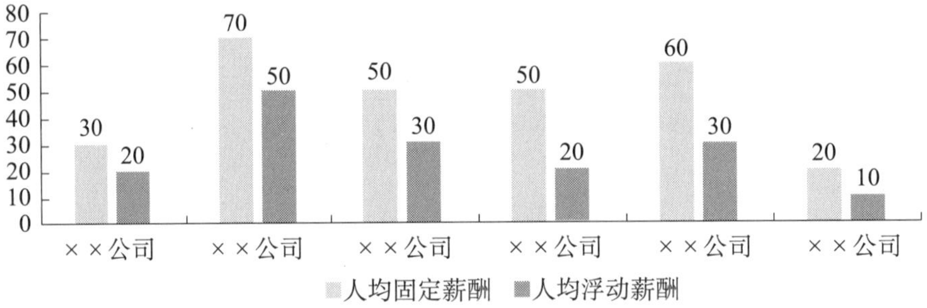

图 A－28　各公司间人均工资总额及固浮比例分析

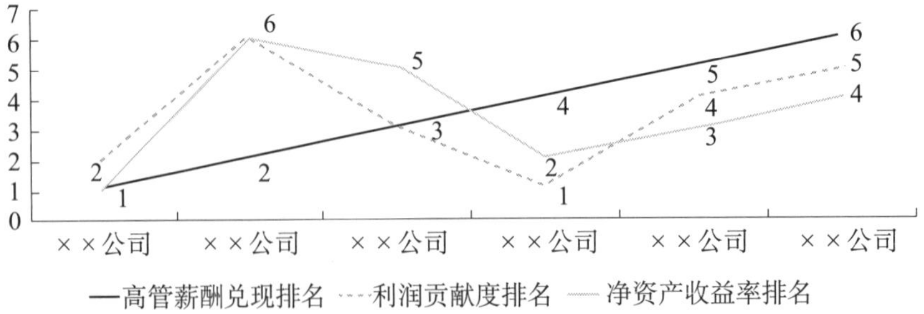

图 A－29　各公司高管薪酬与效益联动分析

4. 效能分析

主要包括各下属企业和各板块工资与利润总额对比分析等。

安徽省投资集团将企业 HR 数据与经营数据组合应用，建立起企业人力资源数据和企业经营数据间的系统关系，为集团高管提供了全方位、深层次、多角度的数据分析，为企业人才管理和经营决策提供了有力的支持。

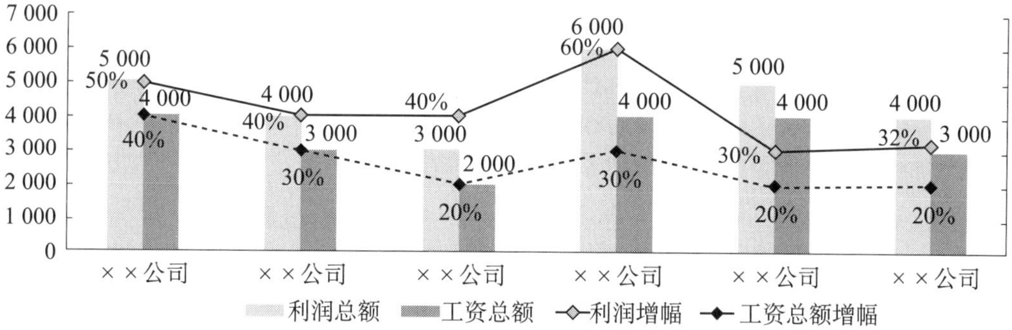

图 A-30 工资/利润总额分析

A.2 术语定义

信息化系统及人力资源管理实践本身是一个非常专业的工作，我们把系统里的一些专业定义、操作过程中的一些特有术语做了整理，供同学们参考。其中，一些术语属于软件系统管理员需要理解的，学习业务操作的同学可以忽略。详见表 A-1。

表 A-1 术语

术语	解释	使用位置
基础资料控制策略	包括管理策略、共享策略，通过不同控制策略实现基础资料的管理权、使用权分离	基础资料
管理策略	基础资料管理权的控制，包括所有组织维护、本组织维护。所有组织维护表示所有 HR 业务组织均可以维护该基础资料。本组织维护表示仅创建业务组织可以维护该基础资料	基础资料
共享策略	基础资料使用权的控制，包括全系统共享、向下共享、分配共享	基础资料
全系统共享	该基础资料在所有业务组织中均可使用	基础资料
向下共享	该基础资料在创建业务组织的下级业务组织中可使用	基础资料
分配共享	基础资料的创建业务组织可分配该基础资料的使用权限至其他业务组织	基础资料
创建组织维护	该类基础资料数据，仅创建业务组织可以对其进行维护	基础资料
所有组织维护	该类基础资料数据，所有业务组织均可以对其进行维护	基础资料
基础资料数据	某类基础资料下的数据，例如薪酬项目下的“基本工资”“岗位工资”等	基础资料
默认策略	在创建该类基础资料数据时系统默认的共享策略	基础资料
组织创建权限	用于限制 HR 业务组织是否可以进行创建当前基础资料，包括允许创建、禁止创建	基础资料
组织默认权限	当前基础资料对于 HR 业务组织默认是否允许创建基础资料，包含禁止创建、允许创建。禁止创建表示设置的业务组织初始默认不允许创建该基础资料数据。允许创建表示设置的业务组织初始默认可创建该基础资料数据	基础资料
创建业务组织	创建基础资料数据的 HR 业务组织	基础资料

续表

术语	解释	使用位置
使用业务组织	可使用基础资料数据的 HR 业务组织	基础资料
可使用基础资料	某 HR 业务组织可使用基础资料的数据范围	基础资料
可维护基础资料	某 HR 业务组织可维护基础资料的数据范围	基础资料
系统预置	表示该数据是在系统出厂时已预置数据	基础资料
是否常用	该基础资料在使用业务组织下是否属于常用数据	基础资料
状态	基础资料的数据状态，包含未启用、启用、禁用	基础资料
创建人	创建基础资料的员工	基础资料
最近修改人	最近一次修改基础资料的员工	基础资料
创建日期	基础资料的创建日期	基础资料
最近修改日期	基础资料的最近一次修改日期	基础资料
组织单元	组织单元是组织架构树的基本组成单位，组织单元本身是抽象的概念，没有任何业务语义	全系统
组织类型	根据组织处理业务的能力对组织进行分类，一种组织类型是一种业务处理能力的描述。包括行政组织、财务组织、库存组织、采购组织、销售组织、HR 组织、成本中心、利润中心、管理单元、发运组织、质检组织、共享中心等	全系统
业务组织	业务组织＝组织单元＋组织类型；除了行政组织以外，其他类型的组织都被称为业务组织，例如 HR 组织、财务组织等	全系统
业务视图	组织单元的每一种组织类型通过指定的上下级关系形成了自己的业务视图，既然有多种组织类型，那么就有了多个业务视图	全系统
管理单元	企业通常会根据行业、区域、业态、产品等方式在企业内部划分出一个个不同的管理区域，每个区域内的业务策略会有所不同，这样的管理区域在 EAS 组织模型中就是管理单元	全系统
行政组织	工作任职所在公司/部门等，具有行政管理职能的组织	全系统
行政组织视图	从行政组织维度查看行政组织上下级关系的整体视图	全系统
HR 业务组织	HR 业务处理时的业务主体，具有 HR 业务管理职能的组织（HR 业务是指人事、定薪、发薪、社保、假期、考勤、绩效、招聘等业务）	全系统
上级业务组织	HR 业务组织的上级业务组织	全系统
HR 业务组织视图	从 HR 业务组织维度查看 HR 业务组织上下级关系的整体视图	全系统
业务管理关系	定义行政组织、员工在各类人力资源管理业务中，与业务管理主体之间的业务关系	全系统
业务管理组织	HR 业务组织，在各业务领域应用中，按业务语义名称分别称呼为人事业务组织、定薪业务组织、发薪业务组织、社保业务组织、假期业务组织、考勤业务组织、招聘业务组织、绩效业务组织；各业务领域只是名称不同，实际全部是 HR 业务组织，且在 HR 业务组织上没有标记人事、定薪等业务属性	全系统
业务管理类型	定义人力资源管理的具体业务。包括人事业务、定薪业务、发薪业务、社保业务、假期业务、考勤业务、招聘业务、绩效业务等	全系统
行政组织所属业务组织	定义行政组织在各类人力资源管理业务下，归属的管理主体业务组织。例如：某部门的人事业务的管理主体业务组织是某业务组织	全系统

续表

术语	解释	使用位置
员工所属业务组织	定义员工在各类人力资源管理业务下，归属的管理主体业务组织。例如：某员工的人事业务的管理主体业务组织是某业务组织	全系统
人事业务组织设置	定义员工的人事业务归属的业务组织，即表示员工的人事业务由××业务组织管理	全系统
定调薪业务组织设置	定义员工的定调薪业务归属的业务组织，即表示员工的定薪业务由××业务组织管理	全系统
发薪业务组织设置	定义员工的发薪业务归属的业务组织，即表示员工的发薪业务由××业务组织管理	全系统
社保业务组织设置	定义员工的社保业务归属的业务组织，即表示员工的社保业务由××业务组织管理	全系统
假期业务组织设置	定义员工的假期业务归属的业务组织，即表示员工的假期业务由××业务组织管理	全系统
考勤业务组织设置	定义员工的考勤业务归属的业务组织，即表示员工的考勤业务由××业务组织管理	全系统
内部员工	行政权限内本人事业务组织管理的员工	全系统
代管员工	行政权限外转入本人事业务组织的代管员工	全系统
转出员工	行政权限内转交其他人事业务组织的代管员工	全系统
内部管理员工	行政权限内且本业务组织管理员工，用于列表过滤，针对行政权限范围内管理的员工以及外部代管的员工进行过滤	全系统
当天	当前日期，进行数据比较时按如下规则处理：当前日期≤X≤当前日期	列表过滤
明天	公历当前日期的第二天，进行数据比较时按如下规则处理：当前日期＋1≤X≤当前日期＋1	列表过滤
本周	公历当前日期所在周，从周日至周六，进行数据比较时按如下规则处理：当前日期所在周星期日的日期≤X≤当前日期所在周下一周星期日的日期－1	列表过滤
上周	公历当前日期所在周的上一周，进行数据比较时按如下规则处理：当前日期所在周上一周星期日的日期≤X ≤当前日期所在周星期日的日期－1	列表过滤
下周	公历当前日期所在周的下一周，进行数据比较时按如下规则处理：当前日期所在周下一周星期日的日期≤X≤当前日期所在周下一周星期六的日期	列表过滤
本月	公历当前日期所在月，进行数据比较时按如下规则处理：当前日期所在月第一天的日期≤X≤当前日期所在月最后一天的日期	列表过滤
上月	公历当前日期所在月的上一月，进行数据比较时按如下规则处理：当前日期所在月上一个月第一天的日期≤X≤当前日期所在月第一天的日期－1	列表过滤
下月	公历当前日期所在月的下一月，进行数据比较时按如下规则处理：当前日期所在月下一个月第一天的日期≤X≤当前日期所在月下一个月最后一天的日期	列表过滤
最近一周	公历离当前日期最接近的一周，止于当前日期，进行数据比较时按如下规则处理：当前日期－6≤X≤当前日期	列表过滤

续表

术语	解释	使用位置
最近一月	公历离当前日期最接近的一月，止于当前日期，进行数据比较时按如下规则处理：(月份为当前日期所在月－1；日期为当前日期所在日)≤X≤当前日期。若判断日期不存在，则获取月尾那一天	列表过滤
最近半月	公历离当前日期最接近的半个月，止于当前日期，行数据比较时按如下规则处理：当前日期－14≤X≤当前日期	列表过滤
最近三月	公历离当前日期最接近的三个月，止于当前日期，进行数据比较时按如下规则处理：(月份为当前日期所在月－3；日期为当前日期所在日)≤X≤当前日期。若判断日期不存在，则获取月尾那一天	列表过滤
最近半年	公历离当前日期最接近的半年，止于当前日期，进行数据比较时按如下规则处理：(月份为当前日期所在月－6；日期为当前日期所在日)＋1≤X≤当前日期。若判断日期不存在，则获取月尾那一天	列表过滤
未来一周	公历离当前日期最接近的一周，始于当前日期，进行数据比较时按如下规则处理：当前日期≤X≤当前日期＋6	列表过滤
未来一月	公历离当前日期最接近的一个月，始于当前日期，进行数据比较时按如下规则处理：当前日期≤X≤(月份为当前日期所在月＋1；日期为当前日期所在日－1)	列表过滤
未来两月	公历离当前日期最接近的两个月，始于当前日期，进行数据比较时按如下规则处理：当前日期≤X≤(月份为当前日期所在月＋2；日期为当前日期所在日－1)	列表过滤
未来三月	公历离当前日期最接近的三个月，始于当前日期，进行数据比较时按如下规则处理：当前日期≤X≤(月份为当前日期所在月＋3；日期为当前日期所在日－1)	列表过滤
本年度	公历当前日期所在年，进行数据比较时按如下规则处理：当前日期所在年份的第一天≤X≤当前日期所在年份下一年的第一天－1	列表过滤
上年度	公历当前日期所在年的上一年，进行数据比较时按如下规则处理：当前日期所在年份上一年的第一天≤X≤当前日期所在年份的第一天－1	列表过滤
本季度	公历当前日期所在季度，进行数据比较时按如下规则处理：当前日期所在季度的第一天≤X≤当前日期所在季度的最后一天	列表过滤
上季度	公历当前日期所在季度的上一季度，进行数据比较时按如下规则处理：当前日期所在季度上一季度第一天≤X≤当前日期所在季度的上一季度的最后一天	列表过滤
上半年	公历当前日期所在年度的上半年，进行数据比较时按如下规则处理：当前日期所在年份的第一天≤X≤当前日期所在年份的6月31日	列表过滤
下半年	公历当前日期所在年度的下半年，进行数据比较时按如下规则处理：当前日期所在年份的7月1日≤X≤当前日期所在年份的最后一天	列表过滤
是否预置	该条OSF配置是否属于出厂预置配置，默认出厂预置配置不允许修改和删除，客户自定义的OSF配置不受此限制	全系统

续表

术语	解释	使用位置
实体 F7 配置	配置系统中所有业务中的 F7 可选列表值	F7 选项
实体名称	具体业务对象，包含多种属性值	F7 选项
F7	列表控件，前端界面点击打开后呈现列表样式，可选择其中具体的值	F7 选项
显示格式	配置在 F7 列表框中显示的是长名称，还是 ID 值、编码等	F7 选项
函数名称	F7 引用的函数方法名称	F7 选项
参数	具体变量，F7 引用列表框中的具体业务	F7 选项
业务实现类	实现类为系统平台定义的方法，客户可配置导入模板调用系统的业务实现类	导入模板
导入类型—新增	新增导入模板，导入的数据直接在系统中新增一条记录	导入模板
导入类型—覆盖	覆盖导入模板，导入的数据中与系统中已有数据重复，导入信息将覆盖系统中已有的信息，与更新（不新增记录）模板的区别：导入模板中信息值为空时导入系统后数据直接覆盖为空	导入模板
导入类型—更新（不新增记录）	更新（不新增记录）导入模板，导入的数据将更新系统中已有的数据，与覆盖模板的区别：对于导入模板中信息为空的值，导入系统后不更新系统中原有的值	导入模板
导入类型—更新（新增记录）	更新（新增记录）导入模板，导入模板中的数据在系统中有值则更新系统中的值，系统中无值则直接新增记录到系统中	导入模板
UIPK	web 访问链接具体页面，从 UIPK 后开始截取的一段位置，UIPK 值为具体模块页面，此处作为导入模板将具体使用在哪个页面	导入模板
按钮名称	导入模板在具体哪个控件按钮下导出，具体按钮名称定位通过 html 页面访问	导入模板
绑定功能	导入业务的唯一标示，绑定具体导入业务，如员工导入、薪酬导入等，一个导入业务可以拥有多个导入模板	导入模板
是否预置	勾选为预置的模板为出厂预置配置模板，不允许修改和删除，可复制预置模板后在预置模板的基础上编辑	导入模板
实体路径	具体业务对象所在地址，从视图中获取	导入模板
实体名称	具体业务对象的名称，从视图中获取	导入模板
是否数据源模板	是否通过结构查询配置定义的导入模板，导入模板还可以通过实体配置导入模板	导入模板
模板字段	来源于实体业务对象中的字段，选择作为导入模板	导入模板
是否主键	导入模板中必须录入且数据不能重复的值，导入时系统会校验，如用户编码、具体 ID 值等不允许重复的字段，可设置为主键	导入模板
是否必录	导入模板中必须录入内容的字段，导入时系统会校验，此类字段在业务中占重要地位，为空后无法关联具体业务，如员工姓名、员工编码等重要信息	导入模板
最大宽度	模板字段的宽度范围，默认为 8 个字符	导入模板
视图	s-HR 所有页面都可以基于视图可灵活配置，对视图中页面包括的字段内容及某些调用方法等，客户有个性化需求时，直接在“扩展”中复制“配置内容”中的数据后再增加相应扩展，即可配置自己个性化的业务	全系统

续表

术语	解释	使用位置
视图类型	系统具体列表页、表单页	全系统
视图分类	视图所属业务领域，如组织人事、薪酬等具体的业务领域	全系统
是否标准视图	标准视图为出厂预置，非标准视图为客户二次配置的自定义视图	全系统
模型	实体里面元数据检查中的 PK 值	全系统
URI	定位页面资源的唯一标识，在视图中，如果 URI 的值是空的，其默认值是 UIPK；如果 URI 不为空，则使用 URI 值	全系统
UIPK	web 访问链接具体页面，在访问链接中可复制	全系统
变量	视图引用的变量值、动态值	全系统
是否创建基础资料视图	是否给该视图创建对应的基础资料视图供后续调用	全系统
配置内容	视图的具体内容，列表或详情页的具体内容	全系统
扩展	需要修改当前出厂预置的列表和详情页的内容时，可在扩展区域增加相应处理	全系统
权限	视图所拥有的权限范围	全系统
父节点	选择权限项基于具体哪一个父节点，即挂在具体哪个节点下	全系统
类型—系统管理功能	系统管理员使用功能	全系统
类型—业务管理功能	某领域业务管理员使用功能，如薪酬基础资料、薪酬数据权限设置等	全系统
类型—业务功能	业务专员使用的功能，比如薪酬核算发放功能等	全系统
类型—综合功能	业务管理员和业务专员都会使用到的功能	全系统
操作类型	权限项的控制，可控制为只读、新增、修改、删除、执行、其他	全系统
是否叶子	不勾选时为权限项目录，不需要配置 URL 信息只作为展示下级权限项使用；勾选为叶子需要配置 URL 信息，作为具体业务权限使用	全系统
依赖权限项	具体依赖哪个权限项	全系统
URL 信息	权限控制具体哪个页面，通过新增 URL 页面地址链接绑定该权限项，根据具体业务要求一个权限项下可配置多个 URL 页面进行控制	全系统
异常工作流监控	发生异常的工作流，监控该异常工作流节点的处理详情	异常流程
活动名	显示该流程的处理活动，包括提交、修改等具体操作描述	异常流程
当前状态	异常流程当前所处的状态，包括已完成、已撤销等	异常流程
参与人	该异常流程节点处理人	异常流程
创建时间	开始处理该流程节点的时间点	异常流程
完成时间	完成处理该流程节点的时间点	异常流程
消耗时间	处理该流程节点所用时间	异常流程
导入任务监控	前台各页面通过导入模板导入的任务在此都可以统一由管理员监控到导入状态和具体时间及创建人等信息	异常流程
任务名称	导入模板名称	异常流程

续表

术语	解释	使用位置
创建者	上传导入任务的用户	异常流程
任务处理状态	导入任务所处状态，可监控导入任务是否完成及异常等情况	异常流程
开始时间	系统开始对上传的导入进行导入处理的开始时间，非创建者上传时间	异常流程
结束时间	系统结束上传导入数据的时间，包括完成导入、异常中断等最后的时间	异常流程
绑定功能	导入任务的唯一标示，绑定具体导入业务，如员工导入、薪酬导入等，一个导入业务可以拥有多个导入模板	异常流程
结构配置	定义实体、字段并配置实体的关联关系，为信息集提供基础查询结构	全系统
实体名	具体实体集合的名称	全系统
对象编码	实体对象的编码，可以自定义	全系统
父对象实体	所属的上一父节点对象实体	全系统
长对象编码	对象所有节点连接起来的长名称	全系统
实体别名	具体实体结合的别名	全系统
长实体别名	实体所有节点连接起来的长名称	全系统
多行表	字段属于可以多行输入数据的类型	全系统
支持单行显示	数据是否支持单行/一行显示	全系统
单行显示条件	具体需要单行显示的字段函数	全系统
单行显示别名	单行显示条件的别名	全系统
基础数据	结构配置是否为基础数据	全系统
唯一判断字段	输入具体唯一判断字段的函数类型	全系统
当前日期是否处理	薪酬单行表中需要增加条件时，此处增加参数，报表当前时间作为过滤，当前时间是否要作为过滤，也需要勾选此处，验证开始和结束时间	全系统
多行唯一字段	导入模板中有多行字段业务时，需要在对应的结构配置中配置对应的属性	全系统
是否预置	勾选的为系统预置出厂配置，不允许修改和删除，客户自定义创建的结构配置不受此限制	全系统
连接信息	子对象属性：两个实体连接时，子对象的一个属性，用于和父对象进行连接。父对象属性：两个实体连接时，父对象的一个属性，用于和子对象进行连接。是否预置：勾选的为出厂预置连接信息，不允许修改和删除；可以自定义增加的连接信息不受此限制	全系统
查询字段设置	设置在查询结构配置中可选到的字段	全系统
扩展处理类	为查询字段增加扩展类，赋予该字段更多处理方法	全系统
扩展参数	为查询字段增加扩展参数，赋予该字段可扩展处理参数	全系统
查询字段设置—是否预置	系统出厂预置的查询字段会默认勾选，勾选的查询字段不允许修改和删除，客户自定义增加的字段不受此限制	全系统
查询配置	定义业务信息集，引用结构配置中已配置实体上的字段，按业务视角组合分类	全系统

续表

术语	解释	使用位置
信息集名	查询集合的名称	全系统
父节点	查询结合所属上一级父节点	全系统
查询视图	查询该字段对应的视图位置	全系统
查询字段	查询该字段所对应的关联名称	全系统
报表信息集权限分配	为用户分配信息集权限，控制其在定义及查看报表时可引用的信息集，查询方案中包含字段在结构配置中的配置	报表
员工信息综合查询	员工字段信息集合，分配用户权限后，拥有权限的用户可在报表中使用该集合	报表
薪酬信息综合查询	薪酬字段信息集合，分配用户权限后，拥有权限的用户可在报表中使用该集合	报表
流入流出信息综合查询	流入流出字段信息集合，分配用户权限后，拥有权限的用户可在报表中使用该集合	报表
组织职位信息综合查询	组织职位字段信息集合，分配用户权限后，拥有权限的用户可在报表中使用该集合	报表
考勤信息综合查询	考勤字段信息集合，分配用户权限后，拥有权限的用户可在报表中使用该集合	报表
发薪档案综合查询	发薪档案字段信息集合，分配用户权限后，拥有权限的用户可在报表中使用该集合	报表
假期信息综合查询	假期字段信息集合，分配用户权限后，拥有权限的用户可在报表中使用该集合	报表
社保信息综合查询	社保字段信息集合，分配用户权限后，拥有权限的用户可在报表中使用该集合	报表
一级菜单配置	定义 s-HR 为用户提供的系统功能（一般为模块级）的一级分类，一级分类为父节点分类，为一类业务的菜单父节点，具体使用需要点击打开一级菜单后点击具体的下级菜单	全系统
二级分类	根据业务特性分类定义二级菜单，二级菜单下支持挂下级三级菜单	全系统
系统功能	定义三级菜单，系统最低级别菜单，可赋予菜单权限项	全系统
顺序号	定义菜单显示的顺序位置	全系统
图标名称	定义菜单文字附带的显示图标	全系统
图标类型	图标的类型分 ICON、CLASS、URL 三种类型	全系统
所属工作台	s-HR 分专业分析、管理者分析、员工自助三个工作台，不同的工作台包含的菜单不同，可选择菜单所属的工作台	全系统
卡片模板配置	配置员工自助、管理者分析卡片	工作台
配置名称	配置卡片的名称	工作台
所属领域	配置卡片所属业务领域	工作台
元素	卡片的元素方法	工作台
模板路径	卡片数据路径来源	工作台
异常模板地址	出现异常的模板路径	工作台
系统内置	勾选的为系统内置的卡片模板，不允许修改和删除，可复制配置中的“预置”内容到“扩展”中进行扩展	工作台

续表

术语	解释	使用位置
服务名称	卡片的服务名称	工作台
外部数据处理类	卡片模板中来源于外部的数据处理类	工作台
参数	卡片模板所属参数	工作台
人事业务组织	员工发生变动业务申请时的业务主体，具有人事业务管理职能的HR业务组织	基础资料
合同签订组织	员工劳动合同业务处理的业务主体，具有劳动合同管理职能的人事业务组织	劳动合同
用工关系状态	员工在企业的用工状态，如实习、试用、正式等	基础资料
用工关系类型	员工在用工关系状态上的分类	基础资料
合同主体	签订合同的单位，即甲方，数据可新增或可来源于HR组织	基础资料
行政组织	对应于企业中真实存在的组织单元，它记录了企业的行政、职务、人员等重要基本信息	职位维护、员工
行政组织类型	针对行政组织的分类，例如集团、公司、部门、科室等	行政组织
行政组织类型归属	将行政组织类型的分为三大类，分别归属集团、公司、部门	行政组织类型
集团	具有独立法人资格的有限责任公司	行政组织类型归属
公司	依照公司法在中国境内设立的有限责任公司和股份有限公司，是以营利为目的的企业法人	行政组织类型归属
部门	一个组织的机构。通常一个公司或单位会分成很多部门	行政组织类型归属
行政组织长名称	当前行政组织到其最顶级行政组织连接组合而成的完整名称	行政组织
所属部门	行政组织长名称中取末级行政组织	行政组织、职位、员工
所属公司	取行政组织归属为公司的行政组织名称，如果当前行政组织归属是部门，找上级行政组织，一直到归属为公司的行政组织名称	行政组织、职位、员工
部门长名称	行政组织长名称中不包含归属为集团和公司的完整名称	行政组织
所属行政组织	行政组织长名称中取末级行政组织	职位、员工
所属集团	取行政组织归属为集团的行政组织名称，如果当前行政组织归属是部门，找上级行政组织，一直归属为集团的行政组织名称	行政组织、职位、员工
职务族	结合企业价值链环节，针对具有相同工作性质及相似任职要求的同一类工作的统称，比如研发族、营销族、管理族、生产族、职能服务族等，侧重对“事”（做什么）的划分	职务类、职务
职务类	是对职务族的细分，把承担相同业务领域功能与责任统归为一类，比如职能服务族下的细分人力资源、后勤服务、IT服务、财务服务等	职务子类、职务
职务子类	是对职务类的细分，按同一业务领域下负责不同工作性质、任务与职责的“横向”细分，比如在人力资源类别下可分为人事、薪酬、招聘、培训发展、企业文化等职务子类	职务
职务	职务＝职务子类＋职层，是承担不同任务并体现不同任职要求的工作角色划分，既体现“做什么事”，也体现“事”对任职人的“任职要求”，比如高级薪酬经理、首席产品架构师等	职位

续表

术语	解释	使用位置
职层	针对同类性质工作按照任职者具备的任职资格以及承担职责大小的差异程度进行“纵向”分层归并而成，用来衡量该工作对“人”的“任职要求”，不同职务族、职务类下有不同职层，比如管理族下事业部分类下分主管、经理、高级经理、部长、副总、总经理等职层	职务、职位
职等	反映职务对企业的价值，其主要应用于薪酬，比如某企业职等为1～22等，每个等级可细分薪级或直接对应宽度薪酬范围，员工的职等反映出个人的价值和集团的薪酬定位	职层、职务、职位、员工
职位	职位＝职务＋行政组织，明确公司行政组织结构后，根据行政组织职能从企业职务体系中选择职务来定岗、定编、定员，在参考职务的任职资格、职责、职等、绩效指标、发展通道等基础上结合部门职能及其他职位协作编写职位说明书，包括所在部门、编制、直接上级、所属下级、工作地点等，如上海分公司人力资源部人事专员	员工
初始化日期	启用 s-HR 时对行政组织初始化的日期，一般建议是根节点组织的建立日期或更早（1900－01－01），会对后续新增或并购的组织有影响	s-HR 应用初始化
组织生效日期	行政组织的开始使用日期，一般为上级行政组织的初始化日期，对职位生效及下级行政组织的生效日期有影响	行政组织维护
职位生效日期	职位的开始使用日期，一般为行政组织的生效日期，对下级职位的生效日期和员工的生效日期有影响	职位日常维护
员工生效日期	员工在系统可做业务的日期，包含历史补录业务，系统默认为首次加入集团的日期，不可修改	员工基本信息
公司内调动/公司内借调	当员工调出或借调职位的所属公司与当前所属公司相同时发生的调动或借调业务	公司内调动、公司内借调
跨公司调动/跨公司借调	当员工调出或借调职位的所属公司与当前所属公司不相同时发生的调动或借调业务	跨公司内调动、跨公司内借调
首次加入集团日期	员工第一次入职本行政组织的日期，后续再入职或调动业务，本日期不变化	员工信息
本次加入集团日期	员工当前入职本行政组织的日期，发生再入职时，本日期为入职日期	员工信息
入职日期	员工当前入职的日期	员工信息
入司日期	员工当前入职本公司的日期，发生再入职或跨公司调动，本日期为入职日期或调动日期	员工信息
离职日期	员工当前离职的日期	员工信息
离司前最后工作日	员工离职日期的前一天，为员工在组织的最后工作日期	员工信息
预计转正日期	员工入职时的预计转正日期，如果实际转正的日期不等于预计转正日期时，本日期不变化	入职单、用工关系
实际转正日期	员工的实际转正日期，可早于或晚于预计转正日期，但不返写预计转正日期	入职单、用工关系
当前任职开始日期	员工进行系统初始化时，员工当前任职的开始日期。如果是新员工，本日期为入职日期；如果是老员工，本日期为当前任职的开始日期，此日期影响员工在系统的变动业务的日期或可补录何段历史时间段的历史任职、历史职等的数据记录	员工人数初始化

续表

术语	解释	使用位置
调整值（参加工作日期）	参加工作日期可根据员工实际情况增加或减少天数，计算参加工作年限	员工信息
员工信息页签—用工关系	员工在行政组织内的用工关系变化记录	员工信息
员工信息页签—职业信息	记录员工的集团年限信息（首次及本次进入集团日期及集团工龄）与公司职业信息（员工当前行政组织及入离职日期等信息）	员工信息
员工信息页签—员工变动记录	记录员工在入转、转正、调动、兼职、离职、离退休等业务时的任职变化记录	员工信息
员工信息页签—任职历史	记录员工在初始化前入职后的企业任职记录，其任职的组织和职位可是系统内的任职记录，也可是系统外企业内的文本信息	员工信息
员工信息页签—职层职等	记录员工在企业的职层职等的变化记录，可补录初始化前的记录，初始化后由员工变动单据产生	员工信息
多行表页签—单行显示	勾选单行显示，表示在查询列表中仅显示勾选行的记录	员工信息
多个页签间的字段关联显示	支持单行到单行、多行到单行、多行到多行的字段关联显示，例如将最高学历关联在联系方式上显示，或将职等关联在任职历史上显示（按时间关联显示）	员工信息
集团工龄（年）	首次加入集团的工龄，即系统当前日期－首次加入集团日期－调整值	
司龄（年）	加入当前公司的工龄，即系统当前日期－入司日期－调整值	
签订日期	员工与用人单位签订合同的日期，不一定与合同的开始日期相同	劳动合同
开始日期	劳动合同执行的开始日期	劳动合同
计划结束日期	员工与用人单位约定的合同计划结束日期，不得早于开始日期	劳动合同
计划合同期限	根据计划结束日期与开始日期进行计算	劳动合同
实际结束日期	劳动合同实际结束的日期，不一定等于计划结束日期	劳动合同
实际合同期限	根据实际结束日期与开始日期进行计算	劳动合同
终止日期	劳动合同发生终止业务的实际日期	劳动合同
解除日期	劳动合同发生解除业务的实际日期	劳动合同
组织结构图方案	设置组织结构图展示信息的方案，如设置组织、职位、组织＋职位三种形式的结构图	组织结构图方案
结构图快照	可根据系统现有行政组织进行增加或删除形成所需的组织快照，也可自定义组织图	组织结构图方案
纵向显示/横向显示	纵向显示：表示根节点从左开始向右展开显示。横向显示：表示根节点从上开始向下展开显示	组织结构图查询
文字竖向显示	组织名称单列显示	组织结构图查询
发薪业务组织	薪酬业务处理时的业务主体，具有薪酬业务管理职能的 HR 业务组织	薪酬核算发放
定调薪业务组织	定调薪业务处理时的业务主体，具有定调薪业务管理职能的 HR 业务组织	薪酬标准、批量定调薪等
社保业务组织	社保业务处理时的业务主体，具有社保业务管理职能的 HR 业务组织	参保规则、员工社保档案等

续表

术语	解释	使用位置
薪酬项目分类	对薪酬项目的分类，例如可分为应发、扣款、其他	薪酬项目
银行名称	用于发放薪资的员工银行账号的开户银行名称	员工薪酬档案、银行代发
调薪原因	员工薪资调整的原因，例如入职定薪、晋升调薪	定调薪单据、定薪调薪查询
薪酬分类	企业内部不同的薪酬体系，当不同的薪酬分类使用不同的计算规则时，每月发薪员工可根据员工的薪酬分类和生效、失效日期进行过滤	员工薪酬档案、薪酬核算向导
户籍类型	户籍类型，社保使用时一般分为本市城镇户口、外地城镇户口、本市农民工、外地农民工、本市农村劳动力五种，企业可根据需要自己定义	参保规则
参保地区	缴纳保险（社会保险、住房公积金及其他商业保险）所在地区	参保规则
社保险种	缴纳保险的具体保险项目，包括五险一金、大病医疗、商业保险等	参保规则
参保规则	根据参保地区的社会保障制度，确定各个险种的单位和个人缴纳比例、缴费基数上下限等缴纳规则	员工社保档案
社保险种分类	参保险种的分类，例如社会保险、住房公积金、商业保险等	社保险种
社保主体	这里指为员工缴纳保险的企事业单位	员工社保档案
费用承担组织	员工薪酬成本的费用承担组织，在薪酬成本分摊时使用	员工薪酬档案
计算规则	依据具体的薪酬制度将涉及的薪酬项目、计算公式设置为计算规则，便于不同的薪酬期间重复使用计算规则，进行员工薪酬的核算和发放	计算规则
薪酬项目	企业薪酬福利的构成项目和薪资核算发放的明细项目，一般包括固定工资、津贴、绩效工资、奖金、年终奖、扣款项、五险一金、代扣税等	薪酬项目
固定项目	固定薪酬项目，定调薪时只能对固定薪酬项目进行定调薪	薪酬项目、固定调薪
人力成本项目	企业的人力成本构成明细项目，例如职工工资、职工福利、职工培训等	薪酬项目
薪酬标准	薪资定级标准，使工资定级定薪有据可依	定调薪单据、薪酬结构导入
核算结果组织名称	薪酬核算中员工的任职行政组织名称	薪酬核算向导、报表
核算结果职位名称	薪酬核算中员工的任职职位名称	薪酬核算向导、报表
核算结果公司名称	薪酬核算中员工的任职所在公司名称	薪酬核算向导、报表
核算结果部门名称	薪酬核算中员工的任职部门名称	薪酬核算向导、报表
核算结果三级组织名称	薪酬核算中员工的任职三级组织名称	薪酬核算向导、报表
核算结果四级组织名称	薪酬核算中员工的任职四级组织名称	薪酬核算向导、报表

续表

术语	解释	使用位置
核算结果五级组织名称	薪酬核算中员工的任职五级组织名称	薪酬核算向导、报表
核算结果六级组织名称	薪酬核算中员工的任职六级组织名称	薪酬核算向导、报表
核算状态	薪酬核算发放的状态名称，包括未计算、已计算、已审核、审批中、已审批、已结账	薪酬核算向导
财务组织	主要用于指定薪酬数据提交的财务业务组织	与 ERP 集成接口
费用分配单	将当期已经发放的工资费用分配到一定的成本、费用科目进行会计核算，生成凭证	财务凭证
纳税单位	申报缴纳税款的法人公司，可选择的组织为在组织维护中勾选了法人公司的组织	计算规则、合并计税
薪酬结构	员工的薪酬构成项目及金额，反映不同职位不同级别员工的薪酬构成和水平	员工薪酬档案
反结账	结账的反操作，一般用在发现历史期次的薪资数据错误需要修改的情况	薪酬核算向导
空结转	当前期次不发薪，可通过空结转功能跳转到之后的期次	薪酬核算向导
补发	要在当前期次之前补发一个期次的数据	薪酬核算向导
银行代发	员工工资通过银行代发，可通过导出银行报盘文件或者 ERP 的工资代发单进行付款	薪酬核算向导
套打	将系统中已有的数据，按照设置好的文档格式打印	薪酬核算向导、报表
按期结账	将当前期次结账，数据的核算状态更新为已结账，不能再修改；当前期次按结账周期滚动到下一期间	薪酬核算向导
按次结账	将当前期次结账，数据的核算状态更新为已结账，不能再修改；当前期次按次滚动到下一个核算次数	薪酬核算向导
撤回	未审批和审批中的单据，可操作“撤回”到未提交状态	薪酬发放审批单
计算结果调整	将公式计算的员工薪资结果数据进行手工修改	薪酬核算向导
社保实际缴纳值导入	员工实际缴纳的社保、公积金的数据导入系统	薪酬计算
未匹配的变动	组织和员工的变动，智能规则未匹配到需要处理的后续业务，可在未匹配的变动中手工处理	薪酬智能看板
假期业务组织	假期业务处理时的业务主体，具有假期业务管理职能的 HR 业务组织	假期业务设置、假期业务
考勤业务组织	考勤业务处理时的业务主体，具有考勤业务管理职能的 HR 业务组织	考勤业务设置、考勤业务
假期类型	员工可以休假的类型，比如“年假”“事假”	假期类型
实际额度	假期额度周期内员工实际可以使用的假期额度（包含已休及在途的额度）	假期额度
剩余额度	假期额度周期内，剩余可以使用的假期额度	假期额度
已用额度	假期额度周期内，已经审批通过的休假时长	假期额度

续表

术语	解释	使用位置
在途额度	假期额度周期内，在审批流程中的申请休假时长	假期额度
标准额度	额度规则定义的标准假期额度。分期使用时，需要按分期的类型进行折算	假期额度
增减额度	手动修改增加或者减少的假期额度，不计修改历史，直接在标准额度上做加减	假期额度
上期透支额度	首尾相连的上一个额度周期中，剩余额度为负数的剩余假期额度	假期额度
周期开始日期	假期额度记录的开始日期	假期额度
周期结束日期	假期额度记录的结束日期	假期额度
生效日期	假期额度记录的实际可以使用的开始日期	假期额度
延期日期	假期额度记录的实际可以使用的截止日期	假期额度
请假开始时间	员工申请休假的开始时间	请假单
请假结束时间	员工申请休假的结束时间	请假单
请假长度	员工申请休假的时长	请假单
实际开始时间	员工实际休假的开始时间	请假单
实际结束时间	员工实际休假的结束时间	请假单
实际请假长度	员工实际休假的时长	请假单
值类型	计算假期额度值的方式，可选“固定值”和“范围”	额度规则
计算标准	计算假期额度的标准，比如工龄、司龄，两者取大	额度规则
折算方式	入职首年、跨额度区间段、离职时，用什么方式进行假期额度的折算，比如“日”“月”“年”	额度规则
额度起始年	定义新入职的员工，从什么时候开始计算额度，比如入职当年，还是入职满一年	额度规则
基准方式	定义假期额度周期的开始日期和结束日期，比如“自然年”以每年的 1 月 1 日为额度周期的开始日期，12 月 31 日为周期的结束日期。“雇佣日期”是员工入职的入职日期为额度周期的开始日期，入职日期往后延一年的日期为周期的结束日期	额度规则
首年生效日期	定义入职首年的假期额度从什么时候开始可以使用，比如“入职日期”表示生成假期额度后，入职日期开始就能够开始休假	额度规则
延期时长	如果在周期内还有没修完的剩余额度，在周期结束日期后多长时间内可以继续休假	额度规则
延期时长单位	延期时长的单位，如月、天等	额度规则
工龄	以员工的参加工作日期为基准计算员工的工龄，不扣除工龄调整值	额度规则
司龄	以员工的入职日期、入司日期、入集团日期为基准计算员工的司龄，以哪个日期为准，可以通过额度规则配置来确定	额度规则
累计额度最大值	调休额度记录的最大剩余额度，达到这个值时，不允许提交调休补偿方式的加班单，不影响调休加班时长转调休假	调休规则
转调休来源	确定转调休的来源，是加班单、考勤结果明细的调休 OT1、调休 OT2、调休 OT3	调休规则
单位转换规则	当调休假和加班时长的单位不一致时单位换算的规则。可以选择固定比例、排班的标准工时	调休规则

续表

术语	解释	使用位置
允许请/销假时修改请假长度	在请假申请或者是销假申请的编辑界面，是否允许提单人修改请假单的请假时长或者销假单的实际请假的时长	假期制度
前置假	如果在请该假期类型的假时，需要先将其他假期类型的剩余额度休完，则可以将先休的假期类型设置该假期类型的前置假。比如请“事假”时，需要先将“年假”和“调休假”休完，则可以将“事假”的前置假设置为“年假”和“调休假”	假期制度
是否启用半天假	控制请假单编辑时，请假时间只需选择“上午”“下午”，不需要选择“时—分”	假期制度
按时间段控制	按请假的结束日期到请假的申请日期的时间范围做控制，超过期限则不可以申请；设置的允许补请假的期限不能超过1年/365天/12月	假期制度
按周期控制	在周期结束后几天内，还可以补请假。可设置为0～31天，周期分为自然月和考勤周期。如设置为“自然月结束后0天可补请”，则表示当月不能补提上月的请假单。若设置的是考勤周期，但对应员工没有考勤档案，取不到考勤周期时，则按自然月处理	假期制度
包含法定假日	请假时间范围内包含法定假日，确定法定假日是否要算请假时长。若不勾选，则法定假日不算请假时长；若勾选，则法定假日也要算请假时长	假期制度
包括公休日	请假时间范围内包含公休日，确定公休日是否要算请假时长。若不勾选，则公休日不算请假时长；若勾选，则公休日要算请假时长	假期制度
超出额度下期扣减	超额休假，剩余负数的假期额度，确定是否要在下个周期额度上做扣减。若不勾选，下期额度生成时不扣减；若勾选，下期额度生成时会扣减，目前只有年假和调休假支持超出额度下期扣减	假期制度
超额请假是否必须上传附件	超额请假的时候，确定是否需要上传附件文件。若不勾选，则超额度请假不需要提交附件，若勾选，则在超额度请假时强制需要上传附件才能提交	假期制度
单位额度	设置生成额度的最小单位额度	假期制度
单位时长	设置请假时长的最小单位时长	假期制度
额度分期发放方式	控制年假额度生成时，确定是否需要将一年的假期额度分期累计发放，默认不分期。选择按月分期发放时，表示年假额度按月累计计算发放；选择按季度分期发放时，表示年假额度按季度累计计算发放	假期制度
额度规则	计算假期额度的规则	假期制度
固定加班允许请假	确定排班班次中的‘固定加班’班次段是否允许请假。若不勾选，则不允许请假。若勾选，则允许请假。“固定加班不计异常”班次段不允许请假	假期制度
控制请假单位时长	员工请假时，请假时长的最小单位时长。若不勾选，请假申请时则不控制请假时长；若勾选，则需要设置单位时长和取值方式。如单位时长为0.5，计算出的请假时长是1.7，则向下取整的结果为1.5，向上取整的结果为2，四舍五入的结果为1.5，实际值不会改变计算出来的请假时长——仍然是1.7。若实际值不是这里设置的0.5的整数倍，则控制不能提交	假期制度

续表

术语	解释	使用位置
控制生成额度	计算生成额度时，确定是否按单位额度来计算。若不勾选，则假期额度生成时，根据额度规则进行计算，算出来多少额度就是多少额度。若勾选，则需要设置单位额度值和取值方式。如单位额度是0.5，按额度规则计算出来的是0.78，则按向下取整后的值是0.5，向上取整的值是1，四舍五入的值是1。如计算出来的值是0.7，则向上取整和向下取整的值仍然分别是1、0.5，四舍五入的值为0.5	假期制度
启动周期	控制生成假期额度的周期，若不勾选，生成的假期额度的周期开始日期是员工入职日期，结束日期是9 999/12/31；若勾选，可编辑假期额度对应的周期，年假的额度周期默认1年，且不可编辑	假期制度
请假起始值	请假申请的最小请假时长，请假时长未达到请假起始值，不能提交	假期制度
取值方式（请假时长）	选择请假时长的取整方式，下拉选项，有“向下取整”“向上取整”“四舍五入”“实际值”四个选项	假期制度
取值方式（生成额度）	选择生成额度的取整方式，下拉选项，有“向下取整”“向上取整”“四舍五入”三个选项	假期制度
是否控制假期额度	设置假期类型在该假期制度中是否要做假期额度的控制。若不勾选，不做额度控制，即使有导入的假期额度，请假时也不会对假期额度进行扣减；若勾选，请假时会做相应的额度扣减。若不勾选，该假期类型不允许手工生成额度；若勾选则可以。若不勾选，该假期类型在请假单申请界面，不显示剩余额度和在途额度，在审批界面，也不显示“总额度为0，剩余额度为0”；若勾选则可以。年假默认勾选，且不可编辑。只有勾选方可选择额度规则，方可勾选是否允许超额请假，方可勾选超出额度下期扣减	假期制度
是否需要附件	确定请假单提交时是否需要上传附件。若不勾选，则在请假单提交时，不需要上传附件；若勾选，则在请该类型假的请假单提交时都需要上传附件	假期制度
是否允许补请假	确定是否可以补提申请日期之前的请假单。若不勾选，则请假申请日期大于请假结束日期的请假单不能提交；若勾选，则允许补请假，且需要选择补请假按时间段控制还是按周期控制，或者按时间段和周期同时控制	假期制度
是否允许超额请假	控制假期额度的假期类型，确定在假期剩余额度为0时，是否还能继续请改假期类型的假。若不勾选，则该假期类型的剩余额度扣减到0时，就不允许提交请假单；若勾选，则该假期类型对应的剩余额度扣减到0时，仍可提交请假申请；目前支持年假和调休假超额请假	假期制度
是否允许销假	请假结束后，确定是否可以对假期类型的请假时段进行销假确认。若不勾选，则该假期类型不允许销假；若勾选，则销假申请日期在请假结束日期到销假期限的结束日期内，均可以提交销假，超过期限则不可以申请销假；设置的允许销假的期限不能超过1年/365天/12月	假期制度
是否允许修改额度	假期类型的假期额度计算生成后，确定是否可以对假期额度进行修改。若不勾选，则额度记录中的增减额度无法编辑；若勾选，则额度记录反审核后，额度记录中的增减额度可以编辑；批量导入假期额度，也需要设置勾选	假期制度

续表

术语	解释	使用位置
允许请假次数	设置该假期类型在假期周期内，总共可以提交请假申请的次数。默认值是 0，即不控制请假单提交的次数。输入任意正整数，则需要控制请假单提交的次数。次数的判断为假期周期内请假单的单据数，包含未审批、审批中、审批通过三种状态的单据都算请假次数。如年假允许请假次数设置 3 次，假期周期内已经存在未审批、审批中、审批通过的年假请假单据各 1 张，则在该周期内不能提交年假的请假申请	假期制度
考勤编号	员工的考勤卡编号，用来标识打卡记录	考勤档案
考勤地点	员工实际上班考勤所在的行政组织	考勤档案
考勤职位	员工实际上班考勤所在的职位	考勤档案
打卡日期	考勤打卡的日期	打卡记录
打卡时间	考勤打卡的时间点	打卡记录
补签卡类型	补签卡的类型，默认是“补卡”，不支持修改	补签卡单
补签卡原因	员工申请补签卡操作的原因	补签卡单
补签卡时间点	补卡的具体时间点	补签卡单
出差类型	确定出差的类型，是国内、国际等	出差单
出差原因	描述本次出差的原因	出差单
出差开始时间	员工申请出差的开始时间	出差单
出差结束时间	员工申请出差的结束时间	出差单
出差天数	员工申请出差的时长	出差单
出发地点	员工出差的出发地	出差单
目的地点	员工出差的目的地	出差单
已出差确认	标记出差单是否进行过出差确认操作	出差单
实际开始时间	员工出差后确定的最终出差开始时间	出差确认单
实际结束时间	员工出差后确定的最终出差结束时间	出差确认单
实际出差天数	员工出差后确定的最终出差时长	出差确认单
加班日期	员工申请加班的日期	加班单
加班类型	员工申请加班日期的类型，可以是工作日加班、公休日加班、法定假日加班或者自定义	加班单
加班开始时间	员工申请的加班开始时间	加班单
加班结束时间	员工申请的加班结束时间	加班单
休息时长（分钟）	加班期间的休息时长，需要从加班时长中扣除	加班单
申请加班小时数	员工申请加班的结束时间减开始时间，再减休息时长，所获得的差值	加班单
加班原因	描述本次加班的原因	加班单
补偿方式	定义本次加班的补偿方式	加班单
实际加班小时数	实际打卡运算后的加班时长	加班单
实际加班开始时间	实际打卡计算后的加班开始时间	加班单

续表

术语	解释	使用位置
实际加班结束时间	实际打卡计算后的加班结束时间	加班单
上班取卡提前（H）	上班时间点前几个小时内，打卡为上班的有效打卡。如：班次最早上班卡为早 8：00，上班取卡提前（H）为 3 小时，则会从 5：00 开始获取有效的打卡数据	取卡规则
下班取卡延后（H）	下班时间点后几个小时内，打卡为下班的有效打卡。如：班次最早上班卡为早 8：00，上班取卡提前（H）为 3 小时，班次最晚的下班卡为下午 17：00，下班取卡延后（H）为 3 小时，则系统会过滤早 5：00—20：00 这期间的打卡数据，这个期间为有效的打卡范围	取卡规则
最短取卡间隔（分钟）	重复打卡的时间间隔。打卡记录按时间升序排序后，从第一笔打卡开始计算，重复打卡时间间隔内的打卡为无效打卡。如：上午下班时间为 12：00，下午上班时间为 13：00，这期间的打卡数据为 12：03、12：05、12：09，设置最短取卡间隔（分钟）为 5，取 12：03 为上午实际下班时间，则 12：03—12：08 期间所有的刷卡均为无效卡，再次取卡过滤会排除这个期间的打卡记录，将 12：09 作为下午实际上班时间	取卡规则
取卡范围开始时数	班次的时间点之前几个小时开始有效。上班的“取卡范围开始时数”需小于或等于“上班取卡提前（H）”的值	取卡规则
取卡范围结束时数	班次的时间点之后几个小时截止有效。下班的“取卡范围结束时数”需小于或等于“下班取卡延后（H）”的值	取卡规则
取卡方式	上班或者下班的取卡范围内有多笔打卡记录时的取值方式。取最早卡：取最早的一笔打卡记录，其他的忽略掉。取最晚卡：取最晚的一笔打卡记录，其他的忽略掉	取卡规则
段间	班次段与班次段之间的时段叫作段间，一段班没有段间，二段班有一个段间，三段班有两个段间。例如：二段班班次，第一段下班和第二段上班之间的时间为段间	取卡规则
最近打卡点	将段间的打卡点分配给离它最近的班次打卡点	取卡规则
手工分配	手动指定打卡记录给段间的一个班次打卡点。例如，段间 1 指定给第一段下班，表示段间只有一笔打卡的时候，优先分配给第一段的下班	取卡规则
顺延	按轮班规则排班遇到法定节假日时，将原本是法定假日那天的排班，后延到法定假结束后的第一天开始继续往后排班	排班向导
替换	按轮班规则排班遇到法定节假日时，将法定节假日那几天的日期类型替换成法定节假日，不设置班次信息	排班向导
不替换	按轮班规则排班遇到法定节假日时，还是用轮班规则中的设置进行排班	排班向导
轮班规则起始于	按轮班规则排班时，从轮班规则的第几天开始排班	排班向导
每周工作时数（小时）	一周的标准工作时长，目前不参与考勤内置计算	考勤制度
每天工作时数（小时）	一天的标准工作时长，目前不参与考勤内置计算	考勤制度
月标准工作天数（天）	一个月的标准工作天数，目前不参与考勤内置计算	考勤制度

续表

术语	解释	使用位置
补签次数控制	考勤周期允许做补签卡的次数	考勤制度
出差包含公休日	出差申请时段内包含公休日，确定公休日是否要算出差时长	考勤制度
出差包含法定假日	出差申请时段内包含法定假日，确定法定假日是否要算出差时长	考勤制度
出差进出免打卡	出差的开始时间或者出差的结束时间，在班次段的上班到下班时间范围内时，是否需要按出差的开始时间或者出差的结束时间来填充班次段上对应的打卡时间。计算规则：先按照打卡进行正常计算，考勤结果如有空卡的现象，再判断这个参数进行填卡	考勤制度
请假进出免打卡	请假的开始时间或者请假的结束时间，在班次段的上班到下班时间范围内时，是否需要按请假的开始时间或者请假的结束时间来填充班次段上对应的打卡时间。计算规则：先按照打卡进行正常计算，考勤结果如有空卡的现象，再判断这个参数进行填卡	考勤制度
每段早退允许值（分钟）	比排班的上班时间晚来多少分钟打卡，不算迟到。大于时是从上班时间点开始算迟到分钟数	考勤制度
每段迟到允许值（分钟）	比排班的下班时间早走多少分钟打卡，不算早退。大于时是按下班时间点开始算早退分钟数	考勤制度
旷工起始值（分钟）	迟到或者早退达到多少分钟数时算旷工。这里算旷工是迟到或者早退分别达到，不是迟到和早退的累计达到	考勤制度
异常类型判断	计算异常的方法，分为“按排班和打卡判断”和“按排班、打卡和单据判断”两种计算方法	考勤制度
管控类型	需要管控加班的补偿方式和日期类型的组合	考勤管控
计薪 OT1	补偿方式为加班费的工作日加班	考勤管控
计薪 OT2	补偿方式为加班费的公休日加班	考勤管控
计薪 OT3	补偿方式为加班费的法定节日加班	考勤管控
调休 OT1	补偿方式为调休的工作日加班	考勤管控
调休 OT2	补偿方式为调休的公休日加班	考勤管控
调休 OT3	补偿方式为调休的法定节日加班	考勤管控
个人周期类型	计算个人加班额度的周期类型，可以按月度、季度、考勤周期三种方式计算	考勤管控
部门周期类型	计算部门加班额度的周期类型，可以按月度、季度、考勤周期三种方式计算	考勤管控
预警值	个人累计加班达到多少时，会在加班申请时给提示	考勤管控
管控值	个人或者部门加班额度的最大值，超过则不能提交加班申请	考勤管控
调整比例	加班额度值调整的比例范围	考勤管控
小时加班费（元/小时）	加班 1 个小时需要给的加班费	考勤管控
实际人数	统计选择行政组织上，用工关系状态是占人头数的人数总和，包含下级行政组织	考勤管控
在编人数	统计选择行政组织上，用工关系状态是占编制数的人数总和，包含下级行政组织	考勤管控
标准工时	正常出勤各个班次段的出勤时长的总和，不包含“固定加班”和“固定加班不计异常”段的时长	班次设置

续表

术语	解释	使用位置
班次类型	定义班次的所属类别，比如“晚班”	班次设置
出勤类型	定义班次段的出勤方式，包含“正常出勤”“正常出勤不计异常”“固定加班”“固定加班不计异常”4种方式	班次设置
加班补偿方式	员工加班加班时长的补偿方式，比如“调休”“加班费”	班次设置
参考日期	上班/下班时间和考勤日期的参照值，比如“当天”表示上班/下班时间和考勤日期在同一天	班次设置
上班时间	定义班次段的上班时间	班次设置
是否打卡	上班或者下班是否需要打考勤卡	班次设置
下班时间	定义班次段的下班时间	班次设置
浮动调整值	上班或者下班的浮动范围，比如上班浮动10分钟，则上班时间晚10钟打卡无异常	班次设置
休息开始	定义班次段内的休息开始时间点	班次设置
休息结束	定义班次段内的休息结束时间点	班次设置
休息时长（分钟）	设置班次段内的休息时长，有休息开始和休息结束时会自动计算休息时长	班次设置
当前用户权限范围内	统计当前用户可查看的招聘需求的需求人数。招聘需求查看权限：招聘业务组织＋招聘部门	招聘工作台
按行政组织权限查看	s-HR V8.5之前的版本中，有行政组织的权限，即可查看该组织下所有的招聘需求数据，V8.5保留了该查看维度	招聘工作台
撤回	未审批和审批中的招聘需求单据，可操作“撤回”到未提交状态	需求管理
反审批	审批通过且没有发布的招聘需求，可操作“反审批”回到未提交状态	需求管理
终止需求	正在进行中的招聘职位停止招聘时，可操作“终止需求”关闭该招聘需求（当前不支持终止的需求再启用）	需求管理
招聘业务组织	负责或者被委托招聘的HR业务组织，与招聘部门叠加权限管理招聘需求及应聘人员。如果招聘需求的管理权限发生转移，可修改并委托给其他业务组织招聘	需求管理
部门可招聘编制	部门可招聘编制＝部门编制－部门人数＋部门预离职人数	需求管理
职位可招聘编制	职位可招聘编制＝职位编制－职位人数＋职位预离职人数	需求管理
招聘职务	与招聘职位任选其一招聘。主要满足场景：当招聘部门还没有设置准备招聘的职位时，可暂时使用职务进行招聘，但是在录用报批环节需要确定候选人具体录用的职位	需求管理
职位发布名称	发布到招聘网站中的招聘职位名称，用户可以自定义	需求管理
发布职位类别	职位发布到招聘网站时，因为企业的职位类别与各个招聘网站各不一致，需要一个系统后台的职位类别能翻译对应，即该发布职位类别	需求管理
职位性质	与招聘网站的职位性质相对应	需求管理
自定义薪资	与招聘网站的自定义薪资相对应	需求管理
福利待遇	与招聘网站的福利待遇相对应。预置福利可支持发布到招聘网站，自定义的福利不支持，仅供查阅	需求管理

续表

术语	解释	使用位置
招聘人员类型	确定需要招聘的人员是缺编补充，还是新增编制人员类型，便于后续数据统计分析	需求管理
职位职责	可根据招聘职位自动带出人事模块中职位的职位职责，也可以根据发布职位特征编辑	需求管理
任职要求	可根据招聘职位自动带出人事模块中职位的任职要求，也可以根据发布职位特征编辑	需求管理
期望到岗日期	希望招聘的人员多长时间到岗	需求管理
候选人要求及智能筛选	对应聘人员的要求，既是发布到招聘网站的职位要求，也是简历投递进入系统后，判断是否符合该职位的要求。用户可在简历筛选列表中查看该字段信息的符合度	需求管理
使用面试方案	用户根据权限，选择面试方案设置中可使用的面试方案，应聘该需求的候选人可通过方案已设置好的面试环节进行面试	需求管理
使用自定义面试环节	选择在面试安排中根据候选人自定义添加面试环节	需求管理
选择简历夹	用户根据权限，选择简历夹设置中可使用的简历夹，则投递该需求的简历都进入此简历夹中。用户在企业简历库中，拥有此简历夹的权限即可查看里面的简历	需求管理
合并发布	选择多个招聘需求，以其中一个需求的名义发布出去，其他需求会显示合并的需求单号	职位发布
终止发布	针对不需要发布，但是一直显示待发布的招聘需求，终止后改变其招聘状态	职位发布
智能导入	s-HR V8.5 之前的版本称“简历解析”，通过上传多种格式的简历，快速解析成系统标准格式的简历	简历筛选
筛重标签—系统识别为同一人	简历进入系统后，系统通过身份证号码/护照号码、姓名、手机号码、邮箱地址在系统中筛重，如果有重复的人员，则打上该同一人的标记	简历筛选
筛重标签—多次投递同一需求	如果识别该候选人的简历投递同一个需求多次，则会打上该标记	简历筛选
筛重标签—同时投递多个需求	如果识别该候选人的简历投递多个需求，则会打上该标记	简历筛选
确认失效	将不使用的简历置为失效状态	简历筛选
取消失效	启用失效状态的简历	简历筛选
抢简历	候选人投递多份简历，系统筛选识别出来后，可抢待筛选的简历为该需求方所有，抢到此简历后，简历投递的其他需求方则不可对此简历走招聘过程。即对简历先抢先得	简历筛选
简历解锁	只支持解锁已经操作抢简历的简历	简历筛选
转其他职位	如果简历比较符合其他职位，可以通过该功能将简历转到其他招聘职位中应聘	简历筛选
重点关注	给简历添加重点人才标记。V8.5 版本中，重点人才标记为打上标记的简历专有，并不共享给其他简历。取消重点关注也一样	简历筛选
加入黑名单	黑名单添加后可在简历中，通过黑名单小图标查看黑名单记录，黑名单全集团共享	简历筛选

续表

术语	解释	使用位置
简历来源	可自定义的基础资料，来源一般是各个招聘网站、内部推荐、猎头、智能导入等	简历筛选
最近公司/职位	候选人任职的最近一家公司和职位	简历筛选
应聘记录	候选人在该企业应聘过的所有职位信息	简历筛选
面试安排	给各个面试环节的候选人安排面试，发送面试邀约	面试
人才测评	先在招聘业务设置中开通测评服务，然后在此处对候选人发起测评，通过邮件或者短信通知候选人参与。候选人提交测评结果后，HR 可在此获取测评报告	面试
面试结果	录入或者查看候选人各个环节的面试结果	面试
HR 确认结果	每个面试环节需要 HR 确认的最后结果	面试
系统判定结果	多个面试官面试结果意见一致：通过或者不通过，系统自动取值填入该字段；面试官意见不一致，则为待定，需要 HR 人工决策最终面试结果	面试
移除	指人工移除，移除后无法选择到该面试官，但是并未从系统中删除。“离职移除”为该面试官离职后，系统自动置为移除状态	面试官管理
可维护行政组织	管理和维护该面试官信息的行政组织，有此组织的权限即可增删面试范围	面试官管理
参与面试范围	该面试官可以面试的范围设置，可选择面试的业务组织、行政组织	面试官管理
重新报批	当报批不通过时，可通过该功能重新提交报批。反审批是针对报批成功，且未入职的待录用人员	录用报批
终止报批	在报批环节，因各种原因对候选人不继续报批，可终止报批	录用报批
拟录用部门/职位/职务	该候选人的招聘部门/职位/职务	录用报批
拟入职部门/职位	与拟录用的区别在于：可修改其他部门或职位入职。如果通过招聘模块入职，则默认带过去的人员入职信息为此拟入职部门/职位	录用报批
转预入职	将拟录用人员信息转入人事模块—预入职菜单中	offer
直接入职	直接调用人事模块的工作流入职单据，在招聘模块即可快速入职	offer
更新入职日期	拟录用人员入职日期有变动可在此更新，并同步到人事预入职中	offer
终止入职	企业因各种原因，停止拟录用人员的入职	offer
放弃入职	拟录用人员因个人原因放弃入职	offer
天天荐发布范围	竞聘职位发布到天天荐时，可以自定义发布的范围。在天天荐中，员工的行政组织是否在发布范围内，影响着他是否可见该竞聘职位	竞聘职位
竞聘简历	系统取自员工信息中的简要竞聘简历，可打印提供给面试官面试时使用	竞聘记录
设置使用范围	面试方案作为基础资料，按照可使用的业务组织来控制使用权限，但是对于某些方案比如单独一个业务组织使用的方案，颗粒度太大。所以可以通过此功能细化使用的范围	面试方案设置
方案使用范围	设置使用范围后，使用方案的权限将在可使用业务组织的基础上叠加行政组织、职位或职务，细化了面试方案的使用范围	面试方案设置

续表

术语	解释	使用位置
面试环节设置	给方案添加面试环节、结构化面试的内容	面试方案设置
使用行政组织	简历夹作为基础资料，按照可使用的业务组织来控制使用权限。但是使用范围颗粒度仍比较大，所以可进一步细化使用权限：设置使用行政组织，那么使用该简历夹的权限即使用业务组织＋使用行政组织的交集	简历夹设置
使用指定人员	使用简历夹的权限除了进一步细化到使用行政组织，还可以细化到指定人员，即使用业务组织＋使用指定人员的交集。主要满足场景：高级人才的简历只能部分人可见，那么简历夹的使用范围就可以细化到具体哪些人员	简历夹设置
入库日期	简历进入简历库的日期	简历库
更新日期	简历进入简历库后会进行筛重，如果识别到同一个人简历，那么就会更新原简历，简历修订后也会更新原简历，所以会有一个更新日期记录，但是入库日期不变	简历库
人才服务平台	支持企业通过配置入职模板类型提供待入职人员基于该平台进行入职信息登记和提交的自助化云服务平台	TSP 模板管理
档案状态	预入职人员档案信息的保存状态，包括暂存、待审核、审核通过 3 种	预入职登记
入职状态	预入职人员在入职服务过程中的不同状态，包括未入职、终止入职、放弃入职、已入职 4 种	预入职登记
入职模板类型	在人才服务平台上维护的不同入职模板类型，每个入职模板类型下可以创建多个模板，但同一时间只能有一个启用状态的模板	预入职登记、职位入职二维码
登记类型	入职登记的设备类型，包括 PC 端和移动端两种	TSP 模板管理
职位入职二维码	提供预入职人员进行扫描后在移动端进行职位入职信息登记	职位入职二维码
申请原因	在职证明/收入证明的申请原因，属于基础资料，预置 5 种：出国旅游、办理签证、子女留学、办理信用卡或贷款、其他原因	在职/收入证明申请单
全部任务	当前业务专员已处理完成任务与共享任务池中全部待处理任务之和	任务工作台
已超期	当前业务专员在共享任务池中待处理但已超出规定处理时间的任务数	任务工作台
待处理	当前业务专员在共享任务池中全部待处理的任务数	任务工作台
今日已处理	当前业务专员今日已处理的任务数	任务工作台
任务类型	共享任务分类管理的容器，任务池的主要组成部分。一般情况下，任务类型和单据类型对应。如果共享存在多级处理，则一个单据类型对应多个任务类型，每个处理环节对应一个任务类型。人力资源共享服务里预置 7 种任务类型：在职证明办理、收入证明审核、收入证明办理、预入职档案审核、入职办理、劳动合同续签（员工签署）、劳动合同续签（企业签署）	共享任务中心
业务员	共享服务的主要操作员，主要职责是处理分配到自己名下的任务	共享任务中心

续表

术语	解释	使用位置
业务管理员	对某个任务类型或多个任务类型下的单据统筹管理，可分配任务到业务处理员名下，也可以直接处理任务。另外，业务管理员还可以查看所管理任务类型下的任务处理进度、业务员的工作量、工作效率及排名情况等报表	共享任务中心
集团管理员	负责共享中心的管理职责、共享中心的管理员的管理和职责分配，以及各种公共基础数据的维护	共享任务中心
共享中心管理员	职责包含共享服务后台管理和扫描点维护两方面。后台管理主要包括业务模块、任务类型、角色、用户、组织及外部系统的管理及配置	共享任务中心
组织模型	通过梳理反映组织整体状况的相关 HR 指标构建组织健康雷达图，应用历史模型原理，以时间轴的方式，动态呈现不同时点的组织状态，为管理者评估组织发展状态提供支持	主页
主题分析	模拟管理者分析路径，基于企业关注的关键 HR 业务，通过梳理、分析相关指标，为管理者尽可能深入、全面地提供分析问题的决策依据。预置分析主题为员工结构分析主题、员工离职分析主题	主页
HR 云分析	基于外部薪酬水平数据获取，为企业高管提供基于客观视角从多个维度（地区、行业、企业性质等）以审视自身企业所处水平，为制定企业 HR 战略和业务管理策略提供决策支持。预置分析维度为地区、行业、注册企业类型	主页
性别结构	组织预期的性别结构标准，用于呈现员工结构主题中实际分布状况与企业希望达到结构状态的对比差异	员工结构主题
年龄结构	组织预期的年龄结构标准，用于呈现员工结构主题中实际分布状况与企业希望达到结构状态的对比差异	员工结构主题
工龄结构	组织预期的工龄结构标准，用于呈现员工结构主题中实际分布状况与企业希望达到结构状态的对比差异	员工结构主题
学历结构	组织预期的学历结构标准，用于呈现员工结构主题中实际分布状况与企业希望达到结构状态的对比差异	员工结构主题
职务族结构	组织预期的职务族结构标准，用于呈现员工结构主题中实际分布状况与企业希望达到结构状态的对比差异	员工结构主题
职等结构	组织预期的职等结构标准，用于呈现员工结构主题中实际分布状况与企业希望达到结构状态的对比差异	员工结构主题
关键人才	组织预期的关键人才标准，用于呈现组织健康模型中关键人才维度的状况	组织健康模型
离职率	组织预期的离职率标准，用于呈现组织健康模型中离职率维度的状况	组织健康模型
考勤工时分段	组织定义的考勤工时分段，用于呈现员工离职主题中不同考勤工时分段内离职人员的分布情况	员工离职主题
薪酬分段	组织定义的薪酬分段，用于呈现员工离职主题中不同薪酬分段内离职人员的分布情况	员工离职主题

图书在版编目（CIP）数据

人力资源管理实验教程：基于金蝶 s-HR Cloud 系统/陈闽红主编．-- 北京：中国人民大学出版社，2020.9
“十三五”普通高等教育应用型规划教材．人力资源管理系列
ISBN 978-7-300-28516-0

Ⅰ.①人… Ⅱ.①陈… Ⅲ.①人力资源管理－高等学校－教材 Ⅳ.①F243

中国版本图书馆 CIP 数据核字（2020）第 165694 号

“十三五”普通高等教育应用型规划教材・人力资源管理系列
人力资源管理实验教程——基于金蝶 s-HR Cloud 系统
主　编　陈闽红
副主编　张金龙　宁卫军　邓欣吉
Renli Ziyuan Guanli Shiyan Jiaocheng——Jiyu Jindie s-HR Cloud Xitong

出版发行	中国人民大学出版社		
社　　址	北京中关村大街 31 号	邮政编码	100080
电　　话	010－62511242（总编室）		010－62511770（质管部）
	010－82501766（邮购部）		010－62514148（门市部）
	010－62515195（发行公司）		010－62515275（盗版举报）
网　　址	http://www.crup.com.cn		
经　　销	新华书店		
印　　刷	北京鑫丰华彩印有限公司		
规　　格	185 mm×260 mm　16 开本	版　　次	2020 年 9 月第 1 版
印　　张	24 插页 1	印　　次	2020 年 9 月第 1 次印刷
字　　数	556 000	定　　价	58.00 元

教师教学服务说明

中国人民大学出版社管理分社以出版经典、高品质的工商管理、统计、市场营销、人力资源管理、运营管理、物流管理、旅游管理等领域的各层次教材为宗旨。

为了更好地为一线教师服务，近年来管理分社着力建设了一批数字化、立体化的网络教学资源。教师可以通过以下方式获得免费下载教学资源的权限：

在中国人民大学出版社网站 www. crup. com. cn 进行注册，注册后进入“会员中心”，在左侧点击“我的教师认证”，填写相关信息，提交后等待审核。我们将在一个工作日内为您开通相关资源的下载权限。

如您急需教学资源或需要其他帮助，请在工作时间与我们联络：

中国人民大学出版社　管理分社

联系电话：010－82501048，62515782，62515735

电子邮箱：glcbfs@crup. com. cn

通讯地址：北京市海淀区中关村大街甲 59 号文化大厦 1501 室（100872）